개정판

「헌법상의 권리」 작법

「憲法上の権利」の作法【第3版】

개정판

「헌법상의 권리」 작법

고야마 고 [小山 剛] 지음 | 민병로 옮김

Chonnam National University PRESS

한국어판 서문

본서의 초판은 2009년 봄에 간행되었다. 일본에서 2004년 새로운 법조 양성 제도인 법학전문대학원(法科大學院)이 발족한 뒤 5년 후의 일이다. 법학전문대학원은 제도 이념의 하나로서 '이론과 실무'의 가교를 내세웠다. 그런데 일본에서 헌법은 이론(학설)과 실무(판례)사이의 간극이 매우 큰 법 분야이었다. 본서는 실제 법학전문대학원의 수업을 담당하면서 시행착오를 반복하는 가운데, 이론과 실무의 차이를 메우는 동시에, 학생들에게 권리론의 기본구조를 가르치는 것을 목적으로 집필하였다.

한국의 독자를 위하여 본서의 특징 2가지를 들고자 한다. 첫째, 본서의 권리론은 그 구조가 비교적 단순한 권리(방어권=소극적 권리)와, 법률에 의한 제도 형성에 의존한 권리(생존권 등의 적극적 권리, 법제도보장 등)라는 이분법을 채택하고 있다. 헌법상의 권리 분류는 종래부터 다양한 목적에서 여러 갈래로 나뉘어져 왔다. 본서는 각 권리의 역사적 내력 등은 제쳐두고, 전적으로 권리의 구조라는 시각에서 두 가지 분류를 하고 있다. 이것은 권리 실현의 방법이므로 입법재량의 넓고 좁음이나 위헌심사기준에 직접 연결된 분류이다. 이러한 분류법은 일본에도 점차적으로 침투하고 있다.

본서의 두 번째 특징은 독일 헌법에 친화적이라는 것이다. 한국에서도 마찬가지이겠지만, 일본의 헌법연구자 대다수는 유럽과 미국을 중심으로 외국 헌법을 연구하거나 유학하고 있다. 가장 수가 많은 것은 미국 헌법 연구자이다. 일본국헌법의 제정과정을 고려하면 그 이유가 없는 것은 아니다. 또한 일본의 위헌심사제가 헌법재판소형이 아닌 미국형을 채택하고 있는 것도 일본 헌법연구자의 시선을 미국으로 돌리게 하였다. 이러한 가운데 본서는 독일형의 판단 틀 — 방어권에 대해서는 3단계심사나 비례원칙, 입법에 의한 구체화나 제도 형성을 필요로 하는 헌법상의 권리에 대해서는 하한통제나 수미일관성 심사 등의 재량통제수단 — 을 논하고 있다. 덧붙여 말하자면, 한국에서는 헌법재판소의 판례나 학설을 보면, 미국형 심사기준론이나 독일형 3단계심사・비례심사를 융합시켜 활용하려는 의식이 강한 것 같다. 이에 비해 일본에서는 미국형과 독일형을 대립적으로 파악하는 연구자가 많다. 저자는 일본의 최고재판소 판례를 볼 때, 독일의 판단 틀이 최고재판소의 판단 틀에 친화적이라 생각하고, 본서도 그와 같은 관심에서 집필하였지만, 본서의 견해는 반드시 학계의 다수설은 아니다.

최근, 일본과 한국의 헌법학자의 교류는 매우 활발히 이루어지고 있다. 저자도 본서의 역자인 민병로 교수를 비롯한 한국의 연구자들과 정기적으로 공동연구를 하고 있다. 공동연구를 통해 양국의 헌법학이 공통의 지적 기반에 입각하여 공통의 과제를 안고 있는 것을 배웠다. 그러니 만큼 한국 헌법재판소 설립 25주년에 본서의 한국어판이 간행되게 된 것은 저자로서 대단히 기쁜 일이며 영광스러운 일이다. 본서의 간행에 힘써 주신 친구이며 동료인 전남대학교 민병로 교수의 노력에 감사드린다.

2013년　8월

고야마 고 [小山 剛]

역자 서문

이 책은 일본 게이오대학의 고야마 교수가 법학전문대학원에서 다년간 헌법학을 강의하면서 축적한 경험을 바탕으로 집필한 『'헌법상의 권리' 작법憲法上の權利の作法(新版)』을 번역한 것이다. 이 책은 우리나라에도 이미 소개되어 일반적으로 사용되고 있는 헌법상의 논증작법인 독일의 3단계심사를 사용하여, 일본의 주요 헌법판례를 종횡무진하면서 검증하고 있는 대단히 이론수준이 높은 의욕적인 작품이다. 이미 일본의 학회에서 3단계심사를 논할 때 그 출발점이 되고 있을 만큼 학계에서 높이 평가 받고 있다.

이 책의 특징은 기존의 미국식 이중의 기준론으로 대표되는 통속적인 논증 패턴에 대한 대안으로 3단계심사를 제시하고 있다는 데 있다. 즉 규범의 해석(정립)과 사안의 분석(적용)과의 매개항(中二階)이 없이, 이른바 눈감고 스윙하는 것과 같은 논증 패턴에서 벗어나 3단계심사로 이행해야 한다는 것이다(棟居快行). 저자는 이 책에서 3단계심사는 논증의 형태를 가르치는 것이며, 논증에 있어 무엇을 중시할 것인가는 사안과의 대화 속에서 구체적으로 생각해 갈 수밖에 없다는 것이다. 하지만 3단계심사는 정해진 절차를 요구함으로써 심사과정에서 검토해야 할 것을 검토하고, 검토하지 말아야 할 것이 뒤섞이지 않도록 담보하여 논증에 명증성과 검증가능성을 부여한다는 것이다(19쪽).

이 책의 한국어판 출판을 허락해준 고야마 교수님과 상학사의 요시다 사장님께 감사인사를 드린다. 아울러 이 책의 출간을 위해 바쁜 와중에서도 귀중한 시간을 내어 꼼꼼하게 교정을 보아 준 김행희 박사, 차수봉 박사, 이동순 박사에게 크게 감사한다. 또한 독일 헌법학계에서 사용되는 개념의 차이에 대해 코멘트를 해주신 김해원 교수님에게 고마움을 전한다. 마지막으로 이 책의 출간을 지원한 전남대학교 학술저술기금과, 출판에 힘써주신 전남대학교출판부 관계자 여러분께 감사드린다.

2013년 10월

민병로

목차

B 하한통제·제도준거심사 – 또 하나의 작법

C 사법적 구제의 제반 문제

범 례

판례 출전의 약기법

最大判	最高裁判所大法廷判決
最大決	最高裁判所大法廷決定
最判	最高裁判所小法廷判決
最決	最高裁判所小法廷決定
高判	高等裁判所判決
高決	高等裁判所決定
地判	地方裁判所判決
簡判	簡易裁判所判決
支判	(下級裁判所)支部判決
BVerfG	連邦憲法裁判所(ドイツ)

民集	最高裁判所民事判例集
刑集	最高裁判所刑事判例集
集民	最高裁判所裁判集民事
下民集	下級裁判所民事裁判例集
下刑集	下級裁判所刑事裁判例集
行裁例集	行政事件裁判例集
訟月	訟務月報
判時	判例時報
判タ	判例タイムズ
賃社	賃金と社会保障
BVerfGE	Entscheidungen des Bundesverfassungsgerichts(ドイツ)

기타

- 각 장 각 절의 최초에 놓인 「주요 판례」는 본문 중에 판결 연월일 · 출전을 생략하였음.
- 본문 중에 「⇒」과 숫자로 참조를 요한 부분은 본문의 옆에 적힌 단락번호에 대응함.
- 인용문 중에 하선 · 고딕체는 필자(고야마)가 표시한 것임.

참고문헌

본서는 헌법 및 헌법상의 권리 전체를 개관하는 것은 아니다. 이하에서는 대표적인 체계서 등(비교적 최근에 출판된 것에 한함)을 소개한다.

1　교과서・체계서

[헌법 전반]

芦部信喜(高橋和之補訂)『憲法〔第6版〕』(岩波書店、2015年)

市川正人『基本権講座憲法』(新世社、2014年)

伊藤正己『憲法〔第3版〕』(弘文堂、1995年)

岩間昭道『憲法綱要』(尚学社、2011年)

浦部法穂『憲法学教室〔第3版〕』(日本評論社、2016年)

大石真『憲法講義Ⅰ〔第3版〕、Ⅱ〔第2版〕』(有斐閣、2014年、2012年)

阪本昌成『憲法理論Ⅰ〔補訂第3版〕、Ⅱ、Ⅲ』(成文堂、2000年、1993年、1995年)

佐藤幸治『日本国憲法論』(成文堂、2011年)

渋谷秀樹『憲法〔第2版〕』(有斐閣、2013年)

高橋和之『立憲主義と日本国憲法〔第2版〕』(有斐閣、2010年)

辻村みよ子『憲法〔第5版〕』(日本評論社、2016年)

戸波江二『憲法〔新版〕』(ぎょうせい、1998年)

戸松秀典『憲法』(弘文堂、2015年)

長尾一紘『日本国憲法〔全訂第4版〕』(世界思想社、2011年)

野中俊彦＝中村睦男＝高橋和之＝高見勝利『憲法Ⅰ〔第5版〕、Ⅱ〔第5版〕』(有斐閣、20012年)

長谷部恭男『憲法〔第5版〕』(新世社、2011年)

樋口陽一『憲法〔第3版〕』(創文社、2007年)

松井茂記『日本国憲法〔第3版〕』(有斐閣、2007年)
毛利透=小泉良幸=浅野博宣=松本哲治『Legal Quest 憲法Ⅰ, Ⅱ』(有斐閣、2011年, 2013年)
安西文雄＝巻美矢紀=宍戸常寿『憲法学読本〔第2版〕』(有斐閣、2014年)

[헌법상의 권리]

赤坂正浩『憲法講義(人権)』(信山社、2011年)
芦部信喜『憲法学Ⅰ憲法総論、Ⅱ人権総論、Ⅲ人権各論(1)〔増補版〕』(有斐閣、1992年、1994年、2000年)
奥平康弘『憲法Ⅲ』(有斐閣、1993年)
小山剛「『憲法上の権利』各論(1)～(20)」法学セミナー2013年10月号～2015年9月号
初宿正典『憲法2基本権〔第3版〕』(成文堂、2010年)
渡辺康行＝宍戸常寿=松本和彦=工藤達朗『憲法Ⅰ 基本権』(日本評論社、2016年)

[헌법소송]

新井幸『憲法訴訟論〔第2版〕』(信山社、2010年)
駒村圭吾『憲法訴訟の現代的転回』(日本評論社、2013年)
戸松秀典『憲法訴訟〔第2版〕』(有斐閣、2008年)
永田秀樹＝松井幸夫 編著『基礎から学ぶ憲法訴訟〔第2版〕』(法律文化社、2015年)

2 기타

[주석서 · 사전]

木下智史＝只野雅人編『新·コンメンタール憲法』(日本評論社、2015年)
芹沢斉＝市川正人＝阪口正二郎 編『新基本法コンメンタール憲法』(日本評論社、2011年)
樋口陽一＝佐藤幸治＝中村睦男＝浦部法穂『注解法律学全集憲法1～Ⅳ』(青林書

院、1994年～2004年)

杉原泰雄 編集代表『新版 体系憲法事典』(青林書院、2008年)

[판례 해설 등]

長谷部恭男=石川健治＝宍戸常寿編『憲法判例百選Ⅰ・Ⅱ〔第6版〕』(有斐閣、2013年)

「重要判例解説」ジュリスト臨時増刊(有斐閣)

戸松秀典＝初宿正典 編著『憲法判例〔第7版〕』(有斐閣、2014年)

井上典之『憲法判例に聞く』(日本評論社、2008年)

大石真＝大沢秀介 編『判例憲法〔第3版〕』(有斐閣、2016年)

大島義則『憲法の地図』(法律文化社、2016年)

憲法判例研究会 編『判例プラクティス憲法〔増補版〕』(信山社、2014年)

佐藤幸治＝土井真一 編『判例講義憲法Ⅰ、Ⅱ』(悠々社、2010年)

戸松秀典＝今井功 編著『論点体系 判例憲法1～3』(第一法規、2013年)

野坂泰司『憲法基本判例を読み直す』(有斐閣、2011年)

樋口陽一＝山内敏弘＝辻村みよ子＝蟻川恒正『新版 憲法判例を読みなおす』(日本評論社、2011年)

[연습서·해설서]

大石真＝石川健治 編『憲法の争点(新・法律学の争点シリーズ)』(有斐閣、2008年)

木下智史＝村田尚紀＝渡辺康行 編著『事例研究憲法〔第2版〕』(日本評論社、2013年)

木村草太『憲法の急所』(羽鳥書店、2011年)

小山剛=駒村圭吾 編『論点探究 憲法〔第2版〕』(弘文堂、2013年)

小山剛=畑尻剛=土屋武 編『判例から考える憲法』(法学書院、2014年)

笹田栄司 編『Law Practice憲法〔第2版〕』(商事法務、2014年)

宍戸常寿『憲法解釈論の応用と展開〔第2版〕』(日本評論社、2014年)

宍戸常寿『憲法演習ノート』(弘文堂、2015年)

渋谷秀樹『日本国憲法の論じ方〔第2版〕』(有斐閣、2010年)

渋谷秀樹＝太沢秀介＝渡辺康行＝松本和彦『憲法事例演習教材』(有斐閣、2009年)
高橋和之 編『ケースブック憲法』(有斐閣、2011年)
長谷部恭男 編著『リーディングズ現代の憲法』(日本評論社、1995年)
長谷部恭男『Interactive憲法、続・Interactive憲法』(有斐閣、2006年、2011年)
松井茂記『LAW IN CONTEXT 憲法』(有斐閣、2011年)
南野森『憲法学の世界』(日本評論社、2013年)
棟居快行『憲法解釈演習〔第2版〕』(信山社、2009年)
安西文雄＝青井未帆＝浅野博宣＝岩切紀史＝木村草太＝小島慎可＝斎藤愛＝佐々木弘通＝宍戸常寿＝林知更＝巻美矢紀＝南野森『憲法学の現代的論点〔第2版〕』(有斐閣、2009年)

상기 이외에……

研究書としては、三段階審査を詳述した、松本和彦『基本権保障の憲法理論』(大阪大学出版会、2001年) と、主観的権利と客観法の対比等を含む、西原博史編『人権論の新展開(岩波講座憲法2)』(岩波書店、2007年)のみを挙げておく。また, ドイツの基本権論については, B・ピエロート＝B・シュリンク (永田秀樹＝松本和彦＝倉田原志訳)『現代ドイツ基本権』(法律文化社、2001年)、連邦憲法裁判所判例については、ドイツ憲法判例研究会編『ドイツの憲法判例〔第2版〕』『ドイツの憲法判例Ⅱ〔第2版〕』、『ドイツの憲法判例Ⅲ』(信山社、2003年、2006年、2008年)。

「헌법상의 권리」 작법

들어가며

1 헌법, 그 중에서도 제3장의 규정[국민의 권리와 의무]은 매우 추상적이어서 해석의 역할이 중요하다. 적용해야 할 조문과 그 조문이 적용되는 현실의 괴리감은 크다. 따라서 그 차이를 메우기 위해서는 추상적인 조문과 구체적 사실 사이를 몇 번이고 왕복하면서, 권리의 의의와 사안의 특징을 의식한 논증을 해야 한다. 여기서 요구되는 것은 작법에 적합한 논증 속에서 각각의 권리와 사안의 특징을 규명하여 반영하는 것이다.

교과서의 '기본적 인권의 분류'로부터 알 수 있듯이, 헌법 제3장에는 자유권 외에 평등권, 고전적 수익권, 참정권, 생존권적 기본권, 제도(적) 보장 등 각종 권리 및 보장이 포함되어 있다. 또한 자유권에 대해서도 국가에 대한 부작위청구(방어권)를 주된 내용으로 하면서, 국가에 적극적인 작위를 요구하는 (급부)청구권의 내용을 포함하는 경우가 있다.

본서에서는 ① 헌법이 보장하는 권리와 자유를 국가가 제한하는 경우(방어권)를 기본권의 전형으로 하며, 【*A* 3단계심사】에 의한 논증 작법과 기본적인 논점을 검토하고, ② 【*B* 하한통제, 제도준거심사】에서는 위의 전형과는 전제가 다른 각종 기본권 문제—국가에 대해 작위를 청구하는 경우나 사인에 의한 인권침해의 경우, 헌법상 권리 자체 또는 그 행사가 법률에 의존하는 경우 등—를 해설하고 있다. 또한 ③ 【*C* 사법적 구제의 제반 문제】에서는 부수적 위헌심사제 하에서의 소송요건이나, 사법심사의 한계와 관련된 기본적 문제, 법령심사와 적용심사, 입법부작위 등 헌법상 권리의 구제를 목적으로 한 소송에서 실제로 문제가 될 수 있는 주요한 소송 유형과 판단 수법, 사법적 구제의 한계 등에 대해 검토한다.

● 헌법 제3장에서 보장하는 권리와 자유를 본서에서는 '헌법상의 권리'라 칭하며, 이와 같은 의미로 '기본권'이라는 단어를 사용한다.

● 자유권과 방어권의 관계에 대하여 : 사인간 효력에 간접적용설을 적용한 것으로 알려진 독일 연방헌법재판소의 뤼트 판결(BVerfGE 7, 198)의 표현을 차용하자면, 방어권이란 '공권력의 개입으로부터 개개인의 자유의 영역을 보호하는 것'이며, '국가에 대항하는' 권리이다. 이러한 의미에서 방어권은 자유권적 기본권의 제1의 내실이지만, 자유권적 기본권의 내실은 방어권에 그치는 것이 아니다. (헌법상의 권리에 사인간 효력이 있다거나, 헌법 제21조가 '알권리'를 보장하고 있다는 것 등)

2 다음과 같은 이유에서 방어권을 전형으로 다루고 있다. '고전적 자유권'이라는 표현이 있듯이, 방어권은 국가로부터의 자유로 근대인권선언의 중심을 차지하는 것이며, 이는 일본국헌법에서도 마찬가지이다. 재판소의 위헌심사 역시 국가에 의한 자유권 침해의 구제를 대상으로 연마되었다. 더욱이 방어권의 구조는 비교적 단순하며 그 심사(얼마나 엄격하게 심사하는지를 접어둔다면)도 비교적 명쾌하다. 또한 【*B* 하한통제 · 제도준거심사】에서 다룰 문제들도 방어권과 무엇이 다른지 그 관점에서 생각한다면 알기 쉬울 것이다.

a) 방어권 및 그 심사의 구조가 비교적 단순, 명쾌한 것은 헌법상 원칙 내지 원형이 정해져 있기 때문이다. 법의 각 분야는 저마다 고유의 논리를 가지고 있다. 대등한 당사자 간 이익의 적절한 조정이 문제가 되는 사법과는 달리, 방어권에 대해서는 원칙-예외 관계(⇒102)에서 봐야하며, 또한 그 틀에서 생각해야 한다. 국가로부터 방해받지 않고 표현(제21조 제1항)이나 직업의 선택(제22조 제1항)을 자유롭게 행할 수 있는 것이 원칙이며, 국가에 의한 규제는 예외적인 경우에만 허용된다. 그리고 예외는 (헌법상) 정당화되어야 한다.

여기에서 중요한 것은 원칙 내지 원형의 윤곽을 '헌법에서 획득할 수 있는가'이다. 이 원칙·원형이 무엇인가에 대해 입법자의 판단여지(재량)는 일체 인정되지 않는다. 이는 헌법에 정해져 있는 것이며, 헌법만을 참조하여 획득하지 않으면 안된다. 【A 3단계심사】에서 상술할 3단계심사는 다음과 같다. 심사의 제1단계에서는 각각의 헌법상의 권리에서 보장의 범위를 획정하고(보호영역), 제2단계에서는 그 헌법상의 권리에 대해 ≪정당화를 요구하는 제한≫이라고 할 만큼 강한 간섭이 가해졌는가를 확인한다. 그리고 제3단계에서는 헌법상의 권리에 대한 제한이 예외적으로 정당화될 수 있는 헌법상의 조건을 충족하고 있는지를 심사한다. 바꾸어 말하자면 ①원칙이 무엇인가를 명확히 하고, ②법률 또는 처분 등이 원칙에 대한 예외에 해당하는지를 확인하고, ③정당화할 수 있는 예외인지를 검토하는 것이다.

● 3단계심사(Drei-Stefun-Prüfung)는 독일 헌법재판에서 시행되고 있는 수법이지만, 3단계를 나누는 데에는 두 갈래의 설명이 있다. 첫 번째는 본서에서처럼 ①보호영역이 무엇인가 ②제한에 해당하는가 ③정당화할 수 있는가라는 방법이고, 다른 한 가지 방법은 ②의 제한을 헌법규정상 그 기본권에 대해 어떠한 제한이 예정되어 있는가를 '단순한 법률유보', '특별한 법률유보', '유보가 없는 기본권' 구별(⇒336)에 비추어 확인한다는 것이다. 어느 쪽이 타당한가를 가리는 것은 아니지만, 대부분의 권리에는 유보가 부가되어 있지 않고, 그 밖의 기본권에 대해서도 '공공의 복지'라는 개괄적인 문구에 그치는 일본국헌법의 체재(體裁)에서 보면 본서와 같이 나누는 편이 실용적일 것이다.

● 3단계심사를 구성하는 보호영역, 제한, 정당화는 "Schutzbereich", "Eingriff", "Rechtfertigung"의 번역어이지만, 학자에 따라 번역하는 용어가 다르다. '보호영역'에 위화감이 있다면 '보호범위'나 '보호대상'으로 보아도 좋다. 또한 "Eingriff"는 예로부터 '침해'로 번역하는 것이 표준이었으나, 한편에서는 "Eingriff"의 개념의 확장(⇒217)을 받아들이고, 다른 한쪽에서는

'위헌', '위반'과 혼동을 피하기 위하여 '제한', '개입'이라는 비교적 부드러운 느낌의 번역어를 사용하는 경우도 늘어나고 있다. 본래 '침해'는 위헌의 의미가 아닌 '정당화되지 않으면 위헌'이라는 의미로, 그대로 쓰여도 지장은 없지만 일부 교과서 및 논문 등에서 이를 '위헌'이라는 의미로 사용하는 예가 눈에 띄고 있는 점에서 본서의 성격상 '제한'이라는 단어를 선택하고 있다[1].

b) 3단계심사가 성립하려면 ①에서의 작업(보호영역의 획정)이 헌법해석 차원에서 완결되어야 한다. 그러나 헌법 문제 중에는 무엇이 헌법상의 원칙·원형인지를 헌법 차원에서 얻을 수 없는 것이 있다.

생존권(제25조 제1항)과 같이 종래의 '추상적 권리'와 같은 성격을 지녀왔던 것에 더하여, 선거권 행사의 전제를 이루는 구체적인 선거의 구조(제47조), 그 자체는 헌법상의 권리라 할 수 없지만 권리를 향유하는 데 있어 매우 중요한 법적 지위인 국적 취득의 요건(제10조), 제29조 제1항이 보장하는 개별적 구체적인 재산권 등 원칙 내지 원형을 헌법으로부터 얻을 수 없는 헌법상의 권리나 보장이 적지 않다. 이러한 것들은 기본적으로 3단계심사에 적합하지 않다. 3단계심사는 원칙-예외 관계를 전제로 하지만, 생존권과 생활보호법의 관계는 원칙과 예외가 아니기 때문이다. 생존권은 생활보호법이 제정됨으로써 처음으로 그 구체적인 내용이 부여된다. 법률이 요구하는 것은 헌법이 명하는 하한에 위반되지 않는 것이며, 심사 또한 전형적으로 하한통제(⇒512)라는 시점에서 이루어진다. 이외에도 최고

1) **역자주**-기본권에 대한 침범, 제한, 침해는 구별되어야 한다는 견해가 있다. 즉 '침범(Eingriff)'는 헌법적합성 판단 이전에 중립적으로 사용되는 개념인 반면, 이러한 침범이 기본권 심사과정을 통해서 합헌적인 것으로 판단되면 그것은 기본권 '제한'이고, 만약 위헌적인 것으로 판단되면 기본권 '침해'가 된다는 것이다. 김해원, "기본권의 잠정적 보호영역에 관한 연구", 헌법학연구 15권 3호, 2009년, 293면 각주(51),; 그러나 본 번역서에서는 원서에 따라 Eingriff의 번역어로 '제한(制限)'이라는 용어를 사용한다.

재판소는 구체적인 선거 구조의 결정, 상속제도의 결정 등 많은 영역에서 입법자의 넓은 재량을 전제로 한 심사(제도준거심사⇒620)를 해왔지만, 거기에 공통되는 것은 헌법상의 원칙·원형의 부재이다.

● 입법자에게 넓은 판단여지가 인정되는 단계에는 다음과 같이 두 가지가 있으며, 구별이 필요하다. 하나는 방어권의 사안에 대하여 '명백성의 원칙'과 같이 완화된 심사가 이루어지는 경우이다(소매시장 사건 등). 하지만 여기서 입법자의 판단·평가가 존중되는 것은 제한의 필요성·합리성에 대한 것이며, ≪직업선택의 자유란 무엇인가≫라는 원형=권리의 보호영역에 대한 것이 아니다. 이 경우에도 원칙-예외 관계의 도식 자체는 유지된다. 다른 하나는 헌법상의 원칙·원형 자체에 대한 입법자의 관여가 요구되는 경우이며, 【*B* 하한통제, 제도준거심사】에서 다루는 헌법 문제는 주로 이 유형에 속한다.

3 방어권의 구조 및 심사는 비교적 단순·명쾌한 것이라고는 하지만, 실제로 발생하는 기본권 문제에는 각각 특징이 있어 이에 따라 논증의 중점도 각각 다르다.

a) 최고재판소 약사법 위헌판결은 직업(의 자유)의 의의 및 사회적 상호 관련성에 대하여 일반적인 설시를 한 뒤, '허가제'가 강력한 제한이며, '자유로운 직업활동이 사회공공에 초래할 폐해[의] 방지'를 목적으로 한 제한인 것을 의식한 설시(中二階=매개항)를 하고 있다(⇒113). 직업이 개인의 인격적 가치와도 직결되는 활동이며, 다른 한편으로 사회적 상호 관련성을 갖는 것이 직업선택의 자유라는 헌법상의 권리의 특징이다. 따라서 이 사안의 특징은 직업수행에 대한 규제가 아닌 직업선택 그 자체에 대한 규제라는 것, 또한 사회국가적 이념의 실현을 위한 것이 아니라 해악의 발생을 방지하기 위한 규제였다는 점이다. 추상적·관념적인 법적 구성으로 끝나는 것이 아니라, 사안과의 시선을 왕복하면서 사안의 특수성을 반

영한 구체적인 법적 구성(매개항)이 요구된다.

● 자세한 것은 후술하겠지만 【*B* 하한통제, 제도준거심사】에 속하는 사안에도 헌법상의 원형을 비교적 명확히 관념할 수 있는 경우가 있으며, 구체적 문맥에 의존하여 원칙-예외 관계가 성립하는 경우가 있다면(⇒514-), 그 반대로 구체적으로 【*A* 3단계심사】에 속하는 사안에도 공공시설 이용거부 등과 같이 사람이 태어날 때부터 갖는 자연적 자유에 대한 제한이라고 단정 지을 수 없는 사안, 혹은 헌법상 권리의 제한으로 구성하기 어려운 사안도 있다(⇒641-).

b) 3단계심사는 논증의 형태를 가르치는 것이며, 논증에서 무엇을 중시할 것인가는 사안과의 대화 속에서 구체적으로 생각할 수밖에 없다. 하지만 3단계심사는 정해진 절차를 요구함으로써 심사과정에서 검토해야 할 것을 검토하고 검토하지 말아야 할 것이 뒤섞이지 않도록 담보하여, 논증에 명증성과 검증가능성을 부여한다. 3단계심사는 예리함이 아닌 우직함이 돋보이는 방법이다. 기본권 해석에 천부적 재능은 요구되지 않는다. 누구도 추적할 수 없고 검증할 수 없는 자유로운 발상은 학문으로서의 법률학의 진화에 중요하다고는 하지만, 개별 사례의 해결에는 오히려 유해하다. 하지만 사안의 특수성을 꿰뚫어 보는 감각은 필요하다. 그 사안의 특징을 무시한 매개항(中二階)은 하물며 '아마도 표현의 자유는……'이라는 추상적 규범만으로 사안을 파헤치는 것은 프로크루스테스의 침대와 같다. 이는 【*B* 하한통제, 제도준거심사】에서 다루는 기본권 문제에 더욱 적합하다.

c) 본서에서 다루는 판례는 '중요 판례'로 여겨지는 것들의 극히 일부이다. '중요 판례'에는 두 가지 의미가 있다. 첫째는 '그 기본권 조항에서 중요한 판례'이며, 둘째는 '논증 작법을 습득하는 데 중요한 판례'이다(후자의 의미에서 중요 판례는 보통 전자의 의미의 중요 판례이기도 하다). 본서에서 상세

히 기술하고자 하는 것은 후자의 의미에서 중요 판례이다.

'논증 작법을 습득하는 데 중요 판례'의 수는 특히 【*A* 3단계심사】에서 다루는 방어권에 대해서는 한정되어 있다. 【*B* 하한통제, 제도준거심사】에서는 사안의 성질상 그 수는 증가하고 있지만, 그럼에도 모든 중요 판례를 망라하는 것은 아니다. '기본권 조항에 관한 중요 판례'에 대해서는 본서와는 별개로 보충할 필요가 있다.

A 3단계심사 - 방어권 작법

'헌법상의 권리'와 관련된 논증의 양식은 권리가 국가에 부작위를 청구하는 것인가, 작위를 청구하는 것인가에 따라 크게 달라진다. 【*A* 3단계심사】가 대상으로 하는 것은 전자(방어권)이며, 3단계심사라고 불리는 절차가 그 양식이 된다.

제1장에서는 방어권이라는 권리 및 3단계심사의 기본구조를 개관한다. 상기와 같이(⇒서론), 3단계심사는 독일의 헌법재판에서 실행되고 있는 수법이며, 원칙-예외 관계라는 이해를 전제로 하고 있다. 자유가 원칙이며 제한은 예외적인 경우에만 허용된다(헌법상 정당화될 수 없는 한, 자유의 제한은 위헌이다)는 이해로부터, 3단계심사는 ①어떤 헌법상의 권리가 무엇을 보장하는가(보호영역), ②법률 및 국가의 구체적 조치가 보호영역에 제약을 가하고 있는가(제한), ③제한은 헌법상 정당화될 수 있는 것인가라는 순서로 심사할 것이 요구된다.

제2장, 제3장에서는 3단계심사의 각 단계에 대하여 사안의 특징에 따라 검토 과제를 살펴가는 것으로 한다. 제2장에서 다루는 것은 각각 '헌법상의 권리'의 보호영역의 획정과 관련된 문제와, 권리의 '제한'이란 무엇인가라는 문제이다. 헌법상의 권리에 제한이 가해지면, 다음으로 그 제한을 정당화할 수 있는지가 문제가 된다. 제3장에서는 제한에 법률상 근거(나아가 규범의 명확성)가 있는지를 묻는 형식적 정당화와, 제한이 정당하거나 중요한 목적을 위해 필요한 경우 합리적인 한도에 머물러있는가를 중심으로 묻는 실질적 정당화로 나누어 이를 검토한다.

또한 포괄적 자유권 및 평등권에 관하여 3단계심사를 수정하는 것에 대해서는 제4장에서 다루고, 국가에 작위를 청구하는 적극적 권리(급부청구권)등과 같은 원칙-예외 관계를 관념할 수 없는 권리에 대해서는 【*B* 하한통제, 제도준거심사】에서 검토한다.

제1장 '헌법상의 권리' 기초

제1절 헌법상의 권리

I 기본구조

대체로 권리란 주체, 수범자, 객체라는 3요소로 성립된다. 헌법상의 권리 또한 권리의 주체(기본권주체), 권리의 수범자(헌법상의 권리에 대응하여 의무를 지는 자), 권리의 내용(작위를 요구하는가, 부작위를 요구하는가 등)이라는 3요소로 구성된다. 101

헌법상의 권리의 기본형은 ①**구체적인 국민**(X)이, ②**국가**(Y)에 대하여, ③**침해의 부작위**를 요구한다는 형태로 기술된다.

● 때문에 ①X가 국민이 아닌 외국인인 경우 헌법 제3장의 권리의 보장이 미치는가, 법인의 경우에는 어떠한가, 천황 및 황족의 경우에는 어떠한지가 문제시된다(**향유주체**). 또한 ②수범자 Y에 대해서도 국가가 아닌 사인을 대상으로 헌법상의 권리를 주장할 수 있는지가 문제시된다. 기본권의 사인간 효력으로 알려진 문제이다(⇒531).

● 헌법상의 권리의 중심은 자유권이다. 자유권 규정은 국가의 침해에 대항하는 시민의 '**방어권**(Abwehrrechte)'을 보장한다. 한편, 헌법상의 권리 중에는 생존권(제25조 제1항)처럼 국가에 대해 작위를 청구할 수 있는 것이 있는가 하면, 현재로서는 일부 자유권적 기본권의 규정으로부터 방어권에 더하여 국가에 대하여 작위청구가 도출되는 경우가 있다('알권리' 등).

이들 권리에 대해서는 헌법 차원에서는 국가에 요구하는 작위 내용이 특정되어 있지 않으며, 법률에 의한 구체화에 위임되어 있는 경우가 있으며, 그 법적 성격('추상적 권리'론)이나 재판을 통한 권리실현의 한계가 문제 된다. 뒤에 기술할 원칙-예외 관계를 당연하게 설정할 수 있는 것은 원칙적으로 방어권인 경우뿐이며, 국가에 대해 작위청구를 내용으로 하는 권리에 대해서는 국가가 작위의무를 먼저 이행한 후에 비로소 문제가 된다(⇒519, 570).

● 앞서 기술한 것과 달리 헌법 제3장에서는 국가에 대해 금지 또는 요청을 명하고 있지만, 이를 국민 X의 권리로 기술할 수 없는 조항이 있으며, 그 법적 성격이 문제 된다. 예를 들면, 제20조 제3항은 국가에 의한 종교적 활동을 금지하고 있지만, 국민 X 측에 이에 대응한 방어권이 당연히 발생하지 않는다. 방어권은 헌법을 위반한 국가의 종교적 활동으로 동시에 자신의 신앙의 자유가 제약된 자에 대해서만 성립한다. 단순한 정교분리 위반은 지방자치법 제242조 2의 주민소송과 같은 객관소송(⇒708)이 마련되어 있지 않는 한, 그 행위의 위헌성을 재판으로 다툴 수 없다.

Ⅱ 원칙-예외 관계

102 헌법 제3장은 표현의 자유, 통신의 비밀, 주거 불가침, 거주・이전의 자유 등, 일련의 ≪국가로부터의 자유≫를 보장하고 있다. 이러한 ≪국가로부터의 자유≫를 보장하는 데 있어서 중요한 것은 ≪원칙으로서의 자유≫와 ≪예외로서의 제한≫이라는 **원칙-예외**의 관계이다.

헌법은 역사적 경험 속에서 국가권력에 의한 위협에 직면한 개인 및 사회의 자유를 말 그대로 국가에 의한 위협으로부터 보전하는 것을 목적으로 한 법이다. 헌법이 개개인에게 보장하는 자유 중에서, 적어도 중요한 것은 국가로부터 창설・부여된 것이 아니다. 이는 전국가적인 것이며 헌법은 인간이 인간으로서 당연히 가지고 있는 인권을 확인적으로 실정화한 것이라 해석되고 있다. 본래 전국가적이라 하더라도, 헌법상의 자유는 무제한적인 것이 아니다. 표현의 자유라 하여도 타인의 인격권(명예, 프라이버시 등)을 해치는 표현까지 허용될 수 없으며, 타인의 권리(소유권 등)를 해치는 수단으로 이용한 의견표명마저 허용되는 것이 아니다. 그러나 사전에 법률에서 금지된 것이 아닌 한, 개개인은 규제받지 않고 자유롭게 의견을 표명할 수 있다. 또한 그 규제는 필요최소한도에 그쳐야 한다.

이처럼, 자유에 대한 간섭을 가하는 국가의 권한은 원리적으로 한정되 103
어 있다. 국가는 정당한 목적에 근거한 때에만, 또한 이 목적이 미치는 범위 내에서만 개개인의 자유에 개입하는 것이 허용된다(원칙으로서의 자유와 예외로서의 제한).

● 칼 슈미트는 이 원칙-예외 관계를 '법치국가적 배분원리'라는 말로 표현하였다. 즉, 시민적 법치국가는 '국가'와 '사회'라는 두 가지 세계를 구별한다. '모든 법률규정, 모든 행정의 간섭, 모든 국가의 개입은 원리적으로 한정되며, 측정 가능, 계산 가능한 것이어야 한다. 모든 국가의 통제는 그 자체도 또한 통제될 가능성이 있는 것이어야 한다'고 보는 것이다.

근대적 의미의 헌법(입헌적 의미의 헌법)은 권리보장과 권력분립을 불가결한 구성요소로 보고 있다(프랑스 인권선언 제16조는 '권리의 보장이 확보되지 않고, 권력의 분립이 정해지지 않은 모든 사회는 헌법을 갖고 있다고 할 수 없다'고 한다). 헌법은 국가권력에 정당성을 부여하고(국민주권), 국가를 조직화하며(권력분립), 권력행사의 한계를 정한다(기본적 인권). 헌법의 규율대상은 국가이지만, 사회계약론적인 설명에 따르면, 국가는 자연상태에 질서를 부여하여 개인의 평화적 공존을 가능케 하려고 만들어진 것이며, 그 한도 내에서 정당화된다.

이러한 것으로부터 자유주의를 기조로 하는 헌법이 어떤 전제 위에 서 있는지 알 수 있다. 즉, 국가가 폭력을 독점하고 국가 내의 평화적 공존을 실현하는 것은 헌법의 전제이지, 헌법을 제정하는 목적이 아니다. 헌법의 목적은 '국가(lo stato)'라는 이름이 처음 부여된 이른바 근대 국가에 대해 그 조직화와 활동 한계를 정함으로써 '국가로부터의 자유'를 확보하는 것이다. 대체로 근대적 의미의 헌법이 '자유'에 대해서는 기본적 인권의 카탈로그를 마련하는 한편, 포괄적인 안전의 카탈로그를 갖고 있지 않는 것도 이 이유에서이다. 일본국헌법에서도 전문에서 '우리의 안전과 생존을 유지하고자 결의했다'고 할 뿐이다.

제2절 방어권 작법

주요 판례

最大判1975.4.30民集29卷4號572頁(藥事法事件)
最大判1995.3.7民集49卷3號687頁(泉佐野市民會館事件)

104 위에서 기술한 원칙-예외 관계에서 헌법상의 자유를 제한할 때 다음과 같은 헌법상의 요청이 발생한다. 먼저, 권리와 자유의 제한이란 적어도 법률에 근거하지 않으면 안된다. 행정에 의한 독단적인 제한은 허용되지 않는다. 다음으로 기본권을 제한하는 법률에는 일정한 '질'이 요구된다. 법률의 '명확성'(⇒316)이나 제한의 '필요성·합리성'(⇒325)은 말 그대로 '질'과 관련된 문제이다.

본래 이와 같은 헌법상의 요청은 국가의 조치가 국민 X의 헌법상의 권리를 제한하였다고 관념될 때 비로소 발생한다. 이로부터 헌법상의 권리 제한이 다투어진 경우 무엇을 어떤 순서로 논해야 할 것인지가 분명해진다. 방어권에 대해서는 먼저 Ⓐ어떠한 권리에 대한 제한이 문제가 되는지를 확인하고, 그다음 Ⓑ제한을 정당화하기 위한 요건이 충족되어 있는지를 심사한다.

Ⅰ 기본형

Ⅰ-1 보호영역-제한-정당화

앞서 기술한 것처럼, 방어권 심사는 Ⓐ어떠한 권리에 대한 제한이 문제 되는지를 확인하고, Ⓑ제한을 정당화하기 위한 요건이 충족되어 있는지를 심사하는 순서로 진행된다. 전자는 Ⓐ-1 기본권의 **보호영역**과 Ⓐ-2 해당 조치의 기본권 **제한적 성격**으로, 후자는 Ⓑ-1 법률상 근거라는 **형식적 요건** Ⓑ-2 제한 목적의 정당성 내지 중요성의 심사와 수단의 필요성・합리성 심사를 중심으로 하는 **실질적 요건**으로 나뉜다. 보호영역→제한→정당화 순으로 진행되므로 3단계심사로 불린다. 105

사례1 '행정 각부는 자기의 임무 수행에 필요한 범위 내에서 개인정보를 수집하고 보관할 수 있다' 는 법률상의 규정을 근거로, 국가가 설치・관리하는 A공원에 설치된 벤치를 낙서나 오염, 파손으로부터 보호할 목적으로 비디오카메라에 의한 감시가 허용되는가? 단순히 감시하는 경우와 영상을 기록·보존하는 경우로 나누어 검토하라. 106

사례2 '경찰은 개인의 생명, 신체 및 재산을 보호할 임무가 있으며, 범죄의 예방, 진압, 수사, 피의자의 체포, 교통단속 그 밖에 공공의 안전과 질서유지를 그 책무로 한다.' 라고 규정한 경찰법 제2조 제1항을 근거로 공용도로상에 N시스템 (자동차 번호 자동판독 시스템)을 설치할 수 있는가?

● Ⓐ-1 헌법 제13조는 인격권 보장의 한 내용으로써 초상권(승낙 없이 함부로 용모・자태를 촬영당하지 않을 자유)을 보장한다. 인물이 피사체에 포함되는 비디오카메라 감시는 최소한 영상이 기록・보존되는 경우에는 초상권에 관련된 문제이다. 107

한편, 기록・보존이 이루어지지 않는 경우는 정의상 ('촬영되지 않을 자유'), 초상권의 문제로 하기는 어렵다.

사례2의 N시스템에서 기록・보존되는 것은 특정 번호의 차량이 특정 지점을 일정 방향으로 통과했다는 정보이며(탑승자의 용모 등은 기록되지 않음), 초상권은 문제가 되지 않는다. 또한 차량번호 등은 그 자체가 민감한 정보라고 할 수 없기 때문에 고전적 프라이버시권과도 다르다. 그러나 현재의 정보처리 기술 하에서 보면, '사소한 데이터'라 할 수 있는 것은 이미 존재하지 않는다. 이러한 인식 하에서 자기정보통제권 내지는 개인정보자기결정권(자신에 관한 정보의 수집・관리・이용에 대해 원칙적으로 스스로 결정할 권리. 상세히는 ⇒412)이 주장되고 있다.

● Ⓐ-2 비디오카메라 감시는 영상 보존을 수반하는 것과 수반하지 않는 것이 있지만, 전자가 초상권에 대한 '제한'에 해당하는 것에 다툼이 없다. 한편, 영상 보존을 수반하지 않는 감시는 가령 개인정보자기결정권의 문제라 하더라도 기본권에 대한 '제한'이라고 할 정도로 강한 간섭이 생겼는지가 문제된다. 일반적으로 경찰관의 순찰은 '제한'이라고 할 정도의 강한 간섭을 기본권에 가하고 있다고 보지 않는다. 비디오카메라에 의한 단순한 감시가 단순히 경찰관의 눈을 기술적으로 강화한 것에 불과하며, 양자에 양적 차이는 있지만 질적 차이는 없다고 본다면, 기본권에 대한 '제한'에 해당하지 않게 된다. 그러나 비디오카메라가 사람의 눈과는 다른 감시능력을 가지고 있는 것(24시간, 120미터까지, 어둠 속에서도 명확한 감시가 가능한 점 등)을 중시한다면 경찰관에 따른 단시간 감시와는 양적・질적으로도 다르며, 단순한 감시라고 하더라도 개인정보자기결정권에 대한 **제한**에 해당한다고 해석할 여지가 있다.

위와 달리, 공공장소에 ≪방범카메라 작동 중≫이라는 경고문을 붙이고 감시하는 경우, 시민에게는 감시구역에 출입하지 않을 '회피가능성'이 있다. 이 때문에 ≪감시구역에 일부러 들어간 것이므로 '동의'하였다≫ → ≪따라서 기본권 제한에 해당하지 않는다≫고 생각할 수 있는지가 문제 된다. 이는 '**기본권의 포기**'라는 논점과 관련된 문제이다(⇒221). 경고 없는 감시는 매우 중대하여 정당화가 곤란한 기본권 제한에 해당된다고 하더라도, 경고가 있다고 해서 '제한'으로서의 성격이 배제되는 것은 아니라고 봐야 할 것이다.

또한 개인정보자기결정권을 승인한 경우 N시스템에 의한 기록·보존은 당연히 '제한'으로 간주되게 된다.

108 ● Ⓑ-1 법치국가의 원칙에서 보자면 기본권에 대해 제한이 가해진 경우

법률상의 근거가 먼저 요구된다(⇒302). 법률의 근거를 갖지 않은 기본권의 제한은 그 즉시 위헌이 된다.

그런데 법률에도 여러 타입이 있다. 헌법상 권리에 대한 제약은 조직법이 아닌 작용법에 의해 수권되지 않으면 안된다. 이 점 사례2의 경찰법은 조직법이기 때문에 합헌성에 대해 의문이 생긴다(⇒304).

사례1의 제한이 작용법에 근거하고 있으므로 다음으로 문제가 되는 것은 이 규정이 **명확성의 요청**을 충족하는지 여부이다. 이때 고려해야 하는 것은 이 법률로 제한을 받는 권리의 성질이나 제한의 강도이다. 일반적으로 위축적 효과가 발생하는 표현의 자유를 제한하는 경우나, 무거운 제재인 형벌을 부과하는 경우 규범의 명확성이 특히 강하게 요청된다고 주장된다(⇒320). 초상권이 인격권으로서 보호되는 것은 초상 그 자체에 가치가 있다기보다는 현재의 정보처리기술 하에서 '사소한 데이터'는 이미 존재하지 않기 때문이라고 한다면, 취득의 요건이나 보존 기간, 이용 목적에 대해 아무런 한정도 두고 있지 않은 본 건 규정은 명확성의 요청을 충족하지 않는다고 해석할 수 있다.

나아가, 제한이 직접 조례 내지 명령에 근거한 경우 조례제정권의 한계나 위임입법의 한계가 문제 된다(⇒307, 310).

사례3 위에서 기술한 감시가 '공공시설 관리자는 시설 및 그 비품 등의 파손을 방지하기 위해 비디오카메라 감시를 할 수 있다. 기록된 영상은 특별히 필요가 없는 한 48시간 이내에 소거해야 한다. 영상은 이를 취득한 목적 외로 전용되어서는 안된다'는 규정에 근거한 경우라면 어떠할까? 109

● Ⓑ-2 사례3의 규정은 상당 정도 명확성을 지니고 있어 형식적 요건은 충족하고 있다고 여겨진다. 형식적 요건을 충족하면, 그 다음에 규제의 목적 및 수단의 헌법적합성을 심사한다. 110

이 심사에도 역시 순서는 있다. ①먼저 규제의 목적을 심사한다(⇒329). 공공시설의 보호는 우선 정당한 규제의 목적이라 할 수 있을 것이다('중요'한 지 아닌지는 의문이지만). ②다음으로, 수단을 심사한다(⇒337). 우선 비디오카메라에 의한 감시라는 수단은 입법목적의 달성을 위한 효과적인 수단인가(**수단의 적합성** 또는 합리성). 카메라를 설치하여 범죄가 감소한다면 효과적인 수단으로 인정되지만, 범죄 장소가 옆 벤치로 옮겨가는 것뿐이라면 범죄예방에는 도움이 되지 않고 감시는 위헌행위가 될 가능성이 있다. 게다가 경찰관의 순찰이라는 보다 유연한 수단으로 범죄예방이라는 입법목적을 동일하게 달성할 수 있다면, 감시는 위헌이다(**수단의 필요성**[2])). 마지막으로, 극히 경미한 질서위반을 방지하기 위하여 감시라는 중대한 제한이 가해지는 것이라면, 제한으로 얻을 수 있는 이익과 잃게 되는 이익의 균형이 상실되어 위헌이 된다(**협의의 비례성** 또는 균형성).

경찰관의 순찰에는 한계가 있기 때문에 비디오카메라 감시를 하는 것이라면 범죄예방의 수단으로서 적합성(합리성)・필요성이 인정된다. 하지만 사례3의 규정은 단순히 '시설 및 비품 등의 파손을 방지'라고 정하고 있을 뿐이므로, 보호대상이 되는 설비・비품의 종류・성질이나 위험 발생의 개연성에 대해서는 어떠한 한정도 가해져 있지 않다. 때문에 개인정보자기결정권의 중요성에 비추어 본다면, 이 규정 자체가 균형성(협의의 비례성)에 반하여 위헌이 되거나, 혹은 적어도 합헌한정해석(⇒816)이 행해지게 될 것이다.

Ⅰ-2 논증의 중점

111 실제 헌법재판에서 Ⓐ-1부터 Ⓑ-2까지 전부 같은 비중으로 논증되지는 않는다. 전단지 배부에 대한 규제나 명예훼손적 표현을 금지하는 것 등은 규제를 받는 행위가 표현의 자유 보호영역에 포함되어, 해당 규제가 표현의 자유에 대한 제한임을 전제로 해도 좋다. 약국 개설 허가제라는 약사법 위헌판결(⇒113)사안에서도 허가제가 직업선택의 자유의 제한에

2) **역자주**−본서에서의 '수단의 필요성'은 과잉금지의 원칙의 부분 요소인 '피해의 최소성'과 동일한 의미이지만, 본서에서는 편의상 원문 그대로 '수단의 필요성'이라 표기한다.

해당하는 것은 논증하지 않아도 확인할 수 있다. 또한 이 사안에서는 형식적 정당화(법률의 근거)에 대하여 특별한 문제가 발생하지 않기 때문에 논증의 중점은 직업의 자유의 의의 및 허가제의 성질 검토와 제한의 필요성·합리성 심사에 달려있다.

한편, 시민회관 사용불허가 처분이 쟁점이 되었던 이즈미사노泉佐野 시민회관 판결(⇒116)에서는 시민회관 사용거부가 표현의 자유 및 집회의 자유 제한에 해당하는지를 비교적 상세히 논하고 있다. 이것은 공공시설의 이용이 자유권의 보장범위에 포함되는지가 원래 문제가 되기 때문에 이용 거부가 자유권의 제한에 해당하는지가 반드시 자명하지 않기 때문이다(상세히는 ⇒117, 652).

Ⅱ 판례 읽기

약사법 위헌판결은 직업선택의 자유에 관한 중요 판례일 뿐만 아니라, 법률의 합헌성을 논증하는 작법을 배우는 데도 중요하다. 또한 법령 자체는 합헌이지만, 불이익 처분의 위헌·위법을 문제로 하는 경우의 논증에 대해서는 이즈미사노 시민회관 판결이 그 기본형을 제공하고 있다. 112

Ⅱ-1 약사법 위헌판결

a) 법적 구성은 다음과 같다.

①[직업의 자유의 의의 및 보호영역] '직업은 사람이 자기의 생계를 유 113
지하기 위한 계속적인 활동임은 물론, 분업사회에서는 이를 통해 사회의 존속과 발전에 기여하는 사회적 기능분담 활동을 하는 성질을 가지며, 개개인이 스스로 가진 개성을 발휘하는 장으로서, **개인의 인격적 가치**와도 불가분의 관계를 맺고 있다'. 이러한 직업의 성격과 의의에 비추어보면, 직업은 그 선택, 즉 직업의 개시, 계속, 폐지의 자유뿐만 아니라 '선택한 직

업의 수행 자체, 즉 그 직업활동의 내용, 형태에서도 원칙으로서 자유일 것이 요구된다'. '따라서 위 규정은 협의의 직업선택의 자유뿐만 아니라 직업수행의 자유도 보장한다고 해석해야 할 것이다.

②[사회적 상호 관련성] 본래 직업은 그 성질상, **사회적 상호 관련성**이 크기 때문에 '직업의 자유는 그 외 헌법이 보장하는 자유, 특히 이른바 정신적 자유와 비교하여 공권력에 의한 규제 요청이 강하[다]'. 직업은 '그 종류, 성질, 내용, 사회적 의의 및 영향이 극히 각양각색이므로, 그 규제를 요구하는 사회적 이유 내지 목적도 국민경제의 원만한 발전이나 사회 공공의 편의 촉진, 경제적 약자 보호 등 사회정책 및 경제정책상의 적극적인 것에서부터 사회생활의 안전보장 혹은 질서유지 등 소극적인 것에 이르기까지 천차만별로 그 중요성도 다양하다'. 이에 대응하여 '현실적으로 직업의 자유에 대해 가해지는 제한 또한 국가 혹은 공공단체 전문직에서부터 직업 수행의 방법 또는 형태에 대한 규제에 이르기까지 각각의 사정에 따라 다양한 형태를 띤다. '그러므로 이들 규제 조치가 헌법 제22조 제1항의 공공복지를 위하여 요구되는 것으로 시인될 수 있는지 일률적으로 논할 수 없으며, 구체적인 규제 조치에 대해 규제의 목적, 필요성, 내용, 이것으로 제한되는 직업의 자유의 성질, 내용 및 제한의 정도를 검토하여, 이들을 비교형량한 뒤 신중하게 결정하지 않으면 안된다'. 위와 같이 검토와 고려를 하는 것은 1차적으로 입법부의 권한과 책무이지만, '합리적 재량의 범위에 대해서는 사안의 성질상 자연히 그 규모의 넓고 좁음은 있을 수 있는 것이므로, 재판소는 구체적인 규제의 목적, 대상, 방법 등의 성질과 내용에 비추어 결정해야 하는 것이라 하지 않을 수 없다'.

③[강력한 제한으로서의 허가제와 위헌심사의 방법] '일반적으로 **허가제**란 단순히 직업활동의 내용 및 형태에 대한 규제를 넘어 협의의 직업선택의 자유 그 자체를 제한하는 것으로, 직업의 자유에 대한 **강력한 제한**에

해당한다. 그러므로 그 합헌성을 긍정하기 위해서는 원칙적으로 중요한 공공의 이익을 위해 필요하며 합리적인 조치일 것이 요구되며, 또한 이 제한이 사회정책 내지 경제정책상의 적극적인 목적을 위한 조치가 아니라, 자유로운 직업활동이 사회 공공에 가져올 폐해를 방지하기 위한 **소극적, 경찰적 조치**인 경우 직업의 자유에 대해 허가제보다 완화된 제한인 직업활동의 내용 및 형태에 대한 규제를 통해서는 위의 목적을 충분히 달성할 수 없다는 것이 인정되어야 한다. 그리고 '허가제 채택 자체가 시인되는 경우라 하더라도 개개의 허가 조건에 대해서는 더욱 개별적으로 위의 요건에 비추어 그 적합성을 판단하지 않으면 안된다'.

b) 다음으로, 적용에서는 아래와 같이 설시되고 있다. 114

④[허가제 자체의 합헌성, 적정배치의 목적] 약사법이 의약품 등 공급업무에 대해 허가제를 채택한 것 자체는 공공복지에 적합한 목적을 위해 필요하며 합리적인 조치로 인정할 수 있다. 또한 약사법 구 제6조 제1항이 약국의 구조 설비, 약사 업무에 종사해야 할 약사의 수, 허가신청자의 인적 결격사유에 따른 허가 조건을 정하고 있는 것은 '모두 불량 의약품 공급 방지를 위한 목적과 직결되는 사항이며, 비교적 용이하게 그 필요성과 합리성을 긍정할 수 있다'. 한편, 약국의 적정배치라는 관점에서의 규제(제2항)는 '이와 같은 직접적 관련성을 가지고' 있지 않다.

약사법 구 제6조 제2항, 제4항의 적정배치 규제의 제안 이유는 '일부 지역에 약국 등이 마구 개설되어 과다 경쟁으로 일부 업자들이 경영에 불안정이 생기고, 그 결과 시설의 결함 등에 의한 불량의약품이 공급될 위험을 미연에 방지하는 것, 그리고 약국 등이 일부 지역에 편재하는 것을 저지하여 약국이 없는 지역 혹은 과소약국지역에 약국 개설 등을 간접적으로 촉진하는 것 2가지'이지만 '그 중에서도 전자가 그 **주된 목적**을 이루며, 후자는 부차적, 보충적 목적에 그친다고 할 수 있다'. 즉, 적정배치 규제는 '주로 국민의 생명 및 건강에 대한 위험을 방지한다는 소극적, 경찰적 목적을 위한 규제 조치'이며, '소기업이 많은 약국 등의 경영 보호라는 사회 정책적 내지 경제 정책적 목적은 위의 적정배치 규제가 의도하는 것은 아니[다]'

⑤[규제 목적의 합헌성] 지역적인 배치 기준을 정하는 **목적**은 모두 공공복지에 합치하는 것이며, 나아가 그 자체로서 중요한 공공이익이라 할 수 있다.

⑥[수단의 필요성·합리성] 그러나, 약사법 및 약제사법은 국민보건에 유해한 의약품 공급을 방지하기 위하여 약사관계 각종업자의 업무활동에 대한 규제를 정하고 있으며, 이것이 이행되고 준수되는 한 불량의약품의 공급 방지라는 목적을 충분하게 달성할 수 있을 것이다. 확실히 이것으로 위반 그 자체를 근절하는 것은 곤란하므로 더욱 예방적인 조치를 강구할 필요성이 전혀 없다고는 할 수 없지만, '이와 같은 예방적 조치로서 직업의 자유에 대한 큰 제약인 약국 개설 등의 지역적 제한이 헌법상 시인되기 위해서는 단순히 위와 같은 의미에서 국민 보건상 필요성이 없다고 할 수 없다는 것만으로는 부족하며, 이와 같은 제한이 시행되지 않으면 직업의 자유의 제약과 균형을 잃지 않는 선에서 국민의 보건에 대한 위험을 발생시킬 우려가 있는 것이 합리적으로 인정될 것을 필요로 한다'.

하지만 '경쟁격화-경영불안정-법규위반이라는 인과관계에 근거한 불량의약품 공급의 위험이 약국 등의 단계에서 상당 정도의 규모로 발생할 가능성이 있다고 하는 것은 단순히 관념상 상정한 것에 지나지 않으며, **확실한 근거에 기초한 합리적인 판단**으로 인정하기 어렵다.

⑦[결론] '약국 개설 등 허가 기준의 하나로서 지역적 제한을 정한 약사법 제6조 제2항, 제4항은 불량의약품 공급 방지 등의 목적을 위해 필요하며 합리적인 규제로 볼 수 없으므로 헌법 제22조 제1항을 위반한 것이며, 무효이다.

c) 이 판결은 다음과 같은 흐름으로 논리를 전개하고 있다. ①직업의 자유의 의의, 보호영역이란 무엇인가? 여기에서 직업의 자유가 인격적 가치와 불가분한 관련이 있는 중요한 기본권이라고 보는 것이 중요하다. ②직업의 자유의 사회적 상호 관련성과, 직업의 자유에 대한 각각의 목적으로부터 각각의 형태에 규제가 가해지고 있다. ③각종 목적·형태의 규제 중에서 '허가제'라는 규제 형태의 특징과, 소극적 목적에 의한 허가제가 합헌이 되기 위한 요건의 정식화, 즉 인격적 가치와 불가분한 관련이 있는 중요한 기본권으로서 직업의 자유에 대하여 허가제라는 강력한 제한을 가해도 좋은 경우는 중요한 공공의 이익을 실현하기 위한 규제이며(입법목적의 중요성), 보다 완화된 제한으로서는 입법목적을 충분히 달성할 수 없는 경우(수단의 필요성)로 인정되는 경우에 한정된다. 115

위의 내용 중 국민의 생명·건강의 보호를 목적으로 한 거리 제한에 의한 약국 개설의 규제라는 본 건 사안에 특화한 설시가 이루어지고 있는 것은 ③의 부분이다. ①과 ②는 직업의 자유에 대한 제한이 문제가 되며, 대개 모든 사례에 타당한 설시이며, 이와 같은 추상적인 설시만으로 구체적인 위헌심사의 기준을 얻을 수 없다. 구체적 사례를 의식한 구체적 법적 구성에 따라 비로소 학설의 '엄격한 합리성 기준'이라 불리는 위헌심사 기준에 도달한 것이다. 본 건은 중요한 권리에 대하여 강력한 제한이며, 또한 (적극목적 규제와 달리) 입법부 재량을 존중해야 할 특별한 사정이 없다는 것이 포인트였다.

적용에서는 ④에서 본 건이 ③의 구체적 법적 구성이 타당한 사안임이 확인되고, ⑤이하에서는 허가제 그 자체 및 거리 제한이라는 구체적 허가 조건에 대해 ③의 기준 적용이 신중하게 이루어지고 있다.

Ⅱ-2 이즈미사노 시민회관 판결

a) 본 건에서는 시민회관 사용에 대한 불허가 사유로서 시의 조례가 정 116

한 '공공의 질서를 해칠 우려가 있는 경우'에 대하여 집회의 자유를 보장하는 견지에서 다음과 같은 한정해석이 이루어졌다.

①[시민회관 사용불허가는 집회의 자유 제한에 해당하는가?] 본 건 회관은 지방자치법 제244조의 **공공시설**에 해당하므로 시 측에서는 정당한 이유가 없는 한, 주민들이 이것을 이용하고자 할 경우 거부해서는 안 되며, 또한 주민의 이용에 대하여 부당한 차별적인 취급을 해서도 안된다. 본 건 회관과 같이 집회용으로 제공되는 시설이 마련되어 있는 경우 주민들은 이 시설의 설치 목적에 반하지 않는 한, 그 이용이 원칙적으로 인정되며, 관리자가 정당한 이유 없이 그 이용을 거부할 경우 헌법이 보장하는 집회의 자유가 부당한 제한으로 이어질 우려가 생긴다. 따라서 본 건 조례의 규정을 '해석 적용할 경우, 본 건 회관의 사용을 거부함으로써 헌법이 보장하는 집회의 자유를 실질적으로 부정하는 것은 아닌지를 검토해야 한다'.

②[집회의 자유의 의의·형량] 해당 공공시설의 종류·규모·구조·시설 등으로 미루어보아 이용에 상당하지 않은 사유가 인정되지 않음에도 불구하고, 그 이용을 거부할 수 있는 것은 '이용 희망이 경합하는 경우 이외에는 그 집회를 위해 시설을 이용하도록 함으로써 다른 기본적 인권이 침해되어 공공의 복지가 훼손될 위험이 있는 경우에 한한다'. 그리고 '위의 제한이 필요하면서 합리적인 것으로 인정될 수 있는지는 기본적으로 기본적 인권으로서 집회의 자유의 중요성과, 해당 집회가 개최됨으로써 침해를 받을 수 있는 다른 기본적 인권의 내용이나 침해 발생의 위험성 정도 등을 형량하여 결정해야 한다'. '이와 같은 형량을 하는 데 있어서는 집회의 자유의 제약은 기본적 인권 중에서 정신적 자유를 제약하는 것이므로 경제적 자유의 제약보다 엄격한 기준 하에서 행해져야 한다'.

③[합헌한정해석] 본 건 조례에는 '공공의 질서를 해칠 우려가 있는 경우'라는 광의의 표현을 취하고 있지만, '본 건 회관에서 집회의 자유를 보장하는 중요성보다 본 건 회관에서 집회가 개최됨으로써 사람들의 생명, 신체 또는 재산이 침해되어 공공의 안전이 손상되는 위험을 회피하고 방지할 필요성이 우월한 경우를 말하는 것으로 **한정해서 해석해야 하고**, 그 위험성의 정도로서는……단순히 위험한 사태를 발생시키는 개연성이 있다는 것만으로 충분치 못하며, 명백히 긴박한 위험의 발생이 구체적으로 예견될 것이 필요하다고 해석하는 것이 상당하다'. '이렇게 해석하는 한, 이러한 규제는 다른 기본적 인권에 대한 침해를 회피하고 방지하는 데 필요하고 합리적인 것으로서 헌법 제21조에 위반하는 것이 아니고, 지방자치법 제244조[공공시설]에 위반하는 것도 아니다'.

b) 이 판결의 법적 구성의 특징에는 2가지가 있다. 117

aa) 첫 번째는 ①에서 시민회관 사용거부가 집회의 자유에 대한 제한에 해당한다는 것이 비교적 상세히 논술되어 있다는 것이다. 방어권으로서의 표현의 자유 · 집회의 자유는 공권력으로 방해받지 않을 것을 보장하며, 본래 ≪국가나 지방자치단체가 소유하는 물품, 시설 등을 이용하게 하라≫라는 청구권을 포함하고 있는 것이 아니다(전단지 배포의 자유는 ≪국가나 지방자치단체가 소유하고 있는 인쇄기를 사용하게 하라≫는 요구를 포함하고 있는 것이 아니다). 따라서, 시민회관에서 집회를 개최하는 경우는 권리가 아닌 반사적 이익의 문제이며, 지방자치단체가 이용을 거부한 결과, 집회가 개최될 수 없었다고 해도 지방자치단체는 장소를 제공한다는 적극적 조치를 이행하지 않은 것뿐이며, 집회를 방해하지 않았다고 해석할 여지가 있다. 이렇게 되면, 시민회관 사용불허가는 집회의 자유의 보호영역에 대한 제한은 아니므로 헌법상 정당화가 필요하지 않게 된다. 공공시설에 대해 정당한 이유가 없는 이용거부나 차별적 이용거부를 금지하는 지방자치법 제244조가 채택하고 있는 것은 시민회관 사용불허가가 표현의 자유·집회의 자유에 대한 전형적인 제한과는 다르기 때문이며, 제244조를 개입시킴으로써 정당한 이유가 없는 사용불허가가 집회의 자유에 대한 제한으로 재구성되고 있다.

● 덧붙이자면, 공립중학교 시설을 이용한 집회는 시설의 목적 외 사용이기 때문에 지방자치법 제244조가 적용되지 않으며, 허가 여부는 원칙적으로 관리자의 재량에 맡겨진다(⇒653).

● 가령 지방자치법 제244조와 같은 규정이 존재하지 않는 경우 어떻게 될 것인가, 지방자치법 제244조는 확인적인 규정인가 창설적인 규정인가라는 문제에 대해서는 뒤에 기술한다(⇒656). 헌법학에서는 퍼블릭포럼론을 채택하여 집회의 자유에 대한 보장을 퍼블릭포럼 이용으로까지 확장하는 설명이 유력하다.

118 bb) 본 판결의 두 번째 특징은 조례의 규정에 대하여 불허가 처분은 중요한 기본권인 집회의 자유를 제한하는 것이라는 관점으로부터, **합헌한정해석**(⇒816)이 이루어져 시설관리자의 재량적 판단의 여지가 큰 폭으로 좁아진 것이다.

● 합헌한정해석이 시행되지 않는 사례와 비교하면 그 의의를 한층 더 잘 알 수 있다. 맥클린マクリーン 사건(最大判1978.10.4民集32卷7號1223頁)에서 최고재판소는 '헌법상 외국인은 우리나라에 입국할 자유를 보장받고 있지 않은 것은 물론, ……체류할 권리 내지 계속하여 체류할 수 있는 권리를 보장받고 있는 것도 아니다'라고 하였다. 출입국관리령(현 출입국관리 및 난민인정법)에서 체류기간 갱신사유가 개괄적으로 규정되어있는 것은 '갱신사유의 여부 판단을 법무대신의 재량에 맡겨, 그 재량권 범위를 광범위한 것으로 하는 취지이[며]', 출입국관리령 제21조 제3항에 기초한 법무대신

의 판단은 '그 판단이 전혀 사실에 기초하지 않거나 사회통념상 타당성이 현저하게 떨어지는 것이 명백한 경우에 한해, 재량권의 범위를 넘었거나 그 남용이 있었다고 하여 위법이 된다'.

제2장 보호영역과 제한

201 헌법상의 권리는 포괄적 자유권을 제외하면 각각 고유의 보호영역을 가진다. 그러나 헌법상의 권리 목록은 인간이 지닌 비정형적이고 포괄적인 자유를 여러 관점에서 유형화한 것이므로 구체적인 자유 행사 및 이에 대한 제한이 어떤 기본권의 보호영역과 관련된 것인지, 명확하지 않은 경우가 있다. 더욱이 어떤 기본권의 보호영역과 관련되더라도 해당 기본권에 대하여 '제한'이라 할 수 있을 정도로 강력한 간섭이 가해져 있는지도 문제가 된다.

아래에서는 보호영역의 획정(제1절) 및 제한적 성격의 인정(제2절)에서 발생하는 기본적인 논점을 가지고 검토한다.

제1절 보호영역의 획정

주요 판례

最大判1969.11.26民集23巻11號1490頁(博多驛テレビフィルム事件)
最大判1989.3.8民集43巻2號89頁(レペタ事件)
最大判2000. 2.29民集54巻2號582頁(エホバの証人輸血拒否事件)
最大判1992.7.1民集46巻5號437頁(成田新法事件)
最大判2006.3.1民集60巻2號587頁(旭川市市國民健康保險條例事件)
最大判2015.12.16民集69巻8號2586頁(夫婦同氏規定事件)

Ⅰ 보호영역

Ⅰ-1 '보호영역'의 의의

a) 국가에 부작위를 요구하는 헌법상의 권리에는 '표현'이나 '직업'과 같이 어떤 활동의 자유를 보장하는 것과, '생명'이나 '인격권'과 같이 어떤 상태 내지 법익을 보전하는 것이 있다. 어떤 경우에도 중요한 것은 기본권의 보호영역을 헌법보다 하위 법률로부터 귀결해서는 안된다는 것이다. 법률에 의한 구체화나 내용형성(⇒224)에 의존하는 일부 기본권을 예외로 하면, 헌법상의 권리의 보호영역은 헌법 자체에서 획득되어져야 한다. 202

● 자유권의 일부는 어떠한 행위를 할 자유는 물론, 행하지 않을 자유의 보장을 포함한다. 예를 들면, 종교의 자유는 신앙을 갖지 않을 자유를 보장하는 것을 포함하며, 표현의 자유는 표현하지 않을 자유를 포함하고 있으며, 일반적으로 '침묵의 자유', '소극적 표현의 자유'로 불린다. 또한 계약의 자유에는 내용 결정의 자유, 상대방 결정의 자유, 체결의 자유가 포함되며, 계약을 체결하지 않는 것도 당연히 포함되어 있다.

결사의 자유에 대해서는 강제가입단체에 가입하지 않을 자유가 보장되는지가 문제시된다(⇒230). 또한 단결권(헌법 제28조)에 대해서도 예전에는 단체에 가입하지 않을 권리 또는 단체에서 탈퇴할 권리(소극적 단결권)는 보장되지 않는다는 해석이 유력했지만, 최근에는 소극적 단결권을 (부분적으로)인정하는 견해가 유력하다. 유니언 숍의 한계에 대해 最判1989. 12.14 民集43卷12號2051頁(三井倉庫港運事件), 最判2007.2.2民集61卷1號86頁(東芝事件)을 참조.

b) 심사의 제1단계에서 이루어지는 기본권의 **보호영역의 획정**에는 **이중의 기능**이 있다. ①보호영역의 획정에 따라 여기에 포함되는 행위 등에 제한이 가해지는 경우 비례원칙을 중심으로 한 제한의 정당화가 요구된다(**적** 203

극적 기능). ②한편, 보호영역은 여기에 포함되지 않는 행위 등의 규제에 대하여 그와 같은 정당화가 불필요하다(**소극적 기능**).

헌법상의 권리의 제한에 대하여 헌법적합성을 심사하는 데 있어서, 두 가지 설명 방법을 자각적으로 구별하는 것이 중요하다. 첫 번째는 기본권의 '**일응**(prima facie)'의 보호영역을 넓게 본 뒤, 제한의 정당화 단계에서 최종적으로 그 보장하는 범위를 확정하는 접근 방법이며, 다른 한 가지는 기본권의 내재적 한계는 기본권의 보호영역에서 제외하여, '일응(prima facie)'의 보장 대상과 최종적인 보장의 범위를 접근시키는 방법이다. 전자를 기본으로 해야 한다.

● '결과적으로 보호되지 못했다'는 것과 '원래 보호되어 있지 않다'는 차이가 있다. '일응'(prima facie)의 보호영역에 포함된다는 것은 결과적으로 보호되지 않을 수도 있지만, 해당 행위는 기본권 보호영역에 포함되어 있다는 의미이며, 법률상 근거, 목적 및 수단의 심사를 거친 후에 그 행위에 대한 제한이 위헌인가 합헌인지가 최종적으로 확정되게 된다.

예를 들면, 타인의 가옥에 멋대로 스프레이 벽화를 그리는 행위는 본문에서 기술한 전자의 접근 방법으로 본다면, 표현의 자유의 보호영역에 포함되어 그 금지에 대한 합헌성은 정당화 단계에서 심사되지만, 후자의 접근 방법으로 본다면 이미 보호영역의 획정 단계에서 보장 대상으로부터 제외된다. 또한 차별적 표현에 대해 필요최소한도의 규제가 허용된다고 한 경우, ≪이와 같은 표현도 표현의 자유에는 포함되지만, 해당 규제에는 충분하고 실질적인 이유가 있기 때문에 규제가 허용되는 것이다≫라고 설명하는 것과, ≪이와 같은 표현은 본래 표현의 자유의 보호영역에 포함되어 있지 않기 때문에 규제가 허용되는 것이다≫라고 설명하는 것에서 결론은 동일하더라도 논증 구조가 전혀 다르다. 보호영역에 포함되지만 제한될 수 있다면, 비례원칙을 충족하고 있는지 등 제한을 정당화하기 위하여 논증이 필요하고, 차별적 표현은 보호영역에 포함되지 않는다고 한다면, 어째서 보호영역에 포함되지 않는지에 대한 논증이 필요하다.

보호영역에 포함되지 않는 행위에 대하여(해당 기본권과의 관계에서) 헌법 상 정당화가 불필요하다는 **보호영역의 소극적 기능**에서 본다면, 보호영역이 처음부터 좁게 한정되어서는 안된다. 보호영역으로부터의 제외는 대개 기준이 불명확하며, 기본권 제한의 정당화에 대해 요구되는 (엄격한) 위헌심사를 교묘히 빠져나갈 우려가 있다. 보호영역에 포함된다는 추정을 해야 할 것이다. 204

● 타인의 소유물에 스프레이 그림을 그리는 것 등의 행위는 명예훼손적 표현이나 타인의 소유물에 전단지를 뿌리는 것과 같이 표현의 자유 보호영역에 포함되고, 헌법으로 일응(prima facie)의 보장을 향유한다고 생각하게 된다. 이러한 행위의 금지는 최종적으로 합헌이 되는 경우가 많지만, 그것은 금지가 정당화되기 때문이며, 해당 행위가 보호영역으로부터 배제되기 때문이 아니다.

● 또한 외설 표현의 규제에 대하여 주장된 **정의붙은 형량**(definitional balancing test)은 신중한 형량(즉, 정당화)의 결과로서 합헌적으로 금지할 수 있는 것을 유형적으로 정의하고, 이를 표현의 자유의 보호영역에서 제외하는 사고 방법이다.

Ⅰ-2 '존중할 만한' 행위

그렇지만 최고재판소는 기본권의 보호영역인가 아닌가라는 기계적인 이분법을 취하고 있지는 않다. 법정 메모 판결(Repeta사건)은 보도를 위한 취재행위, 의견표명의 준비로서 메모를 하는 행위에 대하여 헌법 제21조의 직접 보장 대상은 아니지만, 그 정신에 비추어 존중되어야 할 행위라 하였다. 205

단순히 '존중되어야 할' 행위의 제한에 대해서는 합헌성 판정기준이 완

화된다(⇒343)

● 하카타역博多驛 TV필름 사건의 결정에서는 다음과 같이 설시하고 있다. '보도기관의 보도는 민주주의 사회에서 국민이 국정에 관여함에 따라 중요한 판단 자료를 제공하고 국민의 「알권리」에 봉사하는 것'이며, '사상 표명의 자유와 함께 사실 보도의 자유는 표현의 자유를 규정한 헌법 제21조 보장의 아래 있는 것임은 말할 필요도 없다. 또한 이와 같은 보도기관의 보도가 올바른 내용을 갖기 위해서는 보도의 자유와 함께 보도를 위한 취재의 자유도 헌법 제21조의 정신에 비추어 충분히 **존중할** 가치가 있는 것이라고 하지 않을 수 없다'.

보도의 자유가 헌법 제21의 직접 보호대상임에 비해, 취재의 자유는 단순히 존중할 가치가 있는 것이라 하여 질적으로 구별되어 있는 것이 주목된다. 마찬가지로 법정 메모 판결은 '필기행위는 일반적으로 인간의 생활활동의 하나이고, ……그 모든 것이 헌법이 보장하는 자유에 관계되는 것이라고 할 수 없지만, 다양한 의견, 지식, 정보에 접하고, 이를 섭취하는 것을 보조하는 것으로 이루어지는 한, 필기행위의 자유는 헌법 제21조 제1항의 규정의 정신에 비추어 존중되어야 한다고 하지 않을 수 없다'고 하고 있다.

● 또한 위와 마찬가지의 것이 헌법 제31조 이하 규정의 행정절차에의 응용(成田新法事件判決)이나, 제84조의 조세법률주의의 조세 이외의 부담금에의 응용(旭川市國民健康保險條例事件判決)에 대해서도 이루어지고 있다.

● 최고재판소에 따르면, '필기행위의 자유는 헌법 제21조 제1항의 규정에 따라 직접 보장되는 표현의 자유 그 자체와는 다른 것이므로, 그 제한 또는 금지에는 표현의 자유에 제약을 가하는 경우 일반적으로 필요한 엄격한 기준이 요구되는 것이 아니다'(법정 메모 판결).

Ⅰ-3 권리성의 부정

최고재판소가 헌법상의 권리성을 명시적으로 부정하고, 나아가 '존중' 206
도 요구하지 않은 것이 혼인할 때 '姓의 변경을 강제받지 않을 자유'이다
(夫婦同姓規定事件判決)

● 이 판결에서는 먼저 ①姓에 이름과는 분리된 존재로서 사회의 구성 요소인 가족의 호칭으로서의 의의가 있다는 점에서 보면, 姓이 친자관계 등 일정 신분 관계를 반영하고, 혼인을 포함한 신분 관계의 변동에 따라 고쳐질 수 있다는 것은 그 성질상 예정되어 있는 것으로 현행 법제도 하에서 姓의 성질 등을 고려한다면 '혼인할 때 성의 변경을 강제받지 않을 자유'가 헌법상의 권리로서 보장되는 인격권의 한 내용이다라고는 할 수 없다고 판시했다. 다음으로 동 판결은 ②姓의 변경에 따라 발생하는 불이익에 대해서도 '혼인 전에 쌓은 개인의 신용, 평가, 명예감정 등을 혼인 이후에도 유지하는 이익 등은 헌법상의 권리로서 보장되는 인격권의 한 내용이라고까지는 할 수 없다'고 판시하고 있다(姓을 포함한 혼인 및 가족에 관한 법제도의 방안을 검토함에 있어 고려해야 할 인격적 이익이라고는 할 수 있다).

또한, 본 판결의 이유 ①과 ②는 전혀 다른 것을 문제로 삼고 있다. 즉 ②는 이익으로서의 중요도가 헌법상의 권리성을 승인하기에는 부족하다고 하는 것이다. 오카베(岡部喜代子) 재판관의 의견이 다수의견과 대립한 것도 여성의 사회 진출이 현저히 진행되고 있는 중에 '동일성식별을 위한 혼인 전의 성씨 사용은 여성의 사회 진출의 추진, 일과 가정의 양립 정책 등에 의해 혼인 전부터 이어지는 사회생활을 보내는 여성이 증가함과 더불어 그 합리성과 필요성이 증가하고 있다'는 점이다.

이에 대해 보다 큰 문제를 안고 있는 것은 ①이다. ①에서는 '姓'이 일정한 사회적 기능을 하고, 그 변동이 법제도에 의해 규정되어 있는 것이 문제로 되어 있다. 본 판결과 같은 날 재혼금지기간 위헌판결(最大判2015. 2.16民集69卷8號2427頁)도 혼인 및 가족에 관한 사항의 '내용의 상세에 대해

서는 헌법이 일의적으로 정하는 것이 아니라, 법률에 의해 이를 구체화하는 것이 좋은 방법이라고 생각한다'며, '혼인을 하는 것에 대한 자유는 헌법 제24조 제1항의 규정의 취지에 비추어, 충분히 존중할 만한 것이라고 해석할 수 있다'고 설시하고 있다. 물론 법제도에 의존한 권리・이익의 취급은 표현의 자유 등 자연적 자유와는 다른 점이 있다. 그러나 법제도 의존성은 그 이익에서 헌법상의 권리성을 박탈하는 것은 아닐 것이다. 상세히는 후술 (⇒225)

Ⅱ 보호영역으로부터 제외

207 a) 보호영역에 포함되는가의 여부가 특별히 문제시되는 것은 ①자살의 자유(자기생명처분권), ②자신의 장기를 매매하는 자유나 자발적 매춘 등 이성적이라고 할 수 없는 자기결정, ③중대한 타자가해를 수반하는 행위가 있다.

● ①자살의 자유는 헌법 보장의 대상이 되는가? 여호와의 증인 수혈거부 판결은 '환자가 수혈을 받는 것은 자신의 종교상 신념에 반하는 것으로, 수혈을 수반한 의료행위를 거부한다는 명확한 의사를 가지고 있는 경우, 이와 같은 의사결정을 할 권리는 인격권의 한 내용으로 존중되지 않으면 안된다'고 설시하고 있다. 혹은, 하급심 재판(東海大學安樂死事件判決, 横浜地判1995.3.28判例時報1530號28頁)에서는 '죽음을 맞이하는 방법 내지 죽음에 이르는 과정에 대한 선택권'이 승인되었다. 하지만 이런 판례・재판의 예에서 인정된 권리는 '자살의 자유'는 아니다.(도카이대학 안락사 판결도 또한 '그것은 치료 중지가 환자의 자기결정권에서 유래한다고는 하지만, 그 권리는 죽음 그 자체를 선택할 권리, 죽을 권리를 인정한 것은 아니[다]'고 보고 있다.) 자살과 같은 스스로 존재 의의에 대한 부정적 평가를 전제로 하여 자기 생명 및 신체에 대해 중대하고 불가역적인 침해를 직접 가져오는 행위는 헌법상의 권리로 관념할 수 없다는 견해가 유력하다(土井眞一).

②제2유형은 제3자가 보면 지극히 불합리한, 혹은 이성적이라 할 수 없는 자기결정의 자유이다. 헌법상의 권리가 사회통념에 따른 행위 보장이 아닌, 실제로 자신의 판단에 따라 행동하는 자유를 보장하는 것이라는 점에서 보면, 이 유형에 속하는 행위는 원칙적으로 기본권 보호영역에 포함된다고 해석할 수 있다. 나아가 이러한 행위에 대해서는 제한을 정당화할 이유를 찾는 데에 곤란한 경우도 있다는 것에 주의하지 않으면 안된다(도덕적 이유에 근거한 제한이나 후견주의적(paternalistic) 제약 [⇒330] 등).

③살인의 자유도 일응(prima facie)의 보장을 받는가라는 의문은 일반적 자유설(⇒402)에 대한 비판으로 인격적 이익설 측에서 제기되기도 하지만, 헌법에서 명문의 보장이 있는 기본권에 대해서도 같은 문제가 발생할 수 있다(예를 들면, 리얼함을 추구하여 실제로 무대에서 사람을 살인하는 행위는 예술·표현의 자유의 보호영역에 속하는가). 이에 대해 '중대한' 타자가해 행위는 기본권의 일응(prima facie)의 보장 대상에도 포함되지 않는다는 견해가 유력하다. 하지만 예를 들어 임산부의 자기결정권(태아의 생명의 독립성을 임신 초기부터 인정하는 경우에도)에는 중절의 자유가 포함한다(단지, 제한해도 좋다)고 일반적으로 해석되는 것처럼 그 경계는 유동적이다.

b) 이외에도 흉기를 휴대한 집회는 집회의 자유에 따른 일응(prima facie) 208
의 보장을 받을 수 있는가(형법 제208조 2의 흉기준비집합죄는 집회의 자유에 대한 제한인가, 아니면 집회의 자유 보장의 범위 밖의 행위를 단속하는 것에 불과하는가), 표현의 자유는 명백히 허위의 사실을 선전할 자유를 포함하는가라는 문제가 있다.

● 독일 기본법 제8조 제1항은 문언상 '평온하며 무기를 휴대하지 않은' 집회를 행할 자유를 보장하고 있다. 이처럼 헌법 조문 자체가 보장하는 대상을 직접 한정하는 경우 보호영역에서 제외될 수도 있다. 그러나 일본국 헌법 제21조 제1항에 그러한 한정은 없는 것과, 무엇이 불온 내지 무기 휴대에 해당하는지에 대해 분쟁이 일어날 수 있다는 점에서 보면, 보호영

역으로부터 제외가 아닌 제한의 정당화 차원에서 고려해야 할 것이다. 한편, 헌법 제16조의 '평온하게 청원할 권리'에 대해서는 평온하지 않은 청원을 보호영역으로부터 제외시키는 것도 생각해볼 수 있다.

● 독일 연방헌법재판소는 아우슈비츠 유태인 학살을 부정하는 '아우슈비츠의 거짓말' 발언을 규제할 수 있는지가 다투어진 사건에서 다음과 같이 설시하고 있다(BVerfGE 90, 241). '허위 정보, 즉 의도적인 허위 주장 혹은 허위인 것이 증명된 사실의 주장은 보호할 가치가 없다'. 위 판결은 아우슈비츠의 거짓말이라는 주장은 허위라는 것이 증명되어 있으며, 표현의 자유의 보장을 받지 않는다고 했지만, 이와 병행해서 아우슈비츠의 거짓말이 표현의 자유의 보호영역에 포함되어 있다고 해도 규제는 합헌이라는 논증을 하고 있다. 이 판결이 신중한 태도를 취하고 있는 것처럼, 보호영역에서 제외할 수 있는 것은 허위라고 알고 있음에도 불구하고 굳이 선전하는 행위에만 한정해야 할 것이다.

또한 기본법 제12조 제1항의 '직업'에 대해서도 연방헌법재판소는 '금지되어 있지 않은 모든 활동'만이 직업의 자유의 보호영역에 포함되며(BVerfGE 7,377), 신앙의 자유에 대해서는 교도소 내에서 담배를 주는 것을 조건으로 다른 수감자의 개종을 촉구하는 행위는 '기본법 제4조 제1항의 보호를 받는 것이 아니다'고 한 사례가 있다(BVerfGE 12,1).

Ⅲ 기본권의 경합

Ⅲ-1 기본권의 경합

209 **기본권의 경합**이란 규제의 대상이 된 하나의 기본권 주체의 행위 내지 이익이 복수의 기본권의 보호영역과 관련된 경우를 말한다. 실체적 기본권과 '법 앞의 평등'의 경합에 대해서는 뒤에서 기술한다(⇒421, 생존권과의 경합⇒522).

● 서로 다른 기본권 주체의 개별적인 기본권이 문제가 되는 사안은 기

본권의 경합이 아니다. 소년법 제61조의 추지보도의 금지는 표현자와의 관계에서는 표현의 자유, 독자와의 관계에서는 알권리가 제약되지만, 기본권 주체가 다르기 때문에 경합이라고 하지 않는다. 더욱이 기본권의 경합은 복수의 기본권 주체의 기본권이 서로 대항하는 경우(예를 들면, A의 표현의 자유와 B의 인격권 충돌)와도 구별된다. 이는 **기본권의 충돌**이라 불린다.

● 기본권의 경합이 발생하는 빈도는 헌법이 조문상 권리를 얼마나 세분화하여 보장하고 있는가에 따라 다르다. 독일 기본법은 표현의 자유, 예술의 자유, 집회의 자유를 각각 다른 조항(제5조 제1항, 제3항, 제8조 제1항)에서 규정하고 있다. 이 때문에 집회 참가에의 권유나 집회에서의 발언이 표현의 자유인가 집회의 자유인가, 풍자적 표현은 표현의 자유인가 예술의 자유인가라는 문제가 발생한다.

일본국헌법은 제21조에서 표현의 자유를 크게 포괄하여 보장하고 있기 때문에, 집회의 자유가 표현의 자유의 한 형태라고 해석하면, 경합의 문제는 발생하지 않는다(그렇지만 최근에는 집회의 자유를 표현의 자유와 구별하는 견해가 유력하다). 한편, 영리적 언론이 표현의 자유에 속하는가, 경제적 자유에 속하는가는 잘 알려진 논의이며, 영업의 자유와 재산권의 관계에 대해서도 애매한 부분이 있다(일반론으로 재산의 획득을 목적으로 한 활동은 영업의 자유, 기득 재산의 보전은 재산권으로 보장된다고 해석할 수 있다).

● 또한 한 가지 사안이라도 복수의 기본권 문제로 나누어지는 경우가 있다. 이 경우에 각각의 기본권 문제에 대해 별도의 기본권이 적용된다. 실체적 기본권과 절차적 기본권, 실체적 기본권과 평등권·평등의 원칙 사이에서 이와 같은 '분해'가 가능할 것이다. 복수의 기본권 문제로 '분해'하는 것은 실체적 기본권 상호간에도 생길 수 있다. 예를 들면, 어떤 경제활동을 금지하는 것은 기본적으로 헌법 제22조 제1항의 문제이지만, 이미 획득된 수입을 몰수하는 것은 기본적으로 제29조 제1항의 문제가 된다.

Ⅲ-2 규준이 되는 기본권

210 기본권의 경합에 대하여 검토해야 할 실천적인 이유는 원칙적으로 엄격한 위헌심사가 요청되는 기본권과, 완화된 심사로도 괜찮은 기본권으로 구별되어 있기 때문이다.

소송에서 원고 측은 대개 상정할 수 있을 모든 기본권에 대해 위반을 주장하는 경우가 적지 않다. 하지만 복수의 기본권이 적용될 수 있어 보이는 사안이라도 모든 고려 가능한 기본권에 대하여 위반 유무를 하나하나 검토할 필요는 없다. 또한 보다 엄격한 심사가 요청되는 기본권을 항상 적용한다는 기계적인 해결법(예를 들면, 경제적 자유와 정신적 자유가 경합하는 경우 정신적 자유를 규준으로 하는 기본권으로 한다)도 타당하지 않다.

211 a) 기본권의 경합이 발생한 듯 보이는 경우에도, 규준이 되는 기본권을 특정할 수 있는 경우가 있다.

aa) 먼저, ①복수의 기본권이 경합하는 것처럼 보이는 경우에도 각각 기본권의 보호영역을 획정하는 단계, 또는 해당 조치가 '제한'하고 있다고 할 수 있을 정도의 강한 간섭이 가해졌는지를 검토하는 단계에서 경합이 해소되는 경우가 있다. 다음으로, ②경합하는 기본권이 일반법과 특별법의 관계에 있는 경우에는 후자만 적용된다.

● ①변호사회나 사법서사회의 강제가입제도는 일견 제21조 제1항의 결사의 자유(이 경우 결사하지 않을 자유)와 제22조 제1항의 직업의 자유가 경합하여 적용되는 것처럼 보인다. 그러나 결사의 자유는 강제가입단체를 스스로 설립할 자유를 포함하는 것이 아닌, 그 이면에 강제가입단체에 가입하지 않을 자유도 결사의 자유로 보호되지 않는다는 해석을 한다면, 결사의 자유는 탈락하고 직업의 자유(직업의 자유도 해당하지 않는다면 포괄적 자유권)만 적용된다(상세히는⇒230).

담배 포장의 경고문 게재가 사업자의 (소극적) 표현의 자유를 제약하는 것인가에 대하여 연방헌법재판소는 다음과 같이 설시하고 있다.(BVerfGE 95, 173). 이에 따르면 표현의 자유 제약에 해당하는 것은 담배 경고문이 사업자 자신의 표현이라고 보는 경우에 한정된다. 타인의 의견이 자신의 의견인 것처럼 유포되지 않을 보장이 이 기본권의 보호영역이기 때문이다. 따라서 경고문 표시가 사업자 자신의 의견이 아닌, 담배 제품 판매에 대해 국가가 부과하는 조건이라고 널리 인식되고 있는 경우, 표시 의무는 표현의 자유의 문제가 되지 않는다. 식품의 성분 표시 등도 이와 비슷하게 생각할 수 있을 것이다.

②개별적으로 보장된 기본권이 적용되는 사례에 대해서는 헌법 제13조의 포괄적 자유권이 적용되지 않는다.

또한 개별적으로 보장된 기본권 상호간에도 A라는 기본권으로 이미 일반적으로 보장되고 있는 활동에 대해, B라는 기본권이 특별한 보장을 부여하고 있는 경우 후자가 규준이 된다. 이 때문에, 종교적 결사처럼 제20조 제1항이 제21조 제1항에 대하여 특별법의 관계에 있는 경우 전자만 적용된다.

bb) 이러한 작업을 거친 후에도 기본권의 경합이 남아있는 경우에는 ③ 212
문제가 되는 사안에 대하여 **보다 강력한 관련성을 가진 기본권**이 규준이 된다. 이 경우에 적용해야 할 기본권은 일반적・추상적으로 특정되는 것이 아니라, 사안에 따라 특정된다.

● ③출판물이 타인의 명예를 현저하게 훼손한다고 하여 재판소에서 출판정지 가처분을 명령한 경우, 출판사는 해당 출판물의 판매가 불가능해져 경제적 손실을 보지만, 규준이 되는 것은 경제적 자유권이 아니라 헌법 제21조 제1항이다. 출입금지 구역 설정에 따라 집회 참가가 저지되는 경우, 이동의 자유도 문제가 될 수 있지만, 집회의 자유에 흡수된다.

그렇지만, 어느 기본권이 적용되는가는 규제의 목적에 따라 좌우되기도 하기 때문에 최종적으로 개별 사례의 특수성에 기초하여 결정된다. 저널리스트의 취재활동은 기본적으로 제21조 제1항의 문제이며, 종교적 집회는 제20조 제1항의 문제이다. 하지만 취재활동의 장애가 도로공사구역 통행규제나 속도제한·주차금지·음주운전금지 등 도로교통법상의 규제에 따라 발생하고 있는 경우 제21조가 아닌 주거·이전의 자유(제22조 제1항) 또는 제13조가 적용될 것이다. 마찬가지로 겨울에 후지산 등반을 금지한 결과 후지산을 신앙의 대상으로 한 종교단체의 종교 활동이 저해 받더라도, 이는 신앙의 자유에 관한 문제가 아니다(또한 '제한'의 개념을 확장하여[⇒217] 굳이 취재의 자유, 종교 활동의 자유로 구성할 수도 있다. 이 경우에 취재나 종교 활동 이외의 행위에도 타당한 규제가 어쩌다가 취재나 종교 활동에 미친 경우[부수적 규제⇒219]로서 합헌성 판정기준을 완화하게 될 것이다).

표현의 자유와 집회의 자유를 별개의 기본권으로 해석하는 경우, 주변 주민들의 안전을 이유로 집회를 규제하는 것이라면 이는 집회의 자유의 문제이다. 하지만 집회의 내용에 착안하여 규제를 가하는 경우 표현의 자유가 규준이 된다. 예술가가 자신의 소유지에 지을 주택을 설계·디자인했지만, 주거에 요구된 안전성이 부족한 것을 이유로 건축이 불허가된 경우 대개 헌법 제29조 제1항의 재산권만 문제시된다. 하지만 기발한 디자인이 고향의 경관에 어울리지 않는 것을 이유로 불허가된 경우 예술의 자유가 적용될 가능성이 있다. 또한 옛 도읍의 경관보호를 이유로 맥도날드 간판이 허가되지 않는 것은 (예술은 아니지만) 영업의 자유의 문제이다.

● 보다 강력한 관련성을 가진 기본권이 선택되며, 다른 기본권을 배제하는 경우 직접 적용되지 않은 기본권의 고유한 내실이 위헌심사에서 고려되는 경우가 있다. 예를 들면, 특정 국립대학의 폐지는 개개 교원의 학문연구에 직접 간섭하는 것은 아니므로, 1차적 의미로 노동자 보호 문제로 해석할 수 있다. 하지만 학문의 자유 행사는 현실에서 대학 소속에 크게 의존하고 있기 때문에 국립대학의 폐지에 수반되는 해고가 구성원의 학문

의 자유와 관련된 문제임은 고려해야 한다(BVerfGE 85,360).

cc) 마지막으로, ④복수의 기본권이 모두 강력하게 연관된 경우, 복수 213
의 기본권이 적용된다.

● ④잡지 편집국에 대한 가택수사는 표현의 자유와 주거의 불가침이 동시에 문제될 수 있다. 더욱이 특정 주체와의 관계에서 복수의 기본권이 강력하게 연관되는 경우가 있다. 테러 대책을 목적으로 특정 NG단어를 포함한 E-mail 송·수신을 제한하는 법률이 제정되었다고 가정한다면, 이는 일반적으로 통신의 자유와 관련된 문제이지만 이와 동시에 테러 대책 법제를 연구하는 법학부 교수 A와의 관계에서는 학문의 자유(제23조)에 개입하는 것이기도 하다. 이 경우에 2가지 기본권이 병렬적으로 적용되며, 제한은 더욱 강력한 정당화가 필요한 기본권과의 관계에서 필요성·합리성이 인정되지 않는 한 위헌이다.

b) 법 앞의 평등 보장은 자유권 등 실체적 기본권과는 보장의 관점이 214
다르다는 점에서 실제 헌법 문제에서 경합이 쉽게 발생한다. 이에 대해 ①실체적 기본권만 심사되는 경우 ②평등권만 심사되는 경우 ③실체적 기본권과 평등권이 다른 관점에서 병렬적으로 심사되는 경우 ④실체적 기본권이 존재하지 않는 데서 평등권이 적용되는 경우가 구별된다. 병렬적으로 적용된 경우 실체적 기본권 심사를 먼저 하는 것이 통례이다.(자세히는 ⇒421).

c) 또한 독일에서는 헌법상의 권리향유 주체성도 '인적 보호대상(per- 215
sonaler Schutzbereich)'의 문제로 취급된다. 일본에서는 최근, 특히 단체(법인)나 외국인의 권리향유 주체성에 대하여 통설의 대담한 수정이 이루어지고 있다. 자세한 것은 교과서 등을 참조할 것.

제2절 제한

주요 판례

最大判1956.7.4民集10卷7號785頁(謝罪広告事件)
最大判1974.11.6刑集28卷9號393頁(猿払事件)
最大判1978.10.4民集32卷7號1223頁(マクリーン事件)
最大判1996.3.8民集50卷3號469頁(エホバの証人劍道實技拒否事件)
最判2015.4.26判例時報1898號54頁(農作物共濟当然加入制事件)
最大判2015.12.16民集69卷8號2427頁(再婚禁止期間訴訟)
最大判2015.12.16民集69卷8號2586頁(夫婦同姓規定事件)

Ⅰ 제한

Ⅰ-1 '제한'의 의의

216 기본권의 보호영역에 대한 제한을 가함으로써 제한의 정당화라는 헌법상의 요청이 발생한다. 기본권과 관련된 모든 국가의 행위가 여기에서 말하는 제한이 되는 것은 아니다. 제한이라 볼 수 없는 국가의 행위는 가령 기본권 행사에 대해 사실상 또는 법적으로 일정한 관련이 있다고 하더라도 '제한의 정당화'는 요구되지 않는다.

이러한 의미로 제한인지 아닌지 확인은 보호영역의 획정과 함께 위헌심사의 중요한 한 단계를 구성한다.

● 앞서 기술한 바와 같이, 비디오카메라 감시가 영상 기록을 수반하지 않는 경우 기본권에 대한 '제한'이 아니라고 해석할 여지가 있다(⇒107). 또한 정교분리에 반한 국가의 종교적 활동(제20조 제3항)과 같이 국가의 행위가 객관법적으로 헌법위반이더라도, 개인의 신앙에 대해 단순한 불쾌감만 주는 것에 그친 경우 해당 행위는 주관적 권리로서의 신앙의 자유를 제한하지 않으며, 신앙의 자유와의 관계에서 정당성을 요구하지 않는다.

● 제한에 해당하는지를 분별하는 논의들을 제한의 형태론과 혼동해서는 안된다. 사루후쓰猿払 판결은 표현의 자유에 대한 어떤 규제를 '간접적, 부수적인 제약'으로 부르고 있지만, 이는 제한의 형태를 기술한 것으로, 제한 자체는 당연한 전제로 보고 있다.

Ⅰ-2 개념 확장

a) 전통적으로 '제한'이라 여겨졌던 것은 다음과 같은 4가지 요건을 충 217
족하는 국가의 규제적 개입이었다. ①목적지향성(규제할 목적으로 의도적으로 행해진 것인가), ②직접성, ③명령성(명령권 및 강제권의 발동으로 행해진 것인가), ④법형식성(법률·명령·판결이라는 법형식을 가지고 행해진 것인가).

이와 같은 전통적 의미에서의 제한을 일일이 세려면 끝이 없다. 하지만 최근에는 국가의 작용 형식이 명령·강제에서 비권력적·간접적 수단으로 다양화 한 것이나, 정보 기술 등의 발달을 이유로 전통적 개념이 매우 협소한 것으로 지적되어 그 확장이 모색되고 있다.

● 예를 들면, 경찰이 범죄예방을 목적으로 번화가에 비디오카메라를 설치하여 녹화하는 것은 초상권에 대한 목적 지향적·직접적인 제한이지만, 명령성·법형식성이 부족하다. 또한 행정적으로 기피 시설의 건설을 허가하는 것은 제3자(예를 들면, 주변 주민)를 대상으로 한 것은 아니지만, 그 재산권이나 평온한 생활에 막대한 영향을 끼친다. 이를 **사실행위에 의한 제한**, 또는 **간접적 제한**으로 보며, 현재는 '제한'에 포함될 수 있다고 해석하고 있다.

● 국가에 의한 '경고'나 '추천'이 기본권 제한에 해당하는지에 대해서는 다툼이 있다. 식중독의 원인이 어떤 채소에 달라붙은 O-157로 판명된 경우, 정부는 이 사실을 공표하여 국민들에게 알려야 하는가? 혹은 어떤 식품에 독극물이 섞인 것이 포함되어 있다는 사실을 정부는 공표해야 하는가? 이러한 공표로 업자는 현저한 판매부진을 겪게 되고, 폐업하는 자도

생길 수 있을 것이다. 결론적으로 공표는 허가될 뿐만 아니라 적시에 행할 것이 요청되지만, 공표가 업자의 영업 자유를 본래 제한하지 않기 때문에 허용되는가? 제한에 해당하지만 정당화할 수 있기 때문에 허용되는가는 논의의 여지가 있다(독일 헌법판례에 대해서는 [⇒229]. 하지만 학설에는 강한 비판이 있다). 어찌되었든 경고 등 국가의 정보 제공 활동이 그 목적 및 작용의 측면에서 기본권 제한적 조치 대신에 사용되는 경우 제한으로 파악되어야 할 것이다.

● 한편, 제한의 개념을 지나치게 유연하게 하면, 국가의 행위에 법률상의 근거나 필요성 · 합리성이 요구되는 경우가 한없이 커진다. 이 때문에 개인의 권리 · 자유의 행사에 대해 부담을 가하는 국가의 모든 행위가 아닌, 부담이 일정 한계를 넘는 것만을 '제한'이라 한다.

218 b) 제약의 '형태'에 관하여 간접적 · 부수적 규제를 언급하고자 한다.

aa) **간접적 · 부수적 규제론**이란 사루후쓰 판결(⇒352)이 취한 논리로 '정치적 행위를 여기에 내포된 의견표명 그 자체의 제약을 목표로 한 것이 아니라, 그 행위가 가져오는 폐해를 방지할 목적으로 금지하는 경우 동시에 그로 인한 의견표명의 자유가 제약되지만, 이는 단순히 행동 금지를 수반한 한도에서의 간접적 · 부수적 제약에 지나지 않는[다]'고 보고 있다. 동 판결에 대해서는 완화된 심사밀도의 기준이 된 간접적 · 부수적 규제론이 강한 비판을 받았다(高橋和之).

● 사루후쓰 사건의 간접적 · 부수적 규제론에 영향을 미쳤다고 보는 것은 이른바 고죠이론이다(香城敏麿). 이 학설은 '소극적 규제인가 적극적 규제인가', '직접 규제인가 간접적 · 부수적 규제인가'라는 분류로부터 심사기준을 특정하려고 하는 것이며, ①'표명되는 의견이 초래할 폐해를 방지하기 위하여 그 의견표명을 제약하는 것'(외설문서 유포나 내란 선동 처벌 등)과, ②'표명되는 의견의 내용과는 관계없이, 이에 수반하는 행동이 초래할

> 폐해를 방지하는 것을 목적으로 하는 것으로, 이로써 생기는 표현의 자유에 대한 제약은 부수적인 결과에 그치는 경우'(도시 미관이나 안전 확보를 위한 옥외 광고물 규제, 교통이나 공공안전을 지키기 위한 데모 규제 등)를 구별한다. 하지만 '간접적', '부수적'이라는 의미가 명확하지 않다(대체로 동의어로 호환되어 사용되고 있다).

bb) 헌법상의 권리에 대한 제한의 형태론으로 '간접적', '부수적'을 구별 219
해야 한다.

헌법상의 권리에 대한 제약에는 ①행위 내용 자체의 해악성에 착안한 규제(외설표현 규제, 청소년 보호 및 인격권 보호를 위한 규제, 매춘 등 특정 직업의 금지, 선동죄와 같이 당연히 처벌되어야 할 행위의 이전 단계로서의 규제 등), ②생명, 건강, 재산권 보호 등, 표현내용·직업내용의 중립적인 목적에서 행하는 규제(제3자의 재산권 보호 및 경관 보호를 목적으로 한 광고 부착 금지, 저작권 보호를 이유로 한 복제·번안 금지, 의사나 변호사 등 일정 직업의 자격제 등)외, ③어떤 특정 법익을 보호하기 위하여 그 법익을 해하는 거의 모든 행위를 금지하는 규제가 표현 행위나 직업활동에 대해서도 미치는 경우(형법 제130조와 전단 배포 금지, 자연 재해를 이유로 한 출입금지에 따른 취재의 자유, 알권리 제한 등. 또한 소위 상징적 표현에 대한 규제의 대다수도 여기 포함된다)가 있다. **'부수적' 규제**라고 할 수 있는 것은 ③의 경우에만 해당한다. ①②는 표현의 자유, 직업의 자유 등 헌법상의 권리에 대하여 의도적·직접적으로 법적 규제를 가하는 것이다.

또한 **'간접적' 규제**라고 할 수 있는 것은 전형적으로 ≪종교법인에 대한 해산명령은 종교적 결사의 자유를 직접 제한하는 것이 아니며, 신도의 종교의 자유를 직접 제한하는 것이 아니다≫라는 경우에 한정될 것이다.

220 ● 옴진리교 해산명령 사건オウム眞理教解散命令事件(最決1996.1.30民集50卷1號199頁)에서 최고재판소는 종교법인에 대한 해산명령은 ①법적 효과로서는 '신자들은 법인격을 지니지 않은 종교단체를 존속시키거나 이를 새로이 결성하는 것을 방해받지 않는다. 또한 종교적 행위를 행하며 그 용도로 마련된 시설이나 물품을 새로이 정비하는 것을 방해받지 않는다'. 하지만 ②종교법인의 청산 절차 결과, '종교법인에 귀속하는 재산으로 예배시설 그 밖의 종교상 행위를 위하여 제공하는 것을 처분하는 것이 되므로(……), 이들 재산을 사용하여 신자들이 행하고 있던 종교상의 행위를 계속하는 데에 뭔가 지장이 생길 수 있다'고 보고, ③'종교법인에 관한 법적 규제가 신자의 종교상 행위를 법적으로 제약하는 효과를 수반하지 않는다고 하여도, 여기에 무언가 지장을 초래하는 경우가 있다고 한다면, 헌법이 보장하는 정신적 자유의 하나로서 신앙의 자유의 중요성에 초점을 두어, 헌법이 이와 같은 규제를 허용하는 것인가의 여부를 신중하게 음미하지 않으면 안된다'고 하였다.

● 국가(國歌) 기립 제창 강제에 대해 최고재판소(最判2011.5.30判例時報1532號2頁, 最判2011.6.6判例時報1533號3頁, 最判2011.6.14判例時報1533號14頁)의 다수의견은 '간접적인 제약'으로 파악하였다. 5월 30일 판결에서는 다음과 같이 설시하고 있다. '학교의 의식적 행사인 졸업식 등의 식전에서 국가 제창 시에 기립 제창을 하는 행위는 일반적, 객관적으로 보아 이들 식전에서 관례상, 의례적인 행위로서의 성질을 가지고 있는 것'이기 때문에 '그 성질에서 보았을 때, 상고인이 가진 역사관 내지 세계관을 부정하는 것과 불가분하게 연결되는 것'이라 할 수 없지만, '기립 제창 행위는 교원이 일상적으로 담당하는 교과 등이나 종사하는 교무 내용 그 자체에는 포함되지 않으며, 일반적, 객관적으로 보더라도 국기(國旗) 및 국가(國歌)에 대한 경의를 표명하는 요소를 포함하는 행위라 할 수 있다'. 그러므로 '자신의 역사관 내지 세계관과의 관계에서 부정적인 평가의 대상이 되는 "히노마루"나 "기미가요"에 대해 경의를 표명하는 것에 따르기 어렵다고 생각하는 자가 이에 대해 경의를 표명하는 요소를 포함하는 행위를 요구받는 것

은……개인의 역사관 내지 세계관에서 유래하는 행동(경의 표명의 거부)과 다른 외부적 행위(경의의 표명 요소를 포함하는 행위)를 요구받는 것이며, 이 한도에서 그 자의 사상 및 양심의 자유에 대해 간접적인 제약이 될 측면이 있다는 것은 부정하기 어렵다'.

단지, 다수의견은 '간접적인 제약'이라는 점에서 완화된 심사를 채택하고 있다(⇒344).

● 국가國歌 피아노 반주 거부 사건(最判2007.2.27民集61卷1號291頁)에 대해서는(⇒228).

● 최근의 판례에서는, 재혼금지기간 위헌판결은 민법(舊) 제733조 제1항의 규정은 '혼인에 대한 직접적인 제약을 부과하는 것을 내용으로 하고 있다'고 하였고, 부부동성 규정 판결은 민법750조에 대해 헌법 제24조 제1항의 혼인의 자유에 대해 '혼인의 효력의 하나로써 부부가 남편 또는 부인의 성씨를 사용하도록 정한 것이며, 혼인을 하는 것에 대해 직접 제약을 규정한 것은 아니다'라고 판시하고 있다. (⇒225).

Ⅱ 승낙 (기본권의 포기)

a) 기본권에 대한 '제한'은 ≪당사자의 의사에 반하여≫를 전제로 하고 221
있다(명문으로 정한 것으로 헌법 제18조 '그 의사에 반하는 고역苦役'). 그래서 기본권의 보호영역에 대한 개입의 일부는 본인의 승낙으로 제한이라는 성격이 배제되는 경우도 있다.

의료행위에 대한 승낙(자기결정권)이나 계약의 자유와 같이 일부 기본권에 대해서는 승낙이 바로 기본권 행사 그 자체라고 말할 수 있는 경우가 있다. 한편, 일부 기본권은 처음부터 승낙에 따른 포기가 적합하지 않다.

● 노예적 구속의 금지(제18조), 공무원에 의한 고문 및 잔혹한 형벌 금지(제36조) 등은 처음부터 승낙에 따른 포기가 적합하지 않을 것이다. 헌법이 명문으로 정하는 예로 독일 기본법 제9조 제3항의 '노동 조건 및 경제

적 조건을 유지하고 촉진하기 위하여 단체를 결성할 권리는 누구에게나 그리고 모든 직업에도 보장되고 있다. 이 권리를 제한하거나 방해하는 합의는 무효이며, 이를 목적으로 하는 조치는 위법이다'라는 규정이 있다. 더욱이 어떠한 권리가 본인의 개인적 이익을 위한 것이 아니라, 근본적으로 타인의 이익이나(변호사 등의 증언거절권. 민사소송법 제197조), 객관적인(공공적) 이익을 위해 성립하는 경우(취재원의 익명 등)는 승낙에 의한 포기라는 개인의 처분에는 적합하지 않을 것이다.

한편, '개인정보의 제공 및 이용에 대해 원칙적으로 스스로 결정할 권능'이라 정의된 개인정보자기결정권은 원칙적으로 승낙이 적합한 권리이다. 또한 독일에서는 국적으로부터의 이탈도 기본권 포기의 전형적인 예로 설명된다.

● 승낙의 성립요건을 느슨히 하면, '방범카메라 작동 중입니다'라고 표시된 영역에 일부러 출입하는 자는 개인정보자기결정권을 포기하는 것에 대해 '승낙'한 것이 되며, 여호와의 증인 검도실기 수업거부 사안에서도 공업고등전문학교 측이 학교 설명회 등에서 검도가 필수과목임을 설명한 이상, 학생은 이를 충분히 알고 입학하였다고 본다. 하지만 전자에 대해 연방헌법재판소는 '표시만으로 해당 구역에 필름 촬영을 하고 있는 것을 당사자가 알고 있다고 해서 일반적으로 동의했다고 생각할 수 없다'고 설명하고 있다(BVerfGE, 1 BvR 2368/06 vom 23. 2. 2007). 또한 후자에 대해서도 여호와의 증인 검도실기 수업거부 판결은 '피상고인 스스로의 자유의사에 따라 필수인 체육과목으로서 검도 수업을 채택하고 있는 학교를 선택한 이유로 앞서 본 바와 같이 현저한 불이익을 피상고인에게 입히는 것이 당연히 허용되는 것이 아니다'고 판시하고 있다.

222 b) 승낙에 의한 기본권의 포기를 완화된 요건 아래에서 인정한다면, 기본권 보장의 공동화를 초래하는 것에 주의할 필요가 있다. 일반론으로 형식적 뿐만 아니라 실질적인 자발적 의사가 존재하는 것에 더하여, 해당 기본권 행사에 관한 포괄적이고 무기한의 포기가 아닐 것이 요구된다. 승

낙은 그 사정이나 귀결을 본인이 인식하여 평가할 수 있는 구체적인 것이라야 한다.

● 계약의 자유는 그 자체가 헌법상의 자유이다(근거 조문에 대해서는 다툼이 있다). 따라서 계약으로 사인간의 특정 행위의 '포기'를 약속하는 것은 헌법상 자유의 결과이므로 본래 국가가 무분별하게 개입・수정해서는 안 된다. 그렇다면 이혼 시에 합의한 '전처와 같은 시내에 거주하지 않을 것'이라는 합의는 거주・이전의 자유 포기로서 유효한가? 이는 '계약은 계약이다'라는 명제가 통용되는 한계, 따라서 기본권의 사인간 효력(⇒531)이라는 형태로 문제가 된다.

Ⅲ '제한'과 '구체화・내용형성'

헌법상의 권리와 법률과의 관계에는 '원칙 대 예외'로 관념할 수 없는 것이 있다. 법률이 헌법상의 권리를 구체화하는 경우와, 법률이 헌법상의 권리・자유의 귀속 내지 행사의 규칙을 설정하는 경우이다. 이 경우에 법률은 기본권을 '제한'하는 것이 아니다. 223

a) 헌법상의 권리 중에서 법률의 구체화를 요구하는 권리는 기본적으로 '제한'이라는 개념과 친숙하지 않다. 방어권의 경우와 달리, 이러한 헌법상의 권리와 법률은 원칙-예외라는 대항관계가 아니라 친화적인 관계에 있기 때문이다(⇒507). 또한 이와 같은 권리(통상적으로 국가에 작위를 요구하는 권리)라고 해도, 일단 법률에 의한 구체화가 이루어지고, 구체적 권리나 제도가 창설되는 경우 원칙-예외 관계를 관념할 수 있는 경우가 있다(생활보호법에서 생존권의 구체화, 노령가산 폐지, 지방자치단체의 공민관 설치 등. 자세히는 ⇒514, 653). 224

더욱이 기본권의 보호영역을 헌법에서 직접 획정하는 것이 불가능하고, 그 보호영역이 법률로 비로소 정해지는 권리나, 언뜻 보기에 자유를 축소하고 있는 것 같지만 실질적으로 권리행사와 관련된 규칙을 설정하는 법규범 또한 '제한'이 아니다(법률에 의한 기본권의 내용형성).

헌법이 보장하는 권리 중에서 종래의 사법상 법제도보장으로 설명되어 온 재산권이나 계약의 자유, 혼인의 자유 등이 해당된다. 예를 들면, 개인의 구체적 재산권은 민법 등으로 권리의 내용이나 귀속의 법칙(법적 인프라)이 정비됨으로써 비로소 구체적인 형상을 얻는다(자세히는 ⇒566). 더욱이 선거 시에 호별 방문 금지(공직선거법 제138조)도 선거라는 특별한 상황에서 규칙을 설정하는 문제라고 생각한다면, 통상적인 경우의 표현의 자유의 제한이 아니라, 손을 쓰지 않는다는 축구의 규칙이나 상대방을 집어던지지 않는다는 복싱의 경기 규칙과 같이 선거 규칙으로 정한 것으로 볼 수 있다(⇒605).

● ①이와 같은 견해로서 호별 방문 금지 판결(最判1984.2.21刑集38卷3號387頁)에서 이토 마사미伊藤正已 재판관의 보충의견은 호별 방문 금지는 '선거운동이라는 일종의 경쟁을 공평하게 하기 위한 규칙을 모든 선거 운동가에게 일률적으로 적용하기 위한 것으로 해석된다'고 보고 있다(⇒610).

②방송법 제3조 2의 채널편집 준칙은 자유의 제한이 아니라, '봉사하는 자유'인 방송 자유의 내용형성이라는 견해도 있다(鈴木秀美).

③더욱이 재판을 받을 권리(제32조) 또한 재판소법에 따른 내용형성이 예정되어 있는 것이라 할 수 있다(笹田榮治). 재판원 제도가 누구든지 재판소에서 재판을 받을 권리를 보장한 헌법 제32조, 모든 형사사건에서 피고인에게 공평한 재판소에 의한 신속한 공개 재판을 보장한 헌법 제37조 제1항에 위반하지 하는가에 대해, 最大判2013.11.26刑集65卷8號1285頁을 참조.

225 b) 중요한 것은 ①법제도에 의존하고 있는 것(구체적 내용이 법제도에 의해 정해지는 것)만을 이유로, 권리성 자체를 안이하게 부인해서는 안되며,

또한 ②제한과 내용형성의 경계를 잘못 판단하지 않는 것이다. 이 점 최고재판소의 최근 판례에서는 권리성 부인의 방향에 있으며, 문제이다.

● 법제도에 의존하는 것은 기본적으로 권리성 부인의 근거가 되지 않는다. 재산권도 또한 그 구체적 내용은 재산법질서에 의해 비로소 정해지지만(⇒563), 헌법상의 권리로서의 성질이 인정되고 있다. 부부동성 규정 판결과 재혼금지기간 위헌판결이 법제도에 의존할 것을 이유로 성명 및 혼인의 자유에 대해 헌법상의 권리성을 부정한 것(⇒206)은 명확한 설명 부족이다.

● 법제도에 의존한 권리에서 헌법상의 권리 제한과 내용형성의 경계에 대해 기본적인 사고방식을 언급해둔다. 혼인은 확실히 법제도에 의존한다. 일정 연령에 달한 남녀의 자유로운 의사결정에 근거한 지속적인 공동생활의 법제화라는 한도에서 민법 제4편 제2장의 제반 규정은 기본적으로는 혼인의 자유를 내용형성하는 법률이라 간주할 수 있다. 그러나 그 중에는 이것과는 별도의 이익보호를 목적으로 한 규율이 포함되어 있다. 예를 들어 부성 추정의 중복 회피 등을 목적으로 혼인에 요건을 부과하는 것은 혼인의 자유의 제한이 되며, 제한으로서의 헌법상의 정당화가 요구될 것이다.

Ⅳ 보호영역과 제한의 관계

국가의 조치가 어떤 기본권에 대한 제한에 해당하는가라는 물음에는 ① 그 기본권의 보호영역이 무엇인가? ②해당 조치가 그 보호영역에 대하여 '제한'을 가하였는가? 라는 두 단계의 질문이 포함된다. 226

a) 저명한 판례에서도 제한에 해당하는지는 중요한 쟁점 내지 전제 문제로 다루어지고 있다. 227

aa) 체류기간에 정치적 언론을 이유로 체류기간 갱신을 거부하는 것은 표현의 자유를 제한하는 것인가? 맥클린 판결은 '체류기간 중 헌법의 기본적 인권 보장을 받는 행위를 체류기간 갱신 때 소극적인 사정으로서 참작되지 않는 것까지 보장이 부여되었다고 해석할 수 없다'라고 설명하고 있다. 체류기간 중 헌법에서 보장된 활동을 이유로 그 전제인 체류 권리를 빼앗는 것은 '이치에 맞지 않는 것'이다. 또는 불허가 처분이 체류기간 중 표현의 자유에 위축적 효과를 초래하는 것이라 비판하는 학설은 표현의 자유에 대한 제한에 해당함을 그 전제로 하고 있다.

228 bb) 이외에도 다음과 같은 판례에서 기본권에 대한 제한의 유무가 문제되었다.

①사죄광고의 강제가 양심의 자유를 부당하게 제한하는지가 쟁점이 된 재판에서 최고재판소(謝罪廣告事件)는 사죄광고의 강제가 그 내용 여하에 따라서는 양심의 자유를 부당하게 제한하는 것이라 하더라도, '단순히 사태의 진상을 고백하고 진사의 뜻을 표명하는 정도에 그치는 것은', 이를 강제해도 양심의 자유에 대한 침해에 해당되지 않는다고 보았다. 본 판결에서는 양심의 자유의 의미를 두고 3개의 보충의견과 2개의 반대의견이 덧붙여졌다. 또한 오이타벳부 유적날조 보도사건(最判2004.7.15判例集 미등재)의 판결에서는 사죄광고가 소극적 표현의 자유(표현을 강제당하지 않을 자유)에 대한 제한이 될 수 있음을 시사하고 있다(결론은 합헌).

②국가 피아노 반주 거부 판결은 시립초등학교의 음악 교사가 교장으로부터 입학식에서 국가 제창 시에 피아노 반주를 할 것을 요구하는 내용의 교무명령은 곧바로 본인의 역사관이나 세계관을 부정하는 것이 아니며, 특정 의사를 지닌 것을 강제·금지하는 것이 아니라고 보았다. 이는 후지타 도키야스藤田宙靖 재판관의 반대의견이 있다.

③국가 기립 제창 사건에 대해서는(⇒220).

④여호와의 증인 검도실기 수업거부 사건에서는 ≪검도 수강을 의무화하는 것은 신앙의 자유에 대한 침해이다≫는 인정은 이루어지지 않았다. 이는 동 판결에서 학교장 재량권의 일탈·남용 문제로 구성되었기 때문이

기도 하지만, 세속적 목적(예를 들면, 교육상의 목적)에 기초한 규제가 특정 종교를 신앙하는 자에게 특별한 부담을 주는 경우 이 부담을 신앙의 자유에 대한 제한으로 보아야 할 것인가라는 기본권적인 논점에 관한 문제라는 것에 주의해야 한다.

b) 보호영역의 획정과 제한적 성격의 인정은 상호 관련되어 있기 때문 229
에, 실제로는 어느 단계에서 처리해야 할 것인지가 반드시 명확하지 않은 경우도 있다.

● 독일 연방헌법재판소는 위험한 신흥종교집단(오쇼)과 관련하여 국민에게 경고한 것이 문제가 된 사건(BVerfGE 105, 279)에서, 신앙 및 세계관의 자유가 종교적·세계관적 단체의 종교적·세계관적인 활동의 자유를 포함하는 것으로 보았으나, 이 기본권으로 국가는 ①세속적 관점에서 종교적·세계관적 단체의 실제 활동에 대해 평가하는 것을 금지하는 것이 아니며, ②이러한 것들에 대해 정보를 제공하는 것을 금지하는 것이 아니며, ③신앙 및 종교 활동의 자유를 보장하는 기본법 제4조 제1항 및 제2항은 '국가기관이 기본권 주체와 공적으로—비판적이라도—서로 논쟁하는 것'으로부터의 보호를 포함하는 것이 아니라고 보았다. 또한, 연방헌법재판소는 유해물질이 혼합된 와인에 대한 경고가 문제가 된 사건(BVerfGE 105, 252)에서도 ①직업의 자유를 보장하는 기본권 제12조 제1항의 자유권은 개인 또는 기업의 직업활동을 보장하지만, ②이 기본권은 국가가 시장에 대해 정확하고 사물에 적합한 정보를 제공하는 것으로부터의 보호를 포함하는 것이 아니라는 견해를 취하고 있다.

이들 판결은 보호영역 그 자체를 한정하고 있는 것처럼 보이지만, 경고는 제한으로서의 질을 갖출 수 없다는 취지인지도 모른다. 마찬가지로 '소극적인 사정으로서 참작되지 않는 것까지 보장이 미치지 않는'다는 맥클린 판결의 설시도 두 가지 해석이 가능할 것이다.

● 보호영역과 제한의 상호 관련은 소위 '새로운 인권'(⇒412)에서 현저

하게 드러난다. 어떠한 '새로운 인권'을 내세울지, 그 '새로운 인권'을 어떻게 정의할 것인가에 따라 '제한' 여부를 묻는 말에 대한 대답도 바뀌기 때문이다. 주민기본대장 네트워크에 대해서는 最判2008.3.6民集62卷3號665頁을, N시스템(카메라를 통해 얻은 정보는 짧은 시간 내에 컴퓨터에서 처리되며 차량 번호판에 표시된 번호 데이터만 기록된다)에 대해서는 제2차 N시스템 소송 항소심 판결(東京高判2009.1.29判タ1295號193頁)을 참조(상세히는 ⇒415).

230 c) 실무적으로 양심의 자유, 신앙의 자유에 대한 제한이 아니라는(따라서 양심의 자유 또는 신앙의 자유를 규준으로 한 제한의 정당화가 요구되지 않는), 결론을 확인한다면 '보호영역'인가 '제한'인가 하는 문제에 결정적인 의미가 없는 것을 알 수 있다. 하지만 설득력 있는 논증을 위해서는 두 단계 중 어느 쪽에서 논할 것인가를 의식해야 한다.

● 일정 규모의 농업에 종사하는 자는 당연히 농작물공제에 가입해야 한다는 소위 당연가입제가 헌법에 반하는지가 쟁점이 되었다고 하자. 이는 어떤 기본권을 규준으로 심사해야 하는가? 후보로 꼽을 수 있는 것은 헌법 제21조 제1항의 결사의 자유와, 제22조 제1항의 직업의 자유이다. 농작물공제 당연가입제의 합헌성이 쟁점이 된 재판에서, 1심(札幌地判2003.3.28判例集 미등재)에서는 소극적 결사의 자유를 규준으로 심사하였고, 최고재판소는 직업의 자유를 규준으로 심사했다. 하지만 제21조도 제22조도 아닌, 제13조 포괄적 자유권 문제라 보는 견해도 있다(독일 연방헌법재판소에서 확립한 판례).

포괄적 자유권설에서는 다음과 같이 논증할 것이다. ≪헌법 제21조는 개개인에게 강제가입단체를 스스로 설립할 자유를 보장하는 것이 아니다≫ → ≪따라서 그 이면인 강제가입단체에 가입하지 않을 자유도 헌법 제21조는 보장하지 않는다≫. 헌법 제21조가 보장하는 것은 임의적 결사를 설립하거나 이에 가담하지 않을 자유이다. 강제가입단체는 그 설립이라는 적극적 측면에서도, 불참이라는 소극적 측면에서도 헌법 제21조가 관여할 바는 아니다. 이는 권리의 보호영역이라는 제1단계의 논의이다.

헌법 제22조에 대한 논증의 중점은 제한에 해당하는지 여부를 묻는 제2단계에 둔다. 헌법 제22조 제1항은 직업선택과 직업수행을 보장한다. 하지만 농작물공제 당연가입제는 가입에 수반하는 부담이 현저히 크며 예외적인 경우가 아닌 한, 직업선택에 대해 법적으로든 사실상으로든 장벽을 만든 것이 아니다. 공립학교 교원은 모두 공립학교 공제에 가입하지만, 이것을 직업선택의 자유나 공무담임권에 대한 제한이라고는 관념하지 않는 것과 같다. 또한 당연가입제는 농업 방법(직업활동)에 대한 구체적 지시나 규제를 가하는 것이 아니므로 직업수행과 관계에서도 제한에 해당되지 않는다. 그리하면, 당연가입제의 합헌성은 헌법 제13조의 포괄적 자유권을 규준으로(어쩌면 완화되어) 심사된다.

● 물론 위의 논증에 대한 이의도 있을 수 있다. 우선 헌법 제21조가 강제가입단체 설립의 자유를 포함하지 않는다고 하여, 당연히 불참의 자유(소극적 자유)가 배제되는 것이 아니라는 반론도 가능할 것이다. 더욱이 농작물 '공제'가 아니라 변호사회나 세무사회 등 직능별 단체가 문제가 된 경우 직업의 자유의 역사(길드나 Zunft로부터의 해방)를 이유로 직업의 자유의 문제로 볼 수 있다.

또한 결사의 자유를 표현의 자유와 결부시켜 정의하는 경우에도 공제제도는 '표현'과는 전혀 결부되지 않기 때문에, 그 강제가입제는 보호영역단계의 문제로써 결사의 자유에 대한 제한에 해당하지 않는다.

보호영역·제한의 사용구분으로써 흥미 있는 것은 부부동성 규정 판결 231
이다. 동 판결에서는 민법 제750조는 헌법 제13조, 제14조 제1항, 제24조 제1항에 위반하지 않는다고 하였지만, 어느 것도 정당화 단계가 아닌 보호영역 또는 제한의 단계에서 처리되고 있다.

● 일부를 발췌한다. ①현행 법제도 하에서 姓의 성질 등을 고려하면, 혼인할 때에 '성의 변경을 강제받지 않을 자유'가 헌법상의 권리로서 보장된

인격권의 한 내용이라 할 수 없다. 본건 규정은 헌법 제13조에 위반하는 것은 아니다. ②본건 규정은 부부가 남편 또는 부인의 성씨를 사용하는 것을 정하고 있으며, 부부가 어느 쪽의 성씨를 사용할 것인가를 부부가 되려는 사람 사이의 협의에 위임하는 것으로 그 문언상 성별에 근거한 법적인 차별적 취급을 정하고 있는 것은 아니며, 본건 규정이 정한 부부동성제 그 자체에 남녀간의 형식적인 불평등이 존재하는 것은 아니다. …… 따라서 본건 규정은 헌법 제14조 제1항에 위반하는 것은 아니다. ③본건 규정은 혼인의 효력의 하나로써 부부가 남편 또는 부인의 성씨를 사용하는 것을 정한 것이며, 혼인하는 것에 직접 제약을 정한 것은 아니다. 가령 혼인 및 가족에 관한 법제도의 내용 취지에 부합하지 않는다는 것을 이유로 혼인을 하지 않을 것을 선택한 자가 있더라도, 이것을 가지고 곧바로 상기 법제도를 정한 법률이 혼인에 대해 헌법 제24조 제1항의 취지에 부합하지 아니한 제약을 부과한 것으로 평가할 수 없다.

제3장 제한의 정당화

헌법상의 권리에 대한 제한은 '정당화'되지 않는 한 위헌이다. 바꾸어 301
말하면, 헌법상 권리의 대부분은 절대 무제약적이 아니라는 의미에서 '일응(prima facie)의 보장'을 받는데 그친다. 법률상 근거에 기초하여 정당한 목적을 달성하기 위해 필요하고 합리적인 제한은 합헌이다.

헌법이 요구하는 정당화는 형식적 관점과 실질적 관점으로 나눌 수 있다. 본 장은 제1절에서 법률상의 근거라는 형식적 관점의 문제, 제2절에서는 비례원칙을 중심으로 하는 실질적 관점의 문제에 대하여 고찰한다.

제1절 형식적 관점

주요 판례

最判1958.3.28民集12巻4號624頁(通達課稅)
最大判1958.10.15刑集12巻14號3305頁(東京都賣春取締條例事件)
最大判1974.11.6刑集28巻9號393頁(猿払事件)
最大判1975.9.10刑集29巻8號489頁(德島市公安條例事件)
最決1980.9.22刑集34巻5號272頁(自動車一齊檢問事件)
最大判1984.12.12民集38巻12號1308頁(稅關檢査事件)
最判1991.7.9民集45巻6號1049頁(未成年者接見禁止規則訴訟)
最判2002.1.31民集56巻1號246頁(兒童扶養手当支給打切り事件[奈良])
最判2015.1.11民集67巻1號1頁(醫藥品インターネット販賣訴訟)

I 법률의 근거

302 a) 헌법상의 권리에 대한 제한은 국민의 대표인 국회가 정한 법률에 근거해야 한다. 법률에 근거하지 않은 기본권 제한은 실질적 요건을 고려할 필요도 없이 그 자체로도 곧바로 위헌이다. 내각법 제11조는 '정령(政令)[3]은 법률의 위임이 없으면 의무를 부과하거나 권리를 제한하는 규정을 정할 수 없다'고 규정하여, 그런 이치를 확인하고 있다(국가행정조직법 제12조 제3항도 동일). 명령에 대한 법률의 위임은 구체적이어야 한다. 한편, 법령의 범위 내에서 제정된 조례에 근거한 제한은 원칙적으로 허용된다.

● 헌법 제41조 '입법'의 의미에 대해, 전통적 '법규'의 의미로 좁게 해석하는 학설과, 일반적·추상적 법규범으로 넓게 해석하는 학설이 대립하지만, 적어도 국민을 대상으로 의무를 부과하거나 권리를 제한하기 위해서는 법률에 근거를 두어야 한다는 데에는 다툼이 없다. 전통적인 법규 개념이란 19세기 독일에서 확립된 견해로 '법규(Rechtssatz)' 즉, 국민의 자유와 재산을 제한하는 법규범의 제정은 의회에 유보되어야 한다는 것이다.

● '입법'의 정의에 관하여 일반성·추상성이 결여된 **조치법**의 합헌성이 문제가 되었다. 메이죠대학 사건名城大學事件에서는 특정 학교법인의 내분을 해결하기 위해 한시법으로 제정된 '학교법인의 분쟁 조정 등에 관한 법률'의 합헌성이 문제가 되었는데, 1심 판결(東京地判1958.11.12行裁例集14卷11號2024頁)은 '조정법이……학교법인 메이죠대학의 분쟁이라는 단일 사건만을 규율하는 법률로 성립하는 것이 아니라는 것은 법문상 명백하다'라는 이유로 이를 합헌이라 하였지만, 이유의 설득력이 부족하다. 조치법에서 문제가 되는 것은 ①개별 사건만을 해결하기 위한 것은 일반성·추상성을 지향하지 않으며 자의적이 될 우려가 있다는 점(평등의 원칙과의 관계), ②개별 사건의 해결은 법 적용기관, 특히 행정의 임무인 점(권력분립과

---

3) **역자주**－정령이란 내각이 제정하는 명령을 말한다.

의 관계)이다. ②에 대해서는 최근 행정이 법규를 정립하는 것은 금지되지만, 입법자가 일반성・추상성이 없는 규범을 정립하는 것에 대한 금지는 포함되어 있지 않다는 이해가 확립되어 있다. ①에 대해서는 자의성의 유무는 법 앞의 평등의 문제로 검토하면 충분하고, 조치법을 절대적(categorical)으로 금지할 필요가 없다는 이해가 정착되고 있다. 더욱이, 개별 사례 법률이라는 개념이 조치법과 거의 같은 의미로 이용되는 경우이지만, 구별되는 경우에는 전자는 특정 사건의 해결을 위해 제정된 법률, 후자는 특정 사건이 계기가 되어 제정된 법률의 의미로 쓰이고 있다.

b) 최근에는 법률에 어떠한 근거도 없이 이루어지는 기본권 제한은 오 303
히려 드물다. 하지만 지금까지 몇 가지 사례에서 충분한 법률상의 근거 유무가 문제되었다.

● 예전에는 공무원, 수형자 등은 ①특별권력관계 주체의 포괄적 지배권에 속하며, ②법률의 유보가 적용되지 않고, 또한 ③재판소에 의한 구제가 부여되지 않더라도 문제가 없다고 생각되어 왔다(특별권력관계론). 실제로 수감자의 권리와 자유에 대해 1908년에 제정된 감옥법이라는 오래된 법률 아래, 실질적으로 명령인 감옥법 시행규칙으로 부과되었던 제한이 최근까지 지속되고 있다(2005년 '형사시설 및 수형자 처우 등에 관한 법률'이 성립되고, 2007년 개정되어 '형사수용시설 및 피수용자 등의 처우에 관한 법률'로 개칭되었다). 하지만 미결구금자에 대한 흡연 금지의 합헌성이 다투어진 사건에서, 최고재판소는 법률상 근거의 유무는 전혀 언급하지 않고, 합리적 이유가 있는 제한이기 때문에 합헌이라 하고 있다(피구금자 흡연 금지 사건: 最大判1970.9.16民集24卷10號1410頁).

● 통달[4]에 의한 과세에 대하여 통달과세 판결은 '과세가 가끔 통달을

4) **역자주**-통달이란 상급행정관청이 하급행정관청을 대상으로 하는 권한행사에 관한 명령(행정기관의 규칙으로 일반 용어인 규칙과는 관계가 없음)을 문서로 전달하는 것. 이러한 통달은 어디까지나 행정내부의 규칙으로서 일반 국민에게는 구

통해 이루어졌다고 하더라도, 통달의 내용이 법의 올바른 해석과 합치하는 이상, 본 건 과세처분은 법에 근거한 처분으로 해석하는 데 아무 지장이 없[다]'고 하였다. 이것은 헌법에서 명시적으로 법률에 따를 것을 요구하는(제30조, 제84조) 조세 분야(⇒322)이기 때문에 특히 비판받고 있다.

304 법률상의 근거에 대해서는 **조직법**과 **작용법**의 구별이 중요하다. 경계 검문(이는 일제 검문과는 다르다)은 경찰관직무집행법 제2조 제1항에 작용법상의 근거를 가지고 있다고 해석되고 있지만, 일제 검문에는 적절한 작용법상의 근거가 없다. 하지만 최고재판소는 해당 관청에 조직법상의 권한이 있음을 근거로 기본권 제한의 한계(⇒216)에 도달하지 않는 한도에서 비강제적인 간섭은 허용된다 하였다.

● 자동차 일제 검문 사건의 결정에서 '경찰법 제2조 제1항이 "교통 단속"을 경찰의 책무로 정하고 있는 것에 비추어보면, 교통안전 및 교통질서의 유지 등에 필요한 경찰의 모든 활동은 강제력을 수반하지 않는 임의수단에 의한 것에 한하며, 일반적으로 허용돼야 하지만, 그것이 국민의 권리와 자유의 간섭에 영향을 미칠 우려가 있는 사항과 관계될 경우 임의수단에 의한 것이라 하더라도 무제한으로 허용되어야하는 것이 아님이 동조 제2항 및 경찰관직무집행법 제1조 등의 취지에 비추어 명확하다'고 하였다. 더욱이, '자동차 운전자는 공공도로에서 자동차 이용의 허용에 수반되는 당연한 부담으로서, 합리적으로 필요한 한도에서 행해지는 교통 단속에 협력해야 한다'고 보며, 일제 검문은 '그것이 상대에게 임의의 협력을 요구하는 형식으로 이루어지며, 자동차 이용자의 자유에 부당한 제약을 가하지 않는 방법, 형태로 이루어지는 한 적법'하다 하였다.

● 작용법상 근거의 유무와 유사한 문제로 형사소송법에 따른 검증영장의 유무(강제처분인가 임의처분인가)가 있다. 폭력단 관계자가 택배로 각

속력이 없다.

성제를 구입했다는 의혹이 있는 화물에 대해 발송인이나 수취인의 승낙을 얻지 않고 외부로부터 엑스선으로 내용물을 촬영하여 관찰한 것이 강제처분에 해당하는지에 관해서 최고재판소는 다음과 같이 설시하고 있다(最決2009.9.28刑集63卷7號868頁). 수사기관이 수사목적을 달성하기 위해 발송인이나 수취인의 승낙 없이 외부에서 엑스선으로 내용물을 촬영, 관찰하는 것은 '그 촬영에 따라 내용물의 형태 및 재질을 추측하여 알 수 있는 것이 가능하며, 내용물에 따라서는 그 품목 등을 어느 정도 구체적으로 특정할 수 있는 것도 가능하므로 발송인이나 수취인의 내용물에 대한 프라이버시 등을 크게 침해하는 것이기 때문에, 검증이라는 성질을 지닌 강제처분에 해당한다'고 보고, 검증허가장 없이 실시한 본 건의 엑스선 검사는 위법이라 하였다.

c) 향후 법률의 근거 불비는 어떤 이익이 새로운 인권으로 승인된 경우 305
나, '제한'의 개념이 확장된 경우 문제가 될 것이다. 이 점에서 위에서 기술한 엑스선 검사에 관한 결정은 환영할 수 있지만, N시스템에 대해 여전히 법률의 근거를 요구하지 않는다는 점(⇒417) 등의 문제가 남아있다.

● 독일 연방헌법재판소의 결정은 다음과 같이 설시하고 있다(BVerfGE 110, 33). '경찰은 당초 법률에 의한 특별한 수권 없이 법익을 예방적으로 보호하거나 나중의 형사소추를 원활하게 진행하기 위해 위험영역에서 정보를 수집하였다. 그러한 관찰이나 정보처리의 조치는 오랫동안 기본권 제약이라 여겨지지 않았다. 그러나 이러한 조치의 다수에 대해 기본권 제한적 성격이 승인되면, 경찰은 이러한 조치에 대해 법치국가가 요구하는 명확성을 갖춘 법률에 근거한 제한의 수권이 필요하다는 것이 확립되었다'.

이는 개인정보자기결정권의 등장 전과 후를 대비한 것으로, 위에서 기술한 비디오카메라 감시(⇒106)도 이와 같은 관점에서 재검토되어야 한다.

Ⅱ 위임입법

306 명치헌법은 천황이 긴급칙령(제8조), 독립명령(제9조)을 발할 것을 인정하였지만, 일본국헌법은 법률을 시행할 경우 또는 법률의 위임이 있는 경우에만 내각에 정령(政令) 제정권을 부여하고 있다(제73조 6호 참조).

Ⅱ-1 위임입법의 한계

307 a) 따라서 법률에 의한 **위임의 범위**를 일탈한 명령은 위법이며, 그러한 명령에 근거한 기본권의 제한은 곧바로 위헌이다.

①미성년자 접견 금지 규칙 소송에서는 사물의 변별능력이 미성숙한 유년자의 심정(心情)을 해하지 않도록 배려하여 '14세 미만인 자의 수형자와 접견하는 행위를 허가하지 않는다'고 규정한 감옥법 시행규칙이 감옥법 제50조의 '접견의 입회……기타 접견……에 관한 제한은 명령으로 결정한다'는 수권의 범위를 일탈하였는지가 쟁점이 되었다. 최고재판소는 감옥법은 '피구류자와 외부인과의 접견은 원칙적으로 인정하지만, 예외적으로……(1)도망 또는 증거인멸의 우려가 발생할 경우, (2)이를 허용할 경우 교도소 내의 규율 및 질서유지상 방치할 수 없을 정도의 장해가 발생할 수 있는 개연성이 있다고 인정되는 경우'에는 필요한 정도에서 접견에 합리적인 제한을 하는 것이 가능하다고 한 것에 불과하며, 유년자의 보호라는 별도의 목적을 이유로 한 접견의 제한은 '그 자체 법률에 근거하지 않고 피구류자의 접견의 자유를 현저하게 제한하는 것으로 법 제50조 위임의 범위를 넘은 것이라 하지 않을 수 없다'고 하였다.

②또한 아동부양수당 지급 중지 판결(奈良)은 아동부양수당법에 기초하여 아동부양수당의 지급에 관한 아동부양수당법 시행령이 부(父)로부터 인지된 혼인외 임신 아동을 제외한 것은 '법의 위임 취지에 반하는 것이라 하지 않을 수 없다'고 하였다(⇒625).

③더욱이, 해직청구 서명장부 판결(最大判2009.11.18民集63卷9號2033頁)에

서는 공무원은 의원의 해직 청구에 대해 청구대표자가 될 수 없다는 지방자치법 시행령 규정이 지방자치법 제85조 제1항('정령에서 특별히 정한 것을 제외하고, 공직선거법 중 지방자치단체의 선거에 관한 규정은……제80조 제3항[=의원의 해직청구]……의 규정에 따른 해직 투표에 이를 준용한다')의 위임의 범위를 넘어 무효라 하였다. 최고재판소는 '지방자치법은 의원의 해직 청구에 대해 해직 청구와 해직 투표라는 두 가지 단계를 구분하여 규정하고' 있으며, '동법 제85조 제1항은 공선법 중에서 지방자치단체의 선거에 관한 규정(……)을 지방자치법 제80조 제3항에 따라 해직 투표에 준용하는 취지를 정하고 있으므로, 그것이 준용되는 것도 청구 절차와는 구분된 투표 수단에 대해서로 한정한다'고 설시하고 있다.

④최근 주목해야 할 판례가 의약품 인터넷판매 소송 판결이다. 동 판결은 종래 금지되어 있지 않던 의약품의 우편 등 판매에 대해 성령(省令)에 의한 새로운 규제는 '우편 등 판매를 사업의 중심으로 해온 자의 직업활동의 자유를 상당 정도 제약하는 것이 명확하다'며, 성령의 규정이 '신약사법의 위임의 범위를 일탈한 것이 아니라고 하기 위해서는 입법과정에서의 논의를 참작한 뒤에,……신약사법의 제반 규정을 보고, 거기서 우편 등 판매를 규제하는 내용의 성령 제정을 위임한 수권 취지가 상기 규제의 범위나 정도 등에 따라 명확하게 파악해 낼 수 있는 것을 요구하는 것이라고 해야 할 것이다'고 설시하였다(결론은 위법).

적용에서는 신약사법의 제반 규정에는 문리상 우편 판매의 규제나 점포에서의 대면에 의한 판매, 정보 제공 등을 의무지우는 것이 아니며, 또한 그와 같은 취지를 명확히 가리키는 것은 존재하지 않는다 하였다. 덧붙여 '검토위원회에서의 논의 및 그 성과인 검토위원회 보고서 나아가 이러한 것을 바탕으로 이루어진 신약사법에 관련된 법안의 국회심의 등'도 참조되고 있는 점이 특징적이다.

b) 더욱이 법률에 의한 위임에 대해서는 위임을 행하는 법률 자체의 결함이 문제가 된다. 위임이 너무 포괄적이어서 **백지위임**에 이를 경우 행 308

정의 전단을 배제하고, 기본권 제한의 근거가 국민의 대표기관인 의회의 제정법이어야 한다는 법치주의를 이면에서 우회하는 것이 되기 때문에 위헌이다. 따라서 위임은 구체적이어야만 한다.

● 그렇지만, 최고재판소는 상당 정도 포괄적 위임도 합헌으로 보고 있다. 이는 특히, 공무원에게 금지된 정치적 행위의 범위를 인사원규칙에 위임한 국가공무원법 제102조를 둘러싸고 논의되었다. 인사원규칙 위임 사건(最判1958.5.1刑集12卷7號1272頁)에서는 '인사원규칙14-7은 국가공무원법 제102조 제1항의 위임에 근거하여 제정되었다'는 것만을 이유로 위임의 구체성을 물을 것도 없이 합헌으로 보았지만, 학설에서는 위헌론이 유력하다.

또한 사루후쓰 사건猿払事件도 '정치적 행위의 규정을 인사원규칙에 위임한 국가공무원법 제102조 제1항이 공무원의 정치적 중립성을 해칠 우려가 있는 행동유형에 속하는 정치적 행위를 구체적으로 정할 것을 위임하는 것은 동 조항의 합리적인 해석으로 이해할 수 있다'는 등의 이유를 들어 징계처분 및 형벌의 대상이 되는 '정치적 행위의 규정을 모두 위임하는 것이라 해서 그것을 이유로 헌법이 허용하는 위임의 한도를 넘는 것이 되지는 않는다'고 하였다.

이 판결에는 반대의견이 있다(⇒309).

Ⅱ-2 독립행정위원회 등의 위임

309 법률에서 입법을 위임하는 기관의 성질 등에 따라 수권의 구체성 요구에 차이가 발생하는가라는 문제점이 있다. 일반론으로 상술한 독립행정위원회가 제정한 규칙에의 위임에 대해서는 그 설치가 합리적이라 여겨지는 이유에 비추어 통상적인 명령에 대한 위임보다 완화되어도 무방하다. 또한 전문성·기술성이 높은 위원회 등에의 위임 역시 완화되더라도 긍정적으로 해석할 여지가 있다.

● 헌법에 명문의 근거가 없는 독립행정위원회에 대해서는 위헌론도 있지만, 통설은 정치적인 중립성이 요구되는 행정임을 이유로 이를 합헌으로 해석해왔다. 사루후쓰 판결의 반대의견도 '인사원은 내각으로부터 상당 정도의 독립성을 가지고, 정치적 중립성이 보장된 국가기관으로 이와 같은 입장에서 공무원 관계 전반에 걸쳐 법률의 공정한 실시 운용에 대해 직책을 가진 것으로 비추어볼 때…… 추상적 기준 하에 광범위하고 개괄적인 입법위임을 하더라도 그 남용의 위험성이 적으며, 오히려 현실에 입각한 적정·타당한 규칙 제정과 그 탄력적 운용을 기대할 수 있다' 고 보고 있다. 그럼에도 반대의견은 공무원에 대해 금지되어야 할 정치적 행위에 관해 징계처분을 받아야 할 것과 범죄로서 형벌을 부과 받아야 할 것을 구별하지 않고, 일률적으로 인사원규칙에 위임한 것은 적어도 범죄의 구성요건 규정을 위임한 부분에 관한 한 헌법에 위반된다고 비판하고 있다.

● 직접 위임의 범위 일탈이 문제가 된 사례로 총포도검류 소지단속법 사건(最判1990.2.1民集44卷2號369頁)에서 '미술품으로서 가치가 있는 도검류'에 대해 그 감정 기준의 설정 자체도 규칙에 위임한 것이라고 하여야 하며, 따라서 규칙에서 어떠한 감정 기준을 정할지에 대해서는 '법의 위임 취지를 일탈하지 않는 범위 안에서 소관 행정청의 전문기술적인 관점에서 일정 재량권이 인정되어 있다고 해석하는 것이 상당하다'고 설시하고 있다.

그렇지만, 위임입법은 많든 적든 전문기술성을 이유로 하는 것이며, 그것만을 이유로 포괄적인 위임을 인정하게 되면 전문기술성이 법치국가의 함정(air pocket)이 될 가능성이 있다. 본 건에서는 법률에 그것을 시사하는 문언이 없음에도 불구하고, 규칙에서 '미술품으로서 가치가 있는 도검류'를 일본도로 한정하고, 서양도를 배제한 것이 문제가 되었다.

Ⅲ 조례에 의한 제한

헌법 제94조는 '지방자치단체는……법률의 범위 내에서 조례를 제정할 310
수 있다'고 정하고 있다. 조례는 주민의 의사를 구현한 자주입법이다. 조례로 헌법상의 권리를 제한할 수 있으며, 제한 시에 개별 구체적인 법률에 의한 위임을 요구하지 않는다는 점에 대해서는 최근에는 다툼이 없다. 또한 그 결과로 발생한 지방자치단체간의 규제의 차이는 헌법 제14조 위반의 문제가 되지 않는다(東京都賣春取締條例事件⇒420).

● 하지만 제한의 필요성이 엄격하게 문제시되는 사례에서는 같은 사정이 있는 다른 지방자치단체는 조례에 의한 규제가 없음(규제는 필요가 없다고 여겨지고 있음)에도 불구하고, 특정 지방자치단체만이 조례로 규제를 규정한 경우에는 규제의 필요성(⇒338)이 심사될 것이다.

조례에 의한 제한에서 문제가 되는 것은 ①국가의 법령의 범위 내인지를 어떻게 판정할 것인가, ②제29조 제2항(재산권)이나 제31조(적정절차)와 같이 헌법에서 명문으로 '법률'이라는 형식에 의할 것을 지시하고 있는 권리와 자유에 대해 조례에 근거한 제한이 허용되는가이다.

Ⅲ-1 국가의 법령의 범위 내

311 a) 헌법 제94조는 '지방자치단체는……법률의 범위 내에서 조례를 제정할 수 있다'고 정하고 있지만, 조례의 형식적 효력은 명령보다 낮다(지방자치법 제14조 제1항은 '법령을 위반하지 않는 한'으로 하고 있음). 도로교통법과 집단행진 및 집단시위운동과 관련하여 도쿠시마시 조례의 경합이 문제가 되었던 도쿠시마시 공안조례 사건德島市公安條例事件의 판결은 다음과 같은 판결 기준을 제시하고 있다.

● '조례가 국가의 법령을 위반하는지 아닌지는 양자의 대상 사항과 규정 문언을 대조하는 것뿐만 아니라, 각각의 취지, 목적, 내용 및 효과를 비교하여 양자 간의 모순 저촉이 있는지 없는지로 결정해야 한다'. 구체적으로 ①'국가의 법령 중 어떤 사항에 대해 이를 규율하는 명문 규정이 없는

경우라 할지라도, 해당 법령 전체로 보아 위 규정의 결여가 특히 해당 사항에 대해 어떠한 규제도 하지 않고 방치해야 할 취지로 해석될 때는, 이에 대한 규율을 규정하는 조례 규정은 국가의 법령을 위반하게 된다'. 역으로, ②'특정 사항에 대해 이를 규율하는 국가의 법령과 조례 등이 병존하는 경우에도, 후자가 전자와 다른 목적에 근거하여 규율을 의도하고 있으며, 그 적용으로 전자의 규정이 의도하는 목적과 효과를 저해하는 바가 없을 경우나 양자가 동일한 목적을 지닌 것이라 해도, 국가의 법령이 반드시 그 규정으로 전국적·일률적으로 동일한 내용의 규제를 시행하는 취지가 아니라 각각 지방자치단체에서 그 지방의 실정에 따라 별도의 규제를 시행하는 것을 용인하는 취지인 것으로 해석될 때는 국가의 법령과 조례 사이에 모순 저촉이 없으며 조례가 국가의 법령을 위반하는 문제는 발생하지 않는다'.

b) 공해 방지나 환경 보호의 분야에서는 이른바 '초과'조례, '추가'조례 312
가 다수 이용되어, 그 합헌성이 문제가 되었다. 현재로서는 대기오염방지법 제4조·제32조, 수질오염방지법 제3조·제29조는 초과 및 추가 규제가 가능함을 명시하고 있으며, 입법적 해결을 도모하였다. 또한 지방분권개혁추진위원회의 '중간보고서' (2007년 11월 16일)는 조례제정권 강화를 목적으로 조례에 의한 정령·성령의 초과권이 제안되고 있지만, 이것이 헌법상의 요청인지 아닌지는 별도의 문제이다.

● 국가에 의한 규제를 완화할 수는 없다. 초과·추가가 문제되는 것은 조례에서 국가의 법령보다 더욱 엄격하게 규제를 정하거나 국가의 법령이 규제하고 있지 않은 대상에까지 규제가 미치는 경우이다. 급부입법의 분야에서 국가가 정한 급부내용을 확장하는 조례는 '얹어주기(上積み)' 조례라고 한다.

Ⅲ-2 재산권, 죄형법정주의, 과세

313 헌법이 명문으로 '법률'이라는 형식을 지시하고 있는 권리에 대해서는 다음과 같이 생각해 볼 수 있다.

a) 헌법 제31조는 '누구든지 법률이 정한 절차에 의하지 않고서는 그 생명 또는 자유를 박탈당하거나 그 밖의 형벌을 부과받지 아니한다'고 규정하고 있으며, 제84조는 '새로이 조세를 부과하거나 현행 조세를 변경하기 위해서는 법률 또는 법률이 정하는 조건에 의할 것을 필요로 한다'고 하여, 법률이라는 형식을 지시하고 있다. 그러나 조례로 형벌을 규정할 수 있으며, 조례로 지방세를 과세할 수 있다는 점에 대해서는 다툼이 없다.

● 조례로 형벌을 정할 때 법률에 따른 구체적인 위임이 필요한가? 오사카시 매춘 규제조례 사건大阪市賣春取締條例事件의 판결(最大判1962.5.30刑集16卷7號577頁)은 선출된 의원으로 조직되는 지방의회의 의결을 통해 제정되는 자치입법인 조례는 행정부가 제정하는 명령 등과는 그 성질을 달리하며, 오히려 국회의 의결을 통해 제정된 법률에 유사한 것이므로 조례로 형벌을 정하는 경우 법률의 수권이 상당 정도 구체적이며, 한정되어 있으면 충분하다고 보았다. '지방자치법 제2조 제3항 7호 및 1호 [1999년 법 개정에 따른 삭제]와 같이 내용이 상당히 구체적인 사항에 관하여 동법 제14조 제5항[現 제3항]과 같이 한정된 형벌의 범위 내에서' 조례에 벌칙 규정을 수권하더라도 헌법 제31조에 위반하지 않는다.

이에 대해 다루미 가쓰미垂水克己 재판관의 보충의견은 조례도 정령도 법률의 하위법이라는 점만으로 동일하게 논할 수 있는 것이 아니라 하고, 조례의 자치입법으로서의 성격을 강조하여 다음과 같이 이야기하고 있다. 이에 따르면, 헌법 제94조는 '법률의 범위 내에서'라는 넓은 제한 하에 조례의 제정을 인정하고 있으며, 지방자치법 제14조 제5항[現 제3항]은 이를 근거로 조례를 제정할 수 있는 범위에 일반적 제한을 마련한 것이기 때문에, 이 제한은 정령에의 위임과 달리 넓고 포괄적이며 일반적이라 하더라도 위헌이 아니다. 동 재판관의 보충의견은 타당하다.

덧붙이자면, 1999년 법 개정 후 지방자치법 제2조 제2항은 '지방자치단체는 지역 사무 및 기타 사무에서 법률 또는 이에 근거한 정령에 따라 처리해야 하는 것을 처리한다'고 규정하고 있는 것일 뿐이며, 다수의견이 주장하는 '내용이 상당히 구체적인 사항'에 대한 수권에 해당하지 않는다.

● 지방자치단체에 과세권이 있다는 데에는 거의 다툼이 없다. 그 근거에 대해 '지방자치의 본지(本旨)'(제92조)설과 제94조설이 있지만, 실질적 차이는 발생하지 않는다. 하급심의 재판례에서는 헌법 제92조를 인용한 뒤 헌법은 '재정 운영에 대해 이른바 자주재정권, 나아가서 재원 확보 수단으로서의 과세권'을 인정하고 있으며, 헌법 제94조의 '행정의 집행'에는 조세의 부과, 징수를 포함하는 것이라 하였다(大牟田市電氣稅訴訟1審判決: 福岡地判1980.6.5判例時報966號3頁). 또한 지방세법은 제2조에서 '지방자치단체는 이 법률이 정하는 바에 따라 지방세를 부과, 징수할 수 있다'고 정하였으며, 제3조 제1항에서는 '지방자치단체는 그 지방세의 세목, 과세객체, 과세표준, 세율 그 외 부과징수에 대한 규칙을 정할 때에는 해당 지방자치단체의 조례를 따라야 한다'고 정하고 있다. 법률로 지방자치단체의 과세권을 제약 또는 박탈할 수 있는지에 대해서는(⇒315, 561).

b) 헌법 제31조 및 제30조·제84조의 규정은 행정권에 의한 전단적· 314
자의적인 형벌·과세를 배제하기 위한 것이며, 민주적인 자주입법임을 이유로 '법정주의', '법률주의'를 '조례주의'로 바꿔 말할 수 있다. 이에 대해 헌법 제29조 제2항이 '재산권의 내용은……법률로 이를 정한다'고 규정하는 것은 재산권이라는 권리의 특수성에서 유래한다. 개별적이고 구체적인 재산권이 무엇인지는 표현의 자유나 종교의 자유와 같이 자연적 자유와 다르며, 헌법 차원에서는 확정되어 있지 않고, 법제도에 근거하여 정하는 것이다(⇒563). 또한 재산권 내용과 한계(혹은 재산권의 내용과 재산권의 행사)를 구별할 수 없는 것이라면, 내용 및 한계는 법률에서 동시적이며 일체적으로 정해지게 된다.

그러나 지방자치단체가 재산권을 전혀 규제할 수 없다고 본다면 상식에 어긋난다. 법률과 조례의 단계구조에 착안하면 헌법 제29조 제2항이 '법률'을 지시하고 있는 것은 개별적이고 구체적인 재산권 내용(및 한계)이 법률에 의존하기 위함이며(⇒565), 법률로 확정된 구체적 재산권에 대해 지방자치단체가 지역의 사정에 기초하여 필요하고 합리적인 규제를 가하는 것은 제29조 제2항(법률'의 지시)의 사정거리 외의 문제로 해석할 수 있을 것이다(통상 헌법과 법률의 사이에서 성립하는 원칙-예외 관계가, 재산권에 대해서는 법률과 조례 사이에서 성립하게 된다).

또한 나라현 저수지조례 사건奈良縣ため池條例事件판결(最大判1963.6.26刑集17卷5號521頁)에서는 '저수지(ため池)의 파손, 붕괴의 원인이 된 저수지 제방을 사용한 행위는 헌법이나 민법에서도 적법한 재산권 행사로 보장되어있지 않은 것이며, 헌법이나 민법이 보장하는 재산권 행사의 범위 밖에 있는 것이라 할 수 있으며, 따라서, 이러한 행위를 조례로 금지, 처벌하더라도 헌법이나 법률에 저촉 혹은 이를 일탈하는 것이라고 할 수 없다'고 설시할 뿐이며, 조례에 의한 재산권 제한의 가부에 대해서는 정면으로 답하고 있지 않다.

315 c) 위와 같이 조례라는 법 형식에 근거해서 헌법상의 권리에 제한을 가하는 것은 원칙적으로 허용된다. 법률과 조례의 관계는 조례제정권의 본질 이해에 의존하고 있으며, 이것은 또한 지방자치의 본지(제92조)의 이해에 의존한다.

지방자치의 헌법적 보장의 법적 성격에는 고유권설, 전래설(승인설), 제도적 보장설이 있다. 고유권설에 따르면, 조례제정권이나 과세권은 헌법으로 직접 부여된 것이기 때문에 법률에 의한(상당 정도는) 구체적인 수권은 불필요하며, 법률에 의한 조례제정권 등에 대한 과잉 제한은 위헌이 된다. 한편, 전래설은 법률에 의한 구체적 수권에 친화적이며, 또한 법률로 지방자치단체의 조례제정권·과세권에 대해 박탈과 동등한 큰 폭의 제한을 가하여도 원칙적으로 헌법위반이 되지 않는다. 제도적 보장설은 양자의 중간적인 설이지만, 제도의 본질적 내용을 침해하지 않는 한 법률로 자치권의 내용을 자유로이 정할 수 있다는 해석을 한다면, 자치권을 약체화시키는 계기를 포함하게 된다. 이와 같은 사례로는 大牟田市電氣稅訴訟1審判決을 참조(⇒561).

Ⅳ 규범의 명확화

헌법상의 권리를 제한하는 규범은 명확해야 한다. 기본권의 제한에는 법률의 근거가 요구된다는 법률의 유보는 법률이라는 형식뿐만 아니라, 그 법률의 명확성을 요구한다. 316

Ⅳ-1 명확성의 의의

a) 규범의 명확성은 행정의 자의적 판단에 대해 그 여지를 배제하고 시민에게 예견가능성을 부여함과 더불어 재판소에 의한 행정권의 통제 및 구제에 실효성을 부여하기 위해 필요불가결한 것이다. 명확성 판단의 지표가 되는 것은 '통상적인 판단능력을 갖춘 **일반인**의 이해로부터 **구체적 경우** 해당 행위가 그 적용을 받을 수 있는 것인지 아닌지의 판단을 가능하게 하는 기준을 간파할 수 있는가'에 있다(德島縣公安條例事件判決). 317

● 독일의 한 결정은 규범의 명확성의 의의를 당사자인 시민, 법률을 집행하는 행정, 이를 통제하는 재판소로 나누어 다음과 같이 설명하고 있다(BVerfGE 110, 33). ①우선 '법률상의 규정을 단서로 당사자가 자기 행동을 거기에 부응할 수 있을 만큼 법적인 상태를 인식할 수 있어야 한다. 법적

인 상태의 확실한 평가가 불가능하기 때문에 기본권 행사를 방해받는 경우 규범의 명확성에 대한 요청이 더욱 높아진다'. ②행정의 구속이라는 점에서는 '시민의 자유의 한계에 대한 결정이 일방적인 행정재량에 맡겨져서는 안된다'. 행정에 대한 구속은 국가 행위의 적법성을 확보하고, 국가의 남용으로부터 시민의 자유를 보호하는 것이다. ③마지막으로, '규범의 명확성은 재판소가 법적 규준을 단서로 하여 행정을 통제할 수 있게 된다'.

● 여기서 말하는 명확성은 법률에 의한 명령에 대한 위임의 특정성(⇒308)과 구별되어야 한다. 물론, 조세법률주의와 같이 법률 자체에 고도의 명확성이 요구되는 경우 '정령이 정하는 바에 의한다'와 같이 추상적인 위임 문언을 근거로 하여 정령 이하의 법령에서 그 세목을 결정하는 것은 허용되지 않는다(登錄免許稅還付請求拒否通知事件: 東京高判1995.11.28行裁例集46卷10=11號1046頁).

318 b) 명확성 위반은 과도한 광범위성과 동시에 또는 일체적으로 주장하는 경우가 많다. 예를 들면, 후쿠오카현 청소년보호육성조례 사건(最大判1985.10.23刑集39卷6號413頁)에서 상고인은 ①조례는 혼인적령 이상의 청소년과 그 자유의사에 근거하여 이루어진 성행위에 대해서도, 그것이 결혼을 전제로 하는 진지한 합의에 기초할 경우를 포함하여 모든 것을 일률적으로 규제하려 하기 때문에, 처벌의 범위가 부당히 지나치게 광범위하고, ②조례의 '음행'의 범위가 불명확하며 넓게는 청소년에 대한 성행위 일반을 검거, 처벌하는 것에 이르는 위험성이 있으므로 위헌이라 주장하였다.

● ①이라고는 하지만, 명확성과 광범위성은 관념적으로 다른 차원에 속하는 문제이다. 명확성은 고지 기능을 다하지 못한다(예견가능성을 부여하지 않음)는 형식적 · 절차적 문제인 것에 비해, 과도한 광범위성은 규제해서는 안 될 행위를 규제 대상에 포함한다는 실질적 관점에 속한 문제이다(문면심사라는 점을 제외하면, 약국의 거리 제한 등과 같은 통상의 기본권 문제와

의 차이는 규제 대상이 너무 넓거나 아니면 그 행위를 규제 대상으로 삼는 것에 문제가 없지만, 규제의 강도가 너무 강하거나 하는 점이 있음에 불과하다).

②명확성이 확실히 결여된 입법은 과도하게 광범위한 규제를 불러온다. 또한 합헌한정해석(⇒816)으로 불명확함이 제거된 경우, 동시에 실질적 관점에서 보아 헌법이 허용하는 범위로 규제 대상이 한정되기 때문에, 형식적 정당화와 실질적 정당화가 일체적으로 이루어지게 된다. 하지만 명확한 법률이라도 규제 대상이 너무 넓으면 위헌이다. 명확성과 광범위성 모두 입법기술의 치졸함에서 유래하는 것이므로, 입법사실 등을 검토할 필요도 없이 문면심사에 따라 위헌성을 인정할 수 있다.

● 세관 검사 사건의 이토 마사미伊藤正己 등 4명의 재판관의 반대의견은 319
다음과 같다. '표현의 자유를 규제하는 법률의 규정이 국민에게 무엇이 규제의 대상이 되는가에 대해 적정한 고지 기능을 수행하지 못하고, 또한 규제 기관의 자의적인 적용을 허용할 여지가 어느 정도 불명확한 경우 그 규정은 헌법 제21조 제1항에 위반되며 무효이다'. '또한 표현의 자유를 규제하는 법률의 규정 자체가 무엇을 규제 대상으로 하고 있는지에 대해 불명확하지 않더라도, 헌법상 규제하는 것이 허용되지 않는 행위까지를 규제 대상으로 하는 경우에는 마찬가지로 본래 허용되어야 할 행위의 자기억제를 초래한 것이라 하지 않을 수 없다. 따라서 표현의 자유를 규제하는 법률 규정의 적용 범위가 지나치게 광범위하므로, 위 규정이 본래 규제가 허용되지 말아야 할 경우까지 적용될 가능성을 무시할 수 없는 경우 역시 헌법 제21조 제1항에 의해 위헌무효로 판단되어야 한다'.

Ⅳ-2 명확성이 요구되는 정도

명확성이 요구되는 정도는 제한되는 기본권의 특질이나 법 분야에 따 320
라 다르다.

a) 일반적으로 표현의 자유를 제한하는 법률에 대해서는 위축적 효과를 이유로 고도의 명확성이 요구된다.

● 세관 검사 판결은 '표현의 자유는……헌법이 보장하는 기본적 인권 중에서도 특히 중요시되어야 할 것으로, 법률로 표현의 자유를 규제할 때에는 기준이 광범위하거나 불명확함을 이유로 해당 규제가 본래 헌법상 허용되어야 할 표현에까지 미쳐 표현의 자유가 부당하게 제한되는 결과가 초래되지 않도록 배려할 필요가 있으며, 사전규제적인 것에 대해서는 특히 그러해야 한다'고 하였다.

그러나 판결은 관세법(關稅定率法) 제21조 제1항 3호(현 관세법 제69조의 11 제1항 7호)의 '풍속을 해하는 서적, 도화'라는 문언을 외설적인 서적, 도화라는 의미로 한정해석하고, '외설성의 개념은 형법 제175조 규정의 해석에 관한 판례 축적으로 명확해졌으며, 규제 대상이 된 것과 그렇지 않은 것의 구별 기준에 대해 명확성의 요청에 결여된 것은 없[다]'고 보아, 반대 의견과 대립하였다(⇒823).

321 더욱이, 표현의 자유 이상으로 개인정보자기결정권에 대해서는 예측할 수 없는 개인정보의 취득・유통・이용을 배제하기 위해 극히 고도의 명확성이 요구되는 것이라 생각해야 할 것이다.

● 그러나 판례・학설 모두 개인정보자기결정권에 특별히 고려하지 않고 있으며, 이것이 문제이다. 주민기본대장 네트워크의 합헌성에 대해 오사카고등재판소(住基ネット訴訟: 大阪高判2006.11.30判例時報1962號11頁)는 정보통신기술의 급속한 진보 등을 배경으로 주민등록표 코드의 색인정보성(검색・총람 가능성)을 지적하여, '주민기본대장 네트워크 제도에는 개인정보 보호 대책 면에서 무시할 수 없는 결함이 있음을 지적하지 않을 수 없으며', 프라이버시가 침해될 구체적 위험이 있다고 하였다. 그러나 상고심인 최고재판소 판결(最判2008.3.6民集62卷3號665頁)에서는 주민기본대장 네트워크 제도의 결함에 대해 구체적으로 검토하지 않고, 위헌 주장을 간단히 배제하고 있다. 독일 연방헌법재판소가 개인정보자기결정권을 제한하는 입법에 대해 지극히 고도의 명확성을 요구하고, 나아가 합헌한정해석에

의한 불명확성의 제거를 거부하고 있는 것과 대조적이다.

b) 조세법률주의는 과세요건 법정주의와 과세요건 명확주의의 두 가지 요청을 포함하고 있다고 해석되며, 세법에 대해서는 명확성이 특히 강하게 요청된다. 아사히카와시 국민건강보험조례 사건旭川市國民健康保險條例事件(最大判2006.3.1民集60卷2號587頁)에서는 '헌법 제84조는 과세요건 및 조세의 부과징수 절차가 법률로 명확하게 정해져야 할 것을 규정하고 있는 것이며, ……국민을 대상으로 의무를 부과하거나 권리를 제한하기 위해서는 법률의 근거를 필요로 하는 법원칙을 조세에 대해 엄격히 하는 형태로 명문화한 것'으로 보고 있다. 322

명확성은 범죄구성요건에 대해서도 강하게 요구된다. 하지만 최고재판소는 상당히 막연한 문언을 이용한 입법에 대해 합헌이라 보아왔다.

● 도쿠시마시 공안조례 사건德島市公安條例事件에서는 '교통질서를 유지하는 것'이라는 문언의 범죄구성요건으로서의 명확성이 문제 되었다. 다수의견은 '그 문언만을 보면 단순히 추상적으로 교통질서를 유지해야 할 것을 명하고 있을 뿐이며, 어떠한 작위, 부작위를 명하고 있는지 그 의무내용이 구체적으로 명확하지 않은' 것처럼 '입법조치로서 현저히 타당성이 결여된' 규정이라도 '통상적인 판단능력을 갖춘 일반인의 이해로부터 구체적인 경우에 해당 행위가 그 적용을 받을 수 있는 것인지 아닌지의 판단을 가능하게 하는 기준을 알 수 있다'면, 헌법 제31조에 위반하지 않는다 하였다. 또한 '행진, 연좌농성, 도로점거 등 이른바 프랑스 데모 등의 행위가 질서 있고 평온한 집단 행진 등에 수반하는 교통질서 저해의 정도를 넘어 고의적으로 교통질서 저해를 초래하는 행위에 해당하는 것으로 용이하게 상정할 수 있다'고 보고 헌법 제31조에 반하지 않는다 하였다.

c) 한편, 민법에서는 일반조항(제90조, 제709조 등)이 있는 것처럼 명확성 323

에 대한 요구가 극히 낮다. 또한 경찰법을 포함한 행정법 일반에서도 개괄조항의 존재가 인정되고 있는 것처럼 명확성에 대한 요구가 반드시 높은 것이 아니다. 이 경우에 심사의 중점은 행정법규 그 자체의 명확성이 아닌, 개개 처분의 비례성(⇒810, 비례원칙⇒337)에 있다.

Ⅳ-3 명확성과 합헌한정해석

324 기본권을 제한하는 법규범의 명확성에 의문이 있는 경우, 해석을 통해 막연성 제거를 시도해 볼 수 있다. 이와 같은 해석은 단순히 명확화뿐만 아니라, 동시에 규제 대상의 합헌적 범위로의 한정이라는 합헌한정해석인 경우가 적지 않다.

● 물론 합헌한정해석을 수반하지 않고 규범의 명확성이 긍정되는 경우가 있다. 뒤에서 기술할 히로시마시 폭주족 추방조례 사건広島市暴走族追放條例事件의 하급심(廣島地判2004.7.16刑集61卷6號645頁)에서는 'い集'이라는 단어에 대해 국어사전을 참조하면 명확하다 하였다.

합헌한정해석이란 어떤 법령의 규정에 복수의 해석 가능성이 있는 경우 그 중에서 헌법에 가장 적합한 해석을 선택해야 한다는 해석방법이다(⇒816). 합헌한정해석은 ①규범이 막연·불명확하다는 의미(형식적 정당화), ②규범이 헌법의 허용 한도를 넘어 광범위하거나 과도한 규제를 가한다는 의미(실질적 정당화), 양쪽에 모두 관련된다. 합헌한정해석이 이루어지는 경우 법령 자체의 합헌성이 새로이 심사되지는 않는다. 심사는 보호영역→제한→합헌한정해석→적용의 순서로 진행된다.

한편, 최고재판소에서도 합헌한정해석의 한계를 둘러싸고 다수의견과 반대의견이 격렬하게 대립하는 경우가 드물지 않다. 그 배경에는 극히 불명확한 규범이라도 피고인의 행위가 명확히 금지되는 것이 당연하다면 그 규범을 적용하여 피고인을 유죄로 판결해야 하는가의 문제가 있으며, 이는 더욱 규범의 명확성이라는 법치국가의 요청 그 자체의 이해 문제, 부수적 위헌심사제에서의 위헌의 주장적격 문제와 관련되어 있다. 자세한 것은 뒤에서 기술한다(⇒822).

제2절 실질적 관점

주요 판례

最大判1973.4.4刑集27卷3號265頁(尊屬殺重罰規定事件)
最大判1974.11.6刑集28卷9號393頁(猿払事件)
最大判1975.4.30民集29卷4號572頁(藥事法事件)
最大判1984.12.12民集38卷12號1308頁(稅關檢查事件)
最判1995.3.7民集49卷3號687頁(泉佐野市民會館事件)
最判2011.6.6裁時1533號3頁(國歌起立齊唱事件)

본 절에서는 비례원칙을 중심으로 하는 헌법상의 권리에 대한 제한의 325
실질적 정당화에 대해 개관한다.

헌법상의 권리 및 헌법상의 보장에는 절대적으로 보장되는 것과 다른 권리・이익과의 조정이 예정된 것이 있다(⇒326). 전자는 '규칙(Regel)'으로서의 성격, 후자는 '원리(Prinzip)'로서의 성격을 가지고 있다고 할 수 있다. 비례원칙이 적용되는 것은 후자가 지닌 성격의 권리에 대해서이다. 입법 목적의 정당성・중요성(⇒329)을 심사한 뒤, 수단의 적합성과 필요성, 협의의 비례성이 심사된다(⇒337). 심사에는 제한을 받는 헌법상 권리의 의의 및 제한의 강도에 따라 비례원칙의 엄격한 적용과 완화된 적용이 있다(심사밀도⇒340). 최고재판소 자체가 비례원칙이라는 말을 사용하는 경우는 적지만, 최고재판소 판례의 심사기준도 비례원칙과 심사밀도의 조합으로 이해할 수 있다(⇒340).

Ⅰ 절대적 금지와 상대적 금지

326 a) 국가에 의한 헌법상의 권리 제한은 절대적 한계(절대적 금지)와 상대적 한계(상대적 금지)에 속한다. **절대적 금지**란 어떠한 공익상의 이유가 있더라도 국가에 의한 개입이 금지된 것을 말한다. 검열금지(제21조 제2항)에 대해 세관 검사 판결은 '헌법이 표현의 자유에 대해, 넓게 이를 보장할 취지의 일반적 규정을 동조 제1항에 두면서, 별도로 검열 금지에 대해 이와 같은 특별규정을 마련한 것은 검열이 그 성질상 표현의 자유에 대한 가장 엄격한 제약이 될 것이라는 것을 고려하여, 이에 대해서는 공공복지를 이유로 한 예외적 허용(……)도 인정할 수 없는 취지를 명확히 한 것으로 해석해야 한다'고 설시하고 있다.

327 ● 이와 같은 절대적 금지에 대해서는 금지의 대상(또는 헌법이 절대적으로 보장하는 대상)이 정의적으로 획정되고, 그 다음 적용에서 문제가 된 국가의 조치가 그 정의에 해당하는가의 여부를 심사한다. 세관 검사 판결도 검열을 '행정권이 주체가 되어 사상 · 내용 등의 표현물을 대상으로, 그 전부 또는 일부의 발표 금지를 목적으로 하여 대상이 된 일정한 표현물에 대해 망라적, 일반적으로 발표 전에 그 내용을 심사한 뒤, 적당하지 않다고 판단된 것의 발표를 금지하는 것'이라고 정의하였다. 그런 다음 ①세관 검사로 수입이 금지된 표현물은 국외에서 이미 발표된 것이며, ②해당 표현물은 수입이 금지되어 있을 뿐, 세관에 압수, 폐기된 것이 아니므로 발표의 기회가 전면적으로 박탈된 것이 아니라는 점, ③세관 검사는 사상 · 내용 등을 망라하여 심사하여 규제하는 것을 목적으로 하는 것이 아닌 점, ④세관은 행정기관이라고는 하나, 특별히 사상 · 내용 등을 대상으로 이를 규제하는 것을 독자적 사명으로 하는 기관이 아닌 점, ⑤사법심사의 기회가 부여되어 있으며, 행정권의 판단이 최종적인 것이 아닌 점을 들어 절대적으로 금지되는 검열에 해당하지 않는다고 하였다.

● 독일에서는 인간의 존엄(기본법 제1조 제1항)이나 각 기본권의 본질적

내용(예를 들면, 사적 생활의 핵심 영역)은 절대적으로 보장된다고 해석하고 있다. 일본에서는 내심에서의 '사상 및 양심'의 자유나 신앙의 자유는 절대적 보장을 받는다고 해석되고 있다. 더욱이, '잔혹한 형벌'에 해당하는가, 피고인을 '이중위험'에 처하게 하는가의 여부 등 인신의 자유 및 형사재판 절차상의 보장 중에는 절대적 금지를 전제로 논의되는 보장이 포함된다.

b) 한편, 많은 헌법상의 권리와 자유는 공공복지를 목적으로 한 필요하 328
고 합리적인 제약에 따른다는 의미로 일응(prima facie)의 보장을 향유하는데 그친다. 마찬가지로 국가에 의한 권리와 자유의 제한은 정당하거나 중요한 이유에 근거한 필요하면서 합리적인 것이 아닌 한 위헌이라는 의미로 **상대적 금지**에 속한다. 이른바 심사기준이 문제가 되는 것은 상대적 금지에 대해서이다.

구체적인 위헌심사의 방법은 ①**어떠한 점**을 심사하는가와, ②그것을 **어느 정도 엄격하게** 심사하는가라는 두 가지 요소로부터 규정된다. 전자는 독일에서 **목적심사** 및 **비례성심사**라고 부르고 있다. 이는 규제 목적의 정당성, 상응의 중요성이 있는지, 이것이 인정된 경우 ⓐ**규제 수단이 적합**하며, ⓑ**필요**한가, ⓒ규제로 인해 얻을 수 있는 이익과 잃게 될 기본권적 이익이 **균형**을 이루고 있는가를 심사한다. 후자는 명백한 오류가 없는 한 입법부의 판단을 존중한다는 완화된 심사에서부터 재판소 자신이 수단의 필요성·합리성에 대해 엄격한 검증을 행하는 엄격한 심사까지 몇 가지 단계로 나뉜다(심사밀도⇒340).

Ⅱ 규제의 목적과 공공의 복지

목적심사는 수단심사로 옮기기 전의 필터 기능을 수행하게 된다. 규제 329
의 목적으로서 무엇이 요구되는가는 어떠한 헌법상의 권리가 제한되는지, 또는 어떠한 형태의 제한인가에 따라 다르다. 예를 들면, ①이즈미사노 시민회관 판결은 '사람의 생명, 신체 또는 재산이 침해되어 공공의 안전을 해치는 위험'을 요구했지만, 이는 집회의 자유의 의의와 이용 거부라는 수단의 강함에서 유래하는 것이며(⇒116), ②약사법 위헌판결은 '중요한 공공이익'을 요구하고 있지만, 이것도 직업의 의의와 허가제라는 수단의 강함에서 유래한다(⇒113).

Ⅱ-1 헌법에 합치하지 않는 규제의 목적

330 먼저, 규제의 목적에는 처음부터 헌법상 배제되어야 할 것이 있다(배제적 이유로 불리는 경우도 있다). 평등의 사례이지만, 존속살인 가중처벌 규정 위헌판결의 6명의 재판관은 이미 목적을 위헌으로 보았다. 다나카 지로田中二郎 재판관의 의견은 형법 구 제200조가 '일종의 신분제 도덕의 견지', '구 가족 제도적 윤리관'에 입각하는 것으로 '개인의 존엄과 인격가치의 평등을 기본적인 입각점으로 하는 민주주의의 이념에 저촉한다는 의혹이 극히 농후'하다고 단언하고 있다.

후견주의적(paternalistic) 제약은 미성년자의 권리와 자유에 규제가 가해진 경우에 문제 된다. 전적으로 본인을 위해 가해지는 금지는 각 개인의 자기결정을 뭉개버리는 것이므로 허용되지 않는다. 그렇지만 위험 행위에 대한 경고 내지 정보 제공은 자기결정을 실질적인 것으로 하는 것이기 때문에 허용된다. 또한 일견 본인을 위한 제약이라고 하더라도, 본인의 행위가 타자 또는 공공에게 영향을 미칠 수 있는 경우 그 행위의 금지가 허용된다.

● 연방헌법재판소는 벌금형으로 담보되는 헬멧 착용 의무를 합헌으로 하였지만, 문제의 규정이 '시민에 대해 허용할 수 없는 후견'에 해당하는 것이 아닌가라는 문제에 대해 다음과 같이 답하고 있다(BVerfGE59,275). '헬멧을 착용하지 않은 채 주행하여, 두부에 중대한 손상을 입은 바이크 탑승

자는 자신만을 해한 것이 아니다'. 헬멧을 착용하지 않은 주행이 다른 위험 행위와 다른 것은 이것이 '공공에서 중요하며, 그래서 국가가 특별한 책임을 지는 공공도로에서 행해지는 것이다'. 더욱이, '중대한 두부손상이 일반에게도 광범위한 영향을 미치는(예를 들면, 구급, 의사의 처치, 재활치료, 신체장애인 부조 등) 것이 명백하다'.

또한 칸나비스(cannabis)계 약물의 사용 금지를 합헌으로 한 결정(BVerfGE 90,145)에서도 연방헌법재판소는 마약의 사용은 자기 명정(酩酊)을 위한 것이라 하더라도, 다양한 사회적 작용이나 상호작용을 지닌 것이라 지적하고 있다.

Ⅱ-2 규제 목적의 중요성

a) 다음으로, 규제의 목적에는 다양한 중요도가 있다. 일반적으로 ①타자의 인권에 기초한 법익, ②그 밖의 헌법조항에 기초한 법익(공무원제도, 사법제도 등), ③입법자가 정립한 법률 차원의 법익으로 구별할 수 있다. 331

● 원래 이 구별은 적극목적 · 소극목적의 이분론과는 다르다. 헌법 차원의 법익과 법률 차원의 법익 구별은 적극목적 · 소극목적 각각에 대해 발생한다. 예를 들면, 이즈미사노 시민회관 사건(⇒116)에서 문제가 된 '공공질서를 해칠 위험이 있는 경우'라는 규정은 어쩌면 소극목적이라 할지라도, '공공의 질서' 중에는 헌법에 기초하고 있는 것과 법률 차원의 것이 있을 수 있다. '인간의 생명, 신체 또는 재산'은 물론 전자이며, 최고재판소는 합헌한정해석으로 시민회관 사용불허가는 집회의 자유와 동등한 중요한 타자의 인권보호를 위해서만 허용된다고 한 것이다.

b) 법률 차원의 법익으로 헌법상의 권리를 제한할 수 있는가에 대해서는 일률적으로 답할 수 없다. 표현의 자유에 대해 거리의 경관 보호 등의 목적으로 제한을 가하는 것은 허용되지 않는다고 주장될 수 있다. 하지만 332

입법권 및 민주적 입법자를 헌법의 단순한 집행(자)으로 격하하지 않는 한, 이러한 단정은 성립하지 않을 것이다.

333 aa) 먼저, 헌법상의 권리의 제약근거가 되는 공공복지의 내실을 대립하는 인권의 조정만으로 한정하는 것은 불가능하다.

● 공공복지의 의미에 대해 이른바 일원적 내재적 제약설(미야자와 토시요시宮澤俊義)은 다음과 같이 설명했다. ①공공복지란 인권 상호의 모순·충돌을 조정하기 위한 실질적 공평의 원리이다. ②이 원리에는 자유권을 공평하게 보장하기 위하여 필요최소한도의 제약을 인정하는 '자유국가적 공공복지'와, 사회권을 보장하기 위하여 자유권에 대해 필요한 한도의 제약을 인정하는 '사회국가적 공공복지'가 있다. '일원적 내재적 제약설'이라 하는 것은 이러한 의미의 공공복지가 헌법 규정과 관계없이 모든 인권에 논리 필연적으로 내재하고 있다고 설명되기 때문이다. 하지만 공공복지를 인권 간의 모순·충돌 조정원리라고 엄밀히 생각하면, 대립하는 인권을 명시할 수 없는 한 헌법상의 권리 제한은 이미 목적에서 위헌이 될 수밖에 없다. 동일한 문제가 헌법 제22조·제29조의 공공복지와 구별하여 제12조·제13조의 공공복지를 소극적인 내재적 제약(만)의 근거로 자리매김하려는 견해에도 적용된다.

실제로는 판례나 통설 모두 헌법이 공무원 제도를 예정하고 있는 것을 이유로, 공무원에 대해 일반 국민과 다른 권리의 제한이 발생하는 것을 승인하고 있으며(猿払事件判決 등), 또한 —판례는 표현의 자유의 직접적인 보장대상이라고 보고 있지 않지만—공정한 재판의 실현을 위해 취재의 자유에 제약을 가할 수 있다는 것을 인정하고 있다(博多驛テレビフィルム事件: 最大決1969.11.26刑集23巻11號1490頁 등).

본래 이들 규제 근거를 누군가의 인권, 또는 모든 국민의 인권에 환원하는 것이 불가능한 것은 아니다. 하지만 그것은 의미 없는 행동이다. '국가가 인간을 위해 존재하는 것이지, 인간이 국가를 위해 존재하는 것이 아니다'(독일 기본법 Herrenchiemsee 초안 제1조)는 기본사고에 입각한 입헌국가에서는 모든 공익은 대략 자의적인 것이 아닌 한, 궁극적으로 뭔가의 의미로 인권에 환원될 수 있기 때문이다. 때문에, 현재로서는 인권이 아니더라도 '중요한 공익'이라면 헌법상의 권리를 제한할 수 있다(다카하시 가즈유키高橋和之), 혹은 국가의 정당한 통치·행정 기능의 확보를 위해서도 헌법상의 권리를 제한할 수 있다(우치노 마사유키內野正幸)는 견해가 유력하다.

bb) 중요한 것은 '공공복지'가 명치헌법 하에서와 같이 개인을 초월한 전 334
체의 이익이어서는 안된다는 것이며, 나머지는 구체적인 기본권 문제에 응해서 개별적으로 검토하면 된다는 것이다. 어떠한 헌법상의 권리에 어떠한 형태의 제한이 문제가 되는가에 따라, 그 정당화를 위해 요구되는 공익의 중요성과 이것이 침해되는 위험 발생의 개연성도 다르다. 그 한계 내에서 헌법에 직접 근거를 갖지 않는 법률 차원의 공익에 의한 헌법상의 권리 제한도 원리적으로 가능하다. 초기의 최고재판소 판례와 같이 '공공복지'를 목적으로 한 제한이라는 것만을 이유로 합헌이라고 한 시대라면 모르겠지만, 목적-수단 관계가 심사되며, 이익의 균형이 심사되는 현재로서는 ≪인권만이 인권을 제약할 수 있다≫는 교의(教義)를 고집할 필요는 없다.

c) 목적심사는 '공공의 복지'를 좁게 해석함으로써 헌법상의 권리에 대 335
한 제한을 최소화하기 위한 중심적 심사라는 적극적인 의미가 아니라, 자의적 목적이나 헌법에 적합하지 않는 목적, 기본권의 의의 및 제한의 중대성에 합치하지 않는 목적에 의한 제한을 저지한다는 소극적 측면에 그 의미가 있다고 봐야 할 것이다.

● 제한의 근거가 될 수 있는지와 어디까지 제한할 수 있는지는 문제가 다르다. 헌법에 직접 근거를 갖지 않는 공익이라 하더라도, 경미한 제한이라면 표현의 자유에 가할 수 있다. 덧붙여 말하면, 독일에 "je-desto"공식이라는 것이 있다(A이면일수록 B이어야 한다는 의미의 독일

어). 이것은 ≪헌법상의 권리에 대한 제한이 중대하면 할수록, 그 제한을 정당화하는 공익은 중요하지 않으면 안된다는 것이다≫, ≪헌법상의 권리에 대한 제한이 중대하면 할수록, 그 제한을 정당화하는 공익에 대한 위험이 긴박한 것이어야 한다≫는 것이다. 이것은 보편적으로 타당한 형량 규칙일 것이다.

336 ● '내재적 제약'은 그 자체가 해석학적으로 어려운 설명이다.

독일 기본법은 공공의 복지라는 일반적인 유보를 배제하고 어떤 권리가 어떤 목적에서 제한될 수 있는지에 대한 개별적 명문규정을 두고 있다(특별한 법률유보, 단순한 법률유보, 유보가 없는 기본권). 예를 들면, 의견표명의 자유(표현의 자유)는 기본법 제5조 제1항에서 보장하고 있지만, 제2항에서는 '이러한 권리는 일반적 법률의 규정, 소년보호를 위한 법률상의 규정 및 개인적 명예권으로 제한된다'고 규정되어 있다(특별한 법률의 유보). 옥외집회에 대해 제8조 제2항은 '이 권리는 법률로 또는 법률의 근거에 기초하여 제한할 수 있다'고 정하고 있다(단순한 법률의 유보). 이들에 대해서는 내재적 제약이라는 구실을 이용할 필요가 없다.

내재적 제약이라는 설명은 유보가 없는 기본권에 대해서 이용된다. 기본법 제5조 제3항의 예술의 자유는 유보 없이 보장되는 기본권이지만, 예술의 이름으로 무엇을 해도 모두 허용된다는 것이 아니다. 그래서 다음과 같은(다소 고뇌가 섞인)해석이 등장한다(BVerfGE 83, 130). ≪외설적 소설도 예술일 수 있다≫ ⇒ ≪예술의 자유는 기본법의 문언상 유보 없는 보장을 부여하고 있지만, 헌법상의 다른 법익과의 조정을 위해 제한될 수 있다≫ ⇒ ≪윤리적 위험으로부터 청소년을 보호하는 것은 '어린이의 독서에 대해 결정할 수 있는 권능'을 포함한 부모의 교육권(기본법 제6조 제2항)에 기초를 둔 것으로, '따라서 헌법상의 우월적 이익이다'≫

더욱이, 독일에서는 헌법 속의 조직규범·권한규범을 헌법상의 권리의 제약근거로 원용할 수 있는지에 대한 대논쟁이 있다. 우리나라의 헌법질서 구성요소설(공무원 등의 인권)이나 ≪공정한 형사사법의 실현≫도 어차피 헌법상의 조직규범·권한규범을 근거로 한 기본권 제한과 본질에서 변화가 없으며, 또한 헌법질서의 구성요소가 무엇인가도 불명확(국립대학이나 국립병원은 헌법의 일의적인 요청이 아니다)하며, 공무원의 기본권 제한에 대해서도 독일 기본법 제33조 제5항과 같은 규정('공무에 관한 법은 직업관료제도의 전통적 제반 원칙을 고려하여 이를 규율 한다')이 없는 가운데 주장된 경우 다소 힘든 해석이 되는 것을 부정할 수 없다. ≪인권만이 인권을 제약할 수 있다≫ 또는 ≪인권을 포함한 헌법에 직접적인 기초를 가진 법익만이 인권을 제약할 수 있다≫는 주장에는 무리가 있다.

Ⅲ 비례원칙

규제의 목적에 상응한 정당성·중요성이 인정되면, 다음으로 목적-수단의 관계가 심사된다. 여기서 사용되는 것이 비례원칙이다. 337

a) 비례원칙은 독일에서 경찰비례의 원칙으로 탄생하여, 이후 행정법의 일반적 원칙이 되었지만, 전후, 헌법상의 법원칙으로서 기본권을 제한하는 입법 심사에 이용되었다. '법률의 유보에서 비례적 법률에의 유보로'라는 평가에서 나타나는 것처럼, 비례원칙은 가장 중요한 '기본권 제한의 제한'으로 기능하고 있다.

● 비례원칙에는 행위규범으로서의 측면과, 통제규범으로서의 측면이 있다. 행위규범으로서의 비례원칙은 입법자(및 행정청)를 수범자로 하여, 입법자 등에게 상호 대립하는 이익 중 가장 적합한 조정을 명한다. 뒤에 기술할 파레토 최적(Paretian optimum)으로서의 비례원칙(⇒339)은 행위규범으로서의 비례원칙에 대응한다. 한편, 통제규범으로서의 비례원칙은 입법자 등이 선택한 수단이 헌법상의 권리와 자유를 과잉 제한하지 않는가의 여부를 재판소가 심사할 때에 재판소가 그 척도로써 이용할 수 있다. 심사에서는 비례원칙의 엄격한 적용과 완화된 적용이 구별된다(⇒340).

● 비례원칙은 대립하는 이익을 조정하고, 헌법상의 권리에 대한 과도한 침해를 위헌으로 하여 배제하는 원리이기 때문에, 검열 금지나 순수한 내

심에서의 신앙의 자유와 같이 국가의 개입이 일체 금지되는 권리 등에 대해서는 이용될 수 없다. 또한 비례원칙은 기본권 제한의 정당화의 필요조건이지 충분조건이 아니다. 비례원칙을 충족하고 있다는 것은 법률상의 근거 등 형식적 요건(⇒302)으로 채우는 것이 되어서는 안된다(나아가, 잠정적이라면 법률상 근거의 부존재도 감수해야 하는 것으로 허용되는 경우가 있을 수 있다는 판례도 있다[BVerfGe 85, 386]. 일본의 우라야스 요트 판결浦安ヨット事件判決[最判1991.3.8民集45卷3號164頁]의 사고방식도 기저부분에서 공통된다).

338 b) 비례원칙은 ①수단의 적합성, ②수단의 필요성, ③이익의 균형(협의의 비례성이라고도 한다)이라는 3가지 심사를 그 내용으로 하고 있다.

먼저, ①수단의 **적합성**은 그 수단이 입법목적(규제의 목적)의 실현을 촉진하는 경우에 긍정된다. 그 수단이 입법목적의 실현을 저해하거나, 목적을 촉진하는 작용을 하지 않는 경우 적합성이 부정된다. 입법목적의 완전한 실현까지는 요구되지 않는다(대다수의 경우 완전한 실현은 불가능하다).

다음으로 ②수단의 **필요성**은 입법목적의 실현에 대하여 동등하게 효과적이지만 기본권을 제한하는 정도가 낮은 다른 수단이 존재하는 경우 부정된다. 보다 제한적이지 않는 다른 선택 가능한 수단의 유무가 심사되는 것이다. 중요한 것은 다른 수단이 비슷하게 효과적이어야 한다는 것이며, 입법목적의 달성도가 명백히 낮은 수단은 대체수단의 후보가 될 수 없다.

마지막으로 ③**협의의 비례성**이란 '수단이 추구하는 목적과의 비례를 상실해서는 안된다', 혹은, '수단은 추구되는 목적과 적절한 비례관계이어야 한다'는 요청이다.

339 ● 이를 약에 비유한다면 다음과 같이 설명할 수 있을 것이다. 감기를 치료할 목적(그 자체가 정당한 목적이다)으로 약을 먹는다고 가정하자. A, B, C, D 네 종류의 약이 있다. A는 효능은 거의 없고 부작용이 5, B는 효능은 5정도이며 부작용이 4, C는 효능은 5정도이지만 부작용은 2, D는 효능은

7이지만 부작용이 10이라고 한다면 어떤 약을 먹을 것인가? 부작용만 있고 치료효과가 없는 약은 목적 달성에 부적합한 수단이기 때문에, 그 부작용을 정당화할 수 없다(적합성: A는 배제된다). 또한 같은 정도의 치료효과가 있는 약이 복수 존재하는 경우 부작용이 적은 약을 선택해야 한다(필요성: B는 배제된다). 마지막으로, 경미한 질병을 치료하기 위해 중대한 부작용이 있는 극약을 사용할 수 없다(협의의 비례성: D가 배제된다)고 볼 수 있다(물론, 시험 당일 하루만 몸 상태가 좋으면 된다는 다급한 상황이라면 이야기는 다르겠지만).

● 비례원칙은 파레토 최적을 사용하여 설명되는 경우가 있다. 소비자가 두 사람뿐인 경제를 상정한다. 소비재의 양은 한계가 있기 때문에 이를 두 사람 사이에 분배하여 얻을 수 있는 두 사람의 효용도 유한하다. 파레토 최적이란 일정 자원을 두고 가능한 소비자 A의 효용 U_A와 소비자 B의 효용 U_B를 조합한 가운데, U_A(또는 U_B)를 그 이상 증가시키려고 하는 U_B(또는 U_A)가 반드시 감소할 수밖에 없는 조합을 지칭하는 개념이다. 파레트 최적점은 한 가지에 국한되지 않고, 무수히 존재한다. 무수한 파레트 최적점(파레트 곡선)에서 단 하나의 점을 고른다는 것은 후생경제학에서 소득재분배의 문제이며, 사회에서는 두 사람의 개인이 어느 정도 중요한가라는 U_A, U_B의 사회후생함수에 의존한다. 사회후생함수가 정해지면, 이를 출발점으로 그려지는 무차별 곡선과 파레트 곡선의 교차점이 사회후생의 최대점이 된다.

비례원칙을 구성하는 제반 원칙 중에서 적합성의 원칙과 필요성의 원칙은 파레트 최적 달성을 위한 조건이다. 즉, 적합하지 않은 수단 또는 필요하지 않는 수단은 입법목적의 실현(U_B)을 감소시키는 일 없이 기본권 법익의 실현(U_A)을 증대시키거나, 혹은 전체로서 효용을 증대시키는 파레트 개선의 여지를 남기고 있다. 그렇다고는 하지만, 적합성・필요성을 만족하게 하는 수단은 복수 존재한다. 때문에, 후생경제학에서 사회후생함수가 필요한 것처럼, 기본권해석론에서는 상호간에 저촉하는 법익의 중요성을 비교・검토하는 것이 필요하다. 이것이 협의의 비례성이다.

● 나아가, 독일의 학설에는 협의의 비례성 불필요론이 있다. 이 경우 위에서 기술한 D(효능은 7이지만 부작용이 10)는 목적심사 또는 수단의 필요성 심사에서 배제된다(Pieroth/Schlink).

Ⅳ 최고재판소와 비례원칙 · 심사밀도

340 비례원칙의 적용에는 완화된 것과 엄격한 것이 있다(심사밀도). 최고재판소 스스로 비례원칙이라는 용어를 사용하는 경우는 적지만, 최고재판소 판례의 심사기준도 비례원칙과 심사밀도의 조합으로 이해할 수 있다. 아래에서는 최고재판소 판례를 소재로 심사밀도와 관련된 기본적인 사고를 요약한 후(⇒341), 최고재판소의 심사기준과 비례원칙의 관계에 대해 개관한다(⇒347).

● 판례에서 '비례원칙'이 언급된 최근의 예로, ①히로시마현 교원노조 집회 사건廣島縣敎組敎硏集會事件判決(最判2006.2.7民集60卷2號401頁). 교직원 단체가 집회의 장소로 중학교 체육관 등 학교 시설의 사용 신청을 하였는데, 일단 구두로 이를 허용한다는 답신을 교장으로부터 받았지만, 그 뒤 시교육위원회로부터 부당하게 그 사용을 거부당해 손해배상을 청구한 사례, ②이즈미사노 시민회관 사건의 판례에서 소노베 다쓰오園部逸夫 재판관의 보충의견이 있다. ①에서는 '종전의 허가 운영은 사용 목적의 상당성이나 그와 다른 취급의 동기의 부당성을 추인하는 경우가 있거나, 비례원칙 내지 평등의 원칙의 관점에서 재량권 남용에 해당하는가의 여부의 판단으로 고려해야 할 요소로 되거나 하는 것은 부정할 수 없다'고 설시하고 있다.

● 독일의 비례원칙은 과거에 완화된 심사밀도와 같은 것으로 소개(다카미 죠지田上穰治)되었으며, 거센 비판을 받은 적이 있다(오쿠다이라 야스히로奧平康弘). 이것이 비례원칙이라는 단어가 경원시되는 원인(遠因)의 하나로 여겨진다. 하지만 비례원칙 자체가 특정 심사밀도를 전제로 하는 것이 아니다.

Ⅳ-1 심사밀도의 결정

최고재판소의 약사법 위헌판결(독일의 약국 판결[BVerfGE 7, 377⇒348])은 비례원칙을 엄격하게 적용한 판례이다. 한편, 연방헌법재판소는 직업수행에 대한 규제에 대해 '합리적인 공공의 복지를 고려하여 그것이 합목적적으로 간주되는 한' 합헌으로 보았으나, 이와 같은 완화는 최고재판소 판례에서도 볼 수 있다. 341

헌법상의 권리의 제한에는 다양한 목적, 형태, 정도가 있다. 더욱이 제한받는 권리의 의의나 특성(표현의 자유의 위축적 효과, 직업의 자유의 사회적 상호 관련성 등)도 다르고, 어떤 권리가 통상적인 문맥에서 제한을 받고 있는가, 혹은 특수한 문맥(행위의 주체가 공무원인가, '선거운동' 상황에서인가, 통상적 출판물인가 교과서인가 등)에서 제한이 문제시되는가에 따라 구별된다. 따라서 위헌심사의 표준적인 심사밀도를 관념하는 것은 불가능하지만, 일정한 정식화라면 이를 행하는 것은 가능하다.

a) 최고재판소 판례에서 확실하게 하고 있는 것은 **중요한 권리**에 대한 **강력한 제한**이라면, 특단의 사정이 없는 한 비례원칙이 **엄격**하게 적용된다는 것이다. 342

그러한 것에는 약사법 위헌판결, 이즈미사노 시민회관 판결 외에도 순수한 자유권은 아니지만 재외국민선거권 위헌판결(最大判2005.9.14民集59卷7號2087頁), 더욱이 문언상은 완화된 심사로 이해할 여지가 있지만, 실질적으로 엄격한 심사를 한 삼림법 위헌판결(最大判1987.4.22民集41卷3號408頁)이 있다. 이러한 경우 최고재판소는 중요한 권리일 것, 그리고 제한이 강력할 것을 명시적 또는 언외적으로 나타내고 있다.

● 권리의 중요성에 대하여 ①약사법 위헌판결은 직업을 '개인의 인격적 가치와 불가분의 관련을 가진 것'으로 보고 있다. ②재외국민선거권 판결은 '국민의 대표자인 의원을 선거로 선정하는 국민의 권리는 국민의 국정

에의 참가 기회를 보장하는 기본적인 권리로서 의회제 민주주의의 근간을 이루는 것이며, 민주국가에서는 일정한 연령에 도달한 국민 모두에게 평등하게 부여되어야 하는 것이다'고 하였다(본 건에서는 선거권 행사의 기회가 박탈되어있기 때문에, 중대한 제한에 해당하는 것은 당연한 전제이다). ③삼림법 위헌판결에서는 '공유물 분할청구권은 각 공유자에게 근대 시민사회에서의 원칙적 소유형태인 단독 소유로의 이행을 가능하게 하……[는] 것으로 발전한 권리이며, 공유의 본질적 속성으로서 지분권 처분의 자유와 함께 민법에서 인정되기에 이르게 된 것이다'고 설시하고 있다.

● 제한의 강도에 대해 ④약사법 위헌판결은 '허가제는……직업의 자유에 대한 강력한 제한이다'라고 하였다. 또한 가처분에 대해 ⑤'북방저널' 판결(最大判1986.6.11民集40卷4號872頁)은 ⓐ그 내용을 독자 내지 시청자 편에 전달하는 길을 없애고, 공공의 비판 기회를 감소시킨다. ⓑ사전억제의 성질상 예측에 기초할 수밖에 없기 때문에 사후제재의 경우보다 광범위하게 되기 쉬우며, 남용될 우려가 있다. ⓒ실질적 억제 효과가 사후제재의 경우보다 크다고 강조하고 있다. 표현의 자유에 대해서는 (⇒366).

● 하급심 재판례로 東京地判2013.3.14判時2178號3頁 (成年被後見人選擧權訴訟), 大阪高判2013.9.27判時2234號29頁 (受刑者選擧權訴訟)을 참조.

343 b) 이러한 정식에서 벗어난 것에는 심사기준이 완화된다(처음부터 원칙-예외 관계를 관념할 수 없는 사안에 대해서는 【B 하한통제 · 제도준거심사】를 참조).

aa) 권리로서 중요성이 떨어지는 경우, 혹은 권리 그 자체가 아닌 '존중할 만한 것'에 대한 제한(⇒205). 이와 유사하지만 해당 헌법 규정의 직접적 규율대상 외의 사항에 대해서도 엄격한 헌법상 요청이 완화된다. 국민건강보험료와 조세법률주의, 행정절차와 헌법 제31조 · 제35조 등.

● ①최고재판소는 미결구금자의 흡연 금지에 대해 다음과 같이 설명하고 있다. '위의 제한이 필요하고 합리적인가의 여부는 제한의 필요성 정도와 제한되는 기본적 인권의 내용, 여기에 가해지는 구체적 제한의 형태와

의 형량으로 결정되어야 하는 것'이다. '흡연의 자유는 헌법 제13조가 보장하는 기본적 인권 중 하나에 포함되지만, 모든 때와 장소에서 보장되어야 하는 것이 아니다. 따라서 이와 같은 구금의 목적과 제한되는 기본적 인권의 내용, 제한의 필요성 등의 관계를 종합적으로 고찰하면, 앞서 기술한 것과 같이 흡연 금지라는 정도의 자유 제한은 필요하고 합리적'이다(最大判1970.9.16民集24卷10號1410頁). 이것은 '진실로 필요하다고 인정되는 한도'의 제한을 요구한 요도호 하이잭 기사 말소 판결よど号ハイジャック記事抹消事件判決(最大判1983.6.22民集37卷5號793頁)과 비교하면, 명백하게 완화된 판결이다.

②법정 메모 판결Repeta事件(最大判1989.3.8民集43卷2號89頁)은 '필기행위의 자유는 헌법 제21조 제1항의 규정에 따라 직접 보장받고 있는 표현의 자유 그 자체와는 다른 성질의 것이므로, 그 제한 또는 금지에는 표현의 자유에 제약을 가하는 경우 필요한 엄격한 기준이 요구되는 것이 아니다'고 보았다.

③아사히카와시 국민건강보험조례 판결(最大判2006.3.1民集60卷2號587頁)에서는 다음과 같이 설시하고 있다. '조세 이외의 공과금 부과라도 부과징수의 강제 정도에서 조세와 유사한 성질을 가지고 있는 것에 대해서는 헌법 제84조의 취지가 미친다고 해석해야 하지만, 그러한 경우라도 조세 이외의 부과는 조세와 그 성질의 공통점과 차이점이 있으며, 또한 부과징수의 목적에 따라 그 종류가 다양하므로 부과 요건이 법률 또는 조례에 어느 정도 명확히 정해져 있어야 하는가 등 그 규율의 방식에 대해서는 해당 공과금의 성질, 부과 징수의 목적, 그 강제의 정도 등을 종합적으로 고려하여 판단해야 한다'.

④헌법 제35조 제1항에 대해 가와사키 민상 사건川崎民商事件判決(最大判1972.11.22刑集26卷5號554頁).

bb) 권리에 대한 제한이 경미한 경우. 직업수행에 대한 규제, 표현의 자유에 대한 간접적이며 부수적인 규제 등. 344

● ①농작물공제 당연가입제도 판결(最判2005.4.26判時1898號54頁)에서는 '당연가입제도는 본래 직업 수행 그 자체를 금지하는 것이 아니라, 직업활동에 부수적으로, 그 규모 등에 따라 일정 부담을 과하는 형태의 규제'임을 이유로 심사밀도를 완화하여, '당연가입제의 채택은 공공의 복지에 합치하는 목적을 위해 필요하고 합리적인 범위 내에 그치는 조치라고 할 수 있으며, 입법부의 정책적, 기술적 재량 범위를 일탈하는 것으로 현저하게 불합리한 것이 명백하다고는 인정하기 어렵다'고 보았다.

②대략 최고재판소의 판례에서는 표현의 자유에 대한 규제가 간접적·부수적인 것에 그치는 것을 이유로 심사가 완화되어 있다. 그 예로 사루후쓰 사건, 호별 방문 금지 사건(最判1981.6.15刑集35卷4號205頁) 외에도 최근의 다치카와 텐트촌 사건(最判2008.4.11刑集62卷5號1217頁), 국가 기립 제창 사건(最判2011.5.30裁時1532號2頁)의 판결이 있다. 국가 기립 제창 판결(最判2011.6.6裁時1533號3頁)의 대다수 의견은 '간접적 제약'에 그치는 점에서 다음과 같이 설시하고 완화된 심사밀도를 채택하였다. '이러한 간접적 제약이 허용되느냐는 직무명령의 목적 및 내용, 그리고 이것으로 초래되는 상기의 제약 형태 등을 종합적으로 형량하여 해당 직무명령에 상기 제약을 허용할 수 있는 정도의 필요성 및 합리성이 인정되는가의 관점에서 판단하여야 한다'.

이에 대해 동 판결의 미야카와 고지宮川光治 재판관의 반대의견은 다음과 같다. '본 건 직무명령의 직접적 제약성을 인정하여, 엄격한 기준에 따른 심사를 요구한다'. 그에 따르면, '본 건 각 직무명령은 직접 상고인들에 대해 前記 역사관 내지 세계관 및 교육상의 신념을 지니는 것을 금지하거나, 이에 반대하는 사상 등을 가질 것을 강제하거나 하는 것이 아니므로, 일견 명백하게 헌법 제19조 위반이라고 할 수 없다. 하지만 상고인 등의 불기립, 부제창이라는 외부적 행위는 상고인들의 사상 및 양심의 핵심의 표출인가, 적어도 이것과 밀접하게 관련되어 있을 가능성이 있으므로 이를 허용하지 않고 상고인 등에 기립 제창 행위를 명령하는 본 건 직무명령은 헌법심사의 대상이 된다. 그리고 상고인 등의 행위가 식전에 前記 역사관 등을 적극적으로 표명하는 의도를 가지고 행해진 것이 아닌 한, 그 심사는 이른바 엄격한 기준에 따라 본 건 사안의 내용에 입각하여 구체적으로 이루어져야 한다'.

또한 최고재판소의 간접적 · 부수적 규제론의 문제점에 대해서는(⇒218).

cc) 중요한 권리에 대한 강력한 제한이지만 입법재량을 존중해야 할 예외적 사정이 인정되는 경우. 여기에는 소매시장 사건(最大判1972.11.22刑集26卷9號586頁)(적극목적), 주류 판매 면허제 사건(最判1992.12.15民集46卷9號2829頁)(세법 영역) 등이 있다. 345

● ①소매시장 판결은 적극목적 규제인 경우 '구체적인 법적 규제 조치가 현실 사회 경제에 어떠한 영향을 미치는가, 그 이해득실을 통찰함과 함께 널리 사회 경제 정책 전체와의 조화를 고려하는 등, 상호 관련되는 제반 조건에 대해 적정한 평가와 판단이 필요하며, 이러한 평가와 판단의 기능은 실로 입법부의 사명이라고 보아야 하는 점이 있[다]' 고 설시하고, 명백성의 기준을 선택했다.

②주류 판매 면허제 판결은 조세는 '소득재분배, 자원의 적정분배, 경기조정 등 제반 기능을 가지고 있으며, …… 재정 · 경제 · 사회정책 등 국정 전반에서 종합적인 정책 판단을 필요로 한다'는 것, 과세요건 등을 정하기 위해서는 '매우 전문기술적인 판단을 필요로 한다'는 것을 이유로 '조세법의 정립에 대해서는 국가 재정, 사회 경제, 국민소득, 국민 생활 실태 등에 대해 정확한 자료를 기초로 하는 입법부의 정책적 · 기술적인 판단에 맡길 수밖에 없으며, 재판소는 기본적으로 그 재량적 판단을 존중해야 한다'고 하였다.

dd) 특수한 문맥에서 기본권 문제인 경우. 여기에는 주체가 특별한 경우(청소년, 외국인, 공무원 등) 외에도 선거운동이라는 특별한 상황에 따라 제한인 경우(⇒603), 자연적 자유의 제한이 아닌 일정한 제도를 전제로 한 346

자유의 경우(⇒641) 등 다양한 유형이 있다.

● 특별한 문맥이라는 사정은 심사기준을 완화하는 방향으로 작용하는 경우가 있는 한편, 오히려 이를 엄격하게 하는 경우도 있다. 선거전에서 대립하는 정당을 '유럽의 NPD(네오나치정당)'라고 비판한 언론이 문제가 된 사례에서 연방헌법재판소는 '선거전에서 정당 간의 논쟁이 문제가 된 한도 내에서 기본법 제21조 제1항 1문(정당국가조항)은 의견의 자유와 제한되는 법률과의 관계에서의 본질적인 의의를 가진다. 즉, 자유로운 언론이 허용된다는 추정이 강화되기 때문이다'고 설시하고, 사건의 언론은 허용되어야 할 것으로 판시하였다(BVerfGE 61, 1). 이는 정당본위, 정책본위의 선거제도를 표방하는 일본에도 타당할 것이다.

Ⅳ-2 최고재판소의 심사기준과 비례원칙

347 최고재판소의 심사기준과 비례원칙·심사밀도의 대응관계를 정리하면 다음과 같다.

a) **엄격한 합리성**의 심사에서는 중요한 공익보호가 목적이어야 하며, 수단은 단순히 적합할 뿐만 아니라, 다른 수단과 비교하여 필요할 것이 요구된다.

약사법 위헌판결은 허가제의 합헌성을 긍정할 수 있기 위해서는 '원칙적으로 중요한 공공의 이익을 위해 필요하고 합리적인 조치일 것을 요구하며', 그것이 경찰적 조치인 경우 '허가제에 비해 직업의 자유에 보다 완화된 제한인 직업활동의 내용 및 형태에 대한 규제로는 위의 목적을 충분히 달성할 수 없다고 인정될 것을 요구한다'고 설시하였다. 여기서는 목적과 수단이라는 두 가지가 심사의 대상인 것을 알 수 있다. 또한 보다 완화된 수단으로 입법목적을 달성할 수 없다는 것(수단의 필요성)이 엄밀하게 요구된다는 점에서 수단심사가 엄격하게 행해지는 것을 알 수 있다. 그런 점에서 엄격한 합리성과 보다 제한적이지 않은 다른 선택할 수 있는 수단

(LRA)은 관점에서 다르지 않다.

● 약사법 위헌판결은 독일에서 비례원칙을 엄격하게 적용한 대표적 판례라 할 수 있는 '약국 판결(BverfGE 7, 377)의 영향을 받고 있다. 348

독일의 약국 판결에서 문제가 된 것은 약국 개설을 허가하는 조건으로 개설자의 자격·직업경력 외에도 약국 신설로 인해 근처 약국의 경제적 기반을 해치지 않을 것을 요구한 바이에른주 약사법 규정이다. 이 규정은 약국의 적정배치를 촉진하기 위한 것이기도 했다. 연방헌법재판소는 직업의 자유에 대한 규정에는 완화된 규정부터 ①직업수행에 대한 규제, ②직업개시에 대해 특정 자격 등을 요구하는 허가의 '주관적' 요건에 따른 제한, ③당사자의 자격·능력과 관계없는 '객관적'요건에 따른 제한의 3단계가 있다고 하였다. 먼저, 비례성은 어떤 '단계'의 규제 수단을 선택해야 하는가에 요구된다. 즉, 이전 단계의 수단을 사용해서는 우려되는 위험에 효과적으로 대항할 수 없음이 높은 개연성으로 증명될 수 있는 경우 비로소 보다 강력한 다음 단계의 수단을 선택하는 것이 허용된다. 더욱이 비례성은 각각의 '단계'에서 구체적 규제 수단에 대해 요구된다. 특히 허가의 '객관적' 요건에 대해서는 '대단히 중요한 공동체 법익에 대한 증명이 가능할 것 내지 고도의 개연성을 지닌 중대한 위험에 대한 방어만이 그와 같은 제한을 정당화할 수 있다'. 그 외에 공동체의 이익을 촉진할 목적으로 하거나 구성원의 수를 제한하여 해당 직업의 사회적 명성을 배려한다는 목적으로는 불충분하다. 결국, 약국 점포의 증가로 주민들의 건강이 위험에 처하게 될 가능성은 없다는 등의 이유로 위의 규정은 위헌으로 판시되었다.

● 주된 이유는 아니지만, 우편법 위헌판결(最大判2002.9.11民集56巻7號1439頁)은 운송사업 등의 수행과 관련하여 일정한 정책 목적을 달성하기 위하여 사업자의 손해배상책임을 경감하고 있는 다른 법령(상법, 국제해상물품운송법, 철도운영법 등)과의 비교를 통하여, '이들 법령은 모두 사업자 측에 고의 또는 중대한 과실 내지 이에 준하는 주관적 요건이 존재하는 경우 책임 제한의 규정이 적용되지 않는다고 하고 있지만, 이와 같은 법령의 349

규정이 사업 수행에 지장을 초래했다는 사실은 지적되지 않고 있다. 이런 점에서 보더라도 등기우편물에 대해 우편업무 종사자의 고의 또는 중대한 과실로 손해가 발생한 경우 피해자의 희생 하에 사업자를 보호하고, 그 책임을 면제하거나 제한하지 않으면 법 제1조의 목적을 달성할 수 없다는 이유를 도출해내기 어렵다'고 설시하고 있다. 유사한 다른 법령과 비교하는 수법은 비교적 엄격한 심사임을 나타낸다.

350 b) **명백히 긴박한 위험**의 기준은 비례원칙 중에서 협의의 비례성에 특화된 심사이다. 규제로 인해 얻을 수 있는 이익과 잃을 수 있는 이익의 균형을 엄격하게 심사한다면, (대단히) 중요한 헌법상의 권리에 대해 강력한 제한을 정당화하기에는 이 제한으로 보호해야 할 이익이 중요해야 함은 물론, 이 이익에 대한 긴박한 위험이 존재해야 함은 자명하다. 이 이익이 (대단히) 중요하더라도 위험 발생의 개연성이 낮다면 중요한 권리에 대한 강력한 제한과 균형이 맞지 않기 때문이다.

● 이즈미사노 시민회관 판결에서 말하는 '인간의 생명, 신체 또는 재산이 침해되어 공공의 안전이 훼손되는' '명백히 긴박한 위험의 발생이 구체적으로 예견되어 있을 것'이라는 요건이 미국의 판례 법리로서 소개된 '명백하고 현존하는 위험'과 동일한 것인가에 대해서는 논의의 여지가 있다.

● 엄격한 합리성과 '명백히 긴박한 위험'은 심사밀도가 다른 것이 아닌 오히려 심사의 관점이 다르다고 생각하는 것이 이해하기 쉽다. 엄격한 합리성 심사는 다른 수단과 비교라는 관점에서 입법자가 채택한 수단이 필요최소한 것인지 아닌지를 심사하는 것이다. 즉, 허가제라는 수단은 고정된 전제가 아니라 '신고제'나 '직업수행에 대한 규제'와 비교되는 대상이다. 한편, 명백히 긴박한 위험의 심사는 특정한 수단(예를 들면, 집회의 금지)을 고정한 뒤, 그와 같은 수단을 정당화하려면 생명·신체 등의 대단히 중요한 법익에 대한 명백히 긴박한 위험이 있어야 한다는 것이다.

비유적으로 말하자면, 명백히 긴박한 위험은 저울의 왼쪽에 미리 집회 금지(말할 필요도 없이 중요한 권리에 대한 중대한 제한)라는 무거운 시료를 올리고, 오른쪽 접시에는 보호되는 이익의 중요성과 위험발생의 절박성이라는 저울추를 올린 후 그 균형을 본다는 심사이다. 이에 대해 엄격한 합리성은 권리에 대한 제한의 정도를 측정하는 저울에 후보가 되는 복수의 규제 수단을 올리고 어느 것이 가벼운가를 계측하는 것이다.

● 엄격한 합리성과 같은 수단의 필요성 심사와, 명백히 긴박한 위험과 351
같은 특정 수단의 정당화 심사 중에서 어느 쪽을 행할 것인가는 대개 다음과 같이 생각할 수 있다.

크게 분류하면 ①수단의 필요성 심사가 특정 수단의 정당화 심사와 동전의 양면과 같으며, 어떤 쪽에서 심사하더라도 실질적으로 차이가 없는 경우와, ②수단의 적합성 · 필요성 심사가 공전하여, 최후의 수단(보루)으로 특정 수단의 정당화 심사가 이루어지는 경우가 있다. ①의 예로 집회의 신청에 대한 법률이 금지와 조건부 허가라는 두 종류의 대응을 예정하고 있다고 하자. 이 경우에 금지라는 엄격한 대응은 조건부 허가라는 완화된 수단으로 규제의 목적을 충분히 달성할 수 없는 경우에 한정된다. 그러나 그것은 동시에 금지라는 특정 수단이 정당화 심사를 '명백히 긴박한 위험'이라는 정식으로 나타냄으로써 수단의 필요성 심사보다도 직관 · 간결하게 판단 기준을 제시한다는 이점이 있다.

수단의 적합성 · 필요성 심사가 공전하는 ②의 예로서는 다음과 같은 사안을 생각할 수 있다. 테러 대책을 위해 예방적인 통신 감청을 하는 것은 비례원칙에 반한 과잉 제한이 되지 않는가? 테러로부터 국민의 생명 · 재산을 지킨다는 목적은 매우 중요하다. 다음으로, 통신 감청이라는 수단은 목적 달성을 위한 적합한 수단이며, 나아가 달리 동일한 정도의 실효성을 지닌 수단이 존재하지 않는다고 한다면, 수단의 필요성도 인정된다. 그러나 테러의 위험이 절박하다면 모를까, 단순히 '우려가 있다'는 단계에서는 극약 처방과 같은 강렬한 수단을 투입하는 것은 협의의 비례성에 결여되어 위헌이 될 것이다. 협의의 비례성은 헌법상의 권리에 대한 제한의 강도

·발생할 수 있는 손해의 중요성·위험발생의 개연성이라는 세 변수 사이의 균형을 추구하는 것이며, 가령 발생할 수 있는 손해가 중대하다고 하더라도 구체적 위험이 없는 단계에서는 중요한 헌법상의 권리에 대한 강력한 제한은 균형을 결여한 것이 된다.

352 c) 비례원칙의 완화된 적용의 예로 사루후쓰 판결에서는, 정치적 행위의 금지가 합리적이며 필요최소한의 한도에 그치는가의 여부는 '금지의 목적, 그 목적과 금지되는 정치적 행위와의 관련성, 정치적 행위를 금지함으로써 얻을 수 있는 이익과 금지함으로써 잃을 수 있는 이익과의 균형이라는 3가지 점에서 판단'된다고 하였다.

이 심사는 일반적으로 **합리적 관련성의 기준**이라고 부르는 목적·수단·균형의 3가지가 빠짐없이 모여 있으며, 단순히 수단의 목적에 대한 관련성만을 심사하는 것은 아님을 알 수 있다.

이는 완화된 심사기준이라고 불리지만, 이는 수단의 적절성이 규제의 목적과의 관련성으로만 심사되고 있는 것이 현저하게 나타난다. 여기에서 말하는 '관련성'은 수단이 입법목적의 실현을 촉진할 수 있는 것(비례원칙에서 수단의 적합성)만을 요구하는 것이며(게다가 이 관련성은 관념적인 것으로 충분하다고 보고 있다), 약사법 위헌판결에서 보았던 것처럼, 수단의 필요성(보다 완화된 수단으로 입법목적을 달성할 수 있는가)은 심사되지 않는다.

353 ● 적용에서는 다음과 같이 설시되고 있다.

①[목적] '행정의 중립적 운영과 이에 대한 국민의 신뢰를 확보하기 위하여 공무원의 정치적 중립성을 해할 우려가 있는 정치적 행위를 금지하는 것은 의심의 여지없이 헌법의 요청에 부응하여 공무원을 포함한 국민 전체의 공동이익을 옹호하기 위한 조치이며, 그 목적은 정당'하다.

②[수단] '폐해의 발생을 방지하기 위하여 공무원의 정치적 중립성을 해할 우려가 있다고 인정되는 정치적 행위를 금지하는 것은 금지 목적과의

사이에 합리적인 관련성이 있다'. '금지가 공무원의 직종·직무 권한, 내외 근무 시간, 국가 시설의 이용 여부 등을 구별하지 않고, 혹은 행정의 중립적 운영을 직접, 구체적으로 해치는 행위만을 한정하지 않는 것이라고 하더라도 위의 합리적인 관련성이 상실되는 것이 아니다'.

③[균형성] '정치적 행위를, 이를 내포하는 의견표명 그 자체의 제약을 목적으로 하는 것이 아닌 그 행동이 초래하는 폐해 방지를 목적으로 하여 금지하고 있는 때에는, 동시에 이로 인해 의견표명의 자유가 제약되지만, 이는 단순히 행동의 금지에 수반되는 한도에서의 간접적, 부수적 제약에 불과하며, 한편 금지로 얻을 수 있는 이익과 공무원의 정치적 중립성을 유지하고 행정의 중립적 운영과 그에 대한 국민의 신뢰를 확보한다는 국민 전체의 공동이익이므로, 얻을 수 있는 이익이 상실되는 이익에 비해 더욱 중요한 것이라고 할 수 있으며, 그 금지는 이익의 균형을 상실하는 것이 아니다.

● 사루후쓰 판결 세 번째의 얻을 수 있는 이익과 상실되는 이익의 균형 심사가 반드시 엄격한 심사를 의미하는 것이 아니다. 이익의 균형이 엄격하게 심사되는 경우도 있으며 유연하게 심사되는 경우도 있기 때문이다. 수단의 필요성을 심사할 것인가의 여부는 우선 비교적 엄격한 심사와 완화된 심사를 구별하는 지표가 될 것이다. 나아가, (비교적) 엄격한 심사에서 이용되는 균형의 심사에 대해서는(⇒350).

d) 합리적 관련성의 기준보다 더욱 완화된 것이 **명백의 기준**(명백성의 원 354
칙)이다. 소매시장 판결은 '개인의 경제활동에 대한 법적 규제 조치에 대해서는 입법부의 정책적 기술적인 재량에 맡기는 방법 외에는 없으며, 재판소는 입법부의 위 재량적 판단을 존중하는 것을 원칙으로 하고, 입법부가 그 재량권을 일탈하여 해당 법적 규제 조치가 현저하게 불합리한 것이 명백한 경우에 한하여 이를 위헌으로……'라고 설시하고 있다.

헌법상의 권리에 대한 통상적 제한이 문제가 되는 한, 명백성의 기준 355

보다 완화된 심사기준은 상정하기 어렵다. 보다 완화된 기준이 있을 수 있다면, 이는 원칙-예외 관계를 관념할 수 없다(혹은, 헌법상의 원형을 상정할 수 없다)는 한정될 것이다(이에 대해서는 【B. 하한통제 · 제도준거심사】 에서 다룬다).

● 주류 판매 면허제 판결은 '조세의 적정하고 확실한 부과징수라는 국가의 재정 목적을 위해 직업을 허가제로 규제하는 것은 그 필요성과 합리성에 대한 입법부의 판단이 위의 정책적, 기술적인 재량의 범위를 일탈하는 것으로 현저하게 불합리하지 않는 한 이를 헌법 제22조 제1항의 규정에 위반하는 것이라고 할 수 없다'고 설시하고 있다.

이 심사기준은 소매시장 판결의 심사기준보다 다소 엄격하다. 적용에서도 '현저하게 불합리하다고는 단정하기 어렵다'(주류 판매 면허제 사건), '그 목적에서 일단 합리성을 인정하는 것이 불가능한 것이 아니며, 또한 그 규제 수단 · 형태에서도 이것이 현저하게 불합리하다는 것이 명확하다고는 인정할 수 없다'(소매시장 사건)는 차이가 있다. 더욱이 증권거래법 제164조 제1항의 합헌성 논쟁이 있었던 最高裁判所判決2002年2月13日民集56卷2號331頁도 참조할 것.

제3절 비교형량 · 이중의 기준 · 비례원칙

주요 판례

最大判1966.10.26刑集20卷8號901頁(全逓東京中郵事件)
最大判1969.11.26刑集23卷11號1490頁(博多驛テレビフィルム事件)
最大判1974.11.6刑集28卷9號393頁(猿払事件)
最大判1975.4.30民集29卷4號572頁(薬事法事件)
最大判1986.6.11民集40卷4號872頁('北方ジャーナル'事件)

Ⅰ 비교형량

Ⅰ-1 비교형량의 3가지 의미

a) 법적인 판단은 결국 상호 대립하는 이익의 어느 쪽을 우선할 것인가 360
의 문제이며, 그 의미로는 어떠한 위헌심사도 비교형량(비교형량, 이익형량)에 해당한다. 이런 의미에서 비교형량은 헌법 차원에서(헌법제정자의 손에서) 이미 완료된 경우가 있다. 검열이 절대적으로 금지되거나 고문이 절대적으로 금지되는 것은 헌법자체가 최종적인 비교형량을 하고 있기 때문이다(다만, '고문' 등의 정의를 둘러싼 해석문제가 발생하고 있으나). 한편, 일응(prima facie)의 보장(⇒203)에 그치는 통상의 헌법상의 권리에 대해서는 비교형량의 여지가 입법 및 헌법의 해석·적용 차원에 남겨져 있다. 이를 비교형량의 제1의 의미라 한다면, 비교형량은 심사의 하나의 기준이 아니라, 대체로 모든 법적 판단에 내재하는 것이다.

그러나 비교형량은 그 자체가 하나의 기준으로 이용되는 경우가 있다. 동등하게 중요한 이익이 상호 대립하는 경우, 개별 사례의 특수성을 고려하여 해당 사례에서 우열 관계를 결정하는 수단을 가리키는 경우(제2의미)와, 비례원칙의 제3의 구성요소인 얻을 수 있는 이익과 잃을 수 있는 이익의 균형 심사를 가리키는 경우(제3의미)이다.

b) 최고재판소는 1960년대 중반에 이르러 그전까지의 추상적인 공공의 361
복지론에서 비교형량론으로 이행했다고 지적되지만, 최고재판소의 판례를 읽는 데 있어 중요한 것은 위에서 기술한 어떤 의미에서 '비교형량'이라는 용어가 사용되고 있는지를 구별하는 것이다.

● ①전국체신노조 동경중앙우체국 판결全遞信東京中郵事件判決은 '노동기본권의 제한은 노동기본권을 존중·확보할 필요와 국민 생활 전체의 이익을 유지·증진할 필요를 비교형량하여 양자가 적정한 균형을 지니고 있는

가를 기준으로 결정해야 할 것이다'고 설시하며, 비교형량론을 채택하였다. 그러나 주의해야 할 것은 계속하여 '노동기본권이 근로자의 생존권과 직결하며, 이를 보장하기 위하여 중요한 수단인 점을 고려한다면, 그 제한은 합리성이 인정되는 필요최소한도에 그쳐야 한다'고 설시하고 있는 점이다. 이 판결에서는 비교형량은 제1의 의미에서 사용되고 있으며, '필요최소한도'인가의 여부 등이 심사기준이 되고 있다.

②약사법 위헌판결은 '이러한 [제한의 합헌성]을 일률적으로 논하는 것이 어려우며, 구체적인 규제 조치에 대하여 규제의 목적, 필요성, 내용 및 이로 인해 제한될 직업의 자유의 성질, 내용 및 제한의 정도를 검토하여 이를 비교형량한 뒤에 신중하게 결정해야 한다'고 했지만, 이어서 '[입법자의] 합리적 재량의 범위에 대해서는 사안의 성질상 자연히 그 범위의 확대 및 축소가 있을 수 있다'고 하여 엄격한 합리성의 기준을 정립했다.

362 ● 제2의 의미에서 비교형량이 채택된 판례로는 재산권의 제한과 관련된 일련의 판례가 있다.

①최고재판소는 '재산권에 대한 규제가 헌법 제29조 제2항의 공공의 복지에 적합한 것으로 시인돼야 할 것인가의 여부는 규제의 목적, 필요성, 내용, 그 규제로 인해 제한될 재산권의 종류, 성질 및 제한의 정도 등을 비교형량하여 판단해야 한다'고 하고, 이를 기준으로 증권거래법 제164조 제1항에 의한 내부거래의 규제(最大判2002.2.13民集56卷2號331頁), 소비자의 이익을 부당하게 침해하는 계약 조항의 전부 혹은 일부를 무효로 하는 소비자 계약법의 규정(最判2006.11.27集民222號275頁)의 목적 및 수단의 상당성을 심사하고 있다.

②하카타역 텔레비전필름 사건의 결정博多驛テレビフイルム事件決定에서 다음과 같이 설시하고 공정한 형사재판의 실현과 취재의 자유와의 비교형량을 요구하고 있다. '일면에서 심판대상이 되는 범죄의 성질, 형태, 경중 및 취재한 것이 증거로서의 가치, 나아가서는 공정한 형사재판을 실현하는 데 있어 필요성의 유무를 고려하는 것은 물론, 다른 면에서도 취재한 것을 증거로 제출하게 함으로써 보도기관의 취재의 자유가 방해되는 정도 및

이것이 보도의 자유에 미치는 영향의 정도, 그 외 제반사정을 비교형량하여 결정해야 할 것이며, 이를 형사재판의 증거로 사용하는 것이 어쩔 수 없이 인정되는 경우에도 이로 인해 보도기관이 받을 불이익이 필요한도를 넘지 않도록 배려해야 한다'.

● 제2의 의미에서 비교형량에 대해 주의해야 할 것은 헌법에서 원칙으 363
로서의 자유와 예외로서의 제한이라는 원칙-예외 관계를 전제로 해야 한다는 것이다. 따라서 대등한 사인간의 이해조정이 과제가 되는 사법과 다르게, 이러한 의미의 비교형량은 헌법상의 권리의 제한 심사에는 기본적으로 적합하지 않다. 하지만 이러한 '매개항(中二階)'이 없는 비교형량도 재산권에 대해서는 그 법률의존성(권리의 내용과 한계가 법률로 일체적으로 정해짐⇒563) 때문에 시인할 수 없는 것이 아니다. 또한 하카타역 텔레비전 필름 사건의 결정이 비교형량론을 채택하고 있는 것은 취재의 자유가 헌법 제21조의 직접 보장대상에 포함되지 않는다(⇒205)는 것에 근거하고 있다.

● 제2의 의미에서 비교형량은 민사사건인 사인간 효력(⇒531)의 국면에는 어울리는 논리이다. 그러나 이런 경우에도 나쁜 의미에서 개별 사례적 형량에 빠져도 된다는 것이 아니라, 규칙화가 요구된다.

연방헌법재판소의 레바하 판결Lebach-Urteil(BVerfGe 35, 202)에서는 중대범죄를 소재로 한 텔레비전 다큐멘터리·드라마 방영과 사회복귀의 이익 충돌이 문제가 되었다. 본 판결에서는 ①형량의 제1단계에서 방송의 자유와 인격권 어느 쪽의 헌법가치도 추상적 차원에서는 우월성을 주장할 수 없는 것을 확인하고, ②이어서 형량의 제2단계에서 추정규칙(⇒367)을 원용하여 '범죄행위의 시사적 보도'에 대해 텔레비전 보도가 범죄자의 인격권에 원칙적으로 우위라고 하였다. ③그러나 이 원칙적 우위가 무제한으로 인정되는 것은 아니다. 마지막으로, 본 판결은 제3단계에서 처음으로 T_1·T_2·T_3·T_4→R이라는 확정적인 우열관계를 정립하여 위에서 기술한 추정을 번복하였다. 즉, 반복된 텔레비전 보도는(T_1), 중대한 범죄행위에 관한 것이라도(T_2), 수감자의 사회복귀를 현저히 저해하는 경우(T_3), 시사적인 정보 이익이 없는 것이라면(T_4), 금지된다(R)고 한 것이다.

최고재판소 판례에서는 '북방저널' 판결北方ジャーナル事件判決은 규칙화를 지향하고, 규칙의 정립과 사안에의 적용을 구별하여 행하고 있지만, '돌에 헤엄치는 물고기石に泳ぐ魚' 판결(最判2002.9.24判時1802號60頁)은 제반 사정의 단조로운 열거라는 인상이 강하다.

제3의 의미에서 비교형량에 대해서는 다음에서 논한다.

Ⅰ-2 비교형량론과 비례원칙

364 비례원칙은 비교형량론과 동일시되는 경우가 있다. 또한 사루후쓰 판결을 비례원칙의 전형적인 예로 이해하는 논자는 비례원칙은 비교형량론일 뿐이라고 비판한다. 이러한 동일시에 확실한 이유가 없는 것이 아니다. 먼저, 비례원칙은 행정법학이나 행정판례에서 행정재량을 제약하는 법의 일반원칙으로 관념되며, 더욱이 그 내용이 때때로 협의의 비례원칙 의미로 이해됐다.

그러나 본서에서 말하는 비례원칙은 목적심사를 거친 후, 수단의 적합성·필요성을 심사하여 마지막으로 균형 즉 협의의 비례성을 심사하는 것(제3의 의미에서 비교형량)이며, 앞서 기술한 제2의 의미의 비교형량과는 그 평가와 기능도 다르다. 또한 협의의 비례원칙이 사루후쓰 판결과 같은 형식적·명목적인 의식인지 아닌지는 심사밀도의 문제이다.

365 ● 행정판례 등에서 비례원칙이 협의의 비례성의 의미로 (따라서, 수단의 적합성·필요성을 제외한 형태로)이해되는 경우가 있는 것은 헌법상의 권리에 대한 제한이라 관념되지 않으며, 따라서 실체적 기본권으로부터 재량이 축소 내지 배제되지 않는 사안에 대하여 법의 일반원칙으로서 비례성을 요구하기 때문일 것이다.

● 비례원칙을 적용한 심사에서 중심이 되는 것은 수단의 필요성 심사이

다. 사루후쓰 판결은 필요성 심사를 하고 있지 않으며(⇒352), 이미 이 점에서 비례원칙의 기본형에서 크게 벗어나 있다.

또한 사루후쓰 판결에서 '이익의 균형' 심사는 대단히 유연하다. '공무원의 정치적 중립성을 유지하고, 행정의 중립적 운영과 이에 대한 국민의 신뢰를 확보한다는 국민전체의 공동이익'이라는 ≪금지로 얻을 수 있는 이익≫을 도출하는 방법은 매우 조잡하다. 협의의 비례성은 ≪제한받는 헌법상의 권리의 의의 및 제한의 정도≫, ≪대립하는 이익의 중요성과 이것이 침해받는 정도 및 위험 발생의 개연성≫을 구체적으로 통찰할 것을 요구하는 것이다. 국가공무원법/인사원규칙 14-7에 대해 말하면, ≪공무원의 정치적 중립성을 현저하게 침해하는 정치활동이라면, 이를 금지하고 그 위반에 대해 형벌을 부과하더라도 협의의 비례성에는 위반되지 않으나, 그 해악성의 정도도 제각각인 정치활동 일반을 금지하고, 그 위반에 형벌을 부과하는 것은 협의의 비례성에 위반한다고 보아야 할 것이다. 비교형량은 양을 측정하는 것이 아닌 질을 측정하는 것이다. ≪공무원의 정치활동 일반≫을 규제함으로써 얻을 수 있는 이익은 ≪공무원의 정치적 중립성을 현저하게 침해한다고는 할 수 없는 정치활동≫을 규제함으로써 얻을 수 있는 이익을 포함한다. 하지만 이로써 얻을 수 있는 이익의 총량은 증가할지 모르겠지만 그 질은 매우 떨어진다.

Ⅱ 이중의 기준론

이른바 '이중의 기준'론이란 헌법이 보장하는 권리를 정신적 자유와 경 366
제적 자유의 두 가지로 나누어, 경제적 자유의 규제가 입법부의 재량을 고려하여 완화된 기준으로 심사되는데 비해, 정신적인 자유의 규제는 보다 엄격한 기준으로 심사되어야 한다는 이론이며, 우리나라 학설에서도 통설의 자리를 차지하고 있다. 그러나 최고재판소가 이중의 기준론에 따르지 않는다고 지적되는 것 이외에(⇒371). 학설에서도 이중의 기준의 논거의 문제점을 지적하는 견해 혹은 이중의 기준과는 별도의 기준을 모색

하는 견해가 유력하다.

Ⅱ-1 이중의 기준 논거

367 **이중의 기준** 논거는 일반적으로 ①정신적 자유의 중요성과, ②경제적 자유의 규제입법에 대한 재판소의 심사능력의 한계이다. 하지만 재판소의 심사능력의 한계라는 논거는 경제적 자유에 대한 규제의 일부에는 타당하지만 그 모든 것에 타당성이 있는 것이 아니라면, 주된 논거는 ①에서 구하게 될 것이다.

● 적극목적 규제에 대해 소매시장 판결小賣市場事件判決(最大判1972. 11.22 刑集26卷9號586頁)은 '이와 같은 평가와 판단의 기능은 확실한 입법부의 사명'으로 보고 있다. 하지만 약사법 위헌판결은 적정배치 규제가 소극적, 경찰적 목적을 위한 규제 조치임을 지적하여 '(이 점에서, ……소매상업 조정특별조치법에서의 규제와는 그 성격을 달리하고, 따라서 위 판결에서 제시된 법리는 반드시 본 건의 적절한 것이 아니다)'라고 기술하고 있으며, 소극목적에 대해서 재판소의 심사능력이 문제가 되지 않는다는 것을 시사하고 있다. 따라서 논거②는 적극목적 규제와는 차별화할 수 있으나, 그것만으로 소극 목적 규제와 차별화할 수 없을 것이다.

● 또한 이중의 기준의 논거에는 기능론적 접근과 가치론적 접근이 있다고 한다(우치노 마사유키內野正幸). 전자는 정신적 자유에 관한 부당한 입법은 민주정의 과정 그 자체를 손상시키기 때문에 재판소가 적극 개입하여 민주정의 과정을 회복시킬 필요가 있는 것이며(프로세스 헌법관을 전제로 한 것은 마쓰이 시게노리松井茂記), 후자는 표현의 자유의 실체적 가치를 요구하는 견해이다.

이중의 기준론이 정신적 자유의 전형으로 이해되는 것은 표현의 자유이기 때문에 논거①의 타당성을 검토하는 것에는 표현의 자유에 왜 '우월적 지위'를 인정하는가를 생각해 보아야 한다. 여기에서 주장되는 것은

≪표현의 자유에는 자기실현의 가치와 자기통치의 가치가 있다≫는 논의이다.

a) **자기실현의 가치**란 개인이 언론활동을 통해 자기의 인격을 발전시키는 개인적 가치이며, 자기통치의 가치는 언론 활동으로 국민이 정치적 의사결정에 관여한다는 민주정에 이바지하는 사회적 가치로 볼 수 있다(아시베 노부요시芦部信喜). 그렇다고 하더라도 자기실현의 가치에 대해 말하자면, 경제적 자유라도 자기실현이라는 점에서 표현의 자유에 뒤떨어진다고 할 수는 없을 것이다. 약사법 위헌판결이 '직업은……개인이 자기가 지닌 개성을 발휘하는 장으로, 개인의 인격적 가치와 불가분의 관계를 지니고 있다'고 설시하고, 삼림법 위헌판결(最大判1987.4.22民集41卷3號408頁)이 '사회적 경제활동의 기초를 이루는 국민의 개별 재산권'으로 설시하고 있는 것처럼, 자기실현의 가치는 표현의 자유에 고유한 것이 아니다. 368

한편, **자기통치의 가치**는 확실히 표현의 자유의 우월적 지위의 기초에 이바지하는 것이지만, 이 논의에 따르면 우월적 지위를 향유하는(따라서, 이중의 기준의 대상이 되는) 표현행위는 민주적인 정치과정에 관한 표현행위에 한정된다. 더욱이, 자기실현의 가치와 자기통치의 가치는 이론적으로 반드시 양립할 수 있는 것은 아니라고 생각할 수도 있다.

● 성표현이나 영리광고와 같이 공공적 이해와 무관한 표현은 자기통치의 가치에서는 설명할 수 없다. 자기통치에 중점을 두면, 이러한 표현은 단순히 극진한 보호 대상이 되지 않음은 물론, 보호되는 '표현'의 범위에서 제외될 수밖에 없다. 한편, 자기실현의 가치에 중점을 두고 표현의 자유의 의의를 생각한다면, 성표현도 정부에 대한 비판과 동등하게 그 중요도를 생각할 수 있을 것이다. 더욱이, 어떤 사고방식에 따르면 자기통치의 가치가 표현행위의 규제로 이어질 수도 있다. 어떤 정치문제에 대해 A라는 견해가 이미 표명되었을 경우, 타자가 동일한 견해를 표명하는 의의는 약하다. 그보다 B라는 다른 견해를 표명하는 기회를 부여하는 것이야말로 자기 369

통치에 이바지하는 것이라 볼 수 있다. 자기실현의 가치에서 본다면, 어떤 사람에 의해 이미 표명된 A라는 의견의 단순한 반복이라도 다른 사람에 의한 표현의 의의가 약해지는 것이 아니다.

우리나라 학설이 ≪자기실현의 가치와 자기통치의 가치≫로 보고, 자기실현의 가치를 우선시한 것은 보호될 표현의 범위를 자기실현의 가치에 따라 넓게 획정하고, 다음으로 자기통치의 가치에 따라 (그중 어떠한 것에) 우월적 지위를 부여한다는 의도가 있었을 것이다.

● 헌법 제21조의 표현의 자유에는 예술의 자유도 포함된다. 하지만 예술작품 대다수는 정치를 주제로 하는 것은 아니며, 회화 중 피카소의 게르니카에만 우월적 가치를 부여하는 것은 기괴한 발상일 것이다. 예술의 자유(더욱이, 학문의 자유나 종교의 자유)가 극진하게 보호되어야 할 이유는 표현의 자유의 일반원리론과 다르게 규명될 필요가 있다.

370 b) 그 외에도 사상의 자유시장론이나 표현의 자유에 대한 위축적 효과, 정부가 자의적으로 규제하는 유혹에 사로잡히기 쉬운 것 등, 이중의 기준론을 보강하는 논거가 제시되고 있다(**경험적인 근거**라 불린다). 이들은 권리의 의의 내지 가치가 아닌, 해당 자유의 성질에서 생각하는 것이며, 최고재판소가 약사법 위헌판결을 설명한 직업의 자유의 '사회적 상호 관련성'도 이와 같은 문맥에서 이해할 수 있을 것이다. 현재 학설의 도착점은 이들의 근거 하나하나에 각각 난점이나 불충분한 점이 있을 수 있다는 것은 부정할 수 없지만, 이들을 종합함으로써 '우월적 지위'를 자리매김할 수 있다는 견해일 것이다.

● '우월적 지위'를 지지하는 주된 근거를 어디에서 구할 것인가로 우월적 지위를 향유하는 표현의 범위도 정해진다. 본래부터 영리광고(이에는 텔레비전의 '생활정보 채널'에서 단순한 세일 광고지까지 다양한 것이 있을 수 있다)나 거리뷰('의견'과 결부되어 있지 않고, 의식적인 화상 등의 취사선택이 이루

어지고 있지 않은 정보)가 표현의 자유의 보호영역에 포함되는가(이에 대해서는 ≪알권리와의 일체화론≫이라는 표현의 자유에 고유한 구실도 생각할 수 있을 것이다), 포함된다면 극진하게 보호되어야 할 것인가, 그렇지 않다면 어떠한 이유으로서인가는 주된 근거를 토대로 설명된다.

Ⅱ-2 최고재판소와 이중의 기준론

a) 최고재판소 판례와 이중의 기준론과의 관계는 명확하지 않다. 일부 판결에서 최고재판소는 이중의 기준을 승인하고 있는 것처럼 보이는 설시를 하고 있다. 하지만 사루후쓰 사건, 다치가와 텐트촌 사건(最判2008. 4.11刑集62卷5號1217頁)나 히로시마시 폭주족 추방조례 사건(最判2007. 9.18刑集61卷6號601頁)의 판결이 표현・집회의 자유에 대한 규제를 완화된 심사기준 하에서 합헌으로 한 것과 같이, 최고재판소는 이중의 기준에 부정적이라고 지적되고 있다. 371

● 이중의 기준을 승인한 것처럼 보이는 판례로서 다음 판례를 참조. ①소매시장 판결은 '헌법은 국가의 책무로서 적극적인 사회・경제정책의 실시를 예정하고 있는 것이라 할 수 있으며, 개인의 경제활동의 자유에 관한 한, 개인의 정신적 자유 등에 관한 경우와 다르게, 위 사회・경제정책의 실시의 한 수단으로써 이에 일정한 합리적 규제 조치를 강구하는 것은 본래 헌법이 예정하고 나아가 허용하는 바로 해석하는 것이 상당하[다]'고 보고, '그 기능을 수행하는 적격을 갖춘 국가기관인' 입법부의 재량적 판단을 강조하고 있다. 약사법 위헌판결도 '[직업의 자유에 대한] 규제 조치가 헌법 제22조 제1항에서 말하는 공공의 복지를 위해 요구되는 것으로 시인될 수 있느냐는……구체적인 규제 조치에 대해 규제의 목적, 필요성, 내용 및 이로 인해 제한되는 직업의 자유의 성질, 내용 및 제한의 정도를 검토하여 이를 비교형량한 뒤에 신중하게 결정해야 한다. 이 경우에 위와 같은 검토와 형량을 하는 것은 제1차적으로 입법부의 권한과 책무이[다]'고 보고 있다.

372 ②또한 표현의 자유의 판례에서도 이즈미사노 시민회관 판결(最判1995.3.7民集49巻3호687頁)은 '집회의 자유에 대한 제약은 기본적 인권 중 정신적 자유를 제약하는 것이므로, 경제적 자유의 제약보다 엄격한 기준 하에 있어야 한다'고 설시하고, 법정 메모 판결(最大判1989.3.8民集43巻2號89頁)은 '개개인이 자유롭게 다양한 의견, 지식, 정보를 접하며 이를 얻을 기회를 가지는 것은 그 자가 개인으로서 자기의 사상 및 인격을 형성하며 발전시키고 사회생활 속에서 이를 반영시켜 가는데 필수적이며, 민주주의 사회에서 사상 및 정보의 자유로운 전달, 교류의 확보라는 기본적 원리를 실효성 있게 만들기 위해서도 필요하[다]'고 보고 있다. 이 외에도 '북방저널' 판결은 '주권이 국민에게 속하는 민주제 국가는 그 구성원인 국민이 대략 일체의 주의 및 주장 등을 표명하는 것과 함께 이들 정보를 상호 수령할 수 있으며, 그 중 에서 자유로운 의사를 가지고 자기가 정당하다고 믿는 것을 채택함으로써 다수의견이 형성되며, 이러한 과정을 거쳐 국정이 결정되는 것을 그 존립의 기초로 하고 있으므로 표현의 자유, 그 중에서도 공공적 사항에 관한 표현의 자유는 특히 중요한 헌법상의 권리로 존중되지 않으면 안 되는 것이며, 헌법 제21조 제1항의 규정은 그 핵심에서 이러한 취지를 포함한 것으로 해석된다'고 설시하고, 세관 검사 사건 판결(最大判1984.12.12民集38巻12號1308頁)도 '표현의 자유는 헌법이 보장하는 기본적 인권 중에서도 특히 중요시돼야 하는 것이다'고 설시하는 등, 표현의 자유의 중요성 자체는 최고재판소도 승인하고 있다고 해도 좋을 것이다. 단지, 그것이 엄격한 심사기준으로 반드시 이어지고 있지 않은 것이 문제이다.

373 b) 비교를 위해 독일 연방헌법재판소의 판례 법리를 소개한다.

● 독일 기본법 제5조 제2항은 의견표명의 자유는 '일반적 법률의 규정, 소년보호를 위한 법률상의 규정 및 개인적 명예권으로 제한된다'고 규정하고 있다. 이는 특별한 법률유보(⇒336)이며, 여기서 말하는 일반적 법률(allgemeines Gesetz)은 일반적·추상적인 법규범 전반을 지칭하는 것이 아

니다. ≪특정한 의견이나 정보, 자유로운 의견형성의 과정 그 자체를 대상으로 한 것이 아닌, 의견표명으로 침해되었는가에 관계없이 그 보호가 요구되는 법질서에서 정착한 일반적인 법익의 확보를 목적으로 한 법률≫을 일반적 법률이라고 한다(나아가, ⇒219도 참조). 후술하는 상호작용론은 이러한 의미에서 일반적 법률을 전제로 한 논의이다.

또한 표현의 자유의 제약을 목적으로 한 법률은 명예보호 · 소년보호를 위한 것이 아닌 경우 다른 헌법규정(인간의 존엄 등이나 직업관리제도)에 따라 정당화되지 않는 한, '일반적 법률'이 아니라는 이유로 위헌이 될 수 있다.

aa) 독일의 헌법판례에서도 표현의 자유에는 이중가치가 있다고 보고, 이로부터 공적 의견형성에 기여하는 표현에 대해 이른바 '추정규칙'이 타당하다는 것이다. **374**

● 독일의 1958년 뤼트 판결(BverfGE 7, 198)은 표현의 자유의 의의를 다음과 같이 설시하고 있다. '자유로운 의견표명의 기본권은 사회에서 인간의 인격의 직접적 발로로서, 인권 일반 중에서도 대단히 중요하다. 자유롭고 민주적인 국가질서에서 자유로운 의견표명의 기본권은 바로 구성적인 것이다. 왜냐하면, 자유로운 의견표명의 기본권으로 비로소 항상적인 정신적 논쟁, 즉 이 국가질서의 생명인 의견 투쟁이 가능하게 되기 때문이다. 이는 어떠한 의미에서 모든 자유의 기반이며, 거의 모든 다른 형식의 자유의 기반으로 불가결한 조건이다'. 또한 집회의 자유의 의의에 대해 다른 결정은 그 의의를 다음과 같이 설시하고 있다. '그 중에서도 사고방식이 다른 소수자에게도 인정되는 방어권으로서 기본권 제8조는 기본권 주체에 대해 모임의 장소, 시간, 모습, 내용에 관한 자기결정권을 보장하고, 동시에 국가가 공적 집회에 참가 또는 불참을 강제하는 것을 부정하고 있다. 이미 이러한 의미에서 이 기본권에는 자유로운 국가에서 특별한 의의가 인정된다. 즉, 방해받음이 없이, 특별한 허가 없이 타자와 집회를 할 수 있

는 권리는 이전부터 자각한 시민의 자유, 독립, 성숙성의 징표였던 것이다'. '집회의 자유 보장은 정치적 행사에 타당한 경우 방해받지 않을 인격 발전에 대해 국가의 침해금지 보호를 넘는 의의를 지니며, 하나의 기본 결정을 동시에 체현한다'(BVerfGE 69, 315).

375 **'추정규칙'** 이란 인격권과 충돌을 조정하기 위해 전개되는 형량의 규칙이다. 이는 사적인 논쟁을 목적으로 하는 것이 아니라, '적격한 자가 공공의 본질과 관련된 문제에 대해 정신적 의견 투쟁에 기여'하는 경우 '자유로운 언론이 허용된다는 추정'을 작동시키는 것이며, 이 한계 내에서 연방헌법재판소도 표현의 자유의 우월적 지위를 승인하고 있다고 볼 수 있다.

● 한편, 독일에서는 '자기통치의 가치'론에 대한 강한 비판도 있다. 이 경우에 표현의 자유에 대해 극진한 보호는 위축적 효과 등의 경험적 이유 이외에, 직업의 자유 등의 경제적 자유에 대해서는 해악을 어느 정도 객관적으로 판단할 수 있으나, 의견이나 사상은 국가에 의한 진위 판정에 적합하지 않다는 점(또는, 국가의 중립의무⇒669)에 근거한다.

376 bb) 연방헌법재판소의 판례 법리에서 중요한 것은 뤼트 판결에서 동일하게 확립된 **'상호작용론'** 이다. 이는 ≪법률로 의견표명의 자유를 일방적으로 제한해서는 안 되며, 의견표명의 자유에 제한을 가하는 법률 자체를 이 기본권의 의의에 적합하도록 한정적으로 해석해야 한다≫는 요청이다. 일본의 최고재판소는 특히 간접적이며 부수적인 규제에 대해 표현의 자유에 대한 제한을 쉽게 인정하는 경향이 있다(⇒344). 형법 제130조를 적용하여 집합주택에서 광고지를 살포하는 행위를 규제하는 것은 일반론으로 허용되지 않는 것이 아니다. 하지만 형법 제130조 그 자체도 표현의 자유의 의의에 비추어서 한정적으로 해석되어야 하며(구성요건을 한정할 것인가, 정당화 사유로서 생각할 것인가는 우선 배제한 채), 이러한 의미에서 다치

가와 텐트촌 판결은 재고할 여지가 있을 것이다(⇒814).

● 상호작용론은 법률의 헌법합치적 해석(합헌한정해석)의 하나이며, 또한 비례원칙의 구체적 발현이라고 볼 수 있다(비례원칙의 변형으로서 상호작용론).

제4장 포괄적 자유권과 법 앞의 평등

401 제1장에서 제3장까지는 원칙-예외 관계를 전제로 보호영역·제한·정당화의 3단계로 심사하는 순서에 대해 검토했다. 하지만 포괄적 자유권과 법 앞의 평등은 2단계로 심사하는 것이 더 바람직한 경우가 있다. 이들 권리에 대해서도 원칙-예외 관계는 성립하지만, 권리의 구조가 통상적인 개별적 자유권과는 다르기 때문이다. 본 장에서는 일반적 자유(⇒402), 평등권(⇒419)의 구조와, 각각 타당한 2단계심사의 방법을 개관하고, 아울러 프라이버시권을 예로 '새로운 인권'의 보호영역의 획정에 대해 설명하고자 한다(⇒412).

제1절 포괄적 자유권

주요 판례

東京地判1964.9.28下民集15卷9號2317頁('宴のあと'事件)
最大判1970.9.16民集24卷10號1410頁(被拘禁者喫煙禁止事件)
東京地判2001.2.6判時1748號144頁(第1次Nシステム事件)

Ⅰ 일반적 자유

Ⅰ-1 일반적 자유설과 인격적 이익설

402 a) 개별 기본권에서는 보호되지 않는 행위 등이 규제되는 경우, 헌법 제13조의 포괄적 자유권에 의한 보장이 문제가 되지만, 헌법 제13조의 보

장이 어떠한 자유·이익에 미치는지에 대해서는 **일반적(행위)자유설과 인격적 이익설이 대립**하고 있다.

먼저, 일반적 자유설은 개개인의 인격적 자율에 있어 그 행위가 얼마나 중요한가를 묻지 않고, 대개 모든 행위의 자유를 헌법 제13조의 보장 대상에 포함한다. 이에 대해 인격적 이익설은 그 행위 등의 질을 먼저 물은 후, 헌법상의 권리로서 승인되기 위한 몇 가지 요건을 설정한다. 전자는 독일, 후자는 미국에서 확립한 판례 법리라 할 수 있다.

● 헌법 제13조에 의해 보장되는 권리·이익을 어떻게 분류할 것인가에는 정설이 없다. 본서에서는 일반적 자유와 인격권으로 분류하는 것을 사용하였다. 이들은 독일의 용어법·분류법이다. 이에 대해 '광의의 프라이버시권'이라는 관념은 미국의 헌법판례의 영향을 받은 용어이다. 또한 '자기결정권'의 사정(토나미 코지戸波江二)이라는 문제 설정은 아마도 일본의 독자적인 것이다.

● 독일 기본법 제2조 제1항은 '누구라도 타인의 권리를 침해할 수 없으며, 헌법적 질서 또는 도덕률에 위반하지 않는 한, 자신의 인격의 자유로운 발전을 추구할 권리를 가진다'고 규정하고 있다. 연방헌법재판소는 삼림에서 승마를 지정된 코스에서만 하도록 한정한 주법 규정의 합헌성이 문제가 된 사례에서 일반적 자유를 다음과 같이 정의하고 있다. '기본법 제2조 제1항은 포괄적 의미의 일반적 행위의 자유를 보장하고 있다. ……그 활동이 인격의 발전에서 얼마나 중요한지는 묻지 않으며, 모든 형태의 인간 활동이 보장된다'(BVerfGE 80, 137).

b) 양설의 대립은 얼핏 보면 중요한 실천적 차이를 불러오는 것처럼 보 403
이지만, 실제로 논리필연적인 차이는 거의 존재하지 않는다.

● 어떤 지방자치단체가 간접흡연으로부터 보호를 이유로 공공장소에서

흡연을 전면적으로 금지하는 조례를 제정했다고 하자. 인격적 이익설의 입장에 서면, ≪흡연은 헌법 제13조에 의해 보장받는 자유는 아니다≫고 볼 수 있으며, 헌법 판단은 그대로 끝날 것처럼 보인다. 하지만 일본에서 실제로 주장되고 있는 인격적 이익설은 그 정도로 단순하지 않다. ①헌법 제13조의 본래의 보장대상이 인격관련성을 지닌 자유나 이익에 한정된다고 해도, 일정한 헌법상의 보호를 인격관련성이 부족한 행위에 대해서도 수단적으로 미친다고 해야 한다(사토 코지佐藤幸治), 혹은 ②일반 국민에게 허용되고 있는 자유의 제한에 대해서는 실질적이며 합리적인 근거가 있어야 한다(아시베 노부요시芦部信喜)고 판단하기 때문이다.

한편, 일반적 자유설은 흡연의 자유도 헌법 제13조의 보장을 받는다고 본 뒤 심사기준을 결정하여 적용해 나가지만, 담배가 기호품이라는 것을 이유로 심사기준이 대체로 완화될 것이다(토나미 코지). 따라서 어떤 학설에 서더라도 목적의 정당성 및 수단의 적합성이 (완화되어)심사되며, 결론은 합헌일 것이다.

404 c) 따라서 포괄적 자유권의 보호영역에 대해서는 일반적 자유설과 인격적 이익설의 대립에서 한발 물러나, 다른 시점에서 생각해보는 것이 좋다. 즉 포괄적 자유권의 보호영역을 자기결정권이라는 주관적 권리의 사정으로 생각하는 것이 아니라, 헌법의 객관법적 측면에 착안하여 **위헌의 강제를 받지 않을 것의 보장**(⇒408)으로 여길 것인가라는 구별이다.

● 주관적 권리와 객관법의 관계에 대해 자세히는 (⇒552). 여기서는 헌법이 국가에 부과하는 의무 내지 책무의 범위는 '기본적 인권'으로 헌법이 개인에게 보장하는 권리 범위보다도 넓다는 정도에서 이해하면 된다.

405 aa) 종래에 주장되어온 일반적 자유설은 '금연', '바이크(bike)'라는 구체적 행위·활동에 대응하는 '흡연의 자유', '바이크의 자유'라는 개별적 권리

를 관념하는 것은 아니라고 하더라도 주관적 권리로서의 자기결정권이 흡연 등에까지 영향을 미친다는 점에서 주관적 권리형이라는 인상을 벗어날 수 없다. 하지만 일반적 자유설의 모국인 독일은 오히려 객관법형이다. 독일의 일반적 행위의 자유에서 중요한 것은 규제가 법치국가의 제반 원리, 특히 비례원칙에 적합한지 여부이다. 자기결정권이라는 주관적 권리의 사정으로서 포괄적 자유권을 설명할 필요가 없는 것이다.

● 종래의 일반적 자유설도 흡연의 자유, 바이크를 탈 자유 등 행위의 수만큼 자유권이 존재한다고 본 것은 아니다. 표현의 자유에는 전단지 배포, 확성기를 사용한 연설 등 다양한 행위가 포함되지만, 이들 하나하나에 '전단지 배포의 자유' 등 개별 주관적 권리를 관념하는 것이 아닌 것과 마찬가지이다. 종래의 일반적 자유설은 헌법 제13조에 기초한 자기결정권이라는 주관적 권리를 관념하고, 그 중에는 인격적 이익과 관련된 행위부터 흡연 등의 인격관련성이 희박한 행위까지 다양한 행위의 자기결정이 포함된다고 여긴 것이지만, 주관적 권리의 내용으로서 그것들을 관념하고 있는 것에는 변함이 없다.

한편, 인격적 이익설을 채택하면서도 보장을 인격관련성이 희박한 행 406
위에까지 미친다는 견해는 본래 객관법형이어야 하지만, 이와 같은 행위에도 일정한 헌법상의 보호를 수단적으로 미치게 해야 한다는 한도 내에서 주관적 권리형으로 전환하고 있다.

● 이 학설의 논자(사토 코지)는 원래 '주관적인 권리침해라고까지는 할 수 없지만, 평등의 원칙이나 비례원칙의 관념에서 헌법상의 문제로 여겨질 수 있는 경우도 있을 수 있다'고 설명하고 있었다. 이 설명은 객관법으로서 비례원칙을 채택하는 점에서 독일의 일반적 행위의 자유의 이해에 매우 가깝다.

407 bb) 헌법상 명문으로 보장하고 있지 않는 이익이나 자유에는 다양한 종류가 있다. 그 중에서 헌법에 의한 명문의 보장이 있는 권리와 동등한 중요성을 가지며 윤곽이 비교적 명료한 것에 대해서는 하나의 독립된 기본권으로서 관념하고 정의하는 것이 합리적일 것이다(⇒412). 한편, 이에는 미치지 못한 행위라 하더라도, 국가가 자의적인 동기·합리성이 없는 수단으로 규제를 가할 수 있다고 생각해서는 안된다. 일반적 자유는 그러한 제반 행위에 대해 정당한 근거가 없는 규제로부터의 보호를 부여하는 것이다.

Ⅰ-2 '위헌의 강제'로부터의 자유

408 a) 독일 기본법 제2조 제1항이 보장하는 일반적 자유는 이른바 '위헌의 강제' 혹은 '위헌의 침해'로부터의 자유라 부르는 것이 적절하다. 즉, 헌법은 기본권 조항에서 개인의 주관적 권리를 보장함과 동시에, 권한 규정에서 각 국가기관의 권한의 범위를 정하며, 또한 실질적 법치국가의 요청으로서 자의적인 국가의 활동을 금지한다. 일반적 자유는 개별의 주관적 권리로는 해결할 수 없는 개개인의 행위라 하더라도 헌법에 반하는 강제를 받지 않을 것을 보장한다.

● 뒤에 기술(⇒411)하는 독수리 사냥 사건의 결정(BVerfGE 55, 159)에서는 '위헌의 침해로부터의 자유'라는 관점이 명료하게 드러나 있다. 이에 따르면 '기본법 제2조 제1항은 타인의 권리를 침해하지 않고, 도덕률을 반하지 않으며, 헌법적 질서에 위반하지 않는 한, 개개인에 대해 일반적 행위의 자유를 보장한다. 헌법적 질서에는 형식적·실질적으로 헌법에 합치하는 모든 법규범이 포함 된다'. '일반적 행위의 자유와 관련지어 시민의 이익이라는 시점에서 고찰하면, 법치국가의 원리는 각자가 공권력에 의한 불필요한 침해로부터 보호될 것을 요구한다. 법률에 의한 제한을 부과하는 것이라면 그 수단이 목적 달성을 위해 적합해야 하며, 개개인에 대해 과도한

부담을 부과하는 것이어서는 안된다'.

b) 이와 같이 이해할 수 있는 일반적 자유는 이른바 '새로운 인권'과는 409
관계가 없다. 일반적 자유는 새로운 주관적 권리를 창설하는 것이 아니라, 형식적 · 실질적으로 헌법을 위반한 규제로부터 보호를 부여하는 데 그치기 때문이다.

● 따라서 일반적 자유설에 대한 종래의 비판은 여기서는 해당되지 않는다. 먼저, ①새로운 인권에 대해 그 역사성 · 보편성 및 다른 권리와의 관계 등 승인의 요건을 설명하는 경우가 있지만, 일반적 자유는 새로운 인권을 창설하는 것이 아니므로, 새로운 인권의 승인요건론과는 관계가 없다. ②마찬가지로 인권의 인플레이션화라는 비판에도 해당한다. 또한 ③살인의 자유 등도 일반적 자유에 포함되는가의 여부에 대한 문제는 헌법 제21조가 보장하는 예술의 자유에 '무대에서의 살인'이 포함되는지에 대한 물음과 아무런 차이가 없으며, 포괄적 자유권에 고유한 문제는 아니다. 여기서 남는 것은 ④반사적 이익과의 구별이 불명확해진다는 비판이다. 이에 대해서는 일반적 자유는 자기의 행위에 제약이 가해지는 한도에서 헌법에 반하는 국가행위의 위헌성을 문제로 하는 것이다.

● 최고재판소(피구금자 흡연 금지 사건)는 ①'흡연의 자유는 헌법 제13조가 보장하는 기본적 인권의 하나에 포함된다고 하더라도, 모든 시간과 장소에서 보장되어야 하는 것이 아니다'라고 한다. 그리고 ②'구금의 목적과 제한되는 기본적 인권의 내용, 제한의 필요성 등과의 관계를 종합 고찰하면, 앞에서 기술한 흡연을 금지하는 정도의 자유 제한은 필요하며 합리적인 것이라고 해석하는 것이 상당하며, ……미결구류로 구금된 자에 대해 흡연을 금지하는 규정이 헌법 제13조에 위반하는 것이라고 할 수는 없다'고 하였다. 설시의 ①을 '헌법 제13조는 일반적 자유로서 법률에 근거가 없는 강제, 또는 실질적으로 헌법에 위반한 강제를 받지 않을 자유를 보장한다'는 문장으로 바꾸어 쓰면, 본서에서 말하는 일반적 자유에 가까워진다.

또한 스커트 규제법에 대해 (最判2003.12.11刑集57卷11號1147頁) '목적의 정당성, 규제 내용의 합리성, 상당성'만을 언급하고 이를 합헌으로 하고 있다.

410 c) 일반적 자유의 보장은 외국인이나 법인에도 미친다. 물론 헌법 제3장의 보장은 그 '권리의 성질'에 따라 외국인·법인에도 그 영향이 미친다(マクリーン事件 : 最大判1978.10.4民集32卷7號1223頁), 八幡製鐵事件 : 最大判1970.6.24民集24卷6號625頁)지만, 권리의 성질상 외국인·법인에 그 보장이 미치지 않는 행위 등에 대해서도 자의적인 규제가 허용된다는 것이 아니다. 이러한 의미에서 일반적 자유는 외국인이나 법인에도 보장된다.

● 예를 들면, 독일에서는 집회의 자유는 독일 국민에게만 보장된다. 외국인의 집회는 일반적 자유로서 포괄적 자유권으로 보장받게 된다. 심사는 집회의 자유가 제한되는 경우보다 완화된다.

한편, 일반적 자유는 사인간 효력이 없다. 법치국가(내지 그 구성요소로서의 비례원칙)는 국가를 속박하는 것이며, 사인을 속박하는 것은 아니기 때문이다. 일반적 자유의 사인간 효력은 자기결정권(주관적 권리)의 사정(射程)으로서 일반적 자유를 고려하는 견해(⇒402)를 채택한 경우에만 성립할 수 있다.

Ⅰ-3 2단계심사

411 일반적 자유의 심사는 실질적으로 제한→정당화라는 두 단계로 이루어진다. 또한 심사밀도(⇒346)는 일반적으로 완화된다.

● 심사의 제1단계에서는 국가의 조치로 규제를 받는 행위—흡연, 복장 등이 명문에 제시된 헌법상의 권리의 보호영역에 포함되지 않는 것, 따라서 일반적 자유의 문제인 것을 확인할 수 있다. 이것은 극히 단순히 해결

될 경우가 있는가 하면, 상세한 논증을 요구하는 경우도 있다. 이 확인은 규제된 행위가 일반적 자유에 포함되어 있는지에 대한 적극적 확인이 아닌, 명문에 헌법상의 권리가 포함되어 있지 않는 것을 소극적으로 확인하는 것이라는 의미에서, 통상적인 보호영역→제한이라는 흐름(⇒105)과는 다르다.

● 심사밀도가 완화되는 것은 다음과 같은 이유 때문이다. 직업의 자유가 인격적 가치와 직접 관련된(薬事法違憲判決:最大判1975.4.30民集29巻4號572頁) 활동을 보장하며, 혹은 표현의 자유가 '헌법이 보장하는 기본적 인권 중에서도 특히 중요시되어야 할'(税關検査事件判決:最大判1984.12.12民集38巻12號1308頁) 자유인 것과는 달리, 일반적 자유는 헌법에 반하는 강제를 받지 않는다는 의미에 지나지 않는다.

또한 수단으로서 형벌이 이용되는 경우 적정절차나 형벌의 균형(제31조)으로 처리하면 되며, 일반적 자유에 의거할 필요는 없다.

● 완화된 심사가 항상 합헌을 의미하지 않는다. 독일 연방헌법재판소의 독수리 사냥 사건의 결정(BVerfGE 55, 159)에서 문제시된 것은 1977년 개정된 연방수렵법 규정이다. 개정 전 구법에서는 독수리 사냥을 하는 자는 수렵 허가증 또는 독수리 사냥 허가증을 교부받을 필요가 있었다. 수렵 허가증을 신규로 취득하기 위해서는 총기 취급의 지식 및 기능을 포함한 수렵시험에 합격해야 하지만, 독수리 사냥 허가증은 신규신청자에 대해서도 특단의 심사없이 교부되고 있었다. 하지만 법 개정으로 인해 독수리 사냥에는 수렵 허가증과 독수리 사냥 허가증 모두가 필요하게 되었고, 독수리 사냥만을 하는 자도 총기 취급의 지식 및 기능을 심사받게 되었다.

연방헌법재판소는 다음과 같이 설시하며 이 법 개정을 위헌으로 판시하였다. 입법목적은 수렵 종의 존속을 보호하며, 맹금류를 사육하는 때에 발생하는 폐해에 대처하기 위한 것이다. 이 목적을 달성하기 위해서 독수리 사냥 허가 요건을 엄격하게 하는 것은 독수리 사냥을 완전히 금지하는 것보다 완화된 수단이었기 때문이다. 하지만 맹금류의 사육 및 독수리 사냥에서 총기는 일절 사용되지 않는다. 때문에, 독수리 사냥에 대해서는 총기 취급의 지식 및 기능은 필요가 없다. 그럼에도 불구하고, 허가 시에 규제 대상이 되는 활동과 아무런 관계도 없는 지식 및 기능을 요구한다면, 이는 비례원칙을 위반하는 것이 된다.

Ⅱ 프라이버시와 개인정보자기결정권

412 '새로운 인권'의 보호영역은 그 단서를 헌법의 문언에서 얻을 수 있는데, '다양한 이익과 자유 어느 것을 하나의 권리로서 추출하는 것이 합리적인가'라는 관점에서 획정되게 된다. '새로운 인권'은 시대의 요구에 부응하여 탄생하는 것이기 때문에, 어떠한 보호영역의 획정이 합리적인지에 대해서도, 시대의 변천과 함께 바뀌고 있다. 또한 권리의 정의는 단순히 보호영역을 획정하는 것뿐만 아니라, 제한 및 정당화에도 직접적인 영향을 미친다.

다음에서는 프라이버시를 예로 간단한 개관을 한다(환경권에 대해서는⇒510).

413 a) '연회가 끝난 뒤(宴のあと)' 판결은 **프라이버시권**을 '사생활을 함부로 공개 당하지 않을 법적 보장 내지 권리'로 정의하고, '개인의 존엄을 지키고 행복을 추구하는 데 필요불가결한 것'으로 자리매김했다. 이 판결은 단순히 프라이버시와 관련된 최초의 재판 사례로서 뿐만 아니라, 이른바 프라이버시 침해의 3가지 요건을 확립한 것으로 알려져 있다. 이에 따르면 공개된 내용은 ①사생활상의 사실 및 사실처럼 받아들여질 우려가 있는 사안일 것(=私事性), ②일반인의 감수성을 기준으로 해당 사인의 입장에 선 경우, 공개를 바라지 않을 것이라고 인정될 수 있을 것(=匿名性), ③일반인에게 아직 알려지지 않은 사안일 것(非公然性), 위 3가지 요건에 해당한 경우에 프라이버시 침해가 인정된다. 프라이버시 침해는 이를 정당화하는 사유(위법성조각사유)가 없는 한, 위법이다.

b) 이에 대해 고도 정보화 사회의 진전으로 등장한 것이 자기정보통제권이다. 컴퓨터에 의한 방대한 개인데이터의 수집 및 보존, 연결이 가능해짐으로써 단순한 개인정보에 대해서도 보호의 필요성이 발생하며, 또한 '통제'라는 단어가 나타내는 포괄적인 보장이 요청되기에 이르렀기 때문이다. 414

● 유력한 학설은 다음과 같이 설명한다(사토 코지). 개인정보는 ①개인의 도덕적 자율의 존재에 직접 관련된 정보와, ②개인의 도덕적 자율에 직접 관계가 없는 개별적 정보로 구별된다. 전자는 '프라이버시 고유 정보'로 일컬어지며, 정치적, 종교적 신조와 관련된 정보, 심신과 관련된 기본 정보, 범죄력과 관련된 정보 등이 이에 해당한다. 후자는 '프라이버시 외연 정보'로 불리며, 세금과 관련된 정보나 단순한 정보가 이에 포함된다. 프라이버시 고유 정보에 관련하여 그 의사에 반한 정보의 취득 및 이용은 곧바로 프라이버시 침해가 된다. 프라이버시 외연 정보에 대해서 정당한 목적, 방법에 의한 정보를 취득, 이용하는 한도에서는 위법적인 프라이버시 침해는 발생하지 않는다. 그러나 프라이버시의 외연 정보라 하더라도 이러한 정보가 악용되거나 축적된다면, 개인의 자율적 생존에 영향을 미치게 된다. 이 때문에 자기와 관련된 정보의 수집, 관리, 이용, 개시, 제공이라는 모든 것에 대해 원칙적으로 본인의 의사에 반해서는 안된다.

한편, 실제 소송 등을 통해 이 학설의 과제도 명확해져 왔다. 이는 ① '통제'의 의미가 애매하다는 것, ②단순한 개인정보임을 이유로 제한이 용이하게 인정될 우려가 있다는 것이라는 두 가지로 집약된다. 415

● ①N시스템의 합헌성을 다투어진 재판(제1차 N시스템 소송)에서 원고는 'N시스템으로 자동차 보유자는 자기의 이동에 관한 정보를 그 의사와는 관계없이 파악됨으로써……자기의 정보를 통제할 권리의 침해에 해당한다'고 주장했다. 이에 대하여 피고(국가) "정보제어권"이라는 개념은 추

상적이고 불명확하며, 그 구체적 권리 내용, 근거규정, 주체, 성립요건, 법률효과 등의 어떠한 것도 확실하지 않으므로 권리 내지 법률상 보호 가치가 있는 이익으로 인정할 수 없다 등의 반론을 제시했다. 재판소는 '헌법 제13조는 국민의 사생활상의 자유가 경찰권 등 공권력의 행사에 대해서도 보호되어져야 할 것을 규정하고 있다. 그리고 이것은 개인의 사생활상의 자유의 하나로 누구든지 승낙 없이 공권력으로 함부로 사생활에 관한 정보를 수집, 관리 당하지 않을 자유를 가진 것으로 해석된다(원고 등이 주장하는 정보통제권이라 할 수 있는 것도 기본적으로 동일한 취지를 말한 것으로 이해되며, 그 한도에서 이유가 있다고 할 수 있다)'고 한 뒤 권리성을 한정적으로 긍정했다.

②이 판결은 N시스템으로 취득·보유·이용된 정보의 성질이나, 취득·보유·이용의 목적 및 방법을 조명하면, 국가가 동 시스템으로 주행차량의 번호 데이터를 기록·보존하고 있는 것이 헌법 제13조의 취지에 반하여 개인의 권리 혹은 사생활상의 자유를 위법하게 침해하는 것이라고는 인정할 수 없다고 하였다.

● 다른 소송(제2차 N시스템 소송)의 항소심(東京高判2009.1.29判タ1295號193頁⇒229)에서는 법률의 근거의 여부(⇒302)도 그 쟁점이 되었다(항소인은 동일한 시스템을 위헌이라고 한 독일 연방헌법재판소의 판결을 원용하여, 구체적인 법률상의 근거가 없기 때문에 N시스템은 위헌이라고 주장했다). 그러나 동경고등재판소는 자동차 일제 검문 사건(最決1980.9.22刑集34卷5號272頁 ⇒304)의 결정을 원용하여 다음과 같이 설시하였다. '독일 연방헌법재판소의 판결은 그와 같은 공권력 행사는 법률의 규정에 근거하고 있을 것을 요구하고 있다고 이해되지만, 우리나라(일본)에서는 경찰은 경찰법 제2조 제1항 규정으로 강제력을 수반하지 않는 한, 범죄수사에 필요한 제반 활동은 허용된다고 해석되고 있으며, 상기와 같은 형태로 공공도로상에서 누구라도 확인할 수 있는 차량 데이터를 수집하고, 이를 이용하는 것은 적법하게 할 수 있는 것이다'.

c) 자기정보통제권의 의의를 살리면서, 그 단점을 보완하기 위하여 주목 되는 것이 독일의 헌법판례에서 확립하고 있는 '개인정보자기결정권'이다. 416

aa) 독일의 개인정보자기결정권은 ①그 자체 요비익성이 높은 사적 영역(Privatsphäre)의 보호와는 다른 권리로 구성되며, 사적 영역의 보호에는 직접 관련되지 않는 개인정보의 수집 · 보존 · 결합 · 이용의 문제에 특화되어있다(따라서 고전적 프라이버시권에 관한 것이 아니라, 이것과 병존하는 권리이다). 또한 ②자기정보통제권이 적극적 권리로서의 내실을 포함하는 것과 달리, 개인정보자기결정권은 방어권으로서의 내실에 한정되어있다.

● 2000년에 공포된 EU기본권헌장은 제7조에서 '사생활 및 가족생활'을 보호하며, 제8조에서 개인정보의 보호에 대해 규정하고 있다. 이와 같이, 개인정보의 보호에 관한 개인정보자기결정권을 사생활의 보호와는 별개로 관념하는 것이 유럽에서는 일반적인 견해이다.

선례가 된 국세조사國勢調査 판결(BVerfGE 65, 1)은 데이터의 자동처리나 데이터의 결합이 개인의 자기결정에 미칠 수 있는 영향에 대해 기술한 후, '인격의 자유로운 발전은 데이터 처리에 관한 현재의 조건 아래에서 개인정보의 무제약적인 수집, 축적, 이용 및 유포에 대하여 개개인이 보호받을 수 있는 것을 전제로 하고 있다. ……기본권은 그 한도 내에서 개인정보의 포기 및 이용에 대해 원칙적으로 스스로 결정할 개개인의 권한을 보장한다'고 판시하였다.

bb) 그렇지만 개인정보자기결정권이 무제약적으로 보장되는 것이 아니다. 연방헌법재판소가 제한의 정당화에 대해 요구하는 것은 '우월한 공공의 이익 보호'라는 목적과, 법률유보, 규범(특히 이용목적)의 명확성, 비례원칙, 조직 · 절차상의 예방조치이다. 비례원칙을 충족하는 것뿐만 아니라, 규범의 명확성, 더욱이 조직 · 절차상의 예방조치까지를 요구하는 데 417

에 개인정보자기결정권이라는 권리의 특징이 있다.

418 ● 다음과 같은 인식이 이 판결의 전제가 되고 있다. '데이터의 자동 처리라는 조건 아래에서는『사소한』데이터는 이미 존재하지 않는다'. 정보가 얼마나 민감한지는 그 내밀사항과 관련된 것인지 여부만으로 결정되는 것이 아니다. 어떠한 데이터의 인격권상의 중요성을 인정하기 위해서는 그 관련된 이용에 대해 알 필요가 있다. 어떠한 목적을 위해 데이터 제출이 요구되며, 어떠한 결합 가능성이나 이용 가능성이 존재하는지가 명확해지고 나서 비로소 개인정보자기결정권의 제한이 어디까지 허용되는가라는 물음에 답할 수 있다.

데이터의 자동 처리라는 조건 아래에서는 '사소한' 데이터는 이미 존재하지 않는다'는 인식을 철저히 한다면, 사적 영역의 보호와는 다른 방면에서 권리를 구성할 필요가 있을 것이다. 그 근간이 되는 것으로 데이터를 취득할 목적이 법률로 명확히 제시되어야 하며, 또한 취득 목적과는 다른 목적에 의한 이용은 법률로 구체적으로 정해진 경우 이외에는 허용될 수 없다는 요청(목적 구속과 결부된 규범의 명확성 요청)이다. 목적이 특정되지 않는 경우 취득 방법, 취득 데이터의 범위, 보존기간 등의 합리성·필요성도 심사할 수 없으므로 비례원칙은 공전한다.

● 이와 관련하여 개인정보의 수집·이용이 이루어지는 경우, 헌법상의 권리에 대한 제한이 어떤 시점에서 발생하는지가 문제가 된다. 고전적 프라이버시권이 '함부로 공개 당하지 않을 법적 보장 내지 권리'이었던 것과 달리, 개인정보자기결정권설의 입장에 서면, 수집의 시점에서 개인정보자기결정권의 제한이 발생하며, 위에서 기술한(⇒417) 요청을 충족하지 않고 개인정보의 수집이 이루어지는 경우 곧바로 위헌이 된다.

제2절 법 앞의 평등

주요 판례

最大判1973.4.4刑集27卷3號265頁(尊屬殺重罰規定事件)
最大決1995.7.5民集49卷7號1789頁(婚外子法定相續分事件) [1995年事件]
最大判2005.1.6民集59卷1號128頁(外國人管理職試驗受驗事件)
最大判2008.6.4民集62卷6號1367頁(國籍法事件)
最大決2013.9.4民集67卷6號1320頁(婚外子法定相續分事件) [2013年事件]
最大判2015.12.16民集69卷8號2427頁(再婚禁止其間訴訟)
最大判2015.12.16民集69卷8號2586頁(夫婦同氏規定事件)

평등은 타자와의 비교에서 관념되기 때문에, 그 보장의 구조가 실체적 권리와는 상이하다. 이하에서는 평등권의 구조에서 생겨난 작법의 '수정'을 중심으로 개관한다. 419

● 아래에서는 평등권과 평등의 원칙이라는 단어가 교차하며 나타나고 있지만, 그 구별을 엄밀하게 의식할 필요는 없다. 법 앞의 평등이 단순히 국가를 구속하는 평등의 원칙에 불과하지 않는지, 아니면 국가에 대한 개인의 평등권도 부여하는 것인지에 대한 문제는 바이마르헌법 하에서 중요한 쟁점이 되었다(라이프홀츠). 한편, 일본국헌법 제14조 제1항에 대한 초기의 중요한 해석 문제는 입법자 구속설/비구속설의 대립이었으며, 국가기관을 구속하는 평등의 원칙이 동시에 국민에 대한 평등권을 부여한다는 것은 이미 공통된 전제였다(카와조에 도시유키川添利幸). 양자의 불일치가 문제가 될 수 있는 것은 A가 국가로부터 평등의 원칙에 반한 특별한 이익을 부여받은 경우 표준적 처우를 받고 있는 B가 주관적 권리로서 평등권에 대한 위반을 주장할 수 있는가라는 몇몇의 경우에 한정될 것이다.

Ⅰ 보호영역과 2단계심사

Ⅰ-1 보호영역

420 a) 헌법 제14조 제1항은 법 적용의 평등에 더하여 법 내용의 평등을 보장한다. 또한 여기서 보장되는 평등에는 형식적 평등은 물론 실질적 평등의 요청이 포함되지만, 제14조 제1항에서 실질적 평등의 실현을 요구하는 구체적 요청권이 도출되는 것이 아니다. 사실상의 불평등은 그것이 '규정 그 자체로부터 생긴 결과라고 볼 수 없는' 경우에는 제14조 제1항에 위반하는 것은 아니다(夫婦同氏規定事件判決).

● 실질적 평등의 요청으로서 헌법 제14조 제1항에는 우선은 다음과 같은 두 가지 의의가 있다. 먼저, ①실질적 평등은 현재 존재하는 불이익의 제거를 목적으로 한 적극적 조치를 취할 것을 (객관법으로서) 국가의 책무로 한다. 다음으로 ②적극적 조치는 자주 형식적 평등과 저촉되지만, 실질적 평등에는 이와 같은 조치를 정당화하는 의의가 있다. ①과 관련해서는 최근 인권 카탈로그에는 여성, 아동, 고령자, 장애인 등에 대한 실질적 평등의 실현을 요구하는 규정을 두는 사례가 늘어나고 있다. ②와 관련해서는 남녀평등에 대해 정해진 EU기본권헌장 제23조 제2항이 '평등의 원칙은……특별한 우대조치의 유지 또는 도입을 방해하는 것이 아니다'라고 규정하고 있다.

● 부부동성 규정 판결 : '그 문언상 성별에 근거한 법적인 차별적 취급을 정한 것이 아닌, 본건 규정이 정한 부부동성제 그 자체에 남녀간의 형식적인 불평등이 존재하는 것은 아니다. 일본에서 부부가 되려고 하는 자 사이에 개개의 협의의 결과로서 남편의 성을 선택하는 부부가 압도적 다수를 점하는 것을 인정하더라도, 그것이 본건 규정 그 자체로부터 생긴 결과라고 볼 수 없다. 따라서 본건 규정은 헌법 제14조 제1항에 위반하는 것은 아니다'.

● 또한 서로 다른 지방자치단체 간의 조례에 의한 규율의 차이는 '헌법

이 각 지방자치단체의 조례제정권을 인정한 이상, 지역에 따른 차별이 발생하는 것은 당연히 예기되는 것'(東京都賣春規制條例事件: 最大判1958.10. 15 刑集12卷14號3305頁)이며, 헌법 제14조 위반의 문제는 아니다. 마찬가지로, 예를 들어 외국인의 공무담임에 대해 지방자치단체 간에 발생하는 차이도 헌법 제14조 위반의 문제가 되지 않는다. 마찬가지로 이는 독립된 사법권을 행사하는 서로 다른 재판소의 판결내용의 차이에도 해당한다.

나아가 이하에서 단순히 평등이라 한 경우 형식적 평등을 지칭한다.

b) 평등권과 실체적 기본권의 경합(경합⇒209)에 대해서는 ①차별금지 421
가 자유권에 당연히 함의되어 있으며 자유권만 심사가 이루어지는 경우, ②자유에 대한 침해가 평등권 심사에 흡수되어 평등권만 심사가 이루어지는 경우, ③실체적 권리와 평등권이 서로 다른 관점에서 병렬적으로 심사되는 경우, ④실체적 권리가 존재하지 않는 데에 평등권이 적용된 경우로 구별된다.

● ①표현의 자유에 대한 보장은 특정한 주장에 대한 차별적 취급 금지를 당연히 함의하고 있다. 그래서 집합주택의 우편함에 정치적 선전물 배포가 형법 제130조(주거침입죄 등)에 위반되는지가 다투어진 경우, 피자배달이나 그 외 영업전단지 배포와 비교하여 제14조 제1항의 문제로서 독립적으로 심사되는 것이 아니라, 표현의 자유에 대한 제한의 정당화 심사에 흡수되는 것이다.

②존속살인 가중처벌 규정 위헌판결에서는 실형이라는 인신의 자유에 대한 강도의 침해가 비례원칙(죄형의 균형)에 반하는지 여부가 아니라, 형법(구) 제200조가 형법 제199조와의 비교에서 법 앞의 평등에 반하는지 여부의 문제로서 구성되었다. 적용에서는 다음과 같이 주장되었다. 형법 제200조의 법정형은 '보통 살인죄에 관한 동법 제199조의 법정형……과 비교해서 형벌 종류의 선택의 범위가 대단히 중한 형에 한정되어 있는 것이 명확하다. ……현행법상 허용된 2회 감경을 하더라도 존속살인에 대해 비속

에 대해 형을 언도할 때에는……아무리 작량감경 해야 할 정상참작 사유가 있더라도 법률상 형 집행을 유예할 수 없으며, 보통 살인의 경우와는 현저한 대조를 이루는 것이라 하지 않을 수 없다'.

원래 형법 제200조를 죄형의 균형의 관점에서 심사할 수 없는 것은 아니다. 법 앞의 평등이 선택된 것은 형법 제199조라는 명확한 비교의 대상이 존재했기 때문일 것이다.

②' 여성의 재혼을 제한하는 민법(구) 제733조의 합헌성에 대해 재혼금지기간 위헌판결은 '본건 규정은 여성에 대해서만 전혼의 해소 또는 취소한 날로부터 6개월의 재혼금지기간을 정하고 있으며, ……남성과 여성을 구별하고 있다'고 하여 제14조 제1항의 문제로 처리하고 있다. 그러나 '부성 추정의 중복을 회피함으로써 부자관계를 둘러싼 분쟁을 미연에 방지하는 것'이 입법목적이라면, 남성측에 특별한 재혼의 요건을 정하는 수단은 상정할 수 없기(존속살인 가중처벌 규정이 살인죄와 비교할 수 있는 것과 다름) 때문에 본래는 헌법 제24조 제1항이 규준이 되어야 할 것이다. 평등이 이용된 것은 혼인의 자유는 헌법상의 권리가 아닌 '헌법 제24조 제1항의 규정 취지에 비추어 충분히 존중할 만한 것'에 그쳤기 때문인가(문제점에 대해, ⇒206) 본건 규정은 원래는 '가(家)제도[5]를 중심으로 한 남성우위의 사회'를 역사적 · 사회적 배경으로 삼고 있기 때문에(山浦善樹裁判官反對意見) 어느 쪽이든 근거로 삼을 수 있다.

③급부입법의 병행급부 제한에 대해서는 급부가 헌법 제25조가 요청하는 건강하고 문화적인 최저한도의 생활수준을 충족시키고 있는가라는 실체적 기본권의 문제와, 병행급부 금지가 당사자에게만 불리한 조치를 하고 있지는 않은가라는 평등의 문제는 별개의 독립된 쟁점으로 구성할 수 있다. 즉, 병행급부 금지 규정은 헌법 제25조는 물론 제14조와의 관계에서도

---

5) **역자주**－가(家)제도란 1898년에 제정된 민법에서 규정된 일본의 가족제도이며, 친족관계에 있는 자 중에서 더욱 좁은 범위의 자를 호주와 가족으로서 하나의 家에 소속시켜, 호주에게 家의 통솔권한을 부여한 제도이다. 에도시대에 발달한 무사계급의 가부장제적인 가족제도를 근거로 하고 있다. 이는 여성참정권의 시행과 일본국헌법의 제정에 발맞추어 1947년 민법의 대대적인 개정과 함께 폐지되었다.

합리성이 심사된다(⇒521). 제14조 위반 심사가 얼마나 독자적인 의의를 가지는가에 대해서는 법 앞의 평등에 적용하는 심사밀도(⇒426)에 의존한다.

④국적법 위헌판결의 다수의견은 '헌법 제10조의 규정은 국적은 국가의 구성원으로서의 자격이며, 국적의 득실에 관한 요건을 정하는 데 있어서는 각국의 역사적 사정, 전통, 정치적・사회적・경제적 환경 등, 다양한 요인을 고려할 필요가 있는데 이를 어떻게 정할 것인가에 대해서는 입법부의 재량판단에 맡긴다는 취지로 이해할 수 있다. 하지만 이렇게 정한 일본 국적 취득에 관한 법률요건으로 발생한 구별이 합리적 이유가 없는 차별적 취급이 될 경우 헌법 제14조 제1항 위반의 문제를 발생시키는 것은 말할 것도 없다'고 판시하며, 헌법상의 실체적 권리(국적 취득권)의 유무를 묻지 않고 평등위반을 심사하고 있다.

c) 법 앞의 평등 보장은 문제가 되는 행위 등을 보장하는 실체적 권리 422
의 향유주체성과는 관계없이 외국인에게도 적용된다.

● 외국인 관리직 시험 판결에서 다수의견은 '공권력 행사 등 지방공무원이 아닌 관리직 임용'이 헌법 제22조 제1항의 실체적 기본권으로 보장되는가의 여부를 논할 것 없이, 외국 국적의 직원으로부터 관리직 선발 시험의 수험 기회를 박탈하는 것은 '합리적인 이유에 근거하고 있는 한 헌법 제14조 제1항에 위반되지 않는다'고 하고, 합리적 이유의 유무를 (완화되게) 심사하고 있다.

또한 후지타 도키야스藤田宙靖재판관의 보충의견은 평등의 원칙은 '자유권으로서의 성격을 가진 것이며, 본래 가지고 있는 권리나 자유를 그것에 대한 제한으로부터 지킨다는 기능을 수행하는 데 그치고, 본래 가지고 있지 않는 권리를 적극적으로 만들어 내는 것이 아니다'고 지적한다. 그러나 국가의 조치는 자의적이어서는 안되며, 객관법으로서의 평등의 원칙에 구속된다면, 외국인의 평등권은 무에서 유(실체적 권리)를 만들어낼 수 있는 것이 아닌, 국가의 헌법상의 (객관법적) 의무가 분명하게 드러나는 것에 불과하다.

Ⅰ-2 2단계심사

423 법 앞의 평등은 타자와의 비교로 성립하는 **상관적인 권리**이다. 평등권의 문제로 삼기 위해서는 비교가능한 제3자를 특정(措定)하고, 자신에 대한 취급이 그자에 대한 취급보다 열등하다는 것을 주장해야 한다.

표현의 자유는 자신에 한하여 성립하는 권리이며, 자신과 자신의 권리를 제한하는 국가라는 2자가 있으면 성립한다. 이는 모든 자유권에 공통된다. 한편, 법 앞의 평등은 자신과 국가의 2자만으로 성립하지 않는다. 그러므로 심사의 순서에도 차이가 발생한다. 표현의 자유에 대한 제한이 문제가 되는 경우 심사는 보호영역→제한→정당화라는 3단계로 이루어진다(⇒105). 이에 대하여 평등권은 비교 대상의 특정과 다른 취급이 있다는 것의 인정이 일체로써 판단된다. 심사는 기본적으로 다른 취급→정당화라는 2단계로 정리된다.

● A가 B와는 다른 취급을 받았다는 것은 곧바로 법 앞의 평등에 대한 제한을 의미하기 때문이다. 확실히, 심사에서는 제14조 제1항 후단열거사유에 해당하는가의 여부가 쟁점이며, '성별', '사회적 신분' 등의 의미 해명이나, 해당 구별이 '사회적 신분'에 의한 것인가를 확인하는 작업이 이루어진다. 하지만 이러한 작업은 적용되어져야 할 심사밀도를 결정하기 위해 구별의 '사유'를 확인하는 것이지(정당화의 문맥), 다른 취급의 존재 그 자체를 확인하는 것이 아니다. 통설인 제14조 제1항 후단의 특별의미설은 합리성 심사의 단계에서 신중한 검토를 요구하는 정도에 그치며, 성별에 따른 차별금지나 신조에 의한 차별금지를, 일반평등원칙과는 별개 독립의 개별적 평등권으로서 관념하는 것은 아니기 때문이다. 한편, 독일 기본법과 같이 성별에 의한 차별금지 등이 일반평등원칙과는 형식적으로도 구별되며, 별도의 조항에서 보장되어 있는 경우 본문에서 기술한 2단계심사는 적용할 수 없다. 또한 일본국헌법에 대해서도 제14조 제1항의 전단과 후단을 따로 분리하는 것이라면 (종래의 입법자 비구속설은 이와 같은 주장을

포함하고 있었다. 또한 최근에도 여기에 찬의를 표시하는 유력한 설이 있다[시시도 죠지(宍戸常壽)], 후단열거사유 해당성의 확인이 그 최초 작업이 된다.

Ⅱ 다른 취급과 정당화

법 적용의 평등에 대해서 헌법은 법률을 예외 없이 동등하게 적용할 것을 요구하는 것이기 때문에, 특단의 곤란은 발생하지 않는다. 형식적・기계적으로 동등하게 취급하면 되기 때문이다. 이에 대하여 법 내용의 평등은 합리적 이유가 있는 다른 취급을 허용하는 상대적 평등의 보장으로 해석되기 때문에 합리적 이유의 판정 방법이 문제가 된다. 424

● 법 내용의 평등이 어려운 것은 모든 사람이 어떤 관점에서는 동등하며, 어떤 관점에서는 모두 다르기 때문이다. 즉 ≪같은 것은 같게 취급해라≫는 명제가 법률학에 버거운 내용을 부담지우고 있는 것이다. 종래의 입법자 비구속설이 제14조 제1항 후단열거사유에 대해서만 법 내용의 평등을 (엄격하게) 요구하고, 그 이외의 일반적 평등원칙에 대해서는 법 적용의 (절대적) 평등으로 만족한 것도 이러한 이유 때문이다.

다른 취급이 법 앞의 평등을 위반하는가에 대한 여부는 방어권의 경우와 마찬가지로 목적과 수단의 양면에서 심사한다. 하지만 평등권의 구조로부터 목적・수단 심사에 앞서 누구와 누구 사이의 취급 차이를 문제시하는가를 특정해야 한다(⇒425). 더욱이, 심사밀도와 관련하여, ①구별사유가 제14조 제1항 후단열거사유에 해당하는지, ②실체적 기본권의 행사를 현저하게 방해하는 경우에 해당하는지를 확인해야 한다.

a) 평등은 타자와의 비교 속에서 성립하는 권리이기 때문에 평등 위반을 주장할 때에는 먼저 비교 대상이 특정되어야 한다. 비교 대상은 한 사람인 경우도 있지만, 복수인 경우도 있다. 425

또한 사안에 따라서는 비교 대상이 누구인가에 대해 당사자 간의 대립이 발생할 수 있다. A(원고)와 비교할 수 있는 대상으로 B(원고보다도 우대받고 있거나 이 자와의 비교에서 원고가 불리하게 취급받고 있는 자), C(원고와 동일한 처우의 자) 2자가 있다고 하자. 원고는 당연하게 B가 자신의 비교 대상이라고 주장할 것이며, 국가 측에서는 C가 비교 대상이라고 주장할 것이다. 이러한 경우, A와 B의 다른 취급에 합리적 이유가 있는지에 대한 문제는 B와 C 어느 쪽이 비교 대상인가에 대한 문제에 흡수된다.

● 아동부양수당의 지급에 대해서 B(지급대상자), C(비대상자)가 있으며, 둘 다 A와 어떤 점에서 유사성이 있다고 할 수 있는 경우, A(원고)는 B가 자신의 비교 대상이라고 주장하며, 국가 측은 C가 비교 대상이라고 반론할 것이다.(최고재판소 판례를 포함, ⇒625).

● 비교 대상이 항상 1인에 한정되지는 않는다. 국적법 위헌판결은 '일본 국민인 부 또는 모의 혼내자로서 출생한 경우뿐만 아니라, 일본 국민인 부로터 태아 인지를 받은 혼외자 및 일본 국민인 모의 혼외자도 생래적으로 일본 국적을 취적을 취득하게 되는데, 마찬가지로 일본 국민을 혈통상의 부모로 하여 출생하고 법률상의 친자관계가 생긴 자임에도 불구하고,……일본 국민인 부로부터 출생 이후에 인지된 것에 그친 혼외자만이 일본 국적의 취득에 대해 현저히 차별적 취급을 받고 있다'고 설시하고 있으며, 원고를 복수의 대상과 비교하고 있음을 알 수 있다.

426 b) 일반평등원칙에 대해서 심사밀도(⇒346)는 그리 엄격하지 않다. 다른 취급이 자의적이지 않는 한 합헌일 것이다. 이와 달리, 다른 취급의 사유가 제14조 제1항 후단열거사유에 해당하는 경우 엄격한 심사가 요청된다.

● 하지만 최고재판소 판례에서는 제14조 제1항 열거사유에 특별한 의미를 부여하고 있지 않아 문제가 된다. 혼외자 법정상속분 결정(2015년 사건)

의 다수의견은 구체적인 상속제도를 어떻게 정할 것인가는 입법부의 합리적인 재량판단에 맡겨져 있다고 보고, '입법부에 부여된 상기와 같은 재량권을 고려하더라도 그와 같은 구별을 하는 합리적인 근거가 인정되지 않는 경우 해당 구별은 헌법 제14조 제1항에 위반한다고 해석하는 것이 상당하다'고 판시하고 있다. 1995년 결정(합헌)과 결론을 달리하지만, 기본적인 법적 구성은 동일하다(⇒622).

법정상속분 차별이 혼외자 차별이라는 것을 중시하고 입법부의 재량을 광범위한 재량을 전제로 한 판단과 달리 주장한 것은 1995년 결정에서 나카지마 토시지로中島敏次郎 등 5명의 재판관의 반대의견이다. 반대의견은 본 건은 '같은 피상속인의 자식이면서, 혼외자의 법정상속분을 혼내자의 2분의 1로 하는 것의 합헌성이 문제가 되는 사안이며, 정신적 자유에 직접 관련된 사항은 아니지만, 본 건 규정에서 문제가 되는 차별의 합리성 판단은 기본적으로 혼외자가 혼인가족에 속하는가 아닌가라는 속성을 중시할 것인가, 혹은 피상속인의 자식으로서는 평등한 개인으로서의 입장을 중시해야 할 것인가에 달려있다고 할 수 있다. 따라서 그 판단은 재산적 이익과 관련된 사안에서와 같은 단순한 합리성의 존부로 행해져야 할 것이 아니라, 입법목적 자체의 합리성 및 그 수단과의 실질적 관련성에 대해 보다 강한 합리성의 존부가 검토되어야 한다'고 보았다. 인간으로서의 가치의 평등 문제라는 반대의견의 인식은 정당할 것이다.

c) 심사밀도는 실체적 기본권의 행사를 현저하게 방해하는 경우(이에 준 427
하는 경우)에도 엄격해진다. 국적법 위헌판결은 '일본 국적은 우리나라의 구성원의 자격임과 함께, 우리나라에서 기본적 인권의 보장, 공적 자격의 부여, 공적 급부 등을 받는 데 있어 의미를 가지는 중요한 법적 지위이기도 하다. 한편, 부모의 혼인으로 혼내자의 신분을 취득할 것인지 아닌지는 자의 입장에서는 스스로 의사나 노력으로서는 바꿀 수 없는 부모의 신분행위와 관련된 사안이다'고 기술하며, '이와 같은 사안을 가지고 일본 국적 취득의 요건에 관해 구별을 발생시키는 것에 합리적인 이유가 있는가에 대해서는 신중한 검토가 필요하다'고 하였다.

여기에서는 ①'중요한 법적 지위'와, ②차별사유(혼내자/혼외자)가 서로 작용하여 신중한 검토로 이어지지만, 먼저 '중요한 법적 지위'에 언급되어 있을 것, 또한 혼외자 법정상속분 사건의 결정과의 조리(平仄)로부터 '중요한 법적 지위'가 심사밀도를 결정하는 주된 요인임을 살필 수 있다.

그러나 헌법 제13조가 기본원리로서의 개인의 존중을 규정하고, 그 다음에 제14조가 법 앞의 평등을 정하고 있다고 한다면, 개인의 인격적 가치에 관한 사유(그 전형이 후단열거사유이다)에 의한 차별에 대해서는 가령 중요한 법적 지위의 향유나 헌법상의 권리 행사와 관련되지 않는다고 해도, 그 합리성에 대해서 신중한 심사가 요청된다. 이런 점에서 혼외자 법정상속분 사건의 결정은 다시 검토되어야 한다.

● 또한 존속살인 가중처벌 규정 위헌판결(⇒421)의 사안은 위에서 말한 ①②의 두 요건을 충족하고 있다고 여겨지지만, 다수의견이 어떠한 심사밀도를 채택했는가는 명백하지 않다. 판결이유의 문언상에는 '가중의 정도가 극단적이며, ……입법목적을 달성하는 수단으로서 심각하게 균형을 상실하고, 이를 정당화 할 근거를 도출할 수 없는 경우 그 차별은 현저하게 불합리한 것'으로 보고 있다. 가령 이것이 문언대로 완화된 심사였다고 한다면, 그 이유는 '피해자가 존속인 것을 범정(犯情)의 하나로 구체적 사건의 양형상 중시하는 것이 허용될 뿐만 아니라, ……이를 유형화하고, 법률상 형의 가중요건으로 하는 규정을 마련하여도, 이러한 차별적 취급을 곧바로 합리적인 근거가 결여된 것으로 단정 지을 수 없다'고 한 평가가 선행되었기 때문이다.

428 d) 법 앞의 평등은 급부적・수익적 입법과의 관련에서 특히 중요한 실천적 의미를 지닌다. 그 상세에 대해서는 후술한다.(제도준거심사⇒620, 630, 사법에 의한 구제의 한계⇒731).

● 그 이유는 급부입법 · 수익적 입법에 관해서는 헌법상의 원형(내지 원칙)을 상정하는 것이 곤란하기 때문에, 국회의 넓은 재량이 인정되는 경우가 많으며, 실체적 기본권(예를 들면, 생존권)을 규준으로 한 심사에는 한계가 있기(더욱이 국적과 같은 헌법상의 실체적 권리를 관념할 수 없는 경우도 있다) 때문이다.

B 하한통제 · 제도준거심사

— 또 하나의 작법

【*B* 하한통제 · 제도준거심사】에서는 기초 편에서 논한 틀(枠組み)을 그대로 적용하기에는 타당하지 않거나, 다른 논의 틀을 고려할 필요가 있는 헌법상의 권리에 대해 고찰한다.

여기에는 크게 2가지 과제가 포함된다. 첫 번째는 헌법상의 권리와 법률이 원칙-예외라는 대항관계에 서는 것이 아닌 경우—헌법상의 권리가 법률에 의존하고 있는 경우—의 검토이다. 예를 들자면, 생존권은 생활보호법으로 비로소 구체적인 권리가 부여되었다. 생존권과 생활보호법(일반화한다면, 헌법상의 적극적 권리와 그를 구체화 하는 급부입법)의 관계는 원칙-예외 관계는 아니다. 또한 재산권처럼 개인의 권리에 더하여 사법상의 법제도보장을 포함한다고 해석되는 조항에 대해서도, 개개인에게 보장되는 재산권의 내용이 구체적으로 결정되는 것은 민법 등의 법률 차원에서이다. 그리고 원칙-예외 관계를 단순히 적용하여도 되는 것은 법제도로 부여된 개인의 구체적 재산권이 제한된 경우뿐이다. 민법 등에서 재산법질서가 어떻게 형성되어야 하는지는 원칙-예외 관계에 선행하는 것이며, 그 자체는 원칙-예외 관계의 대상이 아니다. 더욱이, 고전적 자유권을 보장한 규정에 대해서도, 국가가 아닌 사인간 관계에서 그 적용이 문제가 되는 경우 국가의 부작위의무를 전제로 한 3단계심사는 적합하지 않다.(제5장)

두 번째는 입법재량의 통제 방법에 대한 검토이다. 최고재판소는 생존권 외에도 구체적인 선거제도의 결정, 상속제도의 결정 등 많은 영역에서 입법자의 광범위한 재량을 인정하여 왔다. 그 결과, 생존권 등의 실체적 기본권에 대한 위반뿐만 아니라, 구체적인 틀의 결정에 부수적으로 발생하는 평등문제—연금의 병행급부 제한, 선거운동상의 편익의 격차, 혼외자(비적출자)의 법정상속분 차별 등—에 대해서도 광범위한 입법재량을 전제로 한 완화된 심사를 하여 이들을 합헌으로 해왔다. 여기에서 심사는 권리의 제한이 필요최소한도인지 여부를 묻는 것이 아니라, 제도 내지 구조(仕組み)로서의 합리성을 묻는 것이었다. 제도준거심사라고 불러야 할 것이다. 하지만 광범위한 입법재량이 원칙적으로 인정되는 분야에서 입법재량의 강조 일변도가 아닌, 거기에 통제를 가하는 몇 가지 방법이 최고재판소에 의해 실천되게 되었다(국적법 위헌판결 등). 여기에서는 그 검토가 중요한 과제가 된다.(제6장)

제5장 적극적 권리와 제도보장

본 장에서는 기본권 조항에서 발생할 수 있는 방어권 이외의 법적 작용 501
인 적극적 권리(제1절)와 제도보장(제3절)에 대해 개관한다. 적극적 권리는 생존권・재판을 받을 권리・국가배상청구권 등 기본권의 주된 내실인 것 외에도, 자유권적 기본권으로부터 부차적인 내실로서 도출되는 경우가 있다. 또한 기본권의 사인간 효력은 종래 기본권의 수범자를 사인으로 확장한다는 관점에서 취급되어 왔지만, 본서에서는 사법(私法) 및 사법(司法)에 의한 사인간 관계로의 개입 요청이라는 관점에서 법적 작용의 문제로 검토한다(제2절).

제1절 적극적 권리(급부청구권)

주요 판례

最大判1968.11.27刑集22巻12號1402頁(河川付近地制限令事件)
東京地判1978.8.3訟月25巻1號13頁(東京スモン訴訟)
最大判1982.7.7民集36巻7號1235頁(堀木訴訟)
最大判2002.9.11民集56巻7號1439頁(郵便法事件)
最大判2005.12.7民集59巻10號2645頁(小田急高架訴訟)
最判2007.9.28民集61巻6號2345頁(學生無年金身体障害者訴訟[東京])
最大判2008.6.4民集62巻6號1367頁(國籍法事件)

Ⅰ 적극적 권리의 특징

Ⅰ-1 작위청구로서의 적극적 권리

502 a) 헌법상 권리의 중심은 자유권이며, 자유권의 주된 내실은 국가의 침해에 대항하는 방어권이다. 국가에 요구되는 것은 **부작위**이다. 헌법과 법률이 경합하는 경우 양자의 관계는 헌법상의 권리에 대해 법률이 제한을 가하며, 헌법상의 자유를 감축시키는 것이 된다. 헌법상의 권리와 법률에 의한 제한의 사이에는 원칙—예외 관계가 성립하며, 정당한 내지 중요한 목적을 위해 필요하고 합리적인 제한이 아닌 한 위헌이다. 3단계심사라는 수법은 헌법과 법률과의 원칙—예외 관계로서의 대항관계를 전제로 하고 있다(⇒102).

503 b) 적극적 권리는 방어권과는 반대로 국가에 일정한 **작위**를 요구한다. 전형적으로 고전적 수익권과 헌법 제25조 제1항의 생존권이 이에 해당한다. 또한 방어권을 제1차적 내실로 하는 자유권적 기본권에도 알권리와 같이 국가에 작위를 요구하는 내실을 포함하는 것이 있으며, 프라이버시권이나 환경권 등의 '새로운 인권'에 대해서는 방어권적 측면(소극적 측면)과 적극적 측면의 복합적인 성격이 있다고 설명된다. 기본권의 사인간 효력으로서 논의되고 있는 문제(⇒531)또한 재판소에 대해 사인간의 관계에 개입을 요구하는 점에 착안한다면, 국가에 대한 작위청구라는 내실을 가진다. 더욱이 독일에서는 자유권적 기본권의 규정에서 국가의 작위의무인 기본권보호의무가 도출되고 있다.

● 옐리네크는 '공권론' 중에서 국가에 대한 국민의 지위를 수동적 지위(passiver Status), 소극적 지위(negativer Status), 적극적 지위(positiver Status), 능동적 지위(aktiver Status) 네 종류로 구별했다. 수동적 지위란 개인이 국가에 복종하는 관계이며, 이는 국민의 의무가 해당한다. 소극적 지위란 개인이 국가의 간섭에서 자유로운 관계이며, 이는 자유권이 해당한다. 적극적

지위란 개인이 국가권력의 활동을 요구하는 관계이며, 수익권이 이에 해당한다. 마지막으로, 능동적 지위(주동적 지위로도 번역된다)에 해당하는 것은 참정권이다.

이러한 분류는 오늘날에도 참조할 가치가 있으며, 소극/적극의 구분은 본서의 기본이다. 하지만 몇 가지 한계가 있다. 특히, 자유권이 적극적 측면을 겸비하는 경우가 있는 것처럼(옐리네크의 시대에서는 아직 미지의 단계였다), 생존권이 부작위청구라는 소극적 측면을 가질 수 있는 점으로 미루어보아, 소극/적극의 구분은 기본권의 분류 지표로서가 아니라, 기본권의 법적 작용의 구분 지표로 사용해야 할 것이다.

● 본래, 헌법학에서 '급부'란 생존 배려와 결부하여 사용되어 왔다. 하지만 환경보호나 기본권보호의무론 등 국가의 작위의무의 내용이 확장되어 온 것에 대응하여 '급부'는 실질적 급부에 더하여 '규범적 급부', 즉, 법규범의 정립 요청을 포함하게 되었다. 본서에서는 '적극적 권리'를 국가의 작위를 요구하는 권리의 총칭으로 사용하고 있다.

Ⅰ-2 적극적 권리와 입법재량

방어권에 대해서는 적극목적에 의한 규제(⇒345) 등이 문제가 되지 않는 한, 입법부의 넓은 재량이 정면에서 논해지는 경우는 드물다. 하지만 적극적 권리에 대해서는 **이중의 미확정성**에서 입법부의 재량 여지가 인정된다. 504

a) 첫 번째로, 작위청구권의 이행에서 통상적으로 복수의 수단이 존재하며, 수단의 선택은 국가의 재량에 위임된다(수단·구조의 미확정성). 505

● 이러한 **수단 선택의 여지**는 작위청구권이라는 권리의 구조에서 유래하는 것이기 때문에, '구조상의 여지'로 불리고 있다. 즉, 방어권이라면 기본권을 제한하는 A, B, C 3가지 수단이 존재할 경우, 이러한 모든 수단을 일응 금지한다. 이러한 일응 금지는 규제의 목적이 정당하거나 중요하며, 수단에 필요성·합리성이 인정된 경우에 한해 예외적으로 해제된다. 한편,

국가에 부과된 작위의무의 이행에 적합한 A, B, C 3가지 수단이 존재할 경우 국가(제1차적으로 입법자)는 그중 어느 것을 선택해도 좋으며, 또한 복수의 수단을 동시에 선택해도 좋다. 중요한 것은 헌법이 요청하는 최소한도를 밑돌지 않는 보호를 제공하는 것이다. 수영장에 빠진 자를 구조하라는 작위의무를 이행하는 데에는 고무튜브를 던져도 되고, 장대를 뻗을 수도 있으며, 스스로 뛰어들어 구조할 수도 있다. 어느 정도까지는 헤엄쳐서 간 후에 그 뒤부터 장대를 뻗을 수도 있다. 작위의무에 위반하는 것은 아무것도 하지 않거나, 혹은 닿지도 않을 짧은 막대를 이용하는 것과 같은 경우에 한정된다.

● 생존권의 실현에 대해서도 마찬가지이다. 국가는 보호가 필요한 자를 대상으로 금전을 급부할 수도 있고, 주택 그 외의 현물을 급부함으로써 '건강하고 문화적인 최저한도의 생활'을 보장할 수 있다. 특정 수단의 선택 및 복수의 수단을 조합하는 것은 입법자가 결정해야 할 사항이다. 더욱이, 생활보호가 주된 수단으로 선택된 경우에도 어떠한 시스템으로 보호를 할 것인가에 대한 구체적인 결정은 입법자에게 위임된다.

506 b) 두 번째로, 방어권은 제한이 필요최소한도일 것을 요구하지만, 통상적으로 적극적 권리는 가능한 한 최대한의 작위를 국가에 요구하는 것이 아니다(내용 · 정도의 미확정성).

● 생존권을 예로 들면 헌법 제25조 제1항이 보장하는 것은 건강하고 문화적인 '최저한도의' 생활이며, 가장 쾌적한 생활이 아니다. 또한 무엇이 건강하고 문화적인 최저한도의 생활인가에 대해서도 평가의 여지가 생긴다.

예를 들면, 생활보호의 급부수준은 1948년부터 1950년까지 장바구니 방식(최저생활에 필요한 식비, 의류 등 개개의 품목을 더해 산출), 1951년부터 1964년까지는 엥겔 방식(영양 소요량을 충족할 수 있는 식품을 이론적으로 더하여, 저소득 세대의 엥겔계수에서 역산하여 산출), 1965년부터 1983년까지는 격차축소 방식(일반 국민과의 격차를 줄이기 위해 일반 국민의 소비수준 신장률 이상으로 인상)으로 계산되었으며, 1984년부터는 수준균형 방식(생활보호에서 보장해야 할 최저생활의 수준은 일반 국민의 생활수준과 관련하여 파악해야 할 상대적인 것으로 보고 있는 것으로부터, 해당 연도에 상정되는 일반 국민의 소비동향 등을 고려하여 개정)으로 계산하고 있다. 헌법 제25조가 특정 계산 방식을 일률적으로 요구하고 있다고 볼 수는 없을 것이다(명백하게 불합리한 특정 계산식을 배제하는 것은 가능할 수 있지만. ⇒513a).

Ⅱ 적극적 권리의 법적 성격

Ⅱ-1 미확정성의 정도

적극적 권리는 종종 **추상적 권리**로 여겨지지만, 이는 위와 같은 이중의 507
미확정성에 의한 것이다. 적극적 권리의 특징은 기본권과 법률(혹은 국가의 관여)이 대항관계가 아닌, 친화적 관계에 서는 것에 있다. 법률은 헌법 차원에서는 미확정적인 권리의 내용 및 실현의 수단을 구체화하고, 권리의 실현에 봉사하는 것이다.

그렇다고는 하지만, 적극적 권리에는 다양한 종류가 있고, 미확정성의 정도는 각각의 권리마다 달리 판단되어져야 하는 것이다. 재판을 받을 권리(헌법 제32조)와 우편법 위헌판결에서 볼 수 있듯이 국가배상청구권(헌법 제17조)은 그 확정성이 높다. 이는 헌법 제29조 제3항의 손실보상청구권에도 해당한다(⇒516). 더욱이, 생존권과 같이 그 자체로서는 확정성이 낮은 것이라 하더라도, 입법자가 제1차적 판단권을 행사한 후에는 미확정성이 감축되는 경우가 있다(⇒517). 따라서 추상적 권리라는 것만으로 특정한 위헌심사의 형태가 일률적으로 정해지는 것이 아니다.

Ⅱ-2 이른바 '추상적 권리' 설에 대하여

a) 추상적 권리는 **구체적 권리**의 반대로 사용되고 있다. 방어권이 구체 508

적 권리임은 의심할 여지가 없으며, 그 법적 성격을 논할 필요가 없는 것과는 달리, 헌법 제25조의 생존권에 대해서는 바로 그 법적 성격이 문제가 되었다. 당초에는 바이마르헌법 하의 학설을 참고로 한 프로그램규정설이 유력하였지만, 그 뒤에 추상적 권리설과 구체적 권리설이 대립하였다.

그 가운데 프로그램규정설은 헌법 제25조는 국가의 정치적 의무 이상의 것이 아니다(학설에 따라서는 입법이나 법해석의 지침을 포함한다)고 보는 것으로, 입법자에 대한 법적 구속력을 인정하는 다른 두 학설과는 명백히 다른 입장을 취하고 있다. 이에 대하여 추상적 권리설과 구체적 권리설의 차이는 상대적이며, 일부러 잘못된 수식어를 붙여 두 학설을 구별하는 것은 실익이 없다(법적 권리설, 內野正幸) (그렇지만, 추상적 권리라는 용어 자체는 법률에 의한 구체화에 의존).

● 일반적으로 추상적 권리설은 입법자에 대한 법적 구속을 전제하고 직접 헌법 제25조를 근거로 입법부작위·행정부작위를 재판에서 다투는 것은 불가능하지만, 이 규정을 구체화하는 입법이 있다면 그 법률에 근거한 소송에서 헌법 제25조 위반을 주장할 수 있다고 설명한다. 이에 대하여 구체적 권리설은 헌법 제25조 제1항의 권리내용은 행정을 구속할 만큼 명확하지 않지만, 입법권을 구속할 만큼 명확하다고 보고 입법부작위 위헌확인소송에 의한 구제가 가능하다고 보고 있다(오스가 아키라, 大須賀明).

이와 같이, 구체적 권리설의 특징은 ①권리 내용의 명확성, ②구제 방법이라는 두 가지 점에 있다. 그러나 ②위헌확인소송이 가능한가의 여부는 제76조 이하의 사법권 문제이며, 생존권과는 별개로 논의해야 할 문제이다. 더욱이, 추상적 권리설에도 최근에는 입법부작위를 위헌국가배상소송(⇒740)에서 다투는 방도를 인정하고 있기 때문에, 실질적으로도 구제 방법의 유무로 두 학설을 구분하는 실익은 없다. 또한 ①은 생존권 고유의 논점이지만, 프로그램규정설을 채택하지 않는 한, 헌법 제25조가 입법권을 구속하는 것은 공통의 전제이며, 그 후에 남는 대립점은 재량의 범위 정도에 따른 문제이다.

b) 최고재판소는 대체로 권리라는 시점에서가 아닌, 헌법에 의해 부과 509
된 국가의 객관법적 의무(⇒552)라는 시점에서 헌법 제25조를 이해하고 있다. 호리키 소송堀木訴訟判決은 제25조 제1항은 '이른바 복지국가의 이념에 기초하여, 모든 국민이 건강하고 문화적인 최저한도의 생활을 영위할 수 있도록 국정을 운영해야 할 것을 국가의 책무로 선언한 것[이]며', 동 조항 제2항은 '마찬가지로 복지국가의 이념에 기초하여 사회적 입법 및 사회적 시설 창조 확충에 노력해야 할 것을 국가의 책무로서 선언한 것이다'고 판시하고 있다.

● 위에서 인용한 부분에 이어서 동 판결은 다음과 같이 설명하고 있다. ①'동 조항 제1항은 국가가 개개의 국민에 대하여 구체적·현실적으로 위와 같은 의무를 지고 있는 것을 규정한 것이 아닌, 동 조항 제2항으로 국가의 책무라고 할 수 있는 사회적 입법 및 사회적 시설의 창조 확충으로 개개의 국민의 구체적·현실적인 생활권이 설정 확충되어 가야 하는 것으로 해석해야 할 것'이며, ②'헌법 제25조 규정은 <u>국권의 작용에 대하여 일정한 목적을 설정하고 그 실현을 위해 적극적인 발동을 기대한다는 성질의 것이다</u>'. 여기에서 엿볼 수 있는 것은 최고재판소가 헌법 제25조를 일종의 국가목표 규정으로 이해하고 있다는 것이다.

● **환경권**에 대해서도 여기서 언급해두고자 한다. 헌법 제25조 및(또는) 510
제13조를 기초로 양호한 자연환경을 향유할 권리로서 환경권이 주장되고 있지만, (재)판례는 냉담하다. 예를 들면, 金澤地判2006.3.24判例時報1930號25頁(志賀原發2號機運轉中止訴訟)은 '개인의 생명, 신체 및 건강이라는 중대한 보호법익이 현재 침해받고 있는 경우, 또는 침해받을 구체적 위험이 있는 경우 그 개인은 그 침해를 배제하거나 침해를 예방하기 위하여, 인격권에 기초하여 침해 행위를 중지할 것을 요구할 수 있다'고 하지만, 환경권이 '인정되고 있다고 해석할 실정법상의 명확한 근거는 없으며, 또한 환경

은 사회구성원이 공통으로 향유하는 성격을 지닌 것이므로, 이러한 것에 대해 개개인이 배타적으로 지배할 수 있는 사법상의 권리를 가지고 있다고 인정하는 것에는 의문이 있[다]'고 보고, 적어도 현 단계에서는 '이와 같은 권리 내지 이익이 실체법상 독립적인 가처분청구의 근거가 될 수 있다고 해석하는 것은 곤란하다'고 하였다. 大阪空港公害訴訟2審判決(大阪高判 1975.11.27判例時報797號36頁)을 참조.

학설에서는 환경권은 추상적 · 이념적 권리로 그 성격을 정의하는 경우가 있지만, 이 또한 부정확한 것이다. 환경권이 침투하지 않은 이유는 '환경'이라는 보호 대상의 불명확성과, 이에 기인하는 권리주체나 실현의 정도 · 수단의 불명확성에 있다. 생존권이 추상적 권리로 여겨지는 것은 주체에 대해서는 명확하지만, 그 실현 수단 및 구체적 내용에 대해서는 법률에 의한 구체화에 위임돼 있기 때문이며, 추상적 권리라는 용어는 이와 같은 경우에 한정하여 사용해야 할 것이다. 주체에 대해서도 내용에 대해서도 미확정이며, 보호법익이 공공재라는 것 등, 환경권은 추상적 권리로서의 요건조차 충족하고 있지 않다. 그럼에도 '권리'로 일컬어야 한다면 '이념적'이라고 성격지울 수밖에 없을 것이다. 덧붙여 독일에서는 환경보호는 **국가목표**로서 기본법 제20a조에 조문화되어 있다. 이는 '국가는 다가올 다음 세대에 대한 책임을 완수하기 위해서도, 헌법질서의 틀 안에서 입법을 통해, 또는 법률 및 법의 기준에 따라 집행권 및 재판을 통하여 자연적 생존기반 및 동물을 보호한다'는 규정이며, 그 법적 성격은 '개인에게 주관적인 권리를 부여함이 없이, 국가권력(입법, 행정, 사법)을 특정 목표의 수행을 목적으로 법적 구속력을 가지고 의무를 지우는 헌법규범'인 것으로 해석되고 있다.

Ⅲ 적극적 권리의 작법

511 적극적 권리가 작위의 청구임에 대응하여, 심사의 관심은 헌법이 명하는 작위의무의 하한을 충족하고 있는지에 향해진다. 그 심사는 입법재량을 전제로 한 완화된 심사가 기본이다(⇒513). 그러나 작위의무의 내용이

헌법 차원에서 상당 정도 구체적인 경우나, 헌법 차원에서는 미확정이라도, 입법자 자신에 의한 재량권 행사의 결과로서 재량의 여지가 축소되는 경우가 있다(⇒517, 625). 더욱이, 해당 적극적 권리와의 관계에서는 재량이 광범위하더라도, 이것이 불합리한 차별을 초래해서는 안된다는 것은 당연하다(⇒522, 630).

Ⅲ-1 기본적 사고방식 — 하한 통제

a) 적극적 권리에 대한 위반은 국가의 부작위(완전한 부작위 및 작위의무의 불충분한 이행)로 발생한다. 방어권에 대해 3단계 심사가 이루어진 것과는 달리, 적극적 권리의 심사는 기본적으로 **작위의무의 내용**이 무엇인가라는 확인과, **국가에 의한 작위의무의 이행 정도**(완전한 부작위의 경우를 포함)가 헌법이 요청하는 최저한도를 하회하고 있지 않은가의 확인이라는 두 단계로 이루어진다. 512

● 가령 적극적 권리가 최적 수단에 의한 최대한의 목표달성을 요구하는 것이라면, 심사는 ≪①최대한의 목표 도달점은 무엇인가≫ → ≪②입법자가 선택한 수단이 목표를 최대한으로 실현하는 수단인가≫ → ≪③최적 수단에 의한 최대한의 실현과, 입법자가 실제로 선택한 수단과의 괴리에, 목적의 정당성, 수단의 필요성·합리성이 인정되는가≫ 라는 3단계로 이루어질 것이다. 이러한 견해도 없는 것이 아니다.

● 심사가 실질적으로 1단계로 수렴되는 경우도 있다. 예를 들면, 생존권은 '건강하고 문화적인 최저한도의 생활'의 보장을 요구하는 것이며, 그 이상의 생활도 그 이하의 생활도 아니며, 나아가 그 생활수준은 재판소가 확정가능하다는 (극단적인) 해석을 취한다면, 심사는 법률 등에서 정해진 구체적인 급부 수준이 '건강하고 문화적인 최저한도의 생활'의 요구 수준을 충족하고 있느냐는 한 가지 점에서 이루어진다. 앞서 기술한 수난구조水難救助(⇒505)에 대해서도 국가의 작위의무의 내용은 구명이라는 한 가지에

있으므로, 실질적으로 국가가 작위의무에 위반하였는지는 해당 수단이 실효적인가의 여부와 동일하다.

다시 한 번 설명하자면, 1단계심사는 헌법상의 작위의무 내용과 헌법이 요청하는 작위의무 이행의 최저한이 명확하고 일체적으로 확정되는 권리(혹은, 그와 같은 해석을 취하는 경우)에 한정되며, 적극적 권리 전반에 일반화할 수 있는 것이 아니다.

513 b) 앞서 기술한 이중의 미확정성이 등장하는 한, 적극적 권리의 심사는 기본적으로 명백한 위반만이 위헌이라는 완화된 기준으로 이루어진다. 원칙적으로 광범위한 재량을 수반하는 국가의 작위의무가 구체적인 작위의무로 수축하는 예외적인 경우를 제외하면, 심사되는 것은 입법자가 선택한 수단 및 급부 수준이 명확하게 헌법의 요청을 하회하지 않는가의 여부이며, 입법자가 선택한 수단 내지 급부 수준이 최적인가의 여부는 아니다.

● 행정의 부작위에 대한 국가배상소송이지만, 도쿄 스몬 소송東京スモン訴訟은 대략적으로 국민의 생명・신체・건강에 대한 훼손이라는 결과발생이라는 위험이 있어, 행정청에서 규제 권한을 행사하면 간단하게 그 결과발생을 방지할 수 있으며, 더욱이 행정청이 권한을 행사하지 않으면 그 결과 발생을 방지할 수 없다는 관계에 있다. 따라서 행정청에서 위의 위험이 긴박함을 알거나 간단히 알 수 있는 정황에서' 피해자로서 행정청에 대하여 '규제 권한의 행사를 요청하고 기대할 수 있는 것이 사회적으로 용인되는 경우'에는 '규제 권한을 행사할 것인가의 여부에 대한 행정청의 재량권은 수축・후퇴하며, 행정청은 결과의 발생 방지를 위해 그 규제 권한의 행사가 의무지워진[다]'고 하였다.

513a 호리키 소송은 '헌법 제25조의 규정 취지에 응하여 구체적으로 어떠한 입법조치를 강구할 것인가의 선택 결정은 입법부의 광범위한 재량에 맡겨

져 있으며, 입법부의 판단이 현저하게 합리성이 결여되고, 명백하게 재량의 일탈·남용으로 보아야 할 경우를 제외하고는, 재판소가 심사 판단하는 것은 적합하지 않다'고 설시하고 있다. 이를 비판하는 학설도 있으나, 이중의 미확정성을 고려하면, 이 설시 자체는 반드시 부당한 것이 아니다.

● **급부 수준**의 타당성에 대해 독일 연방헌법재판소도 '명백히 하회한 경우에만 위헌'이라는 명백성의 통제를 채택하고 있다(BverfGE 125, 175). 본건에서 문제가 된 것은 실업수당과 가동능력이 있는 자에 대한 사회부조를 일체화해서 도입된 실업급부금의 합헌성이다. 연방헌법재판소는 인간다운 생존의 최저한도를 요구하는 헌법상의 청구권의 구체적 내용에 대해 '입법자에게는……형성의 여지'가 인정되기 때문에 실체적 통제는 '과연 급부가 명백히 불충분한지 여부에 대한 심사에 그치지 않을 수 없다'고 판시했다.

그러나 이어서 판결은 '과연 급부 산정의 기초 및 방법이 이 기본권의 목표를 정당하게 평가한 것인지 여부'라는 판단과정의 심사로 진행하고, ①345유로라는 표준급부액이 '인간다운 생존의 최저한도의 확보를 명백히 하회한 것이라고 인정할 수 없다'지만, ②345유로라는 표준급부액은 '입법자 스스로가 선택하고 필요불가결한 생존 산정 한도의 산출 기초에 둔 통계 모델이라는 구조원리로부터 실질적 정당화 내지 괴리가 있기 때문에 헌법에 적합한 방법으로 탐구된 것이라고는 할 수 없다'고 하여 위헌판단을 내렸다.

Ⅲ-2 원칙-예외 관계를 관념할 수 있는 국면

적극적 권리의 재판적 구제를 곤란하게 하는 요인이 위의 이중의 미확정성에 있다고 한다면, 미확정성의 정도에 따라 적극적 권리에도 구체성이 높은 것이 있다. 더욱이, 구체성이 낮은 것이라도 법률에 의한 구체화가 이루어지는 경우 구체적 문맥에 의존하는 형태로 원칙-예외 관계를 514

관념할 수 있는 경우가 있다.

515 a) 국가배상청구권에 대해서 우편법 위헌판결은 배상의 범위를 실손액보다 낮은 금액으로 한정한 우편법의 규정 일부를 위헌으로 하였다.

다수의견은 '헌법 제17조는……로 규정하여, 그 보장하는 국가 또는 공공단체에 대하여 손해배상을 청구할 권리에 대해서는 법률에 의한 구체화를 예정하고 있다. 이는, ……국가 또는 공공단체가 공무원의 행위로 인해 불법행위책임을 지는 것을 원칙으로 한 뒤, 공무원의 어떠한 행위로 어떠한 요건에서 손해배상책임을 지는가를 입법부의 정책판단에 위임하고 있는 것이며, 입법부에 무제한적인 재량권을 부여한다는 법률에 대한 백지위임을 인정하고 있는 것이 아니다'고 설시하고 있다.

이 설시는 표현의 자유 등과는 달리, 국가배상청구권이 법률에 의한 구체화에 의존하는 권리인 것을 명백하게 나타내고 있다. 더욱이 그 설시로부터는 국가배상청구권의 '원칙'이 무엇인가를 읽어낼 수 있다. '원칙'이 존재하기 때문에 국가배상청구권은 확정성이 높은 것이다. 국가가 국민에게 손해를 끼치는 경우 원상회복이 불가능하여 손해의 실액을 배상하는 것이 원칙이라면, 배상이 이것보다도 낮은 금액에 그치는 경우 실액배상이라는 원칙에 대한 예외로서의 필요성·합리성이 긍정되어야 한다.

516 ● 동 판결은 공무원의 불법행위에 의한 국가 및 공공단체의 손해배상책임을 면제·제한하는 규정이 헌법 제17조에 적합한지는 ①'해당 행위의 형태, 이로 인해 침해되는 법적 이익의 종류 및 침해의 정도, 면책 또는 책임 제한의 범위 및 정도 등에 따라, 해당 규정의 목적의 정당성과 그 목적 달성의 수단으로서 면책 또는 책임 제한을 인정하는 것의 합리성 및 필요성을 종합적으로 고려하여 판단해야 한다'고 하였으며, ②적용에서는 '우편서비스를 가능한 한 저렴한 요금으로 두루 공평하게 제공함으로써 공공의 복지를 증진하는 것'이라는 목적은 정당하지만, '우편업무 종사자의 고의 또는 중대한 과실에 의한 불법행위에 대해서까지 면책 또는 책임제한을

인정하는 규정에 합리성이 있다고는 인정하기 어렵다'고 하고 있다. 이 심사 방법도 방어권 심사(⇒104)와 기본적으로 다른 점이 없다(또한 동 판결의 심사밀도에 대해서는 ⇒349).

헌법 제29조 제3항의 손실보상청구권에 대해서도 '원칙'을 관념할 수 있다. 토지 등 수용으로 발생한 손실을 완전히 보상하는 것이 헌법상의 원칙이며, 더욱이 토지수용법 등의 법령으로 확인되고 있기 때문이다. 하천부근지 제한령 판결은 '그 손실을 구체적으로 주장, 입증하여 별도로 직접 헌법 제29조 제3항을 근거로 하여 보상청구를 할 여지가 전혀 없는 것이 아니다'고 설시하고 있으나, 이것은 무엇이 '원칙'인지를 명확히 하고 있으며, 국가의 작위 의무의 내용이 헌법 차원에서 상당 정도 확정되어 있기 때문이다.

b) 생존권에 대해서는 이와 같은 '원칙'을 관념하기 어렵다. 헌법이 요구 517
하는 생활수준에 대해서도, 그 실현 수단에 대해서도 미확정성이 남아있기 때문이다. 하지만 이와 같은 권리에 대해서도 입법자에 의한 제1차적 판단권의 행사를 통해 미확정성이 축소되는 경우가 있다.

aa) 순수한 적극적인 권리의 문제는 아니지만, 최고재판소의 국적법 518
위헌판결은 입법자가 ①혈통주의를 채택하고, 또한 ②일본 국민을 혈통상의 부모로 하여 출생한 자로 일본 국적을 생래적으로 취득하지 않은 자 중에서 '우리나라와 밀접하게 결부'되어 있는 자에게 일본 국적을 신고로 부여한다는 판단을 이미 내렸다는 것을 중시하여, 출생 후에 일본 국민인 부로부터 인지된 외국인을 모로 하는 혼외자는 부모가 혼인하지 않는 한, 신고로 일본 국적을 취득할 수 없다는 국적법 구 제3조 제1항의 규정 중 부모의 혼인이라는 '과잉요건' 부분만을 위헌으로 하였다(자세히는 ⇒630).

● 호리키 소송에서 문제가 된 것은 장애복지연금과 아동부양수당의 병

행급부의 금지, 마키노 소송牧野訴訟(東京地判1968.7.15行裁例集19卷7號1196頁)에서 문제가 된 노령복지연금의 병행급부 제한 등도 원칙-예외 관계를 인정할 수 있는 국면이다. 급부를 행하는 것이 원칙, 이를 제한하는 것은 예외라는 관계가 성립하기 때문이다(급부의 '적극요건'과 '소극요건'의 구별에 대해서는 ⇒732). 적극요건에 대해 재량이 광범위하게 인정된다 하더라도, 소극요건에 대한 재량은 그보다 좁다는 입론은 가능할 것이다.

나아가, 실체적 생존권과는 별도로 헌법 제14조 위반이 문제가 된 경우에 대해서는 뒤에서 기술한다(⇒522).

519 bb) 두 번째로, '급부 수준의 후퇴'가 문제 된다. 노령가산 폐지가 헌법 제25조 내지 생활보호법 제56조 등에 반하고, 위헌・위법인지 여부가 다투어진 일련의 재판에서 문제가 된 것은 생활보호법 개정에 수반된 노령가산 폐지를 내용으로 한 결정처분이 위법・위헌인가의 여부이다. 후생노동대신이 보호기준을 절하한 것이 문제가 된 것이기 때문에 정당한 이유가 없는 보호의 절하를 금지하는 생활보호법 제56조 등의 적용이 우선 검토되었으나, 동시에 헌법위반 또한 주장되고 있다. 헌법 제25조 제1항은 이를 구체화하는 법규범의 존속을 보장하느냐는 문제이다('규범 존속의 보장' 내지 '제도 후퇴 금지 원칙').

● 노령가산이란 생활보장수급자 중 70세 이상의 고령자의 특별 수요에 대하여 일정액을 가산하여 보호비를 지급하는 것으로, 1960년도에 마련된 제도이지만, 2004년 이후 순차적으로 감액되어 2006년의 보호기준의 개정으로 완전히 폐지되었다.

생활보호법 제56조에서 정하는 불이익변경 금지가 기준 자체의 개정에 미치는가의 여부에 대해 하급심의 판단은 나뉘어 졌지만, 최고재판소(最判2012.2.28民集66卷3號1240頁)는 미치지 않는다고 하였다.

520 제도 후퇴 금지 원칙을 긍정한 경우 원고 측의 가장 강력한 헌법상의

주장은 ≪'건강하고 문화적인 최저한도의 생활'을 영위할 권리는 생활보호법 및 후생노동대신이 정한 보호기준에 따라 구체화되어, 구체적 권리로 되었다. 이에 대한 불이익 변경은 피보호자의 생존에 불가결한 헌법상의 구체적 권리의 제한이기 때문에, ①보호기준의 절하를 필요로 하는 필수불가결한 사정이 있으며, ②절하가 필요최소한도의 것이어야 한다≫고 해야 할 것이다. 하지만 법률에서 일단 추상적인 권리 내용이 구체화 된 것이라면 그 법률은 헌법과 일체화하고, 헌법적 효력을 지니게 된다고 해석하는 것은 타당하지 않다. 그리고 제도를 후퇴시키는지 아닌지는 제도를 향상시키는지 여부와 마찬가지로, 입법부의 재량적 판단에 맡겨져 있다. 헌법 제25조가 금지하는 것은 건강하고 문화적인 최저한도의 생활수준을 하회하는 것뿐이다. 오늘날의 입법부는 과거의 입법부의 정치적 판단에 구속되지 않는다면(이것은 당연한 것이다), 제도후퇴 그 자체에 필요성・합리성을 요구하는 것은 이치에 어긋나는 것이며, 판단과정의 심사에 의한 재량통제(⇒635)를 검토해야 할 것이다 (판례도 ①재량판단의 과정・절차, ②격변완화 조치의 2가지 점에 관해 재량권의 일탈·남용 유무를 심사하고 있다).

● 그렇지만 생활보호법에 관해서는 후생노동대신에 의한 보호기준의 '개정'은 재량의 폭이라는 점에서 '설정'과는 차이가 있다고 봐야 할 것이다. 이 근거가 되는 것은 생활보호법 제8조 제2항이다. 구체적 논증에 대해서는 東京高判(⇒519)을 참조할 것.

또한 학설에서는 '제도 후퇴 금지 원칙' 긍정론도 유력하지만, 자유권적 기본권과 같은 구조의 심사까지 요구하는 것은 아니며, 신중한 판단과정의 심사를 요구하는 데에 그친다(무네스에 도시유키棟居快行, 가사이 마유코葛西まゆこ).

● 이른바 **생존권의 자유권적 측면**에 대해서도 여기에서 언급해 두도록 한다. 일본노동조합 총평의회 샐러리맨 소송 지방재판소 판결総評サラリーマン訴訟地裁判決(東京地判1980.3.26行裁例集31巻3號673頁)은 '무엇이 건강

하고 문화적인 최저한도의 생활인가를 인정, 판단하는 것에 대해서는…… 입법부의 합목적적인 재량판단에 맡겨져 있다'고 보고, '위 과세의 최저한도가 현실 생활조건을 무시한 것이 얼핏 보기에도 명백한 정도로 저액인 경우 헌법 제25조의 취지에 위반된다'고 하고, 최고재판소도 '상고인들은 前記 소득세법 중 급여소득에 관한 과세 관계 규정이 현저하게 합리성을 결여하여 명백하게 재량의 남용・일탈이라고 봐야하는 이유를 구체적으로 주장해야 한다'고 하였다(最判1989.2.7判例時報1312號69頁). 자유권적 측면에 대해서는 앞서 기술한 이중의 미확정성(⇒504) 중에서, 수단 선택의 여지는 발생하지 않는다(작위가 아닌 부작위청구이기 때문에). 하지만 무엇이 건강하고 문화적인 최저한의 생활인가에 대한 미확정성은 여전히 남아있기 때문에, 입법자의 재량을 존중할 수밖에 없다.

521 cc) 미확정인 권리가 법률로 구체화된 경우, 급부 거부는 법률상의 기준에 반하는 경우 당연히 위법이 된다. '규범 적용의 보장'이라 할 수 있는 문제이다.

● 広島高判2006.9.27.賃社1432號49頁은 생활보호를 받지 않겠다고 스스로 사퇴서를 제출함으로써 보호 폐지 결정을 받은 항소인이 해당 사퇴서는 시청 직원의 행위가 원인인 착오・강요에 근거하기 때문에 무효라고 주장하고, 폐지 결정을 취소해달라고 요구한 사안에서, 보호의 사퇴의사표시는 무효라고 보고, 본 건 보호 폐지 결정을 위법적인 처분으로 보아 취소했다. 동 판결은 '피보호자 세대의 수입 판정은 보호 폐지의 여부를 결정하는 데 근간이 되는 사항이며, 그 판단은 가능한 한 객관적인 자료에 근거하여 엄정하게 행해져야 하는 것이 법 제1조, 나아가서는 헌법 제25조가 요청하는 바라고 할 수 있다'고 설시하고 있다.

Ⅲ-3 헌법 제25조와 제14조

생존권 소송에서는 헌법 제25조 위반은 물론 제14조 제1항 위반을 주장하는 경우가 있다(⇒421). '헌법 제25조 규정의 요청에 응하여 제정된 법령에서 수급자의 범위, 지급 요건, 지급 금액 등에 대해 아무런 합리적 이유가 없는 부당한 차별적 취급을 하거나 개인의 존엄을 훼손할 수 있는 내용의 규정을 마련한 경우 별도로……헌법 제14조 및 제13조 위반의 문제가 발생할 수 있'(호리키 소송)기 때문이다. 병행급부의 금지・병행급부의 제한 외에도 최근에는 학생 무연금 장애인 소송에서도 제14조 위반이 다투어졌다. 522

a) 그러나, 호리키 소송은 '본 건 병행급부 조정 사항의 적용으로 상고인과 같은 장애복지연금을 받을 수 있는 지위에 있는 자와 그러한 지위에 있지 않은 자 사이에 아동부양수당 수급에 관한 차별이 발생할 수 있다고 하더라도, 앞서 설명한 것에 덧붙여 원 판결이 지적한 제반 문제, 특히 신체장애인, 모자에 대한 제반 시책 및 생활보호제도의 존재 등에 비추어 종합적으로 판단하면' 이라고만 기술할 뿐, 제14조에 위반하지 않는다고 결론짓고 있다. 523

이 '앞서 설명한 것'이란 헌법 제25조에 대한 설명이다. 즉, 제14조에 대해서는 어떤 논증도 이루어져 있지 않은 것과 같다.

● 학생 무연금 신체장애인 소송 (東京)(最判2007.9.28民集61卷6號2345頁)의 논증은 제25조론과 제14조론이 외견상 구별되어 있지 않으며, 혼연일체로 전개되어 있지만, 실질적으로 부당한 차별인가의 여부에 초점이 맞추어져 있다. 524

단순화하면 다음과 같은 사안이다. ①1989년 개정 전 국민연금법은 학생을 국민연금제도에 강제가입 피보험자로 하지 않고, 20세 이상 학생은 국민연금에 임의가입하지 않는 한 질병이나 부상으로 장애인이 되어도 초진일에 국민연금 피보험자가 아니기 때문에 장애기초연금을 지급받을 수 없다. ②또한 동법은 강제가입 피보험자 중 일정 요건을 달성한 자에 대해 보험료 면제규정을 마련하고 있었지만, 보험료 부담능력이 없는 20세 이상 60세 미만 중에서 20세 이상의 학생과 면제대상자 사이에 강제가입의 여부의 취급 및 이에 수반한 보험료 면제규정의 적용에 관해 구별이 발생하며, 그 결과 장애기초연금 수급에 관한 차이가 발생했다. ③더욱이, 동법은 질병의 초진일에 20세 미만인 자에 대해서는 장애 상태의 정도에 따라, 무거출제(無據出制) 장애기초연금을 지급하는 취지를 정하고 있으며, 20세 이전 장애인과의 사이에서도 차별이 발생하고 있다.

최고재판소는 ①에 대해서는 학생은 일반적으로 보험료 부담능력이 없으며, 국민연금제도에 가입할 필요성이나 실익이 항상 있는 것이 아니다. 경제적 부담 문제나 장애인기본법, 생활보호법 등에 의한 제반 시책이 강구되어 있는 것에 비추어보면, 학생을 강제가입 피보험자로 하지 않았던 것은 '현저하게 합리성이 결여되었다고 할 수 없으며, 가입 등에 관한 구별이 아무런 합리적 이유가 없는 부당한 차별적 취급이라고도 볼 수 없다'고 하였다. ②에 대해서는, '거출제 연금인 장애기초연금 등 수급에 관하여 보험료 거출에 관한 요건 완화의 여부, 어느 정도까지 완화할 것인가는 국민연금사업의 재정 및 국가의 재정 사정에도 밀접하게 관련된 사항이므로, 입법부는 이들 사항의 결정에 대해 광범위한 재량을 가진다'고 하였다. 마지막으로, ③에 대해서는 입법부는 무거출제 연금에 대해 '거출제 연금의 경우에 비하여 더욱 광범위한 재량을 가지고 있다고 하여야 한다'고 하고, 20세 이전 장애인은 임의가입도 포함하여 대체로 국민연금에 가입할 수 없는 지위에 있었음에 비해, 20세 이상 학생은 임의가입 기회를 부여받은 것, 장애인기본법이나 생활보호법 등에 의한 시책이 강구된 것 등을 이유로 '양자의 취급 구별이 아무런 합리적 이유가 없는 부당한 차별적 취급이라고 하는 것'은 가능하지 않다고 하였다.

525 b) 위와 같이 생존권 영역에서 헌법 제14조 위반을 주장하더라도, 종래의 최고재판소에서는 헌법 제25조의 광범위한 입법재량을 전제로 완화된

심사를 하였다. 더욱이, 제25조에서 요구하는 합리성과의 차이도 명확하지 않다. 하지만 헌법 제25조가 실체적 권리이며, 제14조가 상관적인 권리인 점에서 본다면, 제25조와의 관계에서 합리성이 있는지 여부와, 제14조와의 관계에서 합리성이 있느냐는 심사 내용이 당연히 다를 것이다.

그렇다면, 헌법 제14조에 고유한 합리성 심사는 어떻게 이루어져야 하는가? 이는 생존권 구체화 입법에 고유한 논점이 아니라, 대략 광범위한 입법재량이 성립하는 분야에서 입법재량에 제동을 걸기 위해서는 어떻게 해야 하는지라는 보편성이 있는 문제이다. 자세히는 뒤에서 서술한다(⇒630).

● 여기서는 사회보험 분야에서 판시된 독일 판례 2건을 소개한다. 독일에서 개호보험제도가 도입된 때에, 여러 건의 헌법소송이 제기되어, '개호보험 판결'이라 불리는 일련의 판결이 줄지어 나왔다. 평등과의 관계에서는 ①일부 국민이 개호보험에 가입할 수 없는 것은 그 국민을 기본법 제3조 제1항의 평등의 원칙에 반하여 불리하게 취급하고 있다고 판시한 제2차 개호보험 판결(BverfGE 103, 225), ②수입이 같은 경우에 자녀가 없는 피보험자와 자녀를 양육하고 있는 피보험자에 대해 보험료를 같은 금액으로 하는 것은 기본법 제6조 제1항(혼인・가족보호)와 결부한 제3조 제1항에 위반한다고 판시한 제3차 개호보험 판결(BVerfGE 103, 242)이 중요하다. 526

제2차 개호보험 판결의 요점은 개호 필요의 리스크가 모든 국민에게 동등하게 성립하지만, 국민 일부를 배척하는 것은 위헌이라는 것이었다. 또한 제3차 개호보험 판결의 요점은 개호보험제도가 차세대의 부담으로 현재의 지출로 감당하는 시스템임에도 불구하고, 아이의 양육에 관한 부담을 전혀 고려하지 않은 것은 위헌이라는 것이다. 즉, 개호보험에 대해 연방헌법재판소가 평등의 원칙 위반을 설정한 것은 법률상 규정이 개호보험이라는 제도의 목적 내지 이념에 대하여 합리성・수미일관성이 결여되어 있다고 여겨지는 경우이며, 또한 그 경우에 한정된다. 이는 **제도준거심사**의 하나(본서에서는 제도준거심사[⇒620] 중에서 입법재량 축소형이라 한다)이지만, 생존권 영역에서 헌법 제14조의 논거방식을 검토하는 데 참고가 된다.

Ⅳ 보론 – 기본권보호의무

527 기본권보호의무란 국가는 피해자 X의 기본권법익을 가해자 Y의 침해로부터 보호할 의무를 진다는 사고방식이며, 법적 3극관계를 구조상의 특징으로 한다. 이는 일본의 헌법학에서는 충분히 침투하지 않은 사고방식이지만, 독일은 물론 유럽인권재판소에서도 확립한 판례 법리이다. 또한 다음 절에서 기술할 기본권의 사인간 효력론과도 관련이 있기 때문에, 간단히 언급해 두고자 한다.

528 a) 기본권보호의무는 독일에서 1975년 제1차 낙태판결(BVerfGE 39, 1)에서 확립하였으며, 그 뒤 테러행위로부터의 보호, 원자력발전시설이나 공항의 소음 등에 대한 생명・건강의 보호 등에 관해 원용되었다. 이들 사안에 공통되는 것은 법적 3극관계로 불리는 구조이다. 보호의무는 국가・가해자Y・피해자X라는 3주체를 전제로 국가・피해자X 사이에 성립한다(국가・가해자Y 사이에서는 방어권).

● 형법과 헌법의 접점은 종래에는 형벌의 균형이 결여된 과중한 형벌이나, 불명확한 범죄구성요건의 위헌성뿐이었다. 하지만 기본권보호의무론으로부터 형법의 과소 또한 헌법 문제가 될 수 있다(형법 제199조의 살인죄가 삭제되었다고 한다면, 아마도 생명보호의무 위반으로 위헌이 될 것이다).

● 보호의무의 자리매김에 대해서는 다음과 같이 정리할 수 있다. 보호의무는 국가에 작위를 의무지우는 점에서는 생존권과 같지만, 생존권이 현상으로부터의 개선・향상을 요구하는 것과는 달리, 기존 법익이 제3자에 의해 침해되지 않을 것을 요구한다. 더욱이, 생존권은 사회국가 사상을 체현한 20세기 인권이지만, 국가가 국민상호의 평화적 공존을 실현해야 한다는 보호의무의 요청은 근대 국가의 사상만큼 오래된 것이다. 다음으로, 법익에 대한 침해부작위라는 점에서 보호의무는 방어권과 공통되는 면을 지니지만, 보호의무에서 가해자는 다른 사인이며, 국가는 기본권의 보호자로

서의 작위가 요구된다. 위와 같은 점에서 보호의무는 생존권, 방어권과는 다른 별도의 범주에서 국가의 작위의무인 것으로 해석되고 있다.

b) 법적 3극관계 중에서, 국가는 가해자 Y의 행위를 규제함으로써 피 529
해자 X를 보호한다는 이중 역할을 수행한다. 입헌주의의 주안이 국가권력의 억제라는 점에서 보면, 국가의 개입을 요청하는 보호의무론은 배리처럼 보일지도 모른다. 하지만 보호의무론의 의의는 국가 개입의 하한을 획정하는 데 있으며, 상한을 늘리는 것이 아니다. 보호의무와 방어권은 양립한다.

● 이미 '3극관계'라는 도식 자체에 가해자 Y의 기본권 존중이 포함되어 있다. 따라서 가령 기본권보호의무 이행을 위한 것이라도 가해자 Y의 기본권에 대하여 필요최소한도를 넘은 침해는 위헌이며, 법률로 구체화를 경유하지 않은 행정권에 의한 보호의무의 직접적 이행 또한 위헌이다. 보호의무론은 국가로부터의 자유라는 방어권의 틀을 상대화시킨 것이 아니다.

● 다음과 같은 경우에 보호의무와 방어권의 양립이 특별히 문제가 된다.

①먼저, 보호의무는 자기결정권과 긴장관계에 빠진다는 비판이 있다. 자기결정은 타자의 시각에서 보면 어리석은 결정이더라도 그것을 행하는 것에 대한 존중을 포함하고 있다. 이에 대하여 객관적인 (실제로는 다수파의)시점에서, 존중할 만한 적절한 자기결정과 어리석은 자기결정의 선별이 이루어져, 후자의 경우에 '어리석은 자기결정으로부터 본인의 보호'가 행해진다면, 보호의무는 후견주의(⇒330)로 전환한다. 하지만 보호의무론의 관심은 개개인의 자기결정에 대한 제3자의 개입에 대해 국가의 보호를 요청하는 것이며, 진지한 자기결정에 대한 국가의 개입을 정당화 내지 요청하는 것이 아니다.

②다음으로, 조직범죄의 증가나 9.11테러와 관련하여, '안전'을 이유로 헌법상의 권리(특히, 프라이버시나 개인정보자기결정권)가 과도하게 제한되는 문제가 있다('감옥감시사회'론). 헌법은 자유와 안전 사이에서 적절한 균

형을 찾는 것이며, 완전한 안전이나 기술적으로 가능한 최대한의 안전은 보호의무가 요청하는 것도 아니며 허용하는 것도 아니다. 그럼에도 불구하고 보호의무론에 대한 염려가 지배한다면, 이는 방어권론이 미숙하기 때문일 것이다.

530 c) 보호의무론이 앞으로 일본 헌법학에서 어떠한 형태로 정착할 것인가는 아직 확실하지 않지만, 적어도 생명이나 건강과 같은 특정 권리에 대해서는 보호의무를 긍정하는 견해가 유력해지고 있다.

● 보호의무는 입법부를 1차적인 수범자로 한다. 다음으로 보호의무를 구체화한 법률이 우선 제정된 후에 보호의무는 이를 해석・적용하는 국가기관에 대해 부과된다.

①입법부작위에 대하여 어떠한 구제가 가능한가는 소송법에 달려있지만, 적어도 명백한 보호의무 위반에 대해서는 입법부작위에 대한 위헌국가배상소송으로 다툴 수 있을 것이다(작위의무에 부수하는 입법재량에 대해서는 ⇒506).

②행정법과의 관련에서는 보호의무론은 제3자에 의한 취소소송의 원고적격(⇒711)을 확장하는 방향으로 작용한다. 도시계획사업인가 취소소송에서 주변 주민에게 원고적격이 있는지가 문제가 된 사안(오다큐 고가 소송小田急高架訴訟判決)에서, 후지타 도키야스 재판관의 보충의견은 다음과 같이 주장하고 있다. 적어도 도시계획시설에 대한 사업인가의 사례에서는 주민에게 원고적격이 인정되는 것은 행정청에 '위험으로부터 보호의무'가 있기 때문이다. 즉, 위법인 사업인가로 인해 행정청이 '위험으로부터 보호의무'를 위반하고, '법률상 주변 주민에게 부여된 "위험으로부터 보호받을 이익"이 침해된다고 인정되기 때문에 주민에게 원고적격이 인정된다'고 봐야 할 것이다. 또한 주변 주민이 가지고 있는 '법률상의 이익'의 내용이 행정청의 '위험으로부터의 보호의무'와 짝을 이루는 '위험으로부터 보호받을 이익'이라고 한다면, 행정청의 보호의무가 '사업인가 처분의 근거 규정으로 부과

되는 것에 한정한다는 이론적 필연성은 없다'.

더욱이, 실체적으로 보호의무란 규제 권한의 불행사의 위법성을 기초하는데 일조한다. 행정법학에서는 1970년대 후반부터 행정의 '위험 관리 책임', '위험 방지 책임'이 주장되었으며, 행정법 관계의 2면 관계적 파악에서 행정 · 피규제자 · 수익자의 3면 관계적 이해로의 전환이 제창되었다. 행정이 부작위로 비가열제제(非加熱製劑)에 의한 약품 피해(藥害)나 석면으로 인한 건강 피해를 발생 · 확대한 것이라면, 그 규제 권한의 불행사는 헌법상의 기본권보호의무에 대한 위반이 될 것이다.

③민법 제90조나 제709조 등의 헌법합치적인 해석 · 적용에 대해서는 뒤에서 기술한다(⇒540). 하급심의 보호의무 간과는 당연히 상고사유가 된다(민사소송법 제312조 제1항 참조).

제2절 사법관계와 기본권

주요 판례

最大判1970.6.24民集24卷6號625頁(八幡製鐵事件)
最大判1973.12.12民集27卷11號1536頁(三菱樹脂事件)
最判1989.6.20民集43卷6號385頁(百里基地訴訟)
札幌地判2002.11.11判例時報1806號84頁(小樽公衆浴場事件)
最判2006.3.17民集60卷3號773頁(入會權差別事件)

Ⅰ 사인간 효력

a) 헌법상 권리의 사인간 효력(제3자적 효력)은 본래 기본권의 수범자를 사인(제3자)으로 확장해야 할 것인가의 문제로 논해져 왔다. 그러나 최근에는 '간접적용', '방사효'(⇒539)라는 말은 현재로서는 사인이 기본권의 간접(또는 직접)적인 수범자라는 의미가 아니라, 사법관계에 대한 기본권 작 531

용의 방법을 지칭하여 사용되는 것이 일반적이다.

● 또한 사인간 효력은 본래 '사회적 권력'과 관련하여 논해져 왔으나, 입회권 문제(⇒536)나, 소비자 계약법이 규율하는 일부 사안(학비나 보증금, 사례금 등)에서는 전형적인 사회적 권력은 등장하지 않는다. 일반론으로 현재 당사자 간의 (구조적) 비대등(非對等)이 사인간 효력의 지표가 되고 있다고 할 수 있다(⇒541).

● 기본권의 수범자 확장으로 논해진 여파로 사인간 효력은 교과서 등에서는 헌법상의 권리의 도달 범위의 문제로 공무원의 인권 등과 함께 취급되는 경우도 많다. 하지만 기본권 작용의 문제로 생각하면 기본권의 간접적용은 국가(민사재판소)의 개입을 요구하는 이론이기 때문에, 국가의 작위의무(혹은, 국가에 대한 급부청구권)에 속한다. 더욱이, 간접적용설의 모국인 독일에서는 사인간 효력의 문제는 국가의 기본권보호의무의 한 측면으로 이해되고 있으며, 본서에서도 기본권의 법적 작용의 문제로서 검토한다.

532 b) 헌법상의 권리의 수범자는 국가(국가 및 지방자치단체)이다. 헌법은 국가의 기본질서나 국가와 국민과의 관계를 규율하는 법이며, 기본권 또한 국가에 의한 간섭·개입에 대항하는 방어권을 보장하는 것이다(기본권의 대국가성). 사인들의 상호관계는 사적 자치를 원리로 한 사법의 규율에 맡겨져 왔다. 하지만 자본주의 발전에 따라 사회적 권력의 등장으로, 자유롭고 대등한 당사자 간의 관계라는 사적 자치의 전제가 현실성을 잃었으며, 더욱이 제2차 세계대전 후 헌법에서 철저하게 기본권의 보장이 이루어져 사적 자치라는 형식의 존중과, 헌법이 지향하는 권리·자유의 실질적 보장과의 사이에 현격한 차이가 발생하게 되었다. 사인간 효력을 둘러싼 다양한 논의는 기본권의 대국가성과 타협을 어떻게 할지가 문제이다.

● 기본권의 대국가성에 대해서 미쓰비시수지 판결은 '기본적 인권의 관념 성립 및 발전의 역사적 연혁에 비추어, 나아가 헌법에서 기본권 규정의 형식, 내용을 미루어보아도 명확하다'고 하고 있다.

● 어떤 특정 권리가 사인간에도 보장된다는 취지를 헌법이 명기하는 경우가 있지만, 예외적이다. 바이마르헌법은 제159조에서 '단결의 자유를 제한하거나 방해하는 것을 기도하는 모든 합의 및 조치는 위헌이다'고 규정하고, 제118조에서 표현의 자유에 대해 '어떠한 노동관계 또는 고용관계에서도 이 권리를 방해하는 것은 허용되지 않으며, 누구든지 이 권리를 행사하는 자에 대해 불이익을 가해서는 안된다'고 규정하고 있었다. 일본국헌법은 제15조 제4항에서 '선거인은 그 선택에 관해 공적으로도 사적으로도 책임을 지지 않는다'고 규정한다.

Ⅱ 간접적용설

Ⅱ-1 개요

a) 학계에서는 독일의 학설·판례를 참고로 직접적용설과 간접적용설 **533**
이 대립하였으나, 후자가 통설의 지위를 차지하고 있다. 사인간의 분쟁은 기본권과는 무관하며, 사법규정의 해석·적용에 헌법이 간섭할 여지는 없다고 설명하는 학자(무적용설)는 극히 소수였다.

● ①기본권은 국가의 침해에 대항하는 방어권이라는 전통적 사고에서 보자면, 무적용설이야말로 그 충실한 귀결이다. 이에 대하여 **직접적용설**은 대국가적 방어권이라는 성격은 역사적 이유에서 유래하는 것이며 기본권의 필연은 아니라고 보고, 기본권은 사회생활에서도 존중되어야 할 '객관법규범' 내지 '원칙규범'으로서의 의미를 가진다고 하였다. 이로부터 직접적용설은 노예적 구속의 금지나 사상·양심의 자유, 신앙의 자유 등 특정 기본권에 대하여 또는 한쪽 당사자가 기업 등의 사회적 권력인 경우에 기본권의 직접적용을 주장한다.

②직접적용설이 기본권의 의미를 전환하는 것과는 정반대로, 미국의 판례 법리로 소개된 state action 이론은 가해자인 사인(또는 그 행위)을 국가(의 행위)로 간주하거나 국가에 귀책시킨다. 이에 따르면, 사적 행위에 국가가 '대단히 중요한 정도에까지 밀접한 관련이 있는' 경우나, 사적 행위의 주체가 '고도로 공적인 기능을 행사하는 단체'인 경우 이를 국가에 의한 침해와 동등하게 취급한다. 전자에는 국유재산의 대여(국유재산의 이론), 재정·면세조치 등 국가원조의 이론, 특권부여의 이론, 사법의 개입에 의한 해당 사적 행위의 적극적 실현(사법적 집행의 이론)이 포함되며, 후자는 통치기능의 이론으로 불리고 있다(아시베 노부유키芦部信喜).

534 간접적용설에 따르면, 기본권은 사법의 일반조항, 특히 민법 제90조의 공서양속 규정이나 제709조 불법행위 규정을 통해, 사인간의 행위를 간접적으로 규율한다.

● 간접적용설은 연방헌법재판소의 뤼트 판결(BVerfGE 7, 198)과, 독일의 헌법학자 듀리히에 의해 확립된 학설이다.

①뤼트 판결에 따르면, 기본권의 제1차적인 내실은 방어권이지만, 헌법은 가치중립적 질서가 아닌, 기본권 규범에서 **객관적 가치질서**를 정립했다. 이 가치질서는 헌법상의 기본결정으로서 법의 모든 영역에 타당하며, 사법에서도 사법규정을 매개로 전개된다. 새로 제정된 법이 기본권의 가치체계에 합치하지 않으면 안 되는 것처럼 예전부터 내려온(舊來) 법도 기본권의 가치체계와 조화를 이루어야 한다. 가치체계에서 구래의 법에 고유한 헌법적 내용이 부여되며, 이것이 구래의 법해석을 결정한다. 공서(公序)의 일부를 이루고, 사인의 의사형성을 배제하는 강행법은 특히 헌법의 영향에 직면한다. 재판에서는 '선량한 풍속'과 같이 민사법 이외나 법 이외에서 평가기준을 요구하는 일반조항이 기본권의 민사법으로의 '돌파구'가 된다.

②듀리히는 기본권이 국가를 수범자로 한 자유권인 것을 강조하는 한편, 독일 기본법 제1조 제1항이 '인간의 존엄은 불가침이다. 이를 존중하

고 **보호하는 것**은 모든 국가권력의 의무이다'고 규정하고 있는 점에서 기본권에 대한 원리를 착안한다. 듀리히는 인간의 존엄이 '우리 법질서의 최고의 구성원리'이며, 기본법은 인간의 존엄 '보호'를 국가에 의무지우고 있기 때문에 '기본권으로 국가권력과의 관계에서 보호되는 가치가, 개개의 사인이거나 사회단체로 침해되는 경우에서도 또한 방어되어야 한다'고 보고, 이는 '가치충전이 가능하며, 가치충전이 필요한 사법상의 개념 및 일반조항'을 통한 법도덕의 통일로 이루어진다고 주장했다.

b) 미쓰비시수지 판결은 ①사인간에 사실상의 지배관계가 존재하는 경 535
우조차도 그것은 단순한 사회적 사실로서 힘의 우열 관계에 지나지 않으며, 권력의 법적 독점의 위에 서서 이루어지는 국가나 공공단체의 지배와는 성질이 다르기 때문에, 여기에 '헌법의 기본권보장 규정의 적용 내지 유추적용'을 인정할 수 없다. 그리고 ②사적 지배관계에서 개인의 자유·평등에 대한 구체적인 침해나 그러한 우려가 있는 경우 '이에 대한 입법조치로 그 시정을 도모하는 것이 가능하며, 또는 경우에 따라서는 사적 자치에 대한 일반적 제한규정인 민법 제1조, 제90조나 불법행위에 관한 제반 규정 등의 적절한 운용에 따라, 일면에서 사적 자치의 원칙을 존중하면서 타면에서 사회적 허용성의 한도를 넘은 침해에 대해 기본적인 자유나 평등의 이익을 보호하며, 그 사이에서 적절한 조정을 도모하는 방도도 존재한다'고 설시하여 간접적용설을 채택했다고 이해되고 있다.

● 재학 중의 정치활동을 이유로 인턴기간 종료 후 본 채용 거부가 해고권 남용에 해당하는지가 다투어진 사례. 원심(東京高判1968.6.12判例時報523號19頁)은 '인간의 사상과 신조는 신체와 마찬가지로 본래 자유여야 하는 것이며, 그 자유는 헌법 제19조가 보장하는 것이기도 하므로, 기업이 노동자를 고용하는 경우 등과 같이 한쪽이 상대방보다 보다 우월한 지위에 있는 경우에 그 의사에 반하여 함부로 이를 침해해서는 안 되는 것은

명백'하며, 사상과 신조를 이유로 종업원의 지위를 상실시키는 것은 '노동기준법 제3조에 저촉하고, 그 효력이 발생하지 않는다'고 설시하였다. 이는 직접 노동기준법 제3조라는 법률상의 규정을 적용하고 있으나, 적어도 헌법 제19조의 기본법에 대해서는 당사자 중 한쪽이 우월한 지위에 있는 경우에 직접적용의 가능성을 제시한 것이라고 볼 수 있다.

본문에서 인용한 최고재판소 대법정 판결의 설명①은 이 직접적용설을 부정한 부분이며, ②가 간접적용설을 채택하였다고 볼 수 있는 부분이다.

Ⅱ-2 가치충전의 진폭

536 a) 직접적용설과 비교한 경우 간접적용설의 장점으로 지적되어온 것은 ①기본권의 대국가성이라는 전통적 관념이 유지된 것, ②사적 자치의 원칙이 기본적으로 존중된 것(국가가 행하면 기본권 위반이 될 법률관계도, 사인간이라면 사적 자치로 당연히 그 설정이 허용되는 경우가 있다), ③먼저 법률을 참조하기 때문에 단순한 법률상의 분쟁의 헌법 문제화나, 추상론만으로 결론을 도출하는 헌법론의 과잉을 회피할 수 있는 것이다. 한편, 간접적용설의 문제점으로 일찍이 지적되어왔던 것은 가치충전의 진폭이 크다는 것이다.

● 실제 미쓰비시수지 판결은 적용에서 사상・신조의 자유인 민법 제90조(공서양속)에의 가치충전을 하지 않았기 때문에 무효력설에 가깝다는 비판을 받아왔다. 또한 쇼와여자대학 판결(最判1974.7.19民集28卷5號790頁)은 본 판결을 인용하여 '헌법 제19조, 제21조, 제23조 등 이른바 자유권적 기본권의 보장규정은……전적으로 국가 또는 공공단체와 개인과의 관계를 규율하는 것이며, 사인간의 관계에 대해 당연히 적용 내지 유추 적용되는 것이 아니기' 때문에 '사립학교인 Y의 학칙의 세칙으로서의 성질을 가진 前記 생활요록의 규정에 대해 직접 헌법의 위 기본권 보장규정에 위반하는지 아닌지를 논할 여지는 없다'고 하고 있다. 쇼와여자대학 판결에 대해

서는(⇒545).

● 한편, 닛산자동차 판결(最判1981.3.24民集35卷2號300頁)에서 최고재판소는 '상고 회사의 취업규칙 중 여자의 정년연령을 남자보다 낮게 결정한 부분은 전적으로 여자라는 이유만으로 차별한 것에 귀착하는 것이며, 성별만을 이유로 불합리한 차별을 정한 것으로 민법 제90조 규정에 따라 무효라고 해석하는 것이 상당하다(헌법 제14조 제1항, 민법 제1조의 2[現 제2조]참조)'고 설시하고 있다. 인용 말미의 괄호는 간접적용으로도, 헌법상의 공서와 민법상의 공서가 일치하는 것으로도 읽을 수 있다.

● 최근에는 입회권 차별 판결이 입회권자의 자격을 남자 자손에 한정하고 여자 자손을 배제한 관습에 대해 '오로지 여자라는 이유로 여자와 남자를 차별하였다고 보아야 하며, ……성별만을 이유로 한 불합리한 차별로 민법 제90조에 의해 무효라고 해석하는 것이 상당하다'고 설시하고 있어 주목된다.

판결이유는 다음과 같다. '남자 자손의 요건은 세대주 요건과는 달리, 입회단체의 단체로서의 통제유지라는 점에서도 입회권 행사에서 각 세대 간 평등이라는 점에서도 어떠한 합리성을 지니지 않는다. ……그리고 남녀의 본질적 평등을 정한 일본국헌법의 기본적 이념에 비추어, 입회권을 따로 취급해야 할 합리적 이유를 도출해낼 수 없으므로, ……본 건 입회지의 입회권의 역사적 연혁 등의 사정을 고려하더라도 남자 자손의 요건에 의한 여자 자손에 대한 차별을 정당화 할 수는 없다'.

b) '간접적용'이라는 통설은 기본권 적용의 방법에 대한 합의이며, 대립 537
하는 이익을 어떻게 조정할 것인가는 처음부터 직접적용/간접적용 논쟁의 사정권 밖에 있다. 때문에 직접적용인가 간접적용인가를 논쟁하는 것은 의의가 없다고 보며, 보다 적극적인 헌법가치의 충전이라는 실천적 의도 아래에서 대립하는 제반 이익의 구체적 조정의 기준을 명확히 하려는 시도도 많은 논자들에 의해 계속되고 있지만, 일치점이 도출되지는 않았다. 또한 최고재판소의 소극적인 자세를 비판하며 가치충전이 두터울수록 좋다고 보는 경향이 한때 지배적이었으나, 현재로서는 사적 자치의 존중이 원칙이며, 재판소에 의한 개입이 예외라는 사고방식도 유력하다.

● 최근에는 무효력설을 재평가하는 견해도 유력해지고 있다(다카하시 가즈유키高橋和之). 이 학설은 실정법에 선행하여 전방위성을 지닌 이념으로서의 인권과, 실정법화 된 인권을 구별한다. 각각의 법 영역에서 실정법화 됨으로써 인권은 헌법에서는 국가의 침해에 대항하는 인권, 민법에서는 사인 상호간에 보장되어야 할 인권으로서, 각각 고유한 임무와 위치 가치를 지닌다. 사인간 분쟁은 민법상의 인권에 따라 해결해야 할 것이며, 이를 헌법 문제로 구성하는 것은－간접적용설이라도－근대인권의 논리에 간과할 수 없는 수정을 가하는 것으로 여겨진다.

이 학설은 미쓰비시수지 판결에서 입회권 차별 판결에 이르는 일련의 판례를 무효력설에 입각하여 해석하고 있다.

어찌 되었든, 가치충전의 진폭이라는 문제는 간접적용설 자체의 이론으로서 마무리가 허술한 데에 기인하는 것으로, '간접적용'이란 무엇인가를 재차 검토할 필요가 있다.

Ⅲ 기본적 사고방식

538 사인은 기본권의 수범자가 아니다. 한편, 사인간 관계를 규율하는 사법은 국가가 정립한 법이며, 최고법규인 헌법 및 기본권의 구속을 받는다는 데에는 다툼은 없다. 또한 사인간의 분쟁을 해결하는 재판소도 국가기관이기 때문에 기본권에 의한 구속을 받는다. 하지만 이는 해당 법률관계에 기본권이 타당하다는 한도 내에서이다. 기본권은 재판소가 국가기관이라는 것만을 이유로 당연히 타당한 것이 아니다. 그 법률관계에 기본권이 타당한지 여부는 선행 문제로서 독자적으로 해결되어야 할 문제이며, 재

판관이 실체적 기본권으로 구속되는 범위는 이 선행 문제로부터 결정된다. 기본권이 전적으로 대국가적 방어권이라고 본다면(무효력설), 민사재판관에 대한 기본권에의 구속은 당연히 발생하지는 않는다.

a) 간접적용설은 기본권의 대국가성을 유지하는 한편, 공서양속이나 불법행위 등의 사법규정을 해석하는 데 헌법의 가치판단을 적용함으로써 헌법과 사법과의 평가를 정합시키는 구조를 가진다. 기본권의 간접적용은 독일에서는 **방사효**로 불리고 있지만, 이는 기본권이라는 햇빛에 비추어 사법규정을 해석하라는 요청이며, 이 한도 내에서는 행정법이나 형법의 합헌한정해석(⇒816)과 본질적으로 다른 것이 아니다. 539

● 따라서 간접적용의 대상이 되는 것은 공서양속 등의 일반조항뿐만이 아니다. 대개 해석의 여지가 있는 모든 사법규정이 간접적용의 대상이 된다(또한 해석의 여지가 없는 사법규정이 헌법에 저촉하는 경우는 그 사법규정 자체가 위헌이 된다).

● 합헌한정해석은 얼핏 보기에 규제의 대상・요건 등이 광범위한 법률상의 규정에 대해 범위를 '압축'하는 것이지만, 기본권의 간접적용은 사안에 입각한 '공공질서 또는 선량한 풍속'(민법 제90조)의 의미내용의 특정이나, '타인의 권리 또는 법률상 보호되는 이익'의 침해(민법 제709조)라는 내실의 확장을 요구하는 경우가 있다. 이 때문에 합헌'한정'해석이 아니라, 헌법합치적 해석 또는 기본권 합치적 해석이라고 하는 편이 적절할 것이다.

b) 그러나 간접적용의 정체가 법률(사법규정)의 기본권 적합적 해석이라고 하더라도, 사인간 관계에서 침범되는 것은 대국가적인 방어권으로서의 기본권 그 자체는 아니다. 사인간의 법률관계에 방사하는 것은 방어권의 기초에 있는 ≪사상・신조는 중요하다≫ ≪인격권은 중요하다≫는 가치표명이다. 사상・신조의 자유가 중요하다면 국가가 이를 침해해서는 안 될 뿐만 아니라, 사인간에도 존중되어야 한다. 간접적용설은 사인간에 540

이것이 침범되었을 경우에 사법규정의 해석・적용하는 가운데 이에 대한 헌법가치의 충전을 요구한다. 기본권보호의무론(국가는 피해자 X의 기본권 법익을, 가해자 Y의 침해로부터 보호할 의무를 진다는 사고방식 ⇒527)은 이를 재판소에 의한 보호의무의 이행으로 설명한다.

● 사인간 효력의 당사자인 X, Y는 쌍방이 기본권의 주체이기 때문에 재판소는 Y와의 관계에서 방어권, X와의 관계에서 기본권보호의무에 구속되며, 양자의 비례적인 조정을 해야 한다. X・Y의 이해가 실질적으로 사적자치로 자율적으로 조정되고 있는 경우 재판소는 X・Y간의 계약을 존중해야 한다. '합의는 구속한다'는 원칙 아래 재판소에 요구되는 것은 계약으로부터의 일탈을 비난하며, 계약내용을 관철하는 것이다. 하지만 사회적 권력에서 전형적인 것과 같이, '사인'이라 총칭할 수 있는 다양한 당사자에는 그 경험이나 능력, 입장 및 실력에서 현저한 격차가 발생하고 있다. 민법에 명문규정이 있는 사기나 강박(제96조) 등뿐만 아니라, 이와 같은 경우에도 사적 자치가 존중되어야 할 전제가 결여될 우려가 있다. 기본권보호의무론은 X・Y 사이에서 **현저한 교섭력의 불균형**이 있으며, 나아가 이 불균형의 노출로써 계약내용이 X에게 일방적인 부담을 과하는 경우에 재판소는 Y의 침해로부터 X를 보호할 의무를 진다(공서양속 이외의 규정을 적절하게 해석하여 계약내용을 수정하지 않으면 안된다)고 설명한다.

541 ● 보호의무의 제1차적 수범자는 입법자이므로 사인간에 있어서의 교섭력의 불균형 시정은 유형적으로 파악할 수 있는 한 입법에서 대처하는 것이 바람직하다. 이 점에서 소비자 계약법 판결(最判2006.11.27民集222號275頁)의 다음 설시가 주목된다. '소비자와 사업자 사이에는 가진 정보의 질 및 양과 교섭력의 **격차**가 **구조적으로** 존재하며, 소비자와 사업자 사이에 체결되는 계약을 쌍방의 자유로운 교섭에 맡기는 때에는 위에서 기술한 격차로부터 소비자의 이익을 부당하게 침해하는 내용의 계약이 체결될 우려가 있기 때문에, 이와 같은 소비자의 불이익 발생을 방지하고 소비자를 보호할 필요가 존재한다고 할 수 있다'.

● 본문에서 기술한 것에서, 국가는 X・Y와의 관계에서 이중의무를 지지만, 통상적으로 Y와의 관계에서 방어권, X와의 관계에서 기본권보호의무와의 사이에는 일정한 형량의 여지가 남는다. 헌법은 재판소에 의한 개입의 상한 및 하한을 정할 뿐이며, 나머지는 사법(해석)의 고유영역으로 남겨진다.

● 기본권보호의무론적 구성은 독일의 학설 및 대리상 결정代理商決定(BVerfGE 81, 242) 등의 판례 전개에 의거하는 것이며, 일본에서도 일정한 지지를 얻고 있다.

대리상 결정에서는 ≪대리상의 책임에 귀결해야 할 중대한 사유로 인해 본인이 계약을 해제한 경우, 대리상은 2년간 모든 경쟁 업종(競業) 활동이 금지되며, 이러한 경업 회피에 대해 어떠한 보상도 청구할 수 없다≫는 대리상 계약에서 경업 회피 조항과, 이 조항의 기초가 된 상법의 임의규정이 직업의 자유(기본권 제12조 제1항)에 위반되지 않는지가 쟁점이 되었다. 또한 연대보증 결정(BVerfGE 89, 214)은 부모가 은행으로부터 10만 마르크를 대출받을 때 연대보증인이 된 무수입・무자력인 당시 21세의 딸이 은행으로부터 변제를 청구 받아, 연대보증계약의 효력이 다투어진 사례이다. 원심인 연방통상재판소는 '성년은 성년', '계약은 계약'으로 보고 계약을 유효라 하였지만, 연방헌법재판소는 당사자(은행과 원고)간의 지식・경험 등의 불균형을 지적하여 본 건에서 민사재판소는 계약 내용을 통제할 의무가 있다고 보았다. 더욱이, 별도의 판결(BVerfGE 103, 89)에서는 사적 자치는 '개개인의 자기결정을 위한 조건이 현실적으로도 존재하는 것'을 전제로 하고 있으며, 두드러지게 일방적인 계약상의 부담과 현저한 교섭력의 불평등으로부터 '계약 관계에서 일방의 당사자가 계약 내용을 사실상 일방적으로 결정할 수 있는 것을 알 수 있는 경우'에 법은 자기결정이 타자결정으로 전환하지 않도록 개입해야 한다고 보았다.

Ⅳ 사인간 효력론의 사정

사인간 효력이라는 구성을 어떠한 법적 문제에 대해 사용할 수 있는지 542

또는 사용해야 하는지는 반드시 명확한 것이 아니다. 사인간 효력의 문제로서 구성할 수 있음에도 불구하고, 최고재판소가 사인간 효력으로 언급하지 않는 영역에 명예훼손 등 불법행위법과 미나미규슈 세리사회 사건南九州稅理士會事件(最判1996.3.19民集50卷3號615頁)과 같이 단체와 그 구성원 사이에서 발생하는 분쟁이 있다. 반대로, 국가의 사법상의 행위에 관하여 최고재판소는 미쓰비시수지 판결을 원용하고 있다.

543 a) 명예나 사생활, 생명・건강이나 재산 등 헌법이 직접 국가와의 관계에서 보장한 법익은 사인으로서도 침해받을 수 있다. 하지만 통상적으로 명예훼손 등의 재판에서 사인간 효력이라는 구성이 채택된 적은 없다. 이것은 사실행위에 의한 침해가 처음부터 사인간 효력론과는 관계가 없다는 의미는 아니다. 사인간 효력이 논의되기 이전부터 판례의 축적이 있는 문제(예를 들면, 매스미디어로 인한 명예훼손)에 대해서는 대립하는 제반 이익의 구체적인 조정의 기준에만 관심을 두면 되기 때문이며, 선례가 없는 새로운 문제에 한해 사인간 효력이라는 틀의 확인에서 논증하는 데 실천적 의미가 생기기 때문이다.

544 ● 이와 같은 예를 3가지 들고자 한다.

① 오타루 공중목욕탕 사건小樽公衆浴場事件의 지방재판소 판결은 다음과 같이 설시하고 있다.

'사인 상호간에 대해서는……헌법 제14조 제1항, 국가인권 B규약, 인종차별철폐조약 등이 직접 적용되는 경우는 없지만, 사인의 행위로 다른 사인의 기본적인 자유나 평등이 구체적으로 침해되거나 그러할 우려가 있으며, 나아가 사회적으로 허용할 수 있는 한도를 넘었다고 평가받는 때에는, 사적 자치에 대한 일반적 제한규정인 민법 제1조, 제90조나 불법행위에 관한 제반 규정 등으로 사인의 개인의 기본적 자유나 평등에 대한 침해를 무효 내지 위법으로 하여 사인의 이익을 보호해야 한다. 그리고 헌법 제14조 제1항, 국제인권 B규약 및 인권차별철폐조약은 앞서 기술한 것과 같이 사법의 제반 규정의 해석에서 하나의 기준이 될 수 있다'.

본 건 입욕거부는 '실질적으로 일본 국적의 유무라는 국적 구별이 아닌, 외모가 외국인처럼 보인다는 인종, 피부색, 민족적 혹은 종족적 출신에 근거한 구별, 제한으로 인정되어 헌법 제14조 제1항, 국제인권 B규약 제26조, 인종차별철폐조약의 취지에 비추어 사인간에도 철폐되어야 할 인종차별에 해당한다'. '외국인 일률 입욕거부 방법으로 행해진 본 건 입욕거부는 불합리한 차별이며, 사회적으로 허용할 수 있는 한도를 넘었다고 할 수 있으므로 위법이며, 불법행위에 해당한다'.

②반론문게재청구권 성립의 여부가 다투어진 산케이신문 판결サンケイ新聞事件判決(最判1987.4.24民集41卷3號490頁)에서 상고인은 '헌법 제21조의 현대적 이해'로서 '표현의 자유 보장은 국민과 공권력과의 관계에서는 물론, 국민 상호간에도 직접 적용할 수 있는 것으로 해석할 수 있다'고 주장하였다. 최고재판소도 이에 응하는 형태로 미쓰비시수지 판결을 인용하여 '사인간에 있어서 당사자 일방이 정보의 수집, 관리, 처리에 대해 강한 영향력을 지닌 일간 신문지를 전국적으로 발행・판매하는 자인 경우에도 헌법 제21조 규정에서 직접 소론과 같은 반론문게재청구권이 다른 쪽의 당사자에게 발생하는 것이 아님은 명백'하다고 판시하였다.

③자위관 합사거부 판결自衛官合祀拒否事件判決(最大判1988.6.1民集42卷5號277頁)에서는 '신앙생활의 평온함'이 법적 이익인지 아닌지를 심사하기 전에 미쓰비시수지 판결이 인용되고 있다.

b) 하치만 제철 판결이나 미나미규슈 세리사회 판결 등 단체와 구성원 545
의 관계가 문제가 된 사례에서 사인간 효력이라는 구성은 채택되지 않았다. 이에 대해서는 해당 단체가 공법상의 법인인 경우 원칙적으로 기본권의 주체가 아니기 때문에 처음부터 사인간 효력론의 대상 밖이 된다. 또한 사법인 등과 구성원의 관계에 대해 사인간 효력적 구성을 채택하는 경우가 있어도 대립하는 제반 이익의 구체적 조정기준으로서 해당 단체의 성질이 논증의 초점이 되며, 사인간 효력론이라는 일반적 틀이 결정적 수단이 되는 경우는 없다.

● 예를 들면, 강제가입단체인가 (다만 공법상의 단체는 당초부터 기본권 향유성이 없다고 생각해야 한다), 경향기업(傾向企業)[6]인가, 대학·학교와 같은 '포괄적 기능'을 지니고 있는 단체인가는 주요한 판단 요건이 된다.

① 미나미규슈 세리사회 판결에서 '세리사회는 세리사의 사명 및 직책에 비추어보아 세리사의 의무 준수 및 세리사 업무의 개선과 진보에 이바지하기 때문에 회원의 지도, 연락 및 감독에 관한 사무를 목적으로 하며, 법이 우선적으로 세리사에게 그 설립을 의무지우며, 그 결과 설립된 것……이다. 또한 세리사회는 강제가입단체이며, 그 회원에게는 실질적으로 탈퇴의 자유가 보장되어 있지 않다'고 보며, 세리사회는 '회사와는 그 법적 성격이 다른 법인이며, 그 목적 범위에 대해서도 이를 사회와 같은 광범위 한 것으로 해석하는 것이라면, 법이 요청하는 공적인 목적 달성을 저해하여 법의 취지를 몰각하는 결과를 낳을 것이 분명하다'고 설시하였다.

② 일중여행사 판결(大阪地判1969.12.26判例時報599號90頁)은 사업이 특정 이데올로기와 본질적으로 불가분하며, 그 승인 및 지지를 존립 조건으로 하고, 더욱이 노동자에게 그 이데올로기의 승인 및 지지를 요구하는 것이 사업의 본질에서 보아 객관적으로 타당한 경우에 한하여 이를 고용계약의 요소로 할 수 있다고 보고 있다.

③ 쇼와여자대학 판결은 '대학은 국공립, 사립 여하를 불문하고 학생의 교육과 학술 연구를 목적으로 하는 공공시설이며, 법률의 각별한 규정이 없는 경우에도 그 설치 목적을 달성하기 위해 필요한 사항을 학칙 등으로 일방적으로 제정하고, 이로써 재학하는 학생들을 규율하는 포괄적 기능을 지닌다고 해석해야 한다'고 설시하고 있다. 더욱이 동 판결은 사립학교에 대해서는 '건학 정신에 기초하여 독자적인 전통 내지 교풍과 교육방침……을 학칙 등으로 구체화하여, 이를 실천하는 것이 당연히 인정되어야 한

6) **역자주**–경향기업이란 특정 사상이나 신조를 기업의 근간으로 구성하는 기업을 말한다.

[다]’고 하였다.

c) 당사자인 일방이 국가라 하여도, 공권력의 주체로서가 아닌 사인과 같은 경제활동의 주체로서 등장하는 경우에 헌법(기본권)에 직접 구속을 받을 수 있는지 아닌지가 문제가 된다. 하쿠리 기지 소송百里基地訴訟判決은 기본권 및 헌법규범 일반의 국고행위에 대한 직접 적용을 부정했다. 하지만 학설에서는 직접적용 긍정설이 유력하다. 행정은 국고행위의 경우에도 사적 자치의 주체일 수는 없다는 점, ‘사법에의 도피’에 의한 구속도피는 허용될 수 없다는 점에서 원칙적으로 기본권의 직접적용을 긍정해야 할 것이다. 마찬가지로 제3섹터에도 적용될 것이다(기미즈카 마사오미君塚正臣). 546

● 하쿠리 기지 소송의 판결은 다음과 같이 설명하고 있다. 헌법 제9조는 ‘사법상의 행위의 효력을 직접 규율하는 것을 목적으로 한 규정이 아닌, 인권규정과 마찬가지로 사법상의 행위에 대해서는 직접 적용되는 것이 아니라고 해석하는 것이 상당하며, 국가가 일방당사자로서 관여한 행위라 하더라도, …… 국가가 행정의 주체로서가 아닌 사인과 대등한 입장에 서서 사인과의 관계에서 개별적으로 체결하는 사법상의 계약은 해당 계약이 그 성립 경위 및 내용에서 실질적으로 보아 공권력의 발동인 행위와 아무런 차이가 없다고 할 만한 특별한 사정이 없는 한, 헌법 제9조의 직접적용을 받지 않으며, ……사법의 적용을 받는 것에 불과하다’.

● 관련하여 지방자치단체가 전액 출자하여 설립한 재단법인이 피고가 되어 임금 차별의 위법성이 다투어진 사건으로, 교토지방재판소(京都地判 2008.7.9勞動判例973號52頁)는 미쓰비시수지 판결을 인용하여, ‘피고의 행위에 헌법 제13조 및 제14조가 직접 적용되는가에 대해서는 의문이 있으며, 실체 법규의 해석에서 헌법의 규정을 고려 요소로 함으로써 그 취지를 적용하는 것이 상당하다’고 설시하고 있다.

547 d) 더욱이, 민영화에 수반되는 새로운 문제가 있다. 종래는 국가의 일부였으며 당연히 기본권의 구속을 받아 온 주체에 대해(국철이나 우편, 통신의) 민영화 이후에도 헌법을 직접 적용할 수 있는가라는 문제이다.

적어도 민영화가 형식적인 단계에 그쳐 국가가 주식 전부 혹은 대다수를 소유하고 있다면 헌법의 직접 적용을 긍정해야 할 것이다. 하지만 민영화가 실질적으로 완료된 경우 직접 적용은 곤란하다. 이러한 경우 민영화한 기업과 국민과의 관계는 사인간의 문제이며, 국가는 민영화된 기업이 기본권 법익을 침해하는 일이 없도록 기본권보호의무를 지게 된다.

● 민영화 이후의 기업에 대해, 역사적 경위로부터 헌법의 직접적용을 주장하는 것도 고려해 볼 수 있다. 하지만 민영화와 병행하여 순수한 민간기업의 참여를 인정한다는 규제 완화가 이루어지는 것이 일반적임을 비추어보면, 같은 업무를 행하는 기업 중에서 일부만을 직접적용의 대상으로 하는 것은 다소 곤란하다(참여는 특권이라고 보면, 국가에 의한 특권부여라는 구실로 순수한 민간기업에 대해 직접적용을 주장하는 것도 생각할 수 있지만).

제3절 제도보장

주요 판례

最大判1977.7.13民集31卷4號533頁(津地鎭祭事件)
最大判1978.7.12民集32卷5號946頁(國有農地賣払特措法事件)
福岡地判1980.6.5判例時報966號3頁(大牟田市電氣稅訴訟)
最大判1987.4.22民集41卷3號408頁(森林法事件)
最大判1997.4.2民集51卷4號1673頁(愛媛玉串料事件)

헌법 제3장의 보장은 원칙적으로 개개인에게 재판에 의한 구제가 가능한 '권리'를 부여한다. 하지만 제3장의 조항 중 몇 개는 개인의 권리에 더하여 (법)제도의 객관적인 보장을 포함하고 있다. 이들은 종래, 제도적 보장이라고 일컬어졌던 것이지만, 요즘에는 제도적 보장의 정의 및 의의에 대해 학설이 대립하고 있다. 548

이하에서는 종래의 논의의 흐름을 개관한 뒤, 공법상의 제도적 보장(⇒559)과 사법상의 법제도보장(⇒563)으로 나누어 각각의 요점을 해설한다.

Ⅰ 종래의 논의

a) 제도적 보장은 대표적인 교과서(芦部信喜, 憲法)에서 다음과 같이 정의하고 있다. '인권선언은……권리 · 자유의 보장과 밀접하게 결부되어 일정한 "제도"를 보장한다고 해석되는 규정을 포함하고 있다. 이와 같이 개인적 권리, 특히 자유권과 다른 일정 제도에 대하여, 입법으로서도 그 핵심 내지 본질적 내용을 침해하는 것은 불가능하다는 특별 보호를 부여하여, 해당 제도 그 자체를 객관적으로 보장하고 있다고 해석되는 경우, 이를 일반적으로 제도적 보장이라고 한다. 바이마르헌법 하의 학설에서 유래한다'. 제도적 보장의 특징은 3가지인데, ①사법적인 제도보장과 공법적인 제도보장 양쪽을 포함하는 것, ②역사적 · 전통적으로 형성된 기존 제도의 핵심의 보장인 것, ③제도는 원칙적으로 자유와 준별되는 것이다. 549

일본국헌법의 제반 규정 중 제도적 보장으로서 설명될 수 있는 것으로 대학의 자치(제23조), 혼인 · 가족(제24조), 사유재산제도(제29조), 정교분리(제20조, 제89조), 지방자치(제8장) 등이 있다. 최고재판소도 정교분리(⇒551), 재산권(⇒564)에 대해 명시적으로 '제도적 보장' 내지 '사유재산제도'라는 용어를 사용하고 있다.

더욱이, 하급심 재판례에서는 '원래 헌법은 지방자치제도를 제도로서 보장하고 있는 것이며'라고 설명한 부분이 있다(오무타시 전기세 소송 1심 판결).

550 b) 학설에서는 제도(적) 보장론을 부정하는 견해가 있지만, 재산권이나 혼인의 자유와 같이 법제도를 전제로 한 권리가 있다는 것, 권리보장과 제도보장은 보장의 대상 및 관점이 다르다는 것, 대학의 자치나 지방자치(제3장은 아니지만) 등, 그 내실을 '권리'라는 관점만으로 파악할 수 없다는 점에서 보면, 개인의 권리(주관적 Recht)와는 별도로 제도를 객관적으로 보장하는 것에 의의가 있다고 보아야 한다.

● 부정설은 법률유보를 수반하는 명치헌법과는 달리, 무조건적인 인권을 보장하고 있는 일본국헌법에서는 어떤 인권규정을 제도적 보장규정으로 해석함으로써 '제도의 본질적 내용을 침해하지 않는 한 제약 가능한 것으로 보고, 인권보장의 관점에서는 본래 인정될 수 없는 인권 제한을 승인하게 될 수도 있다'고 비판하고 있다(우라베 노리호浦部法穗). 통설도 제도적 보장의 이름 아래에서 필요최소한도를 넘은 인권 제한이 합헌으로 될 경우를 염려하여, 제도적 보장론의 대상을 대학의 자치나 사유재산제도에 한정해야 한다고 한다. 어찌 되었든 권리와 제도의 주객전도가 염려되고 있는 것이다.

● 헌법 제8장의 지방자치가 당돌하게 등장한 것은 독일의 헌법에서 지방자치가 '기본권'편에 규정되어 왔기 때문이다. 1849년 프랑크푸르트헌법에서는 제6장 '기본권'의 제11절 제184조에 지방자치에 관한 규정이 있으며, 바이마르헌법에서는 제2편 '독일인의 기본권 및 기본의무' 제2장 '공동생활' 중 제127조에서 '시군구 및 시군구 조합은 법률의 제한 내에서 자치권을 가진다'고 규정되어 있다.

Ⅱ '제도를 보장'하는 것의 의미

551 제도보장론의 의의를 생각하는 데 출발점이 되는 것은 ①(주관적)권리의 보장과 객관법상의 보장의 구별, ②제도의 보호와 제도의 기피의 구별이다. 이 두 가지 구별은 역설적이지만 제도적 보장이 아닌 정교분리

를 예로 들어 생각하면 명확해진다.

Ⅱ-1 주관적 권리와 객관법

a) 헌법 제3장에서는 전적으로 국가에 대한 부작위 또는 작위를 명하고 552
있으며, 이를 국민 X의 권리로 기술할 수 없는 조항이 있다.

● 영어와 달리, 독일어는 "Recht"(법)라는 단어에 "subjektiv"(주관적) 또는 "objektiv"(객관적)이라는 형용사를 붙임으로써 특정 주체(Subjekt)와 관련되어 성립하는 Recht(이하, 「(주관적)권리」로 칭함)와, 특정 주체와는 관계없이 타당한 Recht(이하, 「객관법」으로 칭함)를 구별한다. 물론 전자는 후자를 전제로 하고 있으며, 객관법을 기초로 주관적 권리가 성립하지만, 후자가 성립하는 범위는 전자보다도 원리적으로 넓다.

헌법 제21조 제1항은 객관법으로서 국가가 표현의 자유에 개입하는 것을 금지하고 있다. 이 금지에 반하여 국가가 국민 X의 표현에 대해 규제를 가한 경우, 국민 X는 이 규제를 배제하는 주관적 권리를 가지게 된다. 제21조 제2항의 검열금지는 조문의 체제상 전적으로 국가에 대해 검열을 금지한 규정으로 읽을 수 있다. 하지만 금지에 반하여 국가가 검열을 행한 경우 당연히 표현의 자유를 위반하는 것이기 때문에 검열의 객관법적 금지에는 표현의 자유라는 주관적 권리가 대응하게 된다.

그러나, 객관법에 대응하는 주관적 권리가 항상 존재하는 것이 아니다. 제20조 제3항은 국가 및 그 기관에 대해 '…… 해서는 안된다'는 금지를 제창할 뿐이다. 국가에 의한 종교적 활동은 헌법위반이다. 하지만 이는 객관법을 위반했다는 것뿐이며, 누군가의 주관적 권리를 제약하는 것이 아니다. 주관적 권리에 대한 제약은 국가에 의한 종교적 활동에 참가를 강제받은 자가 있는 경우(제20조 제2항) 등, 특수사정이 있는 예외적인 경우에 한정된다. 최고재판소도 정교분리를 제도적 보장으로 보고, 신앙의 자유의 보장과는 다른 것으로 보고 있다(⇒554).

553 b) 헌법 제3장 중 어떠한 조항이 기본적으로 제도를 보장하는가, 또는 이와 같은 조항 중 어느 것이 주관적 권리를 동시에 보장하고 있는가는 그 자체가 해석문제이다. 자세히는 후술한다(⇒554, 566).

Ⅱ-2 제도의 '보호'와 '기피'

554 헌법과 제도의 관계에는 크게 구분하여 ①헌법이 특정 제도를 바람직하다고 여기고, 그 제도를 헌법에 의한 보장 대상으로 하는 경우와, ②헌법이 특정 제도를 기피하고, 이와 같은 제도를 금지하는 경우가 있다. 제도보장의 대상이 되는 것은 전자 ①뿐이다.

a) 쓰지진제 판결津地鎮祭事件判決은 '정교분리의 규정은 이른바 제도적 보장의 규정이며, 신앙의 자유 그 자체를 직접 보장하는 것이 아닌, 국가와 종교와의 분리를 제도로서 보장함으로써 간접적으로 신앙의 자유의 보장을 확보하려 하는 것이다'고 설시하고 있다. 이는 두 가지 사항을 포함하고 있다.

첫째, 정교분리가 개인의 권리를 보장하는 것이 아니다. 둘째, 제도적 보장으로서의 정교분리에 위반하는 것은 국가의 종교적 활동 일반이 아닌, 정교분리의 핵심부분을 침해한 경우뿐이다.

학설에서도 정교분리를 제도적 보장으로 보는 설은 극히 유력했다. 하지만 현재로서는 인권설(주관적 권리보장설)과 객관법상의 보장설이 주장되고 있으며, 아마도 후자가 통설이다.

● 인권설은 신앙의 자유는 그에 대한 간접적 압박·간섭으로부터 보장을 포함한다고 해석하고, 정교분리에 위반하는 국가의 종교적 활동은 신앙의 자유에 대한 압박·간섭이기 때문에, 동시에 주관적 권리로서 신

앙의 자유에 대한 침해이기도 하다고 한다(우라베 노리호). 하지만 인권설에 대해서는, ①'간접적인 압박·간섭'의 불명확함에 더하여, ②정교분리의 원칙에는 신앙의 자유를 보강한다는 측면 외에도 종교적 비합리성으로부터 정치가 지녀야 할 합리성을 방어, 보호한다는 측면(종교에 대한 정치의 독립)이 있는 것을 지적하고 있다. ③더욱이, 여호와의 증인 검도실기 수업거부 판결(最判1997.3.8民集50卷3號469頁)사례와 같이 국가의 종교적 중립성의 요청과 개인의 신앙의 자유는 때로는 대립하는 것도 지적되고 있다. 하지만 ④인권설의 최대 문제는 객관법과 주관적 권리의 구조상의 차이를 무시하고 있는 것에 있다.

b) 객관법상의 보장이란 다음과 같다(佐藤幸治). 정교분리의 조항은 인 555
권(주관적 권리)이 아니라고 하더라도, '화족 그 외 귀족제도는 이를 인정하지 않는다'는 제14조 제2항, '검열은 이를 해서는 안된다'고 하는 제21조 제2항과 마찬가지로, '……해서는 안된다'는 규정이 있으며, 여기에서는 보호해야 할 일정 제도는 존재하지 않는다. 표현의 자유가 검열을 기피하고, 법 앞의 평등이 귀족제도를 기피하는 것과 같이, 신앙의 자유는 정교유착을 기피하는 것이라는 관계이다. 이 점에서, 재산권이 사유재산제도를 요청하고, 혼인의 자유가 가족법 질서를 요청하는 것과는 사정이 다르다. 이 때문에, 정교분리를 제도(적) 보장이라고 할 수 없다.

● 헌법은 귀족제도의 존속이나 특정 종교의 특권적 지위를 보장하고 있는 것이라면, 이들을 제도적 보장이라고 할 수 있는가. 덧붙여 정교관계가 제도적 보장이라고 설명하는 독일에서도 그 대상은 국교회를 부정한 바이마르헌법 제137조 제1항이 아니라, 교회의 공법상 단체의 지위를 보장한 동조 제5항 등의 규정이었다.

c) 정교분리에 대해 어떠한 위헌심사를 할 것인가는 그 법적 성격을 어 556

떻게 파악하는가와 관련된다. 최고재판소는 쓰지진제 판결 이후 일관되게 **목적효과기준**을 이용하고 있다. 이는 '정교분리의 원칙은……국가가 종교와 관련을 가지는 것을 전혀 허용하지 않는 것은 아니[다]'라는 이해를 전제로 '종교와의 관련을 초래하는 행위의 목적 및 효과에 비추어, 그 관련이 [일본의 사회적 · 문화적] 제반 조건에 비추어 상당한 한도를 넘는 것이라고 인정되는 경우에 이를 허용하지 않는 것'이다.

● 헌법 제20조 제30항이라는 종교적 활동이란 '대체로 국가 및 그 기관의 활동에서 종교와 관련을 가진 모든 행위를 지칭하는 것이 아니라, 그 관련이 위에서 말한 상당한 한도를 넘는 것에 한정되어야 하며, 해당 행위의 목적이 종교적 의의를 가지며, 그 효과가 종교에 대한 원조, 조장, 촉진 또는 압박, 간섭 등이 될 행위를 말한다'(쓰진지제 판결).

목적효과기준은 이른바 '레몬 테스트(lemon test)'와는 달리, 매우 완화된 심사기준으로 여겨지지만, 그 배경에는 정교분리=제도적 보장이라는 이해가 없었다고는 할 수 없을 것이다(닭과 달걀 어느 쪽이 먼저인가 알 수 없지만). 제도적 보장이 제도의 '핵심부분' 보장이라고 한다면, 정교분리도 또한 국가의 종교적 활동을 원칙적으로 금지하는 것이 아니다. 오히려, 국가의 종교적 활동을 원칙으로 허용한 뒤에, 핵심부분에 상당하는 과도한 관련만을 예외적으로 금지한다는 해석과 연결되기 때문이다.

557 한편, 정교분리는 정교의 관련을 기피한 헌법상의 객관법적 보장으로 해석한다면, 금지를 원칙으로 하고 허용을 예외로 하는 원칙-예외 관계로부터 위헌심사의 방법을 생각해야 할 것이다. 학설에서 레몬 테스트 등의 엄격한 수법이 요청되는 것도 이와 같은 이해와 결부된다.

● 최고재판소에는 보다 철저하게 목적효과기준은 '눈금 없는 자'이며, 원칙-예외 관계를 관철할 것을 요청하는 재판관이 있다.

①에히메 다마쿠시료 판결의 다카하시 재판관의 의견은 다음과 같다. 헌법 제20조 제3항의 규정은 '종교와 관련을 가진 모든 행위를 원칙적으로 금지하고 있으며, 해당 행위를 별도 취급하려면 그 이유를 제시할 필요가 있다'. '국가는 어떠한 종교적 활동도 해서는 안된다'는 것이 원칙임에도 다수의견은 이 '전제조건을 역전시키고 있다'.

②오사키 유키노부尾崎行信 재판관의 의견은 다음과 같다. '국가와 종교와의 완전 분리를 원칙으로 하고, 완전 분리가 불가능하며 나아가 분리를 고집할 경우 불합리한 결과를 초래할 경우에 한하여 예외적으로 국가와 종교와의 관련이 헌법상 허용된다'고 봐야 한다.

● 소라치부토 신사 사건空知太神社事件(最判2010.1.20民集64卷1號1頁)에서 558
는 지방자치단체가 공유지를 무상으로 신사로 이용할 수 있도록 제공한 행위가 헌법 제89조, 제20조 제1항 후단에 위반하는 것이 아닌지가 문제가 되었다. 최고재판소는 '신앙의 자유의 보장 확보라는 제도의 근본목적과의 관계에서 상당하다고 여겨지는 한도를 넘어 헌법 제89조를 위반하느냐를 판단하는 데 있어, 해당 종교적 시설의 성격, 해당 토지가 무상으로 해당 시설의 부지로 이용할 수 있게 제공된 경위, 해당 무상 제공의 형태, 이들에 대한 일반인의 평가 등, 제반 사정을 고려하여 사회통념에 비추어 종합적으로 판단해야'한다고 판시하였다. 적용에서는 '본 건 이용 제공 행위는 시가 어떠한 대가를 얻는 것이 아닌 본 건 각 토지상에 종교적 시설을 설치하도록 하여, 본 건 종친집단(氏子集團)에서 이를 이용하여 종교적 활동을 행하는 것을 용이하게 하였다고 말할 수 있으며, 일반인의 관점에서 보아 시가 특정 종교에 대해 특별 편익을 제공하여, 이를 원조하고 있다는 평가를 받아도 어쩔 수 없다'고 보았다. 또한 본 건 이용 제공 행위는 '본래 초등학교 부지 확장에 협력한 용지 제공자에 보상한다는 **세속적, 공공적인 목적**에서 시작된 것'이었으나, '명백히 종교적 시설이라고 하지 않을 수 없는 본 건 신사건물의 성격, 이에 대해 장기간에 걸쳐 계속적으로 편익을 제공하고 있는 것 등의 본 건 이용 제공 행위의 구체적 형태에 비추어보면, 본 건에서 당초의 동기, 목적은 위의 평가를 좌우하는 것이 아니다'라고 하였다.

이 판결의 특징은 ①목적효과기준의 관점에서 언급하고 있지 않으며, ②목적의 세속성은 위헌이라는 결론을 방해하는 것이 아니라고 하는 것, 또한 ③'일반인의 관점에서 보아 특정 종교에 대한 원조 등이라고 평가되는가의 여부'가 착안되고 있는 것이다. ②에 대해서는, 종래의 목적효과기준이 목적·효과의 두 가지 요건을 양쪽 모두 충족하는 경우에 비로소 위헌이라고 해석되어 왔다(에히메 다마쿠시료 판결에서 가베 쓰네오可部恒雄 재판관의 반대의견을 참조)는 것에 비교하면, 현저한 차이가 있다. ③은 뒤에서 기술할 endorsement test를 연상할 수 있다. ①의 이해에 대해서는 학설에도 다양한 논의가 있으나, 그중 하나로 후지타 도키야스藤田宙靖 재판관의 보충의견을 참조할 것.

● endorsement test는 레몬 테스트의 3요소 중 '효과'를 재구성한 것처럼 보인다. 정교분리의 본 취지에 대해 '불개입'의 원칙인가 '공평'의 원칙인가라는 이해의 대립이 있지만, 레몬 테스트는 목적·효과의 객관적 의미를 추구하는 것과 함께 '과도한 관련'을 배제하는 것이며, '불개입'을 중시하는 것인 한편, endorsement test는 특정 종파에의 편들기·결부를 배제하는 '공평' 중시의 기준으로 지적되고 있다(야스니시 후미오安西文雄).

Ⅲ 공법상의 제도적 보장

559 a) 정교분리가 제도적 보장이라고 여겨져 왔던 점도 있어, 공법상의 제도적 보장의 목적·구조가 무엇인가는 불확실했다. 더욱이, 제도적 보장이 탄생한 바이마르헌법 하에서 다양한 논자가 다양한 '제도'를 제도적 보장의 대상으로 설명하고 있었으며, 현재의 독일 기본법 하에서도 직업관료제, 대학의 자치, 지방자치는 물론 독일 국적, 사법적 구제의 보장, 주거불가침, 정당, 연방국기, 국가책임, 연방은행 등 잡다한 규정을 제도적 보장으로 설명하는 예가 있다. 다양한 제도적 보장의 후보 중에서 우선적으로 문제시 되는 것은 무엇을 그 전형으로 볼 것인가 하는 것이다. 대체로 공법상의 '제도'라고 불리더라도 모두 제도적 보장의 대상으로 본다면, 이

개념은 윤곽선을 상실하게 될 것이다.

● 직업관료제를 제도적으로 보장함으로써 헌법이 근대 입헌주의의 방해물인 신분제적 특권을 잔존시켰다고 보는 것이라면, 제도적 보장론의 대상도 자연히 헌법에서 이와 같은 신분제적 특권의 잔재로 정해진다. 어떤 논자는 일본의 제도적 보장론은 바이마르 학설(슈미트)의 본래 의도에서 크게 벗어나있다고 주장하면서 다음과 같이 비판하였다(이시카와 겐지石川健治). ①사법상의 "Institut"의 보장과 공법상의 "Institution"의 보장은 전혀 별개의 논리이다. ②전자의 '법제도' 보장은 전통적으로 성립해왔던 소유권이나 혼인과 관련된 규범복합체를 헌법에 집어넣은 것이다. ③후자의 '제도체(制度體)' 보장은 근대 헌법이 해체하고자 했던 신분제 혹은 중간단체(대학, 교회, 직업관료제 등)을 헌법에서 보장하는 것의 의미를 해명하는 이론이며, 일본국헌법에서는 제1장만이 그 대상이 될 수 있다.

우리나라의 학설에서는 종래 대학의 자치나 지방자치가 제도적 보장 560
의 전형이라고 여겨져 왔다. 이들을 전형으로 본다면, 공법상의 제도적 보장은 국가가 최종적인 책임을 져야 할 어떤 '공적 임무'를 국가로부터 벗어나 자치적으로 수행하기 위한 조직 형태의 보장이라고 생각할 수 있다. 한편, 슈미트가 전형으로 본 직업관료제는 자치(Autonomie)가 아니라, 국가의 '조직'을 보장하기 위한 것이기 때문에, 제도적 보장의 대상에서 제외된다.

b) 자치적 수행 보장이라고 생각하면, 제도적 보장은 핵심 영역만을 보 561
장하는 것에 한정해야 할 필요성은 없다. 자치적 수행 주변 부분에 대해서도 이론적 혹은 현실적으로 자치단체가 가지고 있던 권한의 일부를 중앙정부가 흡수하는 경우 합리성이 없는 한 위헌일 것이다. 이러한 의미에서 오무타시 전기세 소송 1심 판결의 이유에는 문제가 있다. 여기서는 핵심 영역(이는 통상적으로 극히 협소함) 이외의 부분에 대해서는 단순히 법률에 반하는 개입으로부터의 보장에 그치며, 헌법이 일부러 '지방자치'의 장을 마련한 의미가 현저하게 감소한다.

● 동 판결은 다음과 같은 논리를 전개한다. ①'본래 헌법은 지방자치제도를 제도로서 보장하고 있는 것이며, 현재 채택되었거나 채택되어야 할 지방자치제를 구체적으로 보장하고 있는 것은 아니[다]'. ②지방자치단체가 '가져야 할 자치권에 대해서도 헌법상은 그 범위가 반드시 분명하다고 할 수 없지만, 그 내용도 일의적으로 정해져 있다고 보기 어렵[다]', '그 구체화는 헌법 전체에 비추어 본 뒤 입법자의 결정에 맡겨져 있다', ③'전기세, 가스세라는 구체적 세목에 대한 과세권은 지방세법 제5조 제2항으로 비로소 원고 오무타시에 인정되는 것이며, 게다가 이는 해당 법에 정해진 내용으로 부여되는 것이므로, 원고는 지방세법 규정이 허용하는 한도 내에서만 조례를 제정해 그 주민을 대상으로 전기세, 가스세를 부과·징수할 수 있을 뿐이다'.

562 c) 제도적 보장이라는 헌법의 객관법적 보장을 위반한 국가의 조치는 이와 동시에 자치의 주체인 대학, 지방자치단체의 '기본권' 침해가 된다. 하지만 각 대학 및 자치단체가 가지는 권리는 자치보장에 반하는 개입에 대항하는 방어라는 의미에 그치며, 각 대학 및 자치단체는 그 대학 및 자치단체가 자치적으로 이행해야 할 공적 임무가 부여되어 있는 한도 내에서 대학의 자치, 지방자치를 원용할 수 있다. 따라서 개별 대학 및 자치단체의 존속 보장은 제도적 보장에 포함되지 않는다.

● 따라서 어떤 대학에 특정 교수 채용을 강요하거나, 학과의 변경을 강요하는 것은 대학 자치에 반하는 행위일 것이지만, 특정 국공립대학을

교수회의 의사에 반하여 폐지하는 것은 대학자치의 문제는 아니다. BVerfGE 85, 360에는 다음과 같은 설시가 있다. 학문이라는 목적을 위해 봉사하는 조직체는 '그 조직체에 할당된 임무 틀 내에서만 자치를 부여하고 있음에 불과하다. 이 임무는 직접적인 국가의 침해로부터 보호된 영역에서 전개의 가능성이 있는 것과 같은 자유를 기조로 한 구조를 전제로 하고 있다. 이 구조를 책임적으로 방어·보호하는 것은 학문적 조직체의 임무에 포함된다'. 하지만 학문적 조직체의 자치는 이 임무의 적절한 실현에 한정되어 있는 것이며, '그 임무가 존속하는 한도 내에서 인정되는데 그친다'.

이는 지방자치단체의 '위로부터의' 재편에 대해서도 적용될 것이다.

Ⅳ 재산권과 사법상의 법제도

사법상의 법제도와 관련된 제도적 보장의 예로 혼인 및 가족(제24조), 재산권(제29조)이 이야기되어 왔다. 어느 쪽도 그 구체적 내용이 헌법 차원에서는 특정되지 않으며, 법률에 의한 구체적인 판정에 의존해왔다는 데에 그 특징이 있다. 563

● 이외에도 계약의 자유(근거 조문에 대해서는 제22조·제29조설과 제13조설의 대립이 있다)도 사법상의 법제도보장의 예이다. 또한 상속권(유언의 자유)이 명문으로 보장된 헌법(독일 기본법 제14조 제1항 등)에서는 상속권도 법제도보장으로 설명된다.

Ⅳ-1 재산권 보장의 구조

a) 헌법 제29조는 제1항에서 '재산권은 이를 침해해서는 안된다'고 규정 564
하지만 제3항에서 공용수용을 인정하고, 더욱이 제2항에서는 재산권의 내용 자체가 '공공복지에 적합하도록 법률로 이를 정한다'고 되어 있다.

수용조항의 역사는 오래되었으며, 소유권이 신성불가침으로 여겨졌던 시대에도 이미 헌법은 정당한 보상을 조건으로 수용을 인정하고 있었다(프랑스 인권선언 제17조, 미합중국수정헌법 제5조 등). 헌법 제29조 제3항도 또한 이들 헌법과 마찬가지로 개인의 구체적 재산권에 대해 수용이 이루어지는 경우에 정당한 보상을 요구하는 것이며, 무엇이 수용인가, 무엇이 정당한 보상인가 등의 문제는 여전히 남아있지만, 재산권 보장의 구조 자체를 뒤흔드는 것이 아니다.

● 제29조 제3항의 해석이 간단하다는 의미는 결코 아니다. 본래 수용 + 보상 조항의 의미는 비교적 단순명쾌했다. 수용의 대상은 특정 토지이며, 수용이란 이를 강제적으로 징수하는 개별적 행정행위라고 한다면, 제29조 제2항에 근거한 재산권 제한과 제3항의 수용은 비교적 손쉽게 각각을 구분할 수 있었다. 하지만 한편으로, 제29조 제1항의 대상이 '소유권'에서 재산적 가치가 있는 것 일반으로 확장되었으며, 다른 한편으로 제3항의 '공공을 위하여'라는 부분이 자작농 창설과 같은 타인이 수익자가 되는 경우를 포함하는 '사회공공의 이익을 위하여'로, 또한 '이용한다'는 것이 공용수용으로부터 공용제한(재산권 행사의 권한)에까지 확장된 결과, 제2항과 제3항의 경계는 불분명해졌다. 이로 인해, 본래는 제2항의 수비범위여야 할 재산권 제한에 관한 입법 일반에 대해서도, '특별희생'의 유무를 기준으로 보상 여부가 문제가 될 여지가 발생했다. 어떤 논자는 '제29조 제3항의 본적은 이미 제29조 그 자체가 아니라 제14조라고 해야 한다'고 주장하고 있다(이시카와 겐지石川健治).

565 한편, 제29조 제2항은 새로운 형태의 조항이며, 이것이 ≪재산권 내용은 법률로 정한다≫고 하는 점은 재산권 보장의 구조의 근간과 관련된 문제를 제기한다.

● 이에 대하여 제29조 제2항에서 '공공복지'를 재차 언급하고 있는 것은

직업의 자유와 다른 것이 아니며, 재산권 보장의 근간과 관련된 문제가 아니다. 삼림법 위헌판결은 헌법 제29조는 '제2항에서 "……"라고 규정하며 ……사회전체의 이익을 고려하여 재산권에 대한 제약을 가할 필요성이 증대하기에 이르렀기 때문에, 입법부는 공공복지에 적합한 한도에서 재산권에 규제를 가할 수 있다고 하고 있는 것이다', '재산권에 대해 규제를 요구하는 사회적 이유 내지 목적도 사회공공의 편의를 촉진하고, 경제적 약자의 보호 등 사회정책 및 경제정책상의 적극적인 것에서부터 사회생활에서 안전보장이나 질서유지와 같은 소극적 보장에 이르기까지 다양하다'고 설시하고 있다. 학설에서도 재산권이 그 특성으로부터 다양한 이유·목적에 의한 규제를 받는 취지를 명확히 한 것이라고 해석하고 있다.

또한 헌법 제29조 해설에서 종종 소개되는 바이마르헌법 제153조 제3항은 '소유권은 의무를 수반한다. 그 행사는 동시에 공공복지에 적합해야 한다'고 정하는 것뿐만 아니라, '소유권은 헌법으로 보장된다. 그 내용 및 한계는 법률로 정한다'는 조항을 두고 있었다. 현행 헌법인 기본법 제14조도, 제1항에서 '소유권 및 상속권은 이를 보장한다. 그 내용 및 한계는 법률로 정한다', 제2항에서는 '소유권에는 의무가 수반된다. 그 행사는 동시에 공공복지에 적합해야 한다'고 규정한다. 이하에서 문제가 되는 것은 소유권(재산권)의 내용이 법률로 정해진다는 규정의 의미이다.

b) 헌법 제29조 제2항이 제기하는 것은 다음과 같은 문제이다. 566

aa) 제29조 제1항은 개인이 실제로 가지고 있는 구체적인 재산상의 권리와, 개인이 재산권을 향유할 수 있는 법제도인 사유재산제도 두 가지를 보장한다고 해석할 수 있다. 하지만 무엇이 개개의 구체적 재산권인가는 헌법 차원에서는 확정되어 있지 않다. 법률 규정으로 구체적인 형태가 부여되며, 법률 규정에 근거하여 누군가에게 귀속하는 것이 구체적 재산권이라고 할 수밖에 없다. 그렇다고 한다면, 제29조 제1항이 보장하는 구체적 재산권은 법률에 종속되는 권리이며, 법률에 대항할 수 있는 권리는 아니게 된다. 이러한 점에서 재산권은 표현의 자유나 사상·양심의 자유 등과는 보장의 전제가 다르다.

물론, 법률에 기초하여 이미 취득하고 있는 구체적 재산권에 대해 법률 개정으로 인해 사후에 규제가 가해지는 경우에, 기득 재산권에 대한 제한으로 목적의 정당성, 수단의 필요성 및 합리성을 요구할 수 있을 것이다. 하지만 법률에 의한 규제보다도 이후에 재산권을 취득한 자에 대해서는 어떠한가? 그와의 관계에서는 법률에 의한 규제는 기득 권리를 축소하는 것이 아닌, 오히려 해당 권리 내용을 (새롭게) 정의한 것이다. 삼림법 위헌 판결의 당사자는 삼림법으로 이미 분할청구권이 부정된 후에 해당 삼림을 취득하고 있지만, 그는 그와 같은 (제한된) 내용의 재산권을 취득한 것에 불과한 것은 아닌가라는 문제가 발생한다(안넨 준지安念潤司).

● 사후법에 의한 재산권의 내용 변경에 대해서는 국유농지매각 특별조치법 판결을 참조. 이 판결은 '법률로 일단 정해진 재산권 내용을 사후의 법률로 변경하더라도, 이것이 공공복지에 적합하게 되어있는 한, 이를 위헌 입법이라고 할 수 없다'고 하고, '위의 변경이 공공복지에 적합하도록 된 것인지 여부는 일단 정해진 법률에 근거한 재산권의 성질, 그 내용을 변경하는 정도 및 이를 변경함으로써 보호되는 공익의 성질 등을 종합적으로 감안하여, 그 변경이 해당 재산권에 대한 합리적인 제약으로 용인되어져야 하는 것인가에 따라 판단해야 한다'고 판시하고 있다.

567 bb) 삼림법 위헌판결은 헌법 제29조는 '사유재산제도를 보장하고 있을 뿐만 아니라, 사회적 경제적 활동의 기초를 이루는 국민의 각각의 재산권에 대해 이를 기본적 인권으로 보장한다'고 한 뒤, 다음과 같이 설시하여 삼림법 구 제186조를 위헌이라 하였다.

①삼림법 제186조는 민법 제256조 제1항의 분할청구권을 부정하는 것

이다. ②'공유물 분할청구권은 각 공유자에 근대 시민사회에서 원칙적 소유형태인 단독소유로의 이행을 가능하게 하[는]……것으로 발전한 권리이며, 공유의 본질적 속성으로서 지분권 처분의 자유와 함께 민법에서 인정되기에 이른 것이다'. ③'분할청구권을 공유자에게 부정하는 것은 헌법상 재산권의 제한에 해당하며, 이와 같은 제한을 규정하는 입법은 헌법 제29조 제2항에서 말하는 공공복지에 적합할 것을 요구하는 것이라고 해석해야' 한다. ④'삼림법 제186조가 공유삼림이므로 지분가격 2분의 1 이하의 공유자에 민법 제256조 제1항 소정의 분할청구권을 부정하는 것은 삼림법 제186조의 입법목적과의 관계에서 합리성과 필요성 어느 쪽도 긍정할 수 없음이 명백하[다]'.

cc) 문제가 될 수 있는 것은 다음과 같은 점이다. 568

우선, 민법상의 권리인 분할청구권을 부정하는 것이 왜 헌법상의 재산권 제한이 되는가? 민법도 삼림법도 법률이라는 점에서 같은 위치를 차지하고 있기 때문에 우열 관계는 상위법-하위법이 아니라, 신법-구법, 특별법-일반법이라는 관계에서 정해지는 것이라면, 삼림법에 의한 제한은 처음부터 헌법 문제가 되지 않는 것은 아닌가(삼림법이 민법에 우위)?

다음으로, 제29조 제1항의 사유재산제도의 보장과의 관계에서는 다음과 같은 문제가 발생한다. ⓐ삼림법 제186조에 의한 분할청구권 부정이 사유재산제도의 핵심을 침해하고 있다고 할 수 있는가? 삼림법은 당사자의 합의가 있는 경우를 포함하여 분할을 전면적으로 금지한 것이 아님은 물론, 지분가격 2분의 1을 넘는 공유자의 분할청구권을 부정하고 있는 것도 아니다. ⓑ헌법상의 객관법적 보장인 사유재산제도의 보장 위반에 대해, 왜 개인이 그 헌법적합성을 다툴 수 있는가?

요컨대, 삼림법 위헌판결의 설시①은 자명하다고 하더라도, 설시②를 거침으로써, 설시③에 당연하게 이를 수 있는가는 미심쩍은 부분이 있다.

Ⅳ-2 기본적 사고방식

569 재산권이나 혼인의 자유, 계약의 자유 등 헌법상의 권리는 사법상의 법제도로 비로소 실효성을 가진다. 사법상의 법제도보장은 자기목적이 아니라, 기본권주체가 자신의 생활을 자기책임적으로 형성하기 위한 조건(법적 인프라)을 정비하기 위해 있는 것이다. 이와 같은 관점에서 헌법 제29조 제1항은 사유재산제도의 핵심부분을 절대적으로 보장하는 것은 물론, 주변 부분에 대해서도 불합리한 규제를 배제한다고 생각해야 할 것이다. 독일 연방헌법재판소는 소유권의 의의를 '인격적 자유의 보장과 긴밀하게 내적으로 결부되어있는, 기초적인 기본권'이며, '기본권의 주체에게 재산법 영역에서 자유 공간을 확보하여, 기본권의 주체가 자신의 생활을 자기책임적으로 형성할 수 있도록 하는 것'이라고 설시한 뒤, 법제도로서의 소유권은 '이 기본권 보장에 봉사한다'고 관계지우고 있다(BVerfGE 24, 367). 또한 동 재판소 위헌판결 중에서 제도의 핵심에 대한 위반으로 볼 수 있는 사례는 1건도 없다고 보고 있으며, 법제도보장이 주변 부분에 미치는 것이 판례 법리의 암묵적 전제가 되고 있다.

다음으로, 법제도보장은 일의적으로 개인에게 권리를 부여하는 것이 아닌, 국가에 대해 적극적・소극적 의미에서 제도의 보장을 객관법적으로 의무화하는 것이다. 하지만 제도로서의 재산권 보장에 반하는 법률은 직접・현실적으로 재산권 영역에서 당사자의 자유를 축소한다(한편, 정교분리에 반한 국가의 행위가 개인의 자유를 침해하는 것은 예외적인 경우에 한정될 것이다). 헌법 제29조 제1항은 헌법의 규준에 반한 법규범으로 규율을 받지 않을 보장을 포함하고 있다고 보면 된다.

● 삼림법 위헌판결의 사안에 대해서는 법제도보장이 주변 부분의 보장을 포함하고 있는 것을 전제로, ①삼림법 제186조에 의한 분할청구권 부정이 헌법 규준에 반한 합리성이 없는 규제이며, ②그것이 동시에 원고의

자유를 축소한다고 보면 된다. 동 판결의 실질적인 심사밀도는 비교적 엄격했다고 해석되지만, 이는 삼림법 규정이 각인의 자기책임에 의한 생활형성에 봉사한다는 법제도의 핵심에 가까운 부분에 제약을 가했기 때문일 것이다.

Ⅳ-3 보론

이론적으로 대단히 흥미로운(그러나 실천적으로 거의 의미를 지니지 않는) 570
부분이 법제도보장과 급부청구권(⇒502)의 관계이다.

종래의 제도(적) 보장론은 핵심부분의 '소극적' 보장이라는 의미에서 방어권과 친근한 이론이었다. 그러나 법제도보장에는 법제도 정비라는 적극적 요청이 포함되어 있다고 해석될 여지가 있다. 이렇게 된다면 법제도보장은 오히려 급부청구권(추상적 권리)과 구분되어야 할 필요성이 있다.

a) 급부청구권과 법제도보장은 적절한 입법이 존재하여 비로소 실효적 571
으로 보장된다는 점에서 공통점을 지닌다. 헌법 제25조 제1항의 생존권은 생활보호법 등의 입법에 의존하고, 헌법 제29조 제1항은 사유재산제도에 덧붙여 개인의 구체적 재산권을 보장하지만, 개개의 구체적 재산권이 무엇인가는 물권이나 채권, 기타 다양한 재산적 가치에 대해 정해진 법률이 있어야 비로소 특정할 수 있다.

● 물론, 이는 '헌법은 법률로 정해진 내용만을 보장한다'는 의미가 아니라, 헌법이 법률 규준이라는 것에는 변함이 없다. 헌법 제25조 제1항은 '건강하며 문화적인 최저한도의 생활'을 보장하기에 충분한 법제도를 요구하며, '재산상의 내용'을 정하는 법률(제29조 제2항)은 당연히 제1항의 구속을 받는다. 하지만 헌법상의 권리와 법률 사이에 원칙-예외 관계가 성립하며, 헌법상의 권리에 '제한'을 가하는 자연적인 이유와는 다르게 입법에 의존하는 권리에 있어, 법률은 권리의 구체적 내용을 정하는 것이다. 미리

법률이 존재하지 않는 것은 애초에 '제한 대상' 자체가 확정되어 있지 않기 때문이다.

이와 같은 공통점에도 불구하고, 헌법학은 추상적 권리와 법제도보장을 구별하여 취급해왔다. 여기에는 크게 두 가지 이유가 있다.

572 b) 첫 번째 이유는 급부청구권과 법제도보장의 '보장 방향의 상이함'이다. 전자는 국회에 적극적인 입법행위를 요청한다. 1947년 시점에 헌법 제25조 제1항이 우선 요구했던 것은 건강하고 문화적인 최저한도의 생활 보장에 필요한 생활보호법 등의 제정이었다. 한편, 기존 재산법 질서를 전제로 하는 것이 가능하게 된 헌법 제29조는 제2항으로 재산법 질서의 재형성 여지를 남겨둠과 동시에, 제1항에서는 현존하는 재산법 질서 골격의 불가침을 명령하는 것에 그쳤다. 양자가 놓여있었던 출발점의 사정이 대조적이었던 것이다.

하지만 혼인과 가족(헌법 제24조)과 같이 가(家)제도를 기조로 한 종래의 가족법을 부정한 뒤 새롭게 가족법의 정립을 요구하는 것도 법제도보장으로 여겨왔다. 이 경우에 이유로서는 헌법 제24조는 ①기존 법제도를 위헌으로 보아 배제하는 동시에 헌법 규준에 적합한 법제도 형성을 요청하고, ②마지막으로, 그 법제도를 개조로부터 보호한다는 순서이다(이 부분이 종래 제도보장이라 불리어 왔다). 소극적 보장인 ②보다 전에, 적극적 입법을 요청하는 ①이 존재했던 것이다. 한편, 생존권에 대해서도 생활보호법 등의 급부 법제가 일단 정비된다면, 다음은 이들이 무분별하게 폐지되지 않는 것에 관심을 두게 된다. 이 경우에 일반적인 제도 후퇴의 금지라고는 말할 수 없더라도(⇒520), 건강하고 문화적인 최저한도의 생활을 명백하게 하회하는 제도의 후퇴는 헌법 제25조 제1항으로 금지되어야 할 것이다. 즉, 법제도보장이 국회에 작위의무를 부과하고, 급부청구권이 국회에 부작위의무를 부과하는 경우가 있다. 따라서 급부청구권과 법제도

보장과의 차이는 '헌법과 법률 어느 쪽이 먼저인가'라는 시간적 전후관계에 따르는 것이 아니다.

● 일반화하면 기존 법제도를 대체적으로 수용한 재산권에 대해서도 ≪제도를 침해해서는 안된다≫는 소극적 보장에 선행하여, 제도의 형성이라는 입법행위가 존재했다. 이론적으로 보면 구법은 고도시(高都市)의 경관과 마찬가지로 귀중하므로 문화유산으로 보존되어야 한다고 설명할 수 없는 이상, 선행하는 입법행위가 현행 헌법상 규준에 합치하기 때문에 이를 유지해야한다고 설명할 수밖에 없다.

좀 더 고찰한다면, 법제도보장에 관하여 적극적인 입법의무는 1회에 한정되는 것이 아니다. 법제도보장은 헌법상 규준을 보다 좋게 실현하도록 제도를 끊임없이 개선하는 의무를 국회에 부과하고 있다고 생각할 수 있다. 재산권 보장의 이념을 재산법 영역에서 개인의 자기책임에 근거한 생활형성으로 보는 것이라면, 사회・경제적 여건 변화에 대응하여 재산권 보장의 이념을 실현하기 위해서는 종래의 법을 그대로 유지하는 것만으로 부족하며, 기존의 재산 법제를 적절하게 수정하는 것도 필요하기 때문이다.

c) 여기에서 두 번째 이유가 등장한다. 구체적인 보장 내용이 헌법 차원 573
에서 마지막까지 확정되지 않는다는 점에서 급부청구권도 법제도보장도 마찬가지이다. 일반적으로 급부청구권이 추상적이라고 보는 이유에는 ① 과연 언제, ②어떻게, ③어느 정도인가에 대해 미확정적이기 때문이다. 하지만 헌법 제25조가 존재하여 생활곤궁자가 있는 한, ①은 확실히 하고 있다. 완전한 부작위는 허용되지 않는다. 하지만 국가의 작위의무가 문제가 되는 대다수의 경우에 ②는 문제가 될 수 있다(구조적 여지). 더욱이 생존권에 대해 ③의 미확정도 문제가 될 수 있다(이중의 미확정성⇒504). 이것과 어떠한 구체적 형태의 소유권이 법률로 창출되어, 이것이 누군가에게 귀속해야 하는지에 대한 헌법 차원에서의 미확정은 같지 않다. 법제도 보장이 급부청구권으로부터 구별되는 이유는 헌법이 설정한 추상적 목표에 구체적 수단과 정도를 제공하는 것이 아니라, 법적 생활에서 개개인의 자기결정의 법적 인프라를 창설하는 것이 제1차적 의의라는 점에서 구할 수 있다.

제6장 권리의 논리와 제도의 논리

제5장 제1절에서 본 바와 같이, 국가의 작위를 청구하는 적극적 권리에 601
대해서는 원칙적으로 광범위한 입법재량이 인정된다. 광범위한 입법재량은 본래 생존권만을 지칭하는 것이 아니다. 선거권 외에 헌법상의 권리라고 할 수 없는 상속제도나 국적 취득의 요건에 대하여 최고재판소는 '논리적으로 요청되는 일정불변의 형태가 존재하지 않는다' 등의 이유로 구체적인 제도의 결정을 입법부의 재량판단에 맡겨왔다.

본 장에서는 제도에 의존하는 권리인 선거권을 예로, 권리의 논리에 따른 심사와, 제도의 논리에 따른 심사를 비교한다(제1절). 다음으로, 제2절에서는 광범위한 입법재량에 대하여 재판소가 어떻게 통제를 가해야 하는가—단순히 광범위한 재량을 지적하고, 이를 존중하며 끝나는 것인가, 아니면 재량판단의 결과 내지 과정에 대하여 실질적 심사를 가할 수 있는가—라는 문제에 대해 유형적으로 정리한다.

또한 여기에서 말하는 '제도'란 제5장 제3절의 '(법)제도보장'보다 넓으며, 입법자가 결정한 '구조(仕組み)'라는 정도의 의미에서 사용하고 있다. 선거제도, 상속제도 그 외 각종 급부 제도가 여기에 포함된다.

제1절 권리의 제한과 제도의 형성

주요 판례

最判1981.6.15刑集35卷4號205頁(戶別訪問禁止違反事件[1981.6])
最判1981.7.21刑集35卷5號568頁(戶別訪問禁止違反事件[1981.7])
最大判1999.11.10民集53卷8號1704頁(衆議院選擧小選擧區制訴訟)
最大判2004.1.14民集58卷1號56頁(參議院議員定數不均衡訴訟[2004])
最大判2005.9.14民集59卷7號2087頁(在外國民選擧權訴訟)
最大判2011.3.23判例時報2108號3頁(衆議院議員定數不均衡訴訟[2011])

Ⅰ 두 가지 논증 방법

602 먼저, '권리의 논리'와 '제도의 논리'의 차이를 구별하기 위해 두 가지 논증의 비교부터 시작하고자 한다.

a) 권리의 논리에 따른 심사로 재외국민선거권 위헌판결은 다음과 같이 논하고 있다. ①'국민의 대표자인 의원을 선거로 선정하는 국민의 권리는 국민의 국정참가의 기회를 보장하는 기본적 권리로서, 의회제 민주주의의 근간을 이루는 것이며, 민주국가에서는 일정 연령에 달한 국민 모두에게 평등하게 부여된다'. '헌법은 국민주권의 원리에 기초하여 중・참의원 선거에서 투표함으로써 국가의 정치에 참여할 수 있는 권리를 국민에게 고유의 권리로서 보장하고 있으며, 그 취지를 확고히 하기 위하여 국민에게 투표할 기회를 평등하게 보장하고 있다'. ②'국민의 선거권 또는 그 행사를 제한하기 위해서는 이와 같은 제한을 하는 것이 필수불가결하게 인정되는 사유가 있어야 한다'. 그리고 '그러한 제한을 하지 않고서는 선거의 공정성을 확보하면서 선거권 행사를 인정하는 것이 사실상 불가능하거나 현저하게 곤란하다고 인정되는 경우가 아닌 한', 필수불가결한 사유가 있다고 할 수는 없다.

최고재판소는 '필수불가결하게 인정되는 사유'의 유무를 엄격하게 묻고 있다.

● 적용에서는 다음과 같이 설시하고 있다. '세계 각지에 산재하는 다수의 재외국민에게 선거권 행사를 인정하면서 공정선거의 실시나 후보자와 관련된 정보를 적정하게 전달하는 것 등과 관련하여 해결해야 할 문제가 있다고 하더라도, 이미 1984년의 시점에서 선거의 집행에 대해 책임을 지는 내각이 그 해결이 가능하다는 것을 전제로 위와 같은 법률안을 국회에 제출하였던 것을 고려한다면, 동 법률안이 폐안이 된 후에 국회가 10년 이상 장기간에 걸쳐 재외선거제도를 방치한 본 건 선거에서 재외국민에게 투표를 인정하지 않았던 것에 대해서 필수불가결한 사유가 있었다고 도저히 말할 수 없다'.

b) 이와는 대조적으로 구체적인 선거제도의 구조 자체의 합헌성이 문 603
제가 된 경우, 최고재판소는 일관하여 입법부의 광범위한 재량을 인정해 왔다.

aa) 선거운동의 편익 격차가 문제가 된 사건의 설시를 조금 더 자세히 인용한다(중의원선거 소선거구제 소송).

①[입법부의 재량] '대표민주제 하에서 선거제도는 선출된 대표자를 통해 국민의 이해나 의견이 공정하고 효과적으로 국정 운영에 반영되는 것을 목표로 한다. 또한 정치에서의 안정 요청도 고려하면서 각각의 국가에서 그 국가의 실정에 입각하여 구체적으로 결정되어야 할 것이며, 거기에 논리적으로 요청되는 일정불변의 형태가 존재하는 것이 아니다. 우리 헌법도 위의 이유에서 국회의 중·참의원 선거에 대해 대체로 의원은 전 국민을 대표하지 않으면 안된다는 제약 하에 의원정수, 선거구, 투표 방법 그 외 선거에 관한 사항은 법률에서 정해야 하는 것으로 보고(제43조, 제47

조), 중・참의원의 의원은 각 선거제도 구조의 구체적 결정을 원칙으로 국회의 광범위한 재량에 맡기고 있다'. '국회는 그 재량으로……공정하고 효과적인 대표를 선출한다는 목표를 실현하기 위해 적절한 선거제도 구조를 결정할 수 있다. 때문에 국회가 새롭게 선거제도의 구조를 채택할 경우 그 구체적인 규정이 위의 제약이나 법 앞의 평등 등 헌법상의 요청에 반하므로 국회의 위와 같은 광범위한 재량을 고려하더라도 그 한계를 넘고 있으며, 이것을 시인하는 것이 불가능한 경우에 비로소 이것이 헌법에 위반된다'.

②[정책본위・정당본위 선거제도] '정당은 의회제 민주주의를 지탱하는 불가결한 요소이며, 국민의 정치의사를 형성하는 가장 유력한 매체이므로, 국회가 중의원 의원의 선거제도 구조를 결정하는 데 있어서 정당의 위와 같은 중요한 국정상의 역할에 비추어 선거제도를 정책본위, 정당본위로 하는 것은 그 재량 범위에 속하는 것이 명백하다'. '그리고 선거운동을 누구에게, 어떠한 형태로 인정할 것인가는 선거제도 구조의 일부를 형성하는 것으로, 국회가 그 재량으로 결정할 수 있다'.

'정당 그 외의 정치단체에도 선거운동을 인정하는 것 자체는 선거제도를 정책본위, 정당본위로 한다는 국회가 정당하게 고려할 수 있는 정책적 목적 내지 이유에 의한 것이라 해석되는 것으로 충분히 합리성을 시인할 수 있다'.

③[신문광고 등에 관한 편익 격차] '후보자와 함께 후보자 등록정당에도 선거운동을 인정하는 것이 시인된 이상, 후보자 등록정당에 소속하는 후보자와, 소속하지 않는 후보자 사이에 선거운동상의 차이가 발생할 가능성을 피하기 어려우므로, 그 차이가 일반적으로 합리성을 지닌다고는 도저히 생각할 수 없을 정도에 이른 경우에 비로소 이와 같은 차이를 발생케 한 것은 국회가 재량범위를 일탈한 것이라 할 수 있다'. 자동차를 이용한 선거운동이나 신문광고, 연설회 등에서 볼 수 있는 선거운동상의 차

이는 '후보자 등록정당에도 선거운동을 인정한 것에 수반하여 불가피하게 발생할 수 있는 정도의 것이[다]'

④[정견방송] 개정 공선법이 소선거구 선거에 대해서 후보자 등록정당에만 정견방송을 인정하며 그 외의 후보자에게는 정견방송을 인정하지 않았던 것은 '정견방송이라는 수단에 한정한다면, 후보자 등록정당에 소속하는 후보자와 소속하지 않는 후보자 사이의 단순한 정도 차이를 넘은 차이를 마련한 결과가 된다'. 하지만 소선거구제의 도입으로 선거구가 좁아진 것, 종전보다 다수의 입후보자가 예측 가능한 것, 후보자 등록정당은 선거운동 대상구역이 넓어 라디오방송, 텔레비전방송 이용이 불가결한 것 등의 이유는 '전혀 근거가 없지는 않으며, 정견방송은 선거운동의 일부를 차지하는 것에 그치지 않는다는 점에 비추어보면, 정견방송이 인정되지 않는 일부를 가지고 선거운동에 관한 규정에서 후보자간 차이가 합리성을 지닌다고 도저히 생각할 수 없는 정도에 이르렀다고 단정하기는 힘들다'. 따라서 편익의 격차가 헌법 제14조 제1항을 위반하는 것이라고 할 수 없다.

bb) 본 판결은 ①에서 국회의 광범위한 재량을 그 이유와 함께 설명하 604
고(일정불변의 선거제도가 없다는 것), ②에서는 정책본위, 정당본위의 선거제도를 채택하는 것도 '국회가 정당하게 고려할 수 있는 정책적 목적'이며, 정당에 선거운동을 인정하는 것에는 합리성이 있다고 보았다. ③과 ④에서는 구체적인 선거운동상의 차이가 헌법에 반하지 않는가를 심사하고 있지만, ③에서는 정당에도 선거운동을 인정하는 결과로 불가피하게 발생하는 정도의 교차는 당연히 합헌이며, ④에서는 '합리성을 지닌다고 도저히 생각할 수 없는 정도에 이르렀다고는 단정하기 어렵다'는 대체로 다른 예에서 보기 힘든 완화된 심사가 이루어졌다.

605 c) 위에서 기술한 두 가지 판례를 비교하여 알 수 있듯이, 어떤 규제를 권리의 제한으로 구성할 것인가, 아니면 제도 형성의 합리성으로 구성할 것인가는 대단히 중요한 문제이다. 자동적으로 권리의 제한이면 위헌, 제도의 형성이면 합헌이 되는 것은 아니지만, 어떤 구성을 취하는가에 따라 논증의 작법이 전혀 다르게 된다.

권리의 제한인 경우 【*A* 방어권과 3단계심사】에서 기술한 이유가 그대로 타당하다. 재외국민선거권 위헌판결의 사안에서는 선거권은 선거인이라는 자격 부여에 더하여 선거권 행사의 기회 보장이 포함되어 있음을 먼저 확인하고, 중요한 권리에 대한 강력한 제한(행사의 기회 박탈)이었으므로 심사기준도 엄격한 것이 되었다.

이에 대하여 제도의 형성이 문제가 된 경우, 법률에 의한 규율은 일차적 의미로는 권리의 제한이 아니며, 이른바 게임의 규칙을 정하는 것과 같다고 관념할 수 있다. 중선거구제인가 소선거구제인가 비례대표제인가, 투표방식을 어떻게 할 것인가 등등이 결정되지 않는다면 선거권은 공중에 뜬다. 그리고 논리적으로 요청되는 일정불변의 선거제도가 존재하지 않는다고 한다면, 인물본위로 할 것인가, 정책본위・정당본위로 할 것인가를 결정하는 것은 입법자이며 제도의 세부를 만들어가는 것도 입법자이다. 이에 따라 선거운동의 편익과 관련된 위의 판결 심사는 제도의 이념 및 입법재량의 확인(판시①)→입법자가 채택한 기본방침의 합리성 확인(판시②)→그 기본 방침에 비추어 본, 구체적 규제 내지 격차의 합리성 심사(판시③④)라는 순서로 진행된다. 즉, ③④에서 합리성의 유무를 심사할 때 준거점으로 된 것은 헌법 그 자체가 아니라 ①에서 설명한 '논리적으로 요청되는 일정불변의 형태'의 부재에 근거하여 ②에서 입법자가 내린 기본결정(정책본위, 정당본위)인 것이다.

Ⅱ '권리의 제한' 인가 '제도의 형성' 인가

문제는 무엇이 권리의 제한으로서 심사되며, 무엇이 제도의 형성으로서 심사되어야 하는가이다. 권리인가 제도인가를 가늠하는 것은 반드시 쉬운 일이 아니다. 선거권이 **제도에 의존한 권리**이며, 제약은 가끔 제도의 결정에 부수하여 발생하는 것을 고려한다면, 권리인지 제도인지가 가장 먼저, 더욱이 가장 중요한 쟁점이 되는 경우가 적지 않은 것도 이해할 수 있을 것이다. 아래에서 몇 가지 예를 들고자 한다. 606

a) 재외국민선거권 위헌판결에서 '선거권 행사의 기회'의 제한(박탈)이라는 구성을 취했으나, '선거권 행사의 기회'라면 항상 권리의 제한으로 구성된다고는 할 수 없다.

선거제도를 정한다는 것은 정해진 장소 · 방법 · 시간으로부터 벗어난 투표금지를 함의하고 있다. 때문에 투표를 위해 시간 · 노력 · 비용 등을 어쩔 수 없이 부담하게 되는 선거인이 발생한다고 해도, 기본적으로 제도의 형성의 합리성 문제이지, 권리의 제한이 아니다. 그렇다면, 그 선거 구조로 투표가 곤란해진 자에 대해 선거권 행사를 용이하게 하는 보조적 제도를 마련할 것인지, 그리고 마련한다면 구체적으로 어떠한 제도로 할 것인가도 기본적으로 입법재량의 문제이며, 선거 시행에 수반되는 시간적 · 인적 · 물적 설비 등에 의한 다양한 제약 속에서 입법부가 결정하면 되는 일이다.

한편, 재외국민선거권 위헌판결의 사안은 법률상 명백하게 선거권 행사의 기회가 박탈되어 있는 것이므로, 이미 선거시스템 결정에 당연히 부수되는 부담이라고는 할 수 없을 것이다. 그렇다면 ①투표소 수를 10분의 1로 줄이는 것은 어느 쪽의 문제인가? ②투표 시간을 1시간으로 한정하는 것은 어떠한 문제인가? ③법률상으로 투표가 가능하지만, 사실상 장애로 인해 투표권을 행사할 수 없는 자는 어떻게 생각해야 하는가? 더욱이, ④중의원 선거의 중복입후보를 후보자 소속정당에 속하는 자에 한하여 인정하는(그 외의 자에는 인정하지 않는) 공공선거법 제86조의 2 제4항의 규정은 어느 쪽인가?

607 ● ①②는 매우 어려운 문제이다. 투표소의 수를 극단적으로 줄이거나, 혹은 투표 시간을 극단적으로 단축하는 것은 '전국민의 대표'를 선출하는 관점에서도 중대한 문제이며, 국회의 광범위한 재량을 고려하더라도, 그 한계를 넘는다고 볼 수 있을 것이다(제도의 논리). 게다가 양은 질로 전환한다고 생각하면, 이와 같은 극단적인 감소나 단축은 선거권 행사의 기회를 박탈하는 것이라고 볼 수 있다(권리의 논리). 하지만 얼마나 극단적이어야 양이 질로 전환하는지는 명확하지 않다.

③의 문제에 대해 최고재판소는 권리의 제한으로 구성할 가능성을 인정하기에 이르렀다. 정신적 원인(정신발달지체 및 불안신경증)으로 투표가 힘든 자에게 선거권의 행사 기회를 보장하는 것이 문제가 된 판결(最判2006.7.13判例時報1946號41頁)에서는 다음과 같이 설시하고 있다. '헌법에서 선거권을 보장하는 취지를 고려한다면, 국민의 선거권 행사를 제한하는 것은 원칙적으로 허용되지 않으며, 국가는 국민이 선거권을 행사하는 것이 불가능한 경우, 그와 같은 제한을 하지 않고서는 선거의 공정성 확보에 유의하면서 선거권 행사를 인정하는 것이 사실상 불가능하거나 현저하게 곤란하다고 인정되는 경우가 아닌 한, 국민의 선거권 행사를 가능하게 하기 위한 제반 조치를 취해야 할 책무가 있다'. '이것은 국민이 정신적 원인으로 인하여 투표소에서 선거권을 행사할 수 없는 경우에도 적용된다'.

● ④중복입후보의 합헌성에 대해 최고재판소는 다음과 같이 설시하고, 제도의 논리로 처리하고 있다(最大判1999.11.10民集53卷8號1577頁). '선거제도의 구조를 구체적으로 결정하는 것은 국회의 광범위한 재량에 맡겨져 있는데, 동시에 실시되는 두 곳의 선거에 동일 후보가 중복입후보 하는 것을 인정할지 여부는 위의 구조 중 하나로 국회가 재량으로 결정할 수 있는 사항이다'. '피선거권 또는 입후보의 자유가 선거권의 자유로운 행사와 표리관계에 있는 중요한 기본적 인권이라는 점에 비추어보면, 합리적

인 이유 없이 입후보의 자유를 제한하는 것은 헌법의 요청에 반한다고 하지 않을 수 없다. 하지만……정당이 수행하고 있는 국정상의 중요한 역할에 비추어 보면, 선거제도를 정책본위, 정당본위로 보는 것은 국회의 재량범위에 속하는 것이 분명하다……. 따라서 마찬가지로 정책본위, 정당본위의 선거제도라고 해야 할 비례대표선거와 소선거구선거에 중복하여 입후보할 수 있는 자가 후보자 등록정당의 요건과 중의원 명부등록정당 등의 양쪽 요건 모두 충족하는 정당 등에 소속하는 자에 한정되어 있는 것은 이에 상응하는 합리성이 인정된다'.

한편, 재외국민선거권 위헌판결에서 재외국민의 투표를 중의원과 참의원, 중·참의원의 비례대표 의원선거에 대해서만 인정하며, 선거구 선출의원의 선거 투표를 인정하지 않은 1998년 개정 후 공직선거법 규정도 '필수불가피한 사유가 있다고 볼 수 없'다고 보고, 위헌이라고 판시되었다(권리의 논리). 양 판결은 얼핏 보기에 모순되어 있다. 양자의 차이는 선거권과 피선거권이라는 권리의 본질 차이에 의한 것이 아니다. 공공선거법 제87조 제1항이 중복입후보를 금지하고 있으며, 제86조의 2 제4항의 중복입후보제는 이 원칙에 대한 정책적 예외라는 이해(따라서 권리의 제한이 아니다)에 따른 것으로 여겨진다.

b) 다음으로 공공선거법 제138조 제1항에서 정하는 호별 방문 금지와 608
같은 통상적으로 권리의 제한으로 구성되어왔던 문제에 대해서도, 제도의 형성이라는 시점에서 재구성할 여지가 있다.

aa) 최고재판소는 권리의 제한이라는 관점에서, 다음과 같이 이유를 들며 이를 합헌으로 보았다(호별 방문 금지 사건 1981년 6월 판결).

'호별 방문 금지는 의견표명 그 자체의 제약을 목적으로 하는 것이 아니라, 의견표명의 수단 방법이 가져오는 폐해, 즉, 호별 방문이 매수·이해유도 등의 온상이 되기 쉬우며, 선거인의 평온한 생활에 해를 끼치는 것은 물론, 이것이 방임되면 후보자 측도 방문 횟수 등을 경쟁하게 되어 견디기 힘들어지는 것은 물론 거액의 지출이 발생하며, 투표도 이해관계에 지배되기 쉬운 것 등의 폐해를 방지하고, 이로써 선거의 자유와 공정성을 더 확보함을 목적으로 하고 있는데(……), 위의 목적은 정당하며, 이들 폐해를 총체적으로 볼 때에는 호별 방문을 일률적으로 금지하는 것과 금지 목적과의 사이에 합리적인 관련성이 있다'. '호별 방문 금지로 상실되는 이익은 호별 방문이라는 수단 방법에 의한 의견표명을 할 수 있는 자유가 제약되는 것이지만, 이는 본래 호별 방문 이외의 수단 방법에 의한 의견표명의 자유를 제약하는 것이 아닌, 단순히 수단 방법의 금지에 수반하는 한도에서 간접적, 부수적인 제약임에 불과하지만, 금지로 인해 얻을 수 있는 이익은 호별 방문이라는 수단 방법이 초래하는 폐해를 방지함으로써 선거의 자유와 공정을 확보하는 것이므로, 얻을 수 있는 이익은 상실하는 이익에 비해 매우 크다.

609 bb) 이 판결에서 최고재판소가 이용한 것은 이른바 합리적 관련성 기준(⇒352)이다. 이에 대해 학설에서는 표현의 자유에 대한 내용 중립적 규제이므로, 보다 엄격한 기준으로 심사해야 한다는 비판이 강하다. 표현의 자유에 대한 제한으로 생각하는 한, 호별 방문 금지는 과잉제한이므로 위헌이라고 본 동 판결의 원심처럼 생각하는 것이 솔직할 것이다.

● 원심(廣島高松支判1980.4.28刑集35卷4號418頁)은 '호별 방문을 금지하지 않을 경우 부정행위의 온상이 되기 쉬우며, 그러한 기회를 늘리는 폐해가 발생할 개연성이 높아진다고 할 수 없으며, 위 폐해를 발생하게 할 우려는 지극히 추상적인 가능성에 그치므로 위 폐해의 방지와 호별 방문 금지와의 사이에는 관련성이 전혀 없다고는 할 수 없더라도 이것이 합리적인 관련성을 가지고 있다고는 할 수 없다'는 등으로 보고, '결국 호별 방문을 금지한 법의 목적을 각별하게 검토해 보더라도, 또는 그 목적 자체가 표현의 자유를 제약해야 할 근거가 될 수 없거나, 혹은 그 수단으로 그 목적을 달성할 수 있느냐에서 합리적인 관련성이 결여되어 있거나, 선택된 수단이

그 목적을 달성하는 데 매우 지나치다고 할 수밖에 없으며, 이것들을 모두 고려해보아도 호별 방문을 금지하는 것이 헌법상 허용되는 합리적이고 필수불가결한 한도의 규제라고 생각할 수는 없다'고 판시하였다.

cc) 위의 견해와는 달리, 호별 방문 금지를 제도의 논리에서 고려한 것 610
이 있다. 호별 방문 금지가 문제가 된 다른 판결(호별 방문 금지 사건 1981년 7월 판결)에서 이토 마시미伊藤正己 재판관의 보충의견은 다음과 같이 논하고 있다.

'이러한 입장에 서면, 호별 방문에는 앞서 기술한 것과 같은 제반 폐해를 수반하므로, 표현의 자유의 제한을 합헌으로 하기 위해 필요한 **엄격한 기준**에 합치한다고 할 수 없어도, 이것들은 호별 방문이 **합리적인 이유**에 근거하여 금지되어 있는 것을 나타내고 있다고 할 수 있다. 따라서 그 금지가 입법의 재량권 범위를 일탈하여 헌법에 위반한다고 판단하기는 어렵다'.

● '이러한 입장'이란 다음과 같다. 선거운동은 '모든 언론이 필요최소한도의 제약 아래 자유롭게 경쟁하는 장이 아닌, 각 후보자는 선거의 공정성을 확보하기 위해 정해진 규칙(룰)에 따라 운동을 하고 있다고 생각해야 한다. 법에서 정한 규칙을 각 후보자가 지킴으로써 공정한 선거가 이루어지는 것이며, 여기에는 합리적인 규칙 마련이 전제되어 있다. 이 규칙 내용을 어떤 것으로 할지는 입법정책에 위임되어 있는 범위가 넓으며, 이에 대해서는 필요최소한도의 제약만이 허용된다는 합헌을 위한 엄격한 기준은 적용되지 않는다고 볼 수 있다. 헌법 제47조는 국회의원 선거에 관한 사항은 법률에서 정한다고 하고 있지만, 이는 선거운동 규칙에 대해 국회의 입법재량 여지가 넓다는 취지를 포함하고 있다. 국회는 선거구 결정 방법, 투표 방법, 우리나라 선거 실태 등 제반 사정을 고려하여 선거운동 규칙을 정해야 하며, 이것이 합리적이라고 생각할 수 없는 특단의 사정이 없는 한, 국회가 정한 규칙은 각 후보자가 지켜야 할 것으로 존중되

어야 한다'.

611 표현의 자유를 제한으로써 생각하는 한, 호별 방문 금지에 국한하지 않고 문서배포의 제한, 사전운동의 금지, 인터넷 선거운동의 금지 등 공직선거법상의 제한 및 금지의 대다수는 위헌일 것이다. 선거운동의 규제는 규칙의 문제라고 생각하는 편이 좋다.

● 사전선거운동 금지 판결(最大判1969.4.23刑集23卷4號235頁)은 사전선거운동의 금지에 대해 부당하거나 쓸모없는 경쟁을 부추기며 부정행위 등이 발생함에 따라 선거의 공정을 저해할 '우려'가 있음은 물론, 경제적 격차로 불공평이 발생하며, 선거 부패를 초래할 '우려'가 있다고 보아 이를 필요하고 합리적인 제한으로 보았다. 하지만 표현의 자유의 제한으로서는 단순한 '우려'로는 불충분하다.

또한 E-mail이나 웹사이트는 공직선거법의 '문서・도화'에 해당하는 것으로 보아 각종 규제가 가해지고 있다. 스팸메일이나 '사칭' 메일 등의 악용으로 인한 폐해 외에도 인터넷에 익숙하지 않은 유권자 및 후보자가 있는 것(디지털 소외계층)을 인터넷에 의한 선거운동을 인정하지 않는 주요한 이유 중 하나로 들고 있지만, 표현의 자유에 대한 통상적인 제한이라고 본다면, 이것들은 규제를 정당화하는 이유가 도저히 될 수가 없다.

● 규칙 문제라고 생각해야 할 이유는 이들 규제의 합헌성을 설명하기 위한 것(만)이 아니다. 합리적 관련성이라는 완화된 기준을 표현의 자유에 대해 적용해야 할 경우를 한정하기 위해서도 규칙(제도)로서의 구성이 요청된다.

612 c) 권리의 논리와 제도의 논리가 대립한 가장 전형적인 헌법 문제가 투표가치의 평등(1표의 격차)이다. 이에 대해서 다음에서 논한다.

Ⅲ '투표가치의 평등'에 대한 3가지 접근

참의원 선거에서 투표가치의 불평등이 문제가 된 참의원 의원정수 불균형소송 2004년 판결에서는 제도의 논리를 취한 다수의견과 권리의 이론을 취한 반대의견이 대립하였고, 더욱이 제도의 논리를 취한 재판관 사이에서도 두 가지 견해가 대립하였다. 이로써 다수의견이 보충의견1(5명)과 보충의견2(4명)으로 나뉘어 6명이 반대의견을 집필함으로써 최고재판소가 실질적으로 셋으로 분열되었다. 613

Ⅲ-1 입법재량 강조형 제도의 논리

a) 제도의 논리를 취하는 재판관 중 마치다 아키라町田顯 재판관을 포함한 다섯 재판관의 보충의견 1은 투표가치의 평등이라는 헌법상 요청과, 지역대표라는 단순한 정책적 목적을 같은 위치에 두었다. 614

①[투표가치의 평등의 자리매김] 헌법은 투표가치의 평등을 요구하고 있지만, 헌법은 '어떤 선거제도가 국민의 이해나 의견을 공정하고 효과적으로 국정에 반영시킬 수 있을지 결정을 국회의 광범위한 재량에 맡기고 있다'. 이 때문에 투표가치의 평등은 '선거제도의 구조 결정에서 유일한 절대기준'이 아니라 국회가 정당하게 고려할 수 있는 다른 정책적 목적 내지 이유와의 관련에서 조화롭게 실현되어야 하는 것에 불과하다. 따라서 '국회가 구체적으로 정한 것이 그 재량권 행사로 합리성을 시인할 수 있는 것인 한, 이것으로 투표가치의 평등이 훼손된다 하더라도 불가피하다'.

②[도도부현都道府縣에 대표적 성격을 부여하는 것의 합리성] 참의원 선거구 선출 의원에 대해 '도도부현이 역사적으로도 정치적, 경제적, 사회적으로도 독자적 의의와 실체를 가지며, 정치적으로 하나의 덩어리를 이루는 단위로 받아들일 수 있는 점에 비추어, 도도부현을 구성하는 주민의 의견을 집약적으로 반영시킨다는 의의 및 기능을 가미'한다는 선거제도의 구조

는 '국민 각자, 각층의 이해나 의견을 공정하고 효과적으로 국회에 반영시키기 위한 방법으로 합리성이 결여되었다고는 할 수 없으며, 국회가 가진 입법재량권의 합리적인 행사 범위를 일탈하는 것'이 아니다.

③[합헌성 판정기준] 이러한 선거제도 구조 하에서는 '투표가치의 평등을 요구하는 것은 인구비례주의를 가장 중요하며 기본적인 기준으로 하는 선거제도의 경우와 비교하여 일정한 양보를 피할 수 없다'. 또한 인구 변동을 어떤 형태로 선거제도 구조에 반영할 것인가는 '복잡하며 고도의 정책적인 고려와 판단을 필요로 하는 것이며, 그 결정은 다양한 사회정세의 변동에 대응하여 적절한 선거제도의 내용을 결정할 책무와 권한을 지닌 국회의 재량에 맡겨져 있다'.

때문에 헌법에 위반하는 것은 '의원정수 배분 규정을 제정 또는 개정의 결과, ……투표가치의 평등이 지녀야 할 중요성에 비추어 도저히 간과할 수 없다고 인정될 정도로 투표가치의 현저한 불평등 상태를 발생시키거나, 그 뒤 인구 변동이 위와 같은 불평등 상태를 발생시켜 그것이 상당기간 계속되었음에도 불구하고, 이를 시정하는 조치를 강구하지 않는 것이 고도의 정책적 고려와 판단 위에서 행사되어야 할 국회의 재량적 권한과 관련된 것이라 점을 고려하더라도 그 허용 한계를 넘었다고 판단되는 경우' 뿐이다.

615 b) 이 설시는 헌법의 구체적 요청인 투표가치의 평등에 대해서도 '일정불변의 형태'가 존재하지 않는 선거제도 그 자체와 똑같은 틀에서 심사한다. 이 설시에 따르면 투표가치의 평등을 어느 정도 고려해야 하는지는 헌법이 아니라 입법자가 정하게 된다. 중의원 선거에서 인구비례주의를 가장 중요하며 기본적인 기준(最大判1993.1.20民集47卷1號67頁)으로 하는 것도, 입법자가 그렇게 정했기 때문이다. 입법자가 다른 정책적 고려를 했다면, 중의원 선거에 대해서도 1대 6까지의 격차가 허용되었을 것이다.

역시 이러한 견해는 최고재판소 내에서도 강한 비판을 받았다. (이후에 最大判2012.10.1.7民集66卷10號3357頁에서 '참의원 의원의 선거라는 것 자체로부터 곧바로 투표가치의 평등 요청이 후퇴해도 좋다고 해석해야 할 이유는 찾기 어렵다'고 하여 참의원의 특수성을 이유로 한 완화를 부정하였다.)

Ⅲ-2 권리의 논리

이와 같은 사고에 가장 격렬하게 대립하는 것이 ≪1표 격차는 엄격하 616
게 1대 1을 원칙으로 한다≫, 혹은 ≪2배를 넘으면 위헌이다≫는 견해이다. 이들은 투표가치의 평등을 권리의 문제라고 생각한다(입법재량 한정형⇒630).

● 마찬가지로 참의원 선거에서 한 표의 격차가 문제가 된 참의원 의원정수 불균형소송 2006년 판결(最大判2006.10.4民集60卷8號2696頁)의 반대의견에서 몇 가지를 발췌해 두고자 한다.

①이즈미 도쿠지泉德治 재판관 반대의견: '평등한 선거권은 표현의 자유와 함께 민주주의 체제를 지탱하는 기본적 권리이므로, 투표가치에 격차를 둔 것이 헌법에 적합한지 아닌지를 심사하는 경우 격차를 둔 목적이 국민의 의견을 공정하고 효과적으로 국회에 반영시키기 위해 정말로 불가피한 합리적인 것인가, 격차의 형태가 상기 목적과 실질적으로 관련성이 있는가를 엄격하게 따질 필요가 있다. 투표가치에 격차를 둔 것에 일응(prima facie)의 합리성이 인정되면 족하는 것으로 국회의 광범위한 재량을 인정해서는 안된다'.

②사이구치 지하루才口千晴 재판관 반대의견 : '선거에서 평등의 원칙은 국민의 기본적 인권의 문제이며, 양원제 등의 제도 문제로 파악해서는 안되고, 국민은 참의원 의원 선출에 대해서도 중의원 선거와 마찬가지로 기본적으로 평등한 선거권을 부여받아야 한다. 또한 헌법 제47조……는 선거사항 법률주의 원칙을 확인한 것에 불과하며, 이를 논거로 의원정수 분배를 포함하여 선거에 관한 사항에 대해 국회의 광범위한 재량권을 도출

할 수는 없다'.

● 참의원 의원정수 불균형소송 2004년 판결에서 후쿠다 히로시福田博 재판관은 최대격차 2배까지를 합헌으로 하는 견해에 대해서도 날선 추가 반대의견을 집필했다. 이에 따르면 투표가치의 평등은 '순수하게 기술적으로 수정이 불가능한 요소에 의한 것을 배제하면 투표가치를 끝없이 1대 1에 가깝게 만들 것이 요구된다'는 것이며, '현대 민주주의 정치에서 투표가치의 평등이란 어디까지나 1대 1을 기본으로 하는 것이며, 1대 2는 1대 1이 아니다(바꾸어 말하자면, 1대 2가 인정된다면, 왜 1대 3이나, 1대 4는 인정되지 않는가에 대해 이론적으로 설명할 수 없다)'.

Ⅲ-3 재량과정 통제형 제도의 논리

617 참의원 의원정수 불균형소송 2004년 판결에서 제3의 입장은 후술하는 가메야마 쓰기오龜山継夫 외 4명 재판관의 보충의견 2에 제시되어 있다. 이는 제도의 논리를 취하면서도(이 점에 대해서는 보충의견 1과 같다), 투표가치(및 半數改善)라는 헌법상의 요청과, 지역대표라는 정책적 목적 사이의 질적 차이를 강조함으로써 상위규범이며 헌법상의 요청인 투표가치의 평등이 **재량권 행사 과정**에서 적정하게 고려될 것을 요구하는(이 점에서, 입법자의 재량을 단순히 존중한 보충의견 1과 다르다)것이며 이 심사는 재량과정 통제형 심사라 할 수 있다(자세히는 ⇒635).

Ⅲ-4 최근의 판례경향

618 투표가치의 평등에 관한 그 뒤의 중요 판례는 중의원 의원정수 불균형소송 2011년 판결이다. 이 판결은 ①형식상으로 입법재량 강조형을 답습하고 있는 한편, ②시간의 경과로 이른바 '1인 별도 구조방식'에는 합리성이 없어졌다고 보고, 이 방식으로 발생하는 최대 2.304배의 격차는 '헌법상 투표가치의 평등 요구에 반하는 상태'에 이르렀다고 하였다. ③시정

을 위한 합리적 기간의 기산점을 종래의 판례는 국세조사 발표일 등에 요구하고 있었지만, 이 판결에서는 2005년 총선거 시점에서 '1인 별도 구조방식'을 포함한 구획기준・선거구 분할을 합헌으로 한, 最大判2007.6.13民集61卷4號1617頁에서 구하고 있다. 더욱이 最大判2015.11.25民集69卷7號2035頁는 1인 별도 구조방식 폐지 등을 내용으로 한 법률 개정에 근거한 선거구획정을 위헌 상태라 하였다.

● ②는 1대 2라는 명확한 기준을 제시하는 것은 아니지만, 3배 미만의 격차를 합헌으로 한 선례를 사실상 변경하고 있다. 하지만 이것은 종래의 반대의견과 같이 '권리의 논리'에 따른 것이 아니기 때문에, 논리를 알기 어렵다(본 판결은 입법재량을 설명한 뒤, '이상은 앞서 게재한 각 대법정 판결의 취지로 이를 변경할 필요성은 인정되지 않는다'고 하여 선례를 답습하고 있다). 본 판결의 논리는 입법재량 축소형(⇒625)의 체재를 취하고 있다.

또한 ③은 최고재판소의 과거 합헌판결 자체가 '위헌 상태'를 넘은 '위헌' 판단의 방해가 되었다는 것을 나타내고 있다.

Ⅳ 소괄

선거권과 같이 구체적인 선거 구조가 결정되어 있지 않으면 행사를 할 619
수도 없는(그런 의미에서 제도에 의존하는) 권리에는 권리의 논리와 제도의 논리가 종종 대립한다. 본 절에서는 먼저 재외국민선거권 위헌판결과 선거운동상의 편익 격차에 관한 판결을 대비시켜 두 가지 심사 방법을 대조하였으며, 이어서 권리인가 제도인가의 대립이 발생할 수 있는 경우를 몇 가지 소개했다.

이와 동시에, 제도의 형성을 전제로 한 심사에서도 참의원 의원정수 불균형소송 2006년 판결의 보충의견 2가 시사하는 바와 같이, 재량권 행사에 일정한 통제를 가하는 심사수단이 있을 수 있으며, 그 외에 본체가 되는 실체적 권리와 별도로 법 앞의 평등이라는 관점에서 입법재량에 한정이 가해지는 경우가 있다. 다음 절에서는 몇 가지 예를 들며 광범위한 입법재량에 대한 통제 가능성에 대해 고찰한다.

제2절 제도준거심사

주요 판례

最大決1997.7.5民集49卷7號1789頁(婚外子法定相續分事件)[1997年]
最判2002.1.31民集56卷1號246頁(兒童扶養手當支給拒否事件[奈良])
最大判2004.1.14民集58券1號56頁(參議院議員定數不均衡訴訟[2004年])
最大判2008.6.4民集6號1367頁(國籍法違憲事件)
最大決2015.9.4民集67卷6號1320頁(婚外子法定相續分事件)[2015年]

620 앞 절에서 본 것처럼, 제도와의 관계 속에서 발생하는 기본권 문제의 처리에는 ①권리의 논리가 지배하는 것과 ②제도 형성의 입법재량이 우월한 것이 있다. 그렇다고는 해도 ②의 경우에도 광범위한 입법재량이 전면적으로 드러나, 언제나 극히 완화된 기준으로 심사되며 합헌이 된다(**입법재량 강조형**⇒621)고는 단정 지을 수 없다. 제도 형성의 재량을 전제로 하는 경우에도, 입법자에 의한 제1차적 판단권의 행사를 받아, 입법자의 기본결정과 일관성을 검토하는 형태로 합리성이 비교적 상세하고 구체적으로 검토되는 경우가 있으며(**입법재량 축소형**⇒625), 더욱이 일부 사례에서는 법 앞의 평등이 제도 형성의 입법재량에 한계를 꾀하는 경우가 있다(**입법재량 한정형**⇒630). 또한 이와는 별개로 재량권 행사 과정에 착안하여 **재량과정 통제형** 심사가 있다(⇒635).

이하에서는 각각의 심사수단이 적용된 전형적인 판례를 개관하며, 각

수단을 이용해야 할 경우에 대해 검토한다.

● 본 절은 '제도준거심사'라고 제목을 정하였지만, 엄밀하게는 입법재량 강조형과 입법재량 축소형 심사만이 '제도준거'이다.

Ⅰ 입법재량 강조형

권리의 논리가 제도의 논리로 수정되어 제도의 합리성으로부터 규제의 합리성이 논증된 판례는 생존권과 병행급부의 금지(⇒518, 522), 선거제도・의원정수 불균형(⇒603, 614) 이외에도 여러 가지가 있다. 이하에서는 그 전형으로 혼외자 법정상속분 사건(1997년)을 소개하고자 한다. 621

민법 제900조 4호 단서(구 규정)의 합헌성에 대해 혼외자 법정상속분 사건 1997년 결정은 헌법 제14조 제1항은 합리적 이유가 없는 차별을 금지하고 있는 것이며, 합리적 이유가 있는 법적 취급의 구별은 위 규정에 위반하는 것이 아니므로, '위의 내용 검토를 전제로, 우리나라의 상속제도를 개관한다'고 하였다.

a) 1997년 결정의 다수의견은 다음과 같이 전개되고 있다. 622

①[법적 구성] '상속제도는 피상속인의 재산을 누구에게, 어떻게 승계할 것인가를 정하는 것이지만, 그 형태에는 역사적, 사회적으로 보아 다양한 것이 있으며, 또한 상속제도를 정하는 데에 있어 각 국가의 전통・사회사정・국민감정을 고려해야하며, 각국의 상속제도는 많든 적든 이들 사정을 반영하고 있다. 더욱이 현재의 상속제도는 가족을 어떻게 생각할 것인가와 밀접하게 관계하고 있는 것으로, 그 나라의 혼인 내지 친자관계에 대한 규율 등을 떠나 이것을 정할 수는 없다. 이들을 종합적으로 고려한 후에, 상속제도를 어떻게 정할 것인가는 입법부의 합리적인 재량판단에 맡

겨져 있다'.

법정상속분에 대한 규정이 유언에 의한 상속분 지정이 없는 경우에 '보충적으로 기능하는 규정임을 고려한다면, 본 건 규정에서 혼내자와 혼외자의 법정상속분 구별은 그 입법이유에 합리적인 근거가 있으며, 나아가 그 구별이 위 입법이유와 관련하여 현저히 불합리한 것이 아니며, 아직 입법부에 부여된 합리적 재량판단의 한계를 넘지 않았다고 인정되는 한, 합리적 이유가 없는 차별이라 할 수 없으며, 이를 헌법 제14조 제1항에 반하는 것으로 볼 수 없다'.

②[적용] '헌법 제24조 제1항은 혼인은 양성의 합의만을 근거로 성립한다는 취지를 정하나, 민법 제739조 제1항은 "혼인은 호적법이 정하는 바에 따라 이를 신고함으로써 그 효력이 발생한다."고 규정하며, 이른바 사실혼주의를 배제하고 법률혼주의를 채택하며, 또한 동법 제732조는 중혼을 금지하고 이른바 일부일처제를 채택하는 것을 명확히 하고 있다. 물론, 민법이 채택하는 이들 제도는 헌법의 위 규정에 반하는 것이 아니라는 것은 말할 필요도 없다'.

'민법이 법률혼주의를 채택한 결과로서 혼인관계에서 출생한 혼내자와 혼외 관계에서 출생한 혼외자의 구별이 생기더라도, 이것은 불가피한 것이라 하지 않을 수 없다'. '본 건 규정의 입법 이유는 법률상 배우자와의 사이에서 출생한 혼내자의 입장을 존중함과 함께, 한편으로 피상속인의 자인 혼외자의 입장도 배려하여 혼외자에게 혼내자의 2분의 1의 법정상속분을 인정함으로써 혼외자를 보호하려고 한 것이[다]'. '현행 민법은 법률혼주의를 채택하고 있기 때문에 위와 같은 본 건 규정의 입법 이유에도 합리적인 근거가 있다고 해야 할 것이며, 본 건 규정이 혼외자의 법정상속분을 혼내자의 2분의 1로 한 것이, 위 입법이유와의 관계에서 현저하게 불합리하며, 입법부에 부여된 합리적 재량판단의 한계를 넘는 것이라고 할 수는 없다'.

623 b) 1997년 결정의 법적 구성은 중·참의원 선출방식은 '그 나라의 실정

에 입각하여 구체적으로 결정되어야 할 것'이며, '합리적으로 요청되는 일정불변의 형태가 존재하는 것은 아니'기 때문에 '국회의 광범위한 재량'이 있다고 한 선거제도에 대한 설시(⇒603)와 매우 비슷하다(유사점은 적용에서도 볼 수 있다). 법률혼주의는 민법이라는 법률상의 산물이지만, 헌법 제24조가 요청하는 유일한 형태는 아니다. 다수의견은 법률혼주의라는 단순한 법률상의 원칙을 준거점으로, 차별의 합리성을 심사하는 것이었다.

한편, 나카지마 토시지로中島敏次郎 등 5명의 재판관의 반대의견은 법 앞의 평등에 의해 재량을 한정하는 심사방법(**입법재량 한정형**⇒630)을 채택하고 다수의견에 대항하고 있다.

● 본래 입법재량의 한계에 관한 표현의 미묘한 차이를 간과해서는 안된다. 본 결정에서는 '구별이 위 입법이유와 관련하여 현저하게 불합리한 것이 아닌' 것으로 보는 것에 대해, 선거운동 편익의 격차에 대해서는 '그 차이가 일반적으로 합리성을 지닌 것이라고 도저히 생각할 수 없는 정도에 달한' 것인지 아닌지를 문제로 하고 있다.

● 덧붙여 말하자면, 다수의견의 사고는 혼내자와 혼외자와의 상속분에 차등을 두더라도 혼외자의 출생을 억제하기는 어렵다는 의문에 대한 가베 쓰네오可部恒雄 재판관의 보충의견에 명료하게 드러나 있다. 이에 따르면, 지금 여기에서 논해지고 있는 것은 상속분에 차등을 두는 것이 과연 법률혼을 촉진시킬 수 있는가라는 안이한 목적·효과론의 검증이 아닌 '대개 법률혼주의를 채택하는 이상, 혼내자와 혼외자 사이에 적어도 상속분에 대한 차등이 발생하는 경우가 있는 것은 이른바 법률혼주의의 논리적 귀결이라고도 할 수 있는 측면을 가진다는 것이다'.

● 반대의견은 '상속제도는 사회의 제반 조건이나 친족 각인의 이익 조정 등을 고려한 종합적인 입법정책의 소산이지만, 입법재량에도 헌법상의 한계가 존재하는 것이며, 헌법적합성 여부의 관점에서 검토되어져야 할 대상인 것도 당연하다'고 하고, 제도 형성의 헌법상의 한계를 강조하고 있다

(반대의견의 구체적 주장에 대해서는 ⇒426).

624 c) 민법 제900조 제4호 단서는 혼외자 법정상속분 사건(2015년) 결정에서 위헌이 되었지만, 이것은 입법재량 한정형으로 이행했기 때문이 아니다. 최고재판소는 1997년 결정의 틀을 유지한 뒤, 1957년 민법개정시부터 현재에 이르기까지 국민의 의식변화 등을 이유로 하여 개정시의 합리성이 결여되었다고 하고 있다(⇒834).

Ⅱ 입법재량 축소형

625 위의 판례에서는 제도에 준거함으로써 심사기준의 현저한 완화가 이루어지고 있다. 하지만 제도에 준거함으로써 심사가 실질적으로 이루어지는 경우가 있다.

아동부양수당 지급중단 사건(奈良)의 판결에서는 아동부양수당법에 기초한 아동부양수당의 지급에 관해 아동부양수당법 시행령이 부로부터 인지된 혼인 외 임신 아동을 제외하는 것은 '법의 위임취지에 반한다고 할 수밖에 없다'고 하였다. 이 판결에서 매우 알기 쉬운 형태로 재량축소형 제도준거심사가 이루어지고 있다(또한 다른 논점으로 시행령 제1조의 2 제3호의 「(부로부터 인지된 아동을 제외)」는 괄호서가 적극요건인지 소극요건인지가 문제가 있지만, 이에 대해서는 ⇒733).

626 a) 사안 및 판결이유는 다음과 같다.

● 아동부양수당법은 '부와 생계를 함께 하지 않는 아동이 성장하는 가정의 생활 안정과 자립 촉진에 기여하기 위해 해당 아동에 대해 아동부양수당을 지급하고, 이로써 아동의 복지 증진을 도모하는 것'(제1조)을 목적으로 하며, 제4조 제1항은 지급 요건으로 부모가 혼인을 해소한 아동(1호), 부가

사망한 아동(2호), 부가 정령(政令)에서 정하는 정도의 장애 상태에 있는 아동(3호), 부의 생사가 불분명한 아동(4호)을 규정하고, 5호에는 '그 외 前各號에 준하는 상태에 있는 아동으로 정령에서 정하는 것'으로 하고 있다. 이를 구체화한 아동부양수당법 시행령 제1조 2는 3호에서 '모가 혼인……에 의하지 않고 임신한 아동(부로부터 인지된 아동을 제외)'으로 규정하고 있다. X는 혼인에 의하지 않고 자녀를 임신 · 출산하여 Y로부터 아동부양수당 지급을 받고 있었으나, 그 후에 자가 그 부로부터 인지되었기 때문에, 아동부양수당의 지급 자격이 소멸되었다고 하여, 아동부양수당 수급 자격 상실처분을 받았으므로, 시행령 제1조의 2 제3호의 '「(부로부터 인지된 아동을 제외)」'한다는 괄호서 부분은 위헌, 위법이라고 해서 처분의 취소를 요구하며 소송을 제기했다.

최고재판소는 다음과 같이 설시했다. ①'법은 부와 생계를 함께하지 않 627
는 아동이 자라는 가정의 생활 안정과 자립 촉진에 기여하기 위하여 해당 아동에 대해 아동부양수당을 지급하고, 이로써 아동의 복지 증진을 도모하는 것을 목적으로 하고 있지만(법 제1조)', 그 제4조 제1항 1호 내지 4호에서 일정 유형의 아동을 명시하여 지급 대상 아동으로 하고, 동 조항 5호에서 정령에 위임하고 있다. '동호에 의한 위임 범위에 대해서는 그 문언은 물론 법의 취지나 목적, 나아가서는 동 조항이 일정 유형의 아동을 지급 대상 아동으로 명시한 취지나 지급 대상 아동으로 된 자와의 균형 등을 고려하여 해석해야 한다'.

②혼인 외 임신 아동은 세대의 생계 유지자로서의 부가 없는 아동이기 때문에, 부에 의한 현실적 부양을 기대할 수 없는 유형의 아동에 해당한다. 한편, 본 건 괄호서는 부로부터 인지된 혼인 외 임신 아동을 지급 대상 아동에서 제외하고 있다. '확실히, 혼인 외 임신 아동이 부로부터 인지됨으로써 법률상 부가 존재하는 상태가 되지만, 법 제4조 제1항 1호 내지 4호가 법률상 부의 존재 여부만으로 지급대상 아동으로 유형화하는 취지가 아닌 것은 명백하며, 인지로 당연히 모와 혼인관계가 형성되는 등 세대의 생계유지자로 부가 존재하는 상태가 되는 것이 아니다. 또한 부로부

터 인지되면 통상 부에 의한 현실적 부양을 기대할 수 있는 것도 아니다. 따라서 혼인 외 임신 아동이 인지로 법률상 부가 있는 상태가 되었다고 하더라도 여전히 법 제4조 제1항 1호 내지 4호에 준하는 상태가 계속되고 있다'.

③'그렇다면, 시행령 제1조 2 제3호가 본 건 괄호서를 제외한 본문에서, 법 제4조 제1항 1호 내지 4조에 준하는 상태에 있는 혼인 외 임신 아동을 지급 대상 아동으로 하면서, 본 건 괄호서로 부로부터 인지된 혼인 외 임신 아동을 제외하는 것은 법의 취지, 목적에 비추어 양자 간의 균형이 결여되며, 법의 위임 취지에 반하는 것이라 하지 않을 수 없다'.

628 b) 이 판결의 특징은 통상적으로 예상할 수 있는 논의, 예를 들면, 본 건 제외 규정은 혼인 외의 자로 인지된 아동을 혼인을 해소한 모에게 감호되는 아동과 비교하여 사회적 신분으로 차별하는 것이므로 엄격하게 심사해야 한다, 혹은 반대로 헌법 제25조에 기초한 급부제도이므로 입법부의 재량을 존중해야하며, 현저하게 합리성이 결여된 경우에 한하여 제14조 위반이라 해야 한다는 논의가 등장하고 있지는 않다. 본 판결은 입법자가 창설한 구체적인 제도의 목적이 무엇이고, 부로부터 인지된 혼인 외 임신 아동인 원고가 세대의 생계유지자로서의 부에 의한 현실적 부양을 기대할 수 없다고 여겨지는 아동에 해당하는가에 관심이 향해져 있었다. 부언하면, 입법자에게는 아동부양수당 제도를 창설해야 할 헌법상의 의무는 없다(헌법 제25조에 근거한 광범위한 재량). 그러나 일단 법 제1조가 내건 목적의 제도를 창설한 이상, 입법재량의 여지는 당초에 비해 축소된다. 입법자는 이 목적에 적합하도록 지급 대상자를 정하지 않으면 안 된다(더욱이 본 건처럼 명령에의 위임을 한 경우의 '위임 취지'도 이와 같은 관점에서 정해진다).

629 ● 이 특징을 위임입법의 한계라는 본 건의 고유한 것으로 생각할 필요

는 없다. 가령 본 건 괄호서가 법률 중에 존재하고 있다고 해도, 입법자의 제1차적 판단권이 행사되어 이를 준거점으로 해당 규정의 수미일관성을 묻는 것이 가능하다면, 본 판결과 마찬가지로 심사를 하는 것이(구실의 측면에서는) 가능하다. 국적법 위헌판결에는 이와 같은 요소가 인정된다.

이미 기술한 것처럼(⇒526), 독일 연방헌법재판소는 개호보험에 관한 판결 중 ①일부 국민이 개호보험에 가입할 수 없는 것은 그 국민을 기본법 제3조 제1항의 평등의 원칙에 반하여 불리하게 취급하고 있으므로 위헌이며(BVerfGE 103, 225), ②수입이 같은 경우에 자녀가 없는 피보험자와, 자녀를 양육하고 있는 피보험자에 대해 보험료를 동일하게 하는 것은 기본법 제6조 제1항(혼인, 가족보호)과 결부된 제3조 제1항에 위반하는 것으로 보았다(BVerfGE 103, 242). 전자는 개호가 필요하다는 위험이 모든 국민에게 동등하게 성립하는 것임에도 불구하고, 국민의 일부를 배척하는 것은 위헌이라고 보았으며, 후자는 개호보험제도가 차세대의 부담으로 현재의 지출을 해결하는 시스템인데도 자녀 양육에 관한 부담을 전혀 고려하지 않는 것은 위헌이라고 한 것이다. 입법자 자신이 결정한 제도의 취지・목적과 일관성을 묻는 것이며, 입법재량 축소형으로 분류할 수 있을 것이다.

● 또한 원고 측이 사회적 신분에 의한 차별이라고 엄격한 심사를 주장하고, 국가 측이 헌법 제25조를 근거로 광범위한 재량을 주장하는 것은 당연하다. 부언하자면, 아동부양수당 지급중단 사건(奈良)의 1심 판결(奈良地判 1994. 9.28民集56卷1號313頁)은 본 건 아동을 혼인을 해소한 모에게 감호 받는 아동(법 제4조 제1항 1호)과 비교하여, '그 사회적인 지위 또는 신분으로 경제적 관계에서 차별적인 대우를 받았다는 것이 된다'고 하고 있다. 또한 국가 측이 주장한 입법재량론에 대해서는 '법이 前記의 목적 하에 그 지급 요건을 법 제4조 제1항대로 정하고, 동 조항 5호에서 "……"으로 한 뒤, 법 시행령 제1조 2에서 그 지급 요건을 정한 이상, 그 지급 요건이 아무런 합리적 이유가 없는 부당한 차별적 취급을 하는 내용일 경우 해당 지급 요건을 정한 시행령은 재량의 범위를 일탈하는 것으로 헌법 제14조에 곧바로

위반된다'고 하고 있다.

Ⅲ 입법재량 한정형

630 국적법 위헌판결에서 '부모의 혼인 및 그 인지로 인해 혼내자의 신분을 취득한 자로 20세 미만인 자 (일본 국민이었던 자를 제외)는 인지한 부 또는 모가 자의 출생 시에 일본 국민이었던 경우, 그 부 또는 모가 현재 일본 국민인 경우, 또는 그 사망 시에 일본 국민이었던 경우는 법무대신에게 신고함으로써 일본 국적을 취득할 수 있다'고 한 국적법 구 제3조 제1항 규정의 합헌성이 문제가 되었다.

● 본 건은 법률상의 혼인 관계가 없는 일본 국민인 부와, 외국 국적을 가진 모 사이에 일본에서 출생한 X 등이 출생 후 부로부터 인지 받은 것을 이유로 법무대신에게 국적 취득의 신고를 제출했으나, 국적 취득의 조건이 갖춰지지 않았다고 반려됨에 따라 국가에 대해 일본 국적의 확인을 구한 사안이었다.

631 a) 최고재판소는 '일본 국민일 요건은 법률에서 이를 정한다'고 규정하는 헌법 제10조에 의거, '국적은 국가의 구성원으로서의 자격이며, 국적 득실에 관한 요건을 정함에 있어서 각각 국가의 역사적 사정, 전통, 정치적 · 사회적 및 경제적 환경 등 다양한 요인을 고려할 필요가 있기 때문에, 이를 어떻게 정할지에 대해 입법부의 재량판단에 맡기는 취지로 판단된다'고 했지만, '일본 국적의 취득에 관한 법률요건에 따라 발생한 구별이 합리적 이유가 없는 차별적 취급이 되는 경우 헌법 제14조 제1항 위반의 문제가 발생한다'고 보고 '입법부에 부여된 상기와 같은 재량권을 고려하더라도, 그와 같은 구별을 하는 것의 입법목적의 합리적인 근거를 인정할 수 없는 경우, 또는 그 구체적인 구별과 상기의 입법목적과의 사이에 합

리적 관련성이 인정되지 않는 경우 해당 구별은 합리적인 이유가 없는 차별로 동 조항에 위반한다'고 하였다.

이상의 한도 내에서는 민법 제900조 4호 단서나 선거제도에 대한 설시 632
와, 기본적인 법적 구성 자체는 변화가 없다. 하지만 최고재판소는 두 가지 점을 지적하고 있다.

①[국적의 중요성+적출·비적출의 구별] '일본 국적은 우리나라의 구성원으로서 자격임과 동시에 우리나라에서 기본적 인권의 보장, 공적 자격 부여, 공적 급부 등을 받는데 의미를 가지는 중요한 법적 지위이기도 하다. 한편, 부모의 혼인으로 혼내자의 신분을 취득하였는지 여부는 자에게 있어서는 스스로의 의사나 노력으로 바꿀 수 없는 부모의 신분행위와 관련된 사안이다. 따라서 이와 같은 사안으로 일본 국적의 취득 요건에 관한 구별을 발생시키는 것에 합리적 이유가 있는지 아닌지에 대해서는 신중하게 검토할 필요가 있다'.

②[혈통 + 밀접한 결합] 국적법 제3조 제1항과 같은 규정이 마련된 주된 이유는 '일본 국민인 부가 출생 후에 인지한 자에 대해서는 부모의 혼인에 의한 혼내자의 신분을 취득함으로써 일본 국민인 부와 생활의 일체화가 생기고, 가족생활을 통해 우리나라 사회와 밀접한 결합이 생기는 것에서 일본 국적의 취득을 인정하는 것이 상당하다는 점에 있다'. 또한 '일본 국민을 혈통상의 부로 하여 출생한 자라 하더라도, 일본 국적을 생래적으로 취득하지 않은 경우 그 후 생활을 통해 국적국인 외국과의 밀접한 결합을 발생시키고 있을 가능성이 있으므로 국적법 제3조 제1항은 동법의 기본적인 원칙인 혈통주의를 기조로 하면서 일본 국민과의 법률상 친자관계의 존재에 덧붙여 우리나라와의 밀접한 결합의 지표가 되는 일정 요건을 마련하여 이를 충족하는 경우에 한해 출생 후의 일본 국적의 취득을 인정한다는 것으로 해석된다'.

633 b) 더욱이 최고재판소는 다음과 같은 결론을 내렸다.

③[적용] 국적법은 부모 양계 혈통주의를 채택하고, 일본 국민인 부 또는 모와 법률상의 친자관계가 있는 것을 가지고 우리나라와의 밀접한 결합이 있는 것으로 보고 일본 국적을 부여하는 입장을 취하고 있다. 하지만 '동일하게 일본 국민을 혈통상의 부모로 하여 출생하여, 법률상 친자관계가 발생한 자임에도 불구하고 일본 국민인 부로부터 출생 후 인지된 자 중에서 준정(準正)[7]으로 혼내자의 신분을 취득하지 않은 자에 한해서는 생래적으로 일본 국적을 취득하지 않았을 뿐만 아니라, 동법 제3조 제1항에서 소정의 신고로 일본 국적을 취득할 수조차 없게끔 되어있다. 이러한 구별의 결과, 일본 국민인 부로부터 출생 후 인지에 그친 혼외자만이 일본 국적의 취득에 대해 현저하게 차별적 취급을 받고 있다고 하지 않을 수 없다'. 그리고 국적법이 '혼외자에 대해서만 부모의 혼인이라는 자에게는 어떻게 할 수 없는 부모의 신분행위가 이루어지지 않는 한, 생래적으로도 신고로도 일본 국적의 취득을 인정하고 있지 않은 점은 오늘날에는 입법부에 부여된 재량권을 고려하더라도 우리나라와의 밀접한 결합을 가진 자에 한해 일본 국적을 부여한다는 입법목적과의 합리적 관련성을 인정하는 범위를 현저하게 넘는 수단을 채택하고 있다고 할 수 있다. 그 결과, 합리적 차별을 발생시켰다고 하지 않을 수 없다'.

634 c) 본 판결의 날실(縱糸)은 '부모 양계 혈통주의를 채택하는 국적법' 및 '밀접한 결합'이다. 국적의 부여는 크게 혈통주의와 출생지주의로 구별할 수 있다. 입법자가 혈통주의를 채택하고, 더욱이 우리나라와의 밀접한 결합을 가진 자에 일본 국적을 부여한다는 판단을 행하는 것은 당연히 입법재량의 구조 내에 있다. 그러나 본 판결은 제도의 논리 속에 권리(법

7) **역자주**—준정이란 적출이 아닌 자가 그 부모의 혼인인지로 인해 적출의 신분을 취득하는 것을 말한다.

앞의 평등)의 논리가 흡수된 혼외자 법정상속분 판결(1997년)과는 달리, 법 앞의 평등에 의해 입법재량에 대해 외부로부터 한정이 가해진 사례라고 할 수 있다.

● 더욱이 본 판결은 법 앞의 평등의 통제밀도라는 점에서도 주목된다. 다수의견은 ①일본 국적의 취득이 기본적 인권의 보장 등을 받는데 중대한 의미를 지니는 것, ②자의 의사나 노력으로서는 바꿀 수 없는 부모의 신분행위에 의존하는 것을 이유로, 비교적 엄격한 합리성을 요구하고 있다(⇒427).

● 본 건에서 중요한 논점 중 하나인 사법에 의한 구제의 한계에 대해서는 나중에 기술한다. 이 논점과 관련하여 우리나라와 밀접한 결합을 가진 자에 일본 국적을 부여한다는 입법자의 판단권 행사(이에 수반하는 재량권의 사실상 축소)가 중요한 역할을 수행하고 있다(⇒734, 736).

Ⅳ 재량과정 통제형

위에서 기술한 심사가 재량권 행사의 결과에 착안하고 있음에 비하여, 635
재량과정 통제형은 재량권 행사의 과정에 착안한다. 그 기본 틀이 되는 것이 참의원 의원정수 불균형소송 2004년 판결의 보충의견 2이다.

● ①그것에 의하면, 입법부가 법률로 선거와 관련된 사항을 정하는 것에 대해 재량권이 부여되어 있으며, 그 중에서 특히 참의원 선거제도의 설계에서 '양원제에서 오는 당연한 제약으로 선거인의 투표권 가치에 대해 절대적 평등을 엄격하게 관철하는 것이 중의원 선거의 경우 곤란하다는 것을 인정할 수밖에 없다'하였으나, '입법부에 요청되는 복잡하며 고도의 정책적 고려와 판단을 이유로, ……결과적으로 대단히 광범위한 입법재량의 여지를 시인해 온 것에 대해서는 찬성할 수 없으며, 이와 같은 사고에 따를 수는 없다'.

②'입법재량권 행사에 대해서는 헌법의 취지에 반하여 행사해서는 안된다는 소극적 제약이 부과되어 있을 뿐만 아니라, 헌법이 재량권을 부여한 취지에 따라 적절하게 행사되지 않으면 안된다는 의무도 수반한다'. 입법부가 행한 판단의 내용이 정책상 가장 적합한지 아닌지는 사법적 판단 대상은 아니지만, '**결과에 이르기까지 재량권 행사의 형태가** 과연 적정한 것이었는지 여부, ……당연히 고려해야 할 사항을 고려하지 않고, 또는 고려해야 하지 않을 사항을 고려하거나, 그렇게까지 중요하지 않은 사항에 과대한 비중을 두는 판단을 하고 있지는 않은가에 대한 문제는……법적 문제의 영역에 속하며, 사법적 판단에 적합한 사항으로 위헌심사의 대상이 될 수 있다'.

③지역적 이익을 고려하는 것 자체는 대개 불합리하다고 할 수 없으며, 정책적 선택지로서 있을 수 있는 한 가지이지만, 지역적 이익, 반수개선제(半數改選制), 인구비례 사이의 균형이 현저하게 붕괴된 것을 전혀 고려하지 않고, 단지 무위 상태로 방치하는 것이라면, 입법부에 맡겨진 재량권의 적정한 행사라고 할 수 없다. 더욱이, 투표가치의 평등과 같이 헌법상 직접 보장되어있는 사항과, 지역 대표적 요소나 도도부현 단위의 선거구제와 같이 입법정책상 고려되는 것은 가능하지만 헌법상 직접 보장이 있다고 까지는 할 수 없는 사항 중에서는, '당연히 헌법상 직접 보장이 있는 사항, 특히 국민의 기본적 인권의 하나인 투표가치의 평등을 중시하지 않으면 안된다'.

V 기본적 사고방식

636 a) 비유적으로 말하자면, **입법재량 강조형**의 제도준거심사란 다음과 같다. ①저택의 정원에 일정불변한 형태는 없으며, 영국식, 프랑스식, 일본식 중 무엇을 선택할지는 시공주의 취미(입법재량)의 문제이다. ②따라서, 일본식 정원을 선택하는 것은 입법자의 재량권 내에 있는 것으로 시인할 수 있다. ③일본식 정원으로 시공할 것을 선택한 이상, 연못가에 소나무를 심는 등

의 구체적 선택 또한 명백하게 합리성이 결여된 것이라고는 할 수 없다.

이것만으로 단순히 입법재량을 강조하는 것에 그치지만, 아동부양수당 지급 중단 판결(奈良)에서는 제도에서 나타난 입법자 자신에 의한(더욱이, 위임을 받은 행정청에 의한) 기본 결정이 수미일관성을 심사하는 준거점이 되었다(**입법재량 축소형**). 일본식 정원을 선택한 이상 야자수를 심는 것은 이상하다거나 일본식 정원 안에 물이 없이 돌과 모래로 산수를 나타내는 일본 전통의 정원(枯山水)을 선택한 이상 연못에 잉어를 헤엄치게 하는 것은 이상하다는 심사이다.

일반적인 정식화는 어렵지만, 생존권이나 선거권과 같이 실질적 권리가 입법에 의한 구체화에 의존하는 것에 대해서는, 해당 실체적 권리와의 관계에서 입법재량 강조형(또는 이와 표리관계에 있는 축소형)을 이용하는 것에 합리성이 있을 것이다.

b) 국가의 모든 조치는 비례와 평등을 준수해야 한다. 생존권이나 선거권 637
처럼 실체적 권리의 향유・행사가 제도에 의존하는 경우이든, 국적 취득과 같이 실체적 권리를 관념할 수 없는 경우이든, 정당한 이유가 없는 취급의 차이는 헌법위반이 된다(⇒421). 법 앞의 평등은 입법자에 대한 행위규범으로 재량권 행사시에 마땅한 고려를 명한다. **재량과정 통제형** 심사는 행위규범으로의 평등의 원칙과 결부되어있다. 더욱이, 평등의 원칙은 심사규범으로 재량권(제도 형성)의 한계를 획정하고, **입법재량 한정형** 심사로 이어진다.

입법재량 한정형과 재량과정 통제형에서는 모두 법 앞의 평등이 입법 638
재량에 실질적인 제약을 가하고 있지만, 두 가지 심사 방법의 관심은 전혀 다르다. 입법재량 한정형에서는 법 앞의 평등은 제도 형성의 한계이며, 입법자가 선택・형성한 제도는 평등과 관련하여 합리성이 인정되지 않는 한 위헌이 된다. 해당 제도의 형성에서 입법자가 본래 광범위한 재량을 가지고 있다는 사정은 합헌성 심사에서 고려할 필요는 없다. 어느 정도의 합리성이 요구되는가는 법 앞의 평등의 논리(⇒424)에서 결정된다.

이에 비해 재량과정 통제형은 먼저 제도의 논리에 편승하여 입법자가 낸 결론이 아닌, 그 판단 과정에 주문을 붙인다. 재량이 정당하게 행사되었는지 아닌지를 결론의 정당함에 착안하여 심사할 수 있으면 좋지만, 재판소가 입법자를 대신하여 스스로 재량적 판단을 행하며, 결론의 정당함을 검증한다는 방법을 취할 수 없는 것이 재량이 재량인 까닭이다. 재량권이 부인되거나 현저하게 축소되는 예외적 사정이 없는 한, ①최소한의 심사(재량의 강조형이나 축소형)에 그치게 할 것인지, ②결론이 아닌 재량권 행사 과정에 착안할 것인지 어느 쪽인가를 선택할 수밖에 없다. 원칙-예외 관계가 성립하는 방어권 사례와는 달리, 재판소에 의한 실효적인 통제를 가능하게 하는 유력한 수단으로 긍정되어져야 할 것이다.

639 ● 행정재량에 대해서는 재량권 행사 과정에 착안하는 심사가 이미 확립되어 있다('판단과정의 심사'라고 불린다). ①행정청의 재량권을 승인하면서, 처분을 행할 때의 절차나 과정의 하자를 이유로 해당 처분을 위법으로 한 것으로 最判1971.10.28民集25卷7號1037頁(個人タクシ事件)나, 最判1975.5.29民集29卷5號662頁(群馬中央バス事件)을 참조. ②타사(他事)고려가 문제가 된 사건으로 東京高判1973.7.13判例時報710號23頁(日光太郎杉事件)이 저명하다. 최근에는 교직원 단체가 교육 연구 집회의 장소로 학교 시설을 사용하고자 신청한 것에 대해 시교육위원회가 이를 허가하지 않은 사안으로 最判2006.2.7民集60卷2號401頁(廣島縣教組教研集會事件⇒654)은 다음과 같이 설시하고 있다. '본 건 중학교 및 그 주변 학교나 지역에 혼란을 불러일으키며, 아동 학생에게 교육상 악영향을 끼치는 것은 물론 학교 교육에 지장을 초래할 것이 예상된다는 이유로 행해진 본 건 불허가처분은 중시해야 할 것이 아닌 고려 요소를 중시하는 등, 고려한 사항에 대한 평가가 명확하게 합리성이 결여되어 있으며, 한편으로 당연히 고려해야 할 사항을

충분히 고려하고 있지 않고, 그 결과 사회통념에 비추어 타당성이 현저하게 결여된 것이라 할 수 있다'.

● 독일의 중간적 심사밀도인 주장가능성 심사는 재량과정 통제형 심사와 유사한 방법을 택하고 있다. 연방헌법재판소는 공동결정 판결(BVerfGE 50, 290)에서 다음과 같은 3가지 심사밀도를 구별하고 있다.

①먼저, 가장 완화된 심사가 명백성의 통제(Evidenzkontrolle)이다. 그 예로 일반 화물용 자동차의 지역별 할당 제한이 문제가 된 자동차 장거리 화물운송법 결정(BVerfGE 40, 196)에서 수단의 필요성에 대해, 다른 어떠한 수단도 재판소가 입법자에게 그 채택을 명령할 정도로 '명백하게', 보다 덜 제한적인 대체수단의 조건을 충족하고 있지 못하다고 하여 할당 제한을 합헌으로 하였다.

②가장 엄격한 통제인 엄격한 내용 통제(intensivierte inhaltliche Kontrolle)의 예로, 앞서 기술한 약국 판결(⇒348)이 있다. 엄격한 내용 통제의 특징은 연방헌법재판소가 통계적 데이터나 타국의 경험에 기초하여 독자적 예측을 형성하고, 자기 예측과 대비하여 입법자의 예측을 통제한다는 것이다.

③주장가능성의 통제(Vertretbarkeitskontrolle)는 예측 내용이 아닌 법률제정 과정이 적절했는가에 착안한 심사이다. 예를 들면, 어떤 결정(BVerfGE 39, 210)에서는 통제 시점을 다음과 같이 설시하고 있다. '헌법상의 심사는 먼저 첫 번째로 입법자가 법률제정 당시에 존재한 실제상의 제반 전제에 대한 지식을 정확하고 충분한 방법으로 입수하였는가의 여부에 미친다. …… 입법자가 스스로 이용 가능한 인식 수단을 이용하고 있는 한, 경제적 전개의 추이에 대한 오류는 감수해야 한다'.

공동결정 판결에서는 3가지 심사밀도의 구별이 입법자의 예측평가권의 넓고 좁음의 구별에서 생긴다고 본다. 그 범위는 특히 문제가 되는 사항 영역의 특수성, 법률작용에 대해 확실한 판단을 형성할 가능성, 문제가 되는 법익의 중요성으로 결정된다고 하였다.

640 c) 어떠한 경우에 어떤 수단을 선택해야 할지는 판례 축적이 불충분한 현재, 명확하지 하지만 일단 지표를 제시해두고자 한다.

먼저, 법 앞의 평등이 강력하게 요청된 사례에서는 입법재량 한정형이 취해져야 한다. 이러한 의미에서 투표가치의 평등에 대해 재량과정 통제형(참의원 의원정수 불균형소송 2004년 판결 보충의견 2⇒635)이나 입법재량 축소형(중의원 의원정수 불균형소송 2011년 판결[最大判2011.3.23判例時報2018號3頁]⇒618)에 만족하는 것은 위화감이 있다. 더욱이 혼외자의 법정상속분 차별에 대해서도 1997년 결정의 나카지마 등 5명의 재판관의 반대의견처럼 구성해야 할 것이다.

다음으로, 입법재량 강조형과 입법재량 축소형은 이치로 보았을 때 그 근원은 같다. 제도의 형성에 부수하여 발생하는 취급 차이는 입법자가 재량권의 틀 내에서 설정한 제도의 취지・목적・기본설계로부터 연역되는 한, 기본적으로 입법자의 재량적 판단에 속하는 문제로 처리된다. 입법재량 축소형은 적절한 준거점을 획득될 수 있는 한 추상론에 빠지지 않고 면밀한 심사를 가능하게 한다는 의의가 있다. 강조형이 되는가 축소형이 되는가는 해당 규제가 제도의 취지・목적, 기본설계와 순접하는가 역접하는가라는 그 개별 사례에 의존한다. 즉 X(원고)가 본래는 입법자가 설정한 목적 내에 있는 자라면 축소형으로(아동부양수당 지급중단 사건[奈良]⇒625), 그 외의 자라면 강조형으로(선거운동의 편익격차 등⇒603) 심사된다.

또한 재량과정의 심사는 앞서 기술한 사례에서 투표가치의 격차라는 평등과 관련하여 적용되었지만, 생존권과 같이(그 자체는 입법재량이 넓다) 실체적 권리에 대해서도 적용할 수 있을 것이다(⇒520).

제3절 소극적 권리와 제도(법령)의 참조

주요 판례

最大判1975.4.30民集29卷4號572頁(藥事法事件)
最大判1995.3.7民集49卷3號687頁(泉佐野市民會館事件)
福島地郡山支判1996.4.25刑集54卷2號23頁(司法書士法違反事件)
最大判2005.7.14民集59卷6號1569頁(船橋市市立図書館事件)
最大判2006.2.7民集60卷2號401頁(広島県教組教研集會事件)

표현의 자유나 종교의 자유 등 전국가적 · 전헌법적인 자연적 자유를 헌 641
법전이 확인적으로 규정한 권리 · 자유는 이미 헌법 차원에서 보장의 대상(보호영역)이 확정되어 있으므로, 앞 절에서 논한 제도준거심사에는 기본적으로 적용되지 않는다. 제도준거심사가 이루어지는 것은 헌법상 원형을 관념할 수 없는 권리 등에 대해서이다. 이것은 '논리적으로 요청되는 일정불변의 형태가 존재하는 것은 아닌' 선거처럼 헌법상의 권리이기는 하지만 그 행사에 즈음하여 법률에 의한 구체화를 요구하는 것, 혹은 국적과 같이 중요한 법적 지위이지만 그 취득 조건에 대해 헌법상의 원형이 존재하지 않는 것이며, 일정 헌법상의 원칙 내지 원형을 전제로 하여 그 제한에 대해 정당화 사유의 유무를 묻는 방어권과는 문제의 전제가 다르다.

방어권에 대해 통상적으로 헌법상의 권리의 보호영역은 헌법 자체로부터 획득되며(⇒202), 심사는 원칙-예외 관계의 도식에서 이루어진다. 하지만 방어권의 사안이더라도 제도(혹은, 보다 넓게 하위법령)를 참조할 것이 요구되는 경우가 있으며, 더욱이 하위법령을 참조하지 않으면 방어권 문제인가 알 수 없는 경우도 있다.

'보호영역에 대한 제한'이라는 단계에서 문제가 되는 것은 국가의 어떤 조치가 원고에 대해 불이익을 가져오는 것이 확실하나, 이를 자연적 자유의 제한이라 관념할 수 없는 경우이다. 약국 개설의 허가제 및 거리 제한은 직업의 자유를 제한하는 것이며, 형법 제175조는 표현의 자유의 제한이다. 하지만 이와 마찬가지로 전기・가스공급 사업 특허제나 지역 독점은 직업의 자유를 제한하며, 시민회관 사용 거부는 당연히 집회의 자유를 제한하는 것이라 할 수 있는가? 또한 시민회관이 아니라 공립학교 체육관이라면 어떨까? 이와 같은 '입구' 단계의 문제는 당연히 '정당화' 단계에도 귀결될 수 있다.

아래에서는 편의적으로 직업의 자유・영업의 자유(⇒642), 표현의 자유・집회의 자유(⇒652)로 나누어, ①자연적 자유의 제한이라 관념할 수 없는 사례는 어떤 것이 있는가? ②이들에 대해 어떠한 헌법상의 구성이 가능한가를 고찰하고, 제도(및 하위법령)를 참조하는 것의 의의 및 필요에 대해 검토한다.

Ⅰ 직업・영업의 자유

642 직업의 자유에 대해 하위법령의 참조가 필요한 이유는 직업활동・영업활동이 종종 정부의 허가, 인가, 특허에 의존하며, 또한 의사, 변호사 등 일정한 직업에 대해서는 국가의 자격이 요구되기 때문이다.

Ⅰ-1 직업과 '자격'

643 **사례1** A는 변호사로서 어느 법률사무소에 근무하고 있었으나, 소망을 이루어 드디어 독립할 수 있었다. 하지만 그 사이에 변호사의 과다경쟁, 변호사 편재가 사회문제화 되어 변호사법이 개정되었으며, 국민의 보호를 이유로 법률사무소의 신규 개설을 허가제로 하고, 허가 조건으로 그 지역에서 일정 수요가 예상되는 경우에 한한다는 조항이 정해졌다고 하자. 이 결과, A의 법률사무소 개설 신청은 법이 요구하는 수요 조항을 충족하지 못함으로써 불허가처분을 받았다.

사례2 B는 베테랑 행정서사이다. 사법서사법 제3조, 제73조는 등기 업무를 사법서사에게 독점시키고 있으나, B는 그중 정형적이며 간편한 등기신청 서류의 작성 등을 업으로 하여 반복하고 있던 중, 사법서사법 위반으로 기소되었다.

a) 사례1은 약사법 위헌판결(⇒113)에서 이미 해결된 문제이다. 약국 개설은 허가를 얻어야 한다. 허가제는 직업 '선택'과 관련된 강력한 제한이기 때문에, 중요한 공공이익을 위해 필요하면서 합리적인 조치여야 하며, 이는 개개의 허가 조건에 대해서도 요구된다. 사례1의 변호사법 개정은 헌법 제22조 제1항에 어긋나며, 위헌일 것이다. 덧붙인다면, A는 이미 변호사로서 활동을 하고 있으며, A의 직업선택은 이미 이루어져 있는 것이 아닌가(따라서, 직업 '선택'에 대한 강력한 제한이 될 수 없다)라는 문제이지만, 이러한 점도 포함하여 하위법령의 참조는 필요하지 않다. 644

● 소위 고용 변호사인가, 사무소를 개설할 것인가는 직업선택 그 자체가 아니라 직업수행 차원의 문제가 아닌가라는 의문점이 있다. 이에 대해 약사법 위헌판결에는 아무런 설시도 없지만, 독일 연방헌법재판소의 약국판결(BVerfGE 7, 377⇒348)에는 다음과 같은 설시가 있다. '기본법 제12조 제1항 [직업의 자유]는 독립해서 수행되는 직업과 비독립적으로 수행되는 직업을 구분하고 있지 않다. 후자 또한 직업으로 보장된다. ……어떤 활동이 독립적이든 비독립적이든 수행할 수 있으며, 수행의 두 형태가 각각 고유의 사회적 무게를 지닐 경우에는 직업활동의 형태 선택이나, 하나의 형태에서 다른 형태로의 이행도 제12조 제1항의 의미에서 직업선택이다. ……"약제사"라는 하나의 신분(stand) 중에 다른 "직업(Berufe)"이 존재하는 것이다'.

● 덧붙여 말하자면, 양성 기간이 길며 전문성이 높은 직업에 대해서 자격 요건을 부과하는 것은 입법목적(약사법의 예를 들면 국민의 건강보호)을 달성하는 수단으로써 극히 우회적이며, 기본적으로 의심스러운 규제라고 생각해야 할 것이다.

b) '자격'의 합리성이 자명한 전제가 된 사례1과는 달리, 사례2에서는 국가가 '사법서사'라는 자격을 마련하여, 유자격자에게 일정한 직무를 독 645

점시키는 것이 헌법 문제가 된 것이다.

실제로 소위 각 '士業'이 독점하는 직무 중에도 비교적 용이한 것이나, 정형적 처리로 충분한 것들이 포함되어 있다. 또한 士業의 업무 내용은 일부 중복되는 경우도 있다. B라면 사법서사법 제3조, 제73조가 행정서사인 자신에게 정형적이며 용이한 등기신청 서류의 작성까지 금지하는 것이라 본다면, 헌법 제22조 제1항에 위반한다고 주장할 수 있을 것이다. 이 헌법 문제에 답하기 위해서는 하위법령의 참조가 유익하고 필요할 것이다.

646 aa) 사례2가 직업선택에 대한 제한에 해당하는지 아니면 행정서사의 업무 범위라는 그보다 경미한 제한에 해당하는지에 대한 문제는 더 이상 논하지 않는 것으로 한다. 약사법 위헌판결은 약사법이 정하고 있던 허가조건 중 약국의 구조 설비, 약사 업무에 종사해야 할 약제사 수, 허가신청자의 인적 결격사유에 관한 부분에 대해 '불량의약품 공급을 방지할 목적에 직결한 사항이며, 비교적 용이하게 그 필요성과 합리성을 긍정할 수 있다'고 보았다. 따라서 어떤 업무에 대해 일정 자격을 요구하고, 혹은 유자격자에 업무를 독점시키는 것은 직업의 자유에 대한 강력한 제한이라 하더라도 정당화 할 수 있다.

● 독일의 약국 판결(BVerfGE 7, 377)에서 약국 개설 여부의 판단에 대해 약제사로서 직력 및 인격적인 신뢰성 등을 요구하는 것은 사안의 성질 자체에서 정당화되는 것이며, 직업활동의 질서 있는 충족이라는 목적에서 벗어나지 않는 한 합헌이다.

647 bb) 그러나 등기 업무를 사법서사가 거의 독점하도록 한 것(행정서사는 등기 업무를 할 수 없도록 한 것)은 어떻게 설명해야 할 것인가? 이를 위해 등기 제도란 무엇인가? 사법서사, 행정서사는 어떤 자격인가를 알아야 한다.

● 사례2와 거의 같은 사안으로, 사법서사법 위반 사건 1심 판결은 다음과 같은 이유로 이를 합헌 판시했다(최고재판소에서 확정).

①[입법목적] '공공성이 강한 등기 업무를 적정하고 원활하게 수행할 수 있게 하여, 국민의 등기에 대한 신뢰성을 높인다는 입법목적을 실현시키기 위해서 원칙적으로 비사법서사가 등기 신청의 대리 행위를 업무로 하는 것을 규제한 것이다. 하지만, 위 입법목적은 정당하고 합리적일 것은 말할 필요도 없으며, 그 입법목적을 실현하는 수단도 불합리하다고 할 수 없다.

②[등기 신청의 대리 업무는 행정서사의 부수적 업무인가] '원래 등기 업무는 그 공공성이나 기술성 등으로 보아 상당한 법률적 전문지식을 지닌 자가 취급하는 것이 공공성이 강한 등기 업무를 적정하고 원활하게 이룰 수 있으며, 등기에 대한 국민의 신뢰를 높인다는 등기 제도에 내재하는 요청인 것이다. 사법서사는 자격취득에 부동산등기법이나 상업등기법의 등기 전문지식 습득을 필수로 하는 등 등기에 관한 상당한 전문지식을 갖고 있기 때문에 등기 업무를 취급하는 적합성을 가진다. 이에 대해 행정서사는 그 전신을 사법서사와 같이 하지만, 행정서사 제도의 연혁 등에 비추어 주로 행정관청에 제출할 서류를 작성, 사인간의 권리의무 관계나 사실증명 문서 작성 등을 전문으로 하는 것, 행정서사로서 업무를 수행하는데에 부동산등기법, 상업등기법 지식이 반드시 필요하지 않은 것, 행정서사는 사회통념상 등기전문가로 보지는 않는 것 등에 비추어보면, 행정서사에 대해 등기 업무를 허용하지 않는 것이 불합리하다고 할 수는 없다'.

이 판결에서 주목되는 것은 등기 제도에 내재하는 요청이라는 시점에서 문제에 접근하여 사법서사 및 행정서사의 자격의 연혁, 시험과목의 검토를 통해 사법서사에 의한 업무 독점의 합리성을 논증하고 있다는 점이다. 본 건은 규제목적이분론이나 업무 독점이 직업의 자유에 대한 강력한 제한에 해당하는지 여부만으로 해결할 수 없다. 하위법령을 참조함으로써 비로소 설득력 있는 논증이 가능하게 된다.

● 나아가 사례2의 경우 B는 사법서사법 자체의 위헌성 외에도 동법을 B의 행위에 적용하는 것의 위헌성을 주장하는 것도 생각할 수 있다. B가 행한 것은 정형적이며 용이한 등기 신청 서류의 작성 등이며, 실질적으로 행정서사 업무의 연장에 불과하고, 의뢰자에게 아무런 손해도 끼치지 않았으므로……라는 주장이며, 과잉포섭형의 적용위헌(⇒812, 828)을 주장하게 된다. 결론만 말하자면, 국가가 자격 제도를 창설하여 각 자격 업무의 범위를 정하는 경우 획일적 처리를 행할 수밖에 없으며, 또한 획일적으로 처리하는 것이 허용된다고 생각해야 할 것이다. 자격의 유무와는 별도로 개개인의 실제 능력을 고려하게 되면, 자격 제도는 기능부진에 빠져 붕괴할 것이다.

Ⅰ-2 허가와 특허

648 하위법령을 참조한 다른 사례로 다음의 행정법에 의한 '허가'와 '특허'의 구별을 다루고자 한다.

> **사례3** C전력회사는 법령에 기초한 지역 독점권이 부여된 전기사업을 운영하고 있었으나, 전력 자유화 흐름의 영향을 받아 법령이 개정되어, 독점 지역에 다른 사업자가 참여하는 것이 인정되었을 뿐만 아니라, 정당한 대가 아래 자신의 송전선을 다른 사업자에게 사용을 인정할 것이 의무화되었다.

649 a) 사례3은 거리 제한에 의한 참여 제한이 문제가 된 약사법 위헌판결과는 반대 관계에 있다. 여기에서는 개정 전의 법령이 왜 지역독점권을 부여할 수 있었는가를 검토하고자 한다.

서점 경영이나 웹 사이트 작성 등, 어떤 직업에의 참여가 일체의 규제를 받지 않고 자유롭게 행할 수 있는 경우가 있다. 그 반대가 해당 직업의 금지(매춘업 등)이며, 그 중간에는 신고제(여행업, 이용업 등) · 허가제(의사, 변호사 등의 자격제, 또는 업종으로서의 약국, 고물상, 대부업 등)·특허제(전기, 가스, 상수도사업, 철도사업, 전기통신사업, 방송사업 등)·국가독점(전기통신사업, 우편사업, 담배·소금의 전매 등) 등 다양한 규제 형태가 있다. 약사법 위헌판결에서 문제가 된 것은 이 중에서 허가제이다. 허가란 본래는 사인이 자유롭게 할 수 있는 활동이지만, 방임할 경우 해악을 초래할 가능성이 있는 것에 관하여 일단 일반적으로 금지하고, 소정 요건을 충족하는 자에 대해 개별적으로 금지를 해제하는 명령적 행위이다. 자동차 운전면허를 생각하면 이해하기 쉽다. 한편, 특허란 사회공공의 이익을 위해 본래는 국가가 해야 할 사업을 일정 설비·능력을 지닌 사인에게 행하도록 하는 것이며, 특정인을 위하여 배타적 영업권을 설정하는 형성적 행위라고 볼 수 있다.

행정법학은 허가와 특허를 구별하는 것에 다양한 법적 귀결을 결합해 650
왔다(자세히는 행정법 교과서를 참조할 것). 그중 한 가지가 허가에서 인정되는 재량은 기속재량이지만, 공기업의 특허는 자유재량이라는 점이다. 이 구별은 헌법 차원에서는 다음과 같이 반영된다. 사례3의 전기사업은 공기업의 특허에 해당한다. 이는 사인이 본래 자유롭게 할 수 있는 것이 아니기 때문에, 특정 사업자에 독점권을 부여하고 타자의 참여를 배제했다고 하여도 타자와의 관계에서 헌법 제22조 제1항에 위반하는 것이 아니다. 한편, 약제사 및 업종으로서의 약국은 본래 사인이 자유롭게 할 수 있는 것이며, 국민의 생명·건강의 보호라는 공공복지에 기초하여 일단 이를 금지한 것이므로, 그 제한은 필요하면서 합리적인 것이어야 한다.

● 달리하여 말하자면, 허가는 원칙으로서의 자유-예외로서의 제한이라는 원칙-예외 관계의 도식으로 설명할 수 있다. 허가를 부여하는 것은 자유를 회복(원칙으로의 회귀)하는 것이며, 불허가는 이를 거부하는 것을

의미한다. 한편, 특허에 대해서는 이와 같은 원칙-예외 관계가 성립하지 않는다. 이러한 점에서 앞 절에서 검토한 헌법상의 원칙(원형)이 성립하지 않는 사례에 가깝다. 재량권 행사의 과잉통제형 심사(⇒635)의 행정법 판례로 버스나 택시의 인가 사례를 소개했으나(⇒639), 이러한 인가도 강학상의 특허로 해석할 수 있다.

651 b) 전기사업 규제 완화가 C의 헌법상의 권리를 위반하는지에 대한 문제에 대해서도 다음과 같이 생각할 수 있다. C가 지니고 있는 것은 자연적인 자유가 아니라, 본래는 국가가 해야 할 사업에 대한 특허인 것이다. 국가는 이 사업을 스스로 해도 좋고, 특정 사인에게 하게 해도 좋다. 더욱이 국가는 특정 사업자에 독점권을 부여해도 좋으며, 복수의 사업자에게 참여를 인정할 수도 있다. 핵심은 공익을 실현하기 위해 어떤 형태가 합리적인가의 관점에서 결정하면 되며, 국가는 비교적 넓은 재량이 인정된다.

● 그렇다고는 하지만, 허가와 특허의 준별은 실태와 맞지 않는다. 유흥업 등 각종 영업 허가와, 거리 제한으로 일정한 보호가 부여된 공중목욕탕과는 사정이 다를 것이며, 특허에 대해서도 일본은행(미노베가 예로 든 것)과 경쟁원리가 도입되어 민영화·규제완화가 추진되고 있는 전기·가스 사업이나 택시 사업과는 사정이 다를 것이다. 사인이 본래 자유롭게 할 수 있는 행위가 무엇이며, 국가가 본래 해야 할 사업이 무엇인가의 경계가 불명확하며 상대적이다.

덧붙여 택시 사업은 2002년 도로운송법 및 택시 업무 적정화 임시조치법 일부를 개정한 법률로 규제가 완화되었다(면허제에서 허가제로). 하지만 택시 업계의 경쟁심화에 따른 운전기사의 노동환경 악화를 고려하여, 2008년 재차 관계 법령이 개정되었고, 특정지정지역에 대한 규제가 강화되었다.

● 나아가, 사례3에서 다른 사업자에 의한 송전 설비의 사용을 인정할 것을 의무화 한 것은 1차적으로 재산권 문제가 될 것이다. 이에 대해서는 전기사업이 특허사업일 뿐만 아니라, 송전 설비를 위한 토지의 취득 · 이용이 공용수용 · 공용제한(헌법 제29조 제3항)의 대상인 것(토지수용법 제3조 17호)을 고려할 필요가 있을 것이다.

Ⅱ 표현 · 집회의 자유

하위법령의 참조는 표현의 자유 · 집회의 자유에 대해서도 요청되는 경우가 있다. 652

Ⅱ-1 집회의 자유

사례4 D는 Y시 시민회관에서 집회를 개최하려고 계획하고 사용을 신청했지만, '공공질서를 해칠 우려가 있는 경우'에는 사용을 허가하지 않는다는 시의 사용규칙에 근거하여 허가를 받지 못했다. 653

사례5 E는 Z현 공립초등학교 등에 근무하는 교직원으로 구성된 직원 단체이지만, 현(県)의 교육·연구·집회의 장소로 시립학교 체육관 등의 시설의 사용을 Y시 교육위원회에 신청했는데, '학교 및 그 주변 지역에 혼란을 조래하며, 아동들의 교육상 악영향을 미치고, 학교 교육에 지장을 일으킬 것이 예상 된다'는 이유로 허가를 받지 못했다.

a) 사례4는 이즈미사노 시민회관 판결(⇒116)에 따라 사고하면 된다. 동판결은 '본 건 조례[의 규정]……을 해석 · 적용하는 데, 본 건 회관의 사용을 거부함으로써 헌법이 보장하는 집회의 자유를 실질적으로 부정한 것이 되는가의 여부를 검토해야 한다'고 보고 '공공질서를 해칠 우려가 있는 경우'라는 광의의 표현 규정에 대해 합헌한정해석을 덧붙였다. 654

하지만 이 법리는 사례5에도 타당한 것인가? 히로시마현 교원노조 집회 판결에 따르면, 사례5에서 문제가 된 공립학교는 지방자치법 제244조에서 말하는 '공공시설'로서 설치된 것이지만, 이를 구성하는 물적 요소로서의 학교 시설은 동법 제238조 제4항에서 말하는 행정재산이다. 그리고 공립학교 시설을 그 설치 목적인 학교 교육의 목적으로 사용하는 경우에는 동법 제244조 규율에 따르게 되지만, 이를 설치 목적 외로 사용하기 위해서는 동법 제238조 제4항 [現 제7항]에 근거한 허가가 필요하다.

● 그리고 동 판결은 다음과 같이 설시하고 있다. '학교 시설은 일반 대중들의 공동 사용에 제공할 것을 주요 목적으로 하는 도로나 공민회관과 달리, 본래 학교 교육의 목적에 사용해야 하는 것으로 설치되어, 그 이외 목적으로 사용하는 것이 기본적으로 제한되어 있다……는 것에서 보면, 학교 시설의 목적 외 사용허가 여부는 원칙적으로 관리자 재량에 맡겨져 있다고 보는 것이 상당하다. 즉, 학교 교육상 지장이 있다면 사용을 허가할 수 없는 것은 분명하지만, 그와 같은 지장이 없다고 해서 당연히 허가해야 하는 것도 아니며, 행정재산인 학교 시설의 목적 및 용도와 목적 외 사용의 목적, 형태 등의 관계를 배려한 합리적인 재량판단으로 사용허가를 하지 않을 수도 있다.

655 b) 헌법 제21조 제1항은 집회의 자유를 보장한다. 이즈미사노 시민회관 판결에서는 관리자가 정당한 이유 없이 그 이용을 거부하였을 때, 헌법이 보장하는 집회의 자유를 부당하게 제한한 것으로 연결될 우려가 발생한다고 보았다. 하지만 집회의 자유는 본래 공권력으로 방해받지 않고 집회를 행할 자유를 보장하는 것이며, 공권력에 대해 집회용 시설의 제공을 요구할 권리는 아니라고 생각한다면, 누구든지 집회를 위해 시민회관을 만들라고 지방자치단체에 요구할 헌법상의 권리는 없으며, 시청 회의실에서 집회를 개최할 수 있게 해달라고 요구할 권리도 없다.

aa) 이즈미사노 시민회관 판결에서는 시민회관 사용불허가에 대해 먼저 지방자치법 제244조를 참조했다. 본 건 회관은 집회용으로 제공되는 공공시설이므로 시 측은 정당한 이유가 없는 한, 주민의 이용을 거부하거나 주민의 이용에 대해 부당한 차별적 취급을 해서는 안된다는 것이었다. 지방자치법 제244조를 개재시킴으로써 사용불허가가 집회의 자유에 대한 제한으로 전환되고 있다.

bb) 여기서 지방자치법 제244조는 헌법 제21조에서 연역할 수 있는 확인 규정인지 아니면 창설적 규정인지가 문제가 된다. 656

미국의 판례 법리에서 전개된 **퍼블릭포럼**론(public forum)은 전통적 퍼블릭포럼(거리, 보도, 공원 등), 지정적 퍼블릭포럼(공회당, 공립극장 등), 이들에 해당하지 않는 비퍼블릭포럼이라는 3가지로 구분된다. 이 구분에 따르면, 시민회관은 [지정적] 퍼블릭포럼에 해당한다. 퍼블릭포럼론은 집회의 자유라는 자유권의 사정(射程)을 퍼블릭포럼의 이용으로 확장하고, 그 이용을 거부하는 것을 집회의 자유에 대한 제한으로 구성하는 길을 여는 데에 의의가 있다. 한편, 문제점으로 비퍼블릭포럼으로 된 경우에 표현행위의 규제가 용이하게 인정될 수밖에 없다는 점이 지적되고 있다. 보충의견을 제외하고 최고재판소가 퍼블릭포럼론을 언급한 예는 없지만, 이즈미사노 시민회관 판결이나 히로시마현 교원노조 집회 판결은 이 이론에 정합적이라 할 수 있다.

● 지정적 퍼블릭포럼 중 특정한 주제나 그룹을 위해 특별히 설치한 시설은 '한정적 퍼블릭포럼'으로 불리는 경우가 있다.

● 또한 퍼블릭포럼에 해당하면 다음과 같은 귀결이 발생할 수 있다. ① 공유재산에 대한 정부의 권한을 근거로 하는 것만으로 도로, 공원 등의 표현목적의 사용을 전면적으로 금지할 수 없다. ②미관, 정온 유지라는 법익은 규제 이유로는 충분하지 않다. ③적절한 장소에서 표현의 자유는 다른 대체 채널이 있다는 이유로 배제되어서는 안된다. ④도로, 공원 등의 사용을 전면적으로 금지하는 것이 아니라, 제한적이지 않은 대체수단에 의하지 않으면 안된다.

● 일본에서도 이토 마사미 재판관이 2개의 판결(鐵道地ビラ配布事件: 最判1984.12.18刑集38卷12號3026頁, 屋外廣告物條例事件: 最判1987.3.3刑集41卷2號151頁)의 보충의견에서 퍼블릭포럼론을 전개했다. 이에 따르면, 일반대중이 자유롭게 드나들 수 있는 장소에는 본래 이용 목적은 물론 표현의 장으로서의 의의가 있다. 이와 같은 장소에 대해서는 소유권이나 본래의 이용 목적을 위한 관리권에 기초한 제약을 받을 수밖에 없다고 하더라도, 그 기능에 비추어 표현의 자유 보장에 대해 가능한 한 배려할 필요가 있다.

657 c) 그렇다면 행정재산 중에서 집회를 본래의 목적으로 하지 않는 시설에 대해서는 어떻게 생각해야 하는가? 퍼블릭포럼론에 따르면 사례5의 학교 시설은 퍼블릭포럼은 아니기 때문에 관리권자가 합리적인 재량판단으로 사용을 거부한다고 하더라도 위헌은 아닐 것이다.

최고재판소는 공물의 설치 목적과의 관계라는 시점에서 검토하고, 히로시마현 교원노조 집회 사건의 사안은 학교 시설을 설치 목적 외에 사용하는 경우에 해당하기 때문에 지방자치법 제244조가 아니라, 제238조의 4 제4항(現 제7항)으로 나누었다. 이 판결은 집회의 자유 및 헌법 제21조를 언급하고 있지 않다. 집회 목적에서 공립학교 시설의 사용은 집회의 자유 보호영역에 포함되지 않는다고 생각하고 있기 때문일 것이다. 동 판결은 본 건의 사용불허가에 대해 '그 재량권 행사가 일탈·남용에 해당하는가의 사법심사에서 그 판단이 재량권 행사로써 이루어진 것을 전제로 한 뒤, 그 판단 요소의 선택이나 판단 과정에 합리성이 결여되는 곳이 없는지를 검토하여 그 판단이 중요한 사실의 기초를 빠뜨리든가, 또는 사회통념에 비추어 현저하게 타당성이 결여된 것으로 인정되는 경우에 한해, 재량권 일탈 또는 남용으로 위법이 된다'고 하고 있다.

● 동 판결은 '종전의 허가 운용은 사용 목적의 상당성이나 이와 다른 취급을 하는 동기의 부당성을 추인시키는 경우가 있거나, 비례원칙 내지 평등의 원칙 관점에서 재량권 남용에 해당하는지를 판단하는 데 있어서 고려해야 할 요소로 될 수 있다'고 보고, 본 건 불허가처분에는 타사고려(他事考慮)[8]가 있으며, '그 결과 사회통념에 비추어 현저하게 타당성을 결여한 것'이라 하였다. 이것도 또한 원칙-예외 관계를 전제로 한 판단이 아니며, 재량과정 통제형 심사이다(⇒639).

Ⅱ-2 공립도서관

658

사례6 F는 Y시의 시민이지만, '도서관장은 특별하게 필요하다고 인정한 자료에 대해 그 이용 방법을 제한할 수 있다' 고 정한 Y시 도서관 운영규칙에 근거하여, 희망하는 잡지 열람을 인정받지 못했다.

사례7 G가 집필한 서적 '새로운 헌법 교과서' 는 Y시 도서관으로 열람용으로 구입, 배가되었지만, 도서관 직원 Z는 동서가 일본국헌법 이념을 현저하게 왜곡하고 있다고 생각하여 동 도서관의 제적기준에 반하여 개인의 판단으로 이를 폐기하였다.

a) 공립도서관에서 특정 도서의 열람 금지에 대해서는 다음과 같은 두 가지 주장이 있을 수 있다. 659

aa) 먼저 시판 도서에 대한 도서관의 열람 금지는 검열이나 표현의 사전억제에 해당하지 않는다. 다음으로 헌법은 알권리를 보장하지만, 이는 구체적인 급부청구권이 아니다. 또한 본 건 이용 제한은 단순히 지방자치단체가 정보를 제공한다는 적극적인 조치를 행하지 않은 것에 불과하며, 해당 정보의 유통을 방해하고 알권리를 침해한 것도 아니다. 따라서 지방자치단체가 설치한 도서관에서 특정 도서의 이용 제한을 가한다고 하더

8) **역자주**–타사고려란 재량판단에서 본래 고려해야 할 것을 고려하지 않거나 오히려 무시하고, 또는 그 역으로 본래 고려해서는 안 되는 것을 고려하거나 과중하게 평가한다는 의미이다.

라도, 이에 대해 F는 헌법 제21조에 근거하여 이용 제한을 해제하는 취지의 적극적 청구를 할 수는 없다.

이 경우에 Y시 도서관 운영규칙이 위헌이라는 것은 명백하게 불합리한 경우에 한정될 것이며, 도서관장에게는 넓은 재량이 인정되는 결과, 본건 조치는 기본적으로 헌법 제21조에 위반하지 않을 것이다.

● 사례6과 거의 같은 사안이 문제가 된 하급심 재판례로 위와 같은 사고방식을 채택한 것이 있다(東大和市図書館事件: 東京地判2001.9.12판례집 미등재).

660 bb) 다른 하나는, 헌법 제21조로부터 도출되는 알권리에 근거하여 도서관 운영규칙을 한정해석하여, 도서관장의 넓은 재량권을 부정한 사고방식이다. 즉, ①-1 알권리는 본래 적극적·추상적 권리이지만, 도서관의 설치 및 도서관 운영규칙으로 구체화된 것이라고 보고, 또는 ①-2 공립도서관은 도서관자료 이용이라는 문자커뮤니케이션을 목적으로 한 지정적·한정적 퍼블릭포럼이라고 한 뒤, 공립도서관의 이용은 알권리·알자유의 중심적인 위치를 차지하고 있다고 논하고, ②헌법이 보장하는 알권리를 지렛대로 열람을 불허가할 수 있는 경우를 한정하자는 주장이다.

661 b) 확실히 (광의의) 알권리는 구체적 권리로서는 국민이 정보를 수령할 시에 국가로부터 이를 방해받지 않을 것을 보장하고 있음에 불과하다(알자유). (협의의) 알권리로부터 국가나 자치단체가 국민이나 주민에 대해 정보를 제공하기 위해 뭔가의 조치를 취해야 할 구체적 의무를 곧바로 지는 것은 아니며, 국민이나 주민이 국가나 자치단체에 대해 구체적인 정보 제공을 청구할 권리가 보장되는 것도 아니다(요청은 할 수 있지만). 공립도서관은 시민들이 편하게 서적 등에 접할 수 있는 중요한 장이지만, 누구든

지 도서관의 설치는 물론, 특정 도서의 구입을 요구할 권리는 없다(요청은 할 수 있지만). 하지만 일단 공립도서관이 설치된 경우 사정이 다르다. 지방자치단체가 설치한 도서관은 지방자치단체법 제244조의 규율에 따르게 되며, 또한 퍼블릭포럼론으로부터도 열람 금지에 대해 헌법상의 한계가 발생하게 될 것이다.

aa) 최고재판소는 후나바시 시립도서관船橋市立図書館 판결에서 공립도 662
서관의 의의를 다음과 같이 설시하고 있다.

> ①'도서관은 "도서, 기록 그 외 필요한 자료를 수집하여 정리하고 보존하여 일반대중의 이용에 공헌하며, 교양・조사연구・레크리에이션 등에 이바지하는 것을 목적으로 하는 시설"이며(도서관법 제2조 제1항), "사회교육을 위한 기관"이므로(사회교육법 제9조 제1항), 국가 및 지방공공단체가 국민의 문화적 교양을 높일 수 있는 환경을 양성하기 위한 시설로 자리매김하고 있다(동법 제3조 제1항, 교육기본법 제7조 제2항[현 제12조 제2항]참조). 공립도서관은 이 목적을 달성하기 위해 지방자치단체가 설치한 공공시설이다(도서관법 제2조 제2항, 지방자치법 제244조, 지방교육 행정조직 및 운영에 관한 법률 제30조). 그리고 도서관은 도서관 봉사(도서관 서비스)를 위해 [1] 도서관 자료를 수집하여 일반대중의 이용에 제공하는 것, [2] ……으로 보며(도서관법 제3조), 특히, 공립도서관에 대해서는 그 설치 및 운영상 바람직한 기준이 문부과학대신에 의해 확정되어 교육위원회에 제시되는 것은 물론 일반대중에게 제시되는 것으로 정해져 있으며(동법 제18조) …… "공립도서관 설치 및 운영상 바람직한 기준"(2001년 7월 18일 문부과학성 고시 제132호)……에 따르면 공립도서관은 도서관 자료의 수집, 제공에 대해 [1] 주민의 학습 활동 등을 적절하게 돕기 위해, 주민의 고도화・다양화되어가는 요구를 충분히 배려할 것, [2] 보다 많은 주민에 이용을 제공하기 위해 정보처리 기능 향상을 도모하며, 유효하고 신속한 서비스를 행할 수 있는 체제를 정비하는 데 힘쓸 것, [3] 주민의 요구에 응하기 위해 신간 도서 및 잡지를 신속하게 확보 하는 것은 물론, 타 도서관과 제휴, 협

력으로 도서관 기능을 충분히 발휘할 수 있는 종류 및 양의 자료를 정비하는 데 힘쓸 것 등이 있다'.

②'공립도서관을 위에서 기술한 것과 같은 역할, 기능 등에 비추어보면, 공립도서관은 주민에 대해 사상, 의견 그 외 각종 정보를 포함한 도서관 자료를 제공하여 교양을 높이는 것 등을 목적으로 하는 공공장소라고 할 수 있다'.

663 bb) 퍼블릭포럼이라는 관념을 이용할 것인가의 여부는 별론으로 하고, 보다 중요한 것은 공립도서관을 '주민에 대해 사상, 의견 그 외 각종 정보를 포함한 도서관 자료를 제공하여 교양을 높이는 것 등을 목적으로 하는 공적인 장'으로 보고 있다는 것이다. 그리고 공립도서관의 이와 같은 의의에 비추어보면, 도서관장은 공정하게 도서관 자료를 취급해야 하는 직무상의 의무를 진다고 생각할 수 있을 것이다.

664 c) 사례7에 대해서도, 이와 같은 이해를 전제로 생각해 볼 수 있다.

확실히 G는 공립도서관에 대해 자신의 책을 구입, 배가할 것을 요구할 권리는 없다. 그러나 공립도서관의 도서관 직원이 제적기준을 위반하여, 독단적인 평가나 개인적인 취향으로 열람용 도서를 폐기한 것은 적어도 도서관 직원으로서 기본적인 직무상의 의무를 위반한 것이 된다. 여기서 문제는 이 제적이 G의 권리·이익을 위법적으로 침해한 것인가이다.

최고재판소(후나바시 시립도서관 사건)는 다음과 같이 설시하고 있다. 공립도서관이 '주민에게 도서관 자료를 제공하기 위한 공적인 장소인 것은 그곳에서 열람을 위해 제공된 도서의 저작자에게 그 사상, 의견 등을 공중에 전달하는 공적인 장소이기도 하다고 볼 수 있다. 따라서 공립도서관 도서관 직원이 열람을 위해 제공된 도서를 저작자의 사상이나 신조를 이유로 하는 불공정한 취급으로 폐기하는 것은 해당 저작자가 저작물로 그 사상, 의견 등을 공중에 전달하는 이익을 부당하게 침해당한 것이라 해야 할 것이다. 그리고 저작자의 사상의 자유, 표현의 자유가 헌법으로 보장된 기본적 인권인 점에 비추어보면, 공립도서관에서 그 저작물이 열람을 위해 제공되는 저작자가 가진 상기 이익은 법적 보호의 가치가 있는 인격적 이익이라고 해석하는 것이 상당하며, 공립도서관의 도서관 직원인 공무원이 도서의 폐기에 대해 기본적인 직무상의 의무를 위반하고, 저작자 또는 저작물에 대해 독단적인 평가나 개인적 취향으로 불공정한 취급을 한 때는 해당 도서의 저작자의 상기 인격적 이익을 침해한 것으로 국가배상법상 위법이 된다'.

이 판단은 '주민에게 도서관 자료를 제공하기 위한 공적인 장'으로서의 공립도서관의 의의와 결합하는 것임에 유의해야 할 것이다.

● 또한 본 건 1심은 ≪Y는 G가 집필한 서적을 구입하지 않으면 안 되는 법적 의무를 진 것은 아니며, 가령 G의 서적을 구입하였다고 하더라도 G와의 관계에서 반드시 이를 시민의 열람에 제공해야 하는 법적 의무를 지는 것도 아니다≫ → ≪본 건 제적으로 침해되었다고 주장하는 G의 표현의 자유 내지 그에서 파생하는 권리나 법적 이익은 어느 쪽도 반사적으로 발생하는 사실상의 이익에 불과하며, 법적으로 보호되어야 할 권리나 이익이 아니다≫고 판시하고 있다(東京地判2003.9.9民集59卷6號1579頁). 항소심도 마찬가지로(東京地判2004.3.3民集59卷6號1604頁).

Ⅱ-3 보론

최근 헌법학에서는 특히 표현의 자유에 대해 '자유와 급부' 또는 '규제 665
와 급부'의 관계가 재검토되고 있다. 종래의 헌법학은 이른바 자유의 '제한'=악으로, 국가에 의한 급부·조성=선으로 이분하여 전자 문제에 대해 열심히 논의하였지만, 후자에 대해서는 비교적 무관심했다고 볼 수 있다

(또는, ≪보다 많은 급부를≫이 주된 관심사였다). 이에 대해 최근 논의의 특징은 국가의 급부가 자유에 미치는 실질적인 영향을 중시하여, 급부의 형태 그 자체를 통제하려고 하는 것이다. 실제로 자유의 행사가 국가의 급부에 의존하는 예가 적지 않다. 집회의 자유가 '방해받지 않을 자유'라고 하더라도, 공민관 등을 이용할 수 없다면 집회의 개최는 현저하게 어려워진다. 학문의 자유 또한 국공립대학의 연구직이라는 안정된 직장이나 공적 연구 조성에 크게 의존한다. 더욱이, 국가가 급부를 통해 선별을 행하고 급부를 통한 자유 조작을 행할 가능성이 지적되고 있다.

● 그러나 공법학 전체가 이 문제에 무관심했던 것이 아니다. 예를 들면, 법률유보의 원칙이 타당한 범위에 대해 예로부터 침해유보설이 취해져 왔으나, 현재는 수익적 활동이라도 적어도 '공권력 행사'라고 할 수 있는 행정 활동에 대해서는 법률의 근거를 요구하기에 이르고 있다. 또한 행정청이 사인에 대해 행한 수익적 처분에 대해, 그 상대방(수범자) 이외의 사인(주변 주민이나 경업자 등)에 취소소송 원고적격이 있는가에 대한 논점은 이미 고전적 주제가 되었다. 더욱이 조세법에서는 '조세의 중립성'이라는 요청이 있다.

아직 논의되고 있는 문제이며 확립된 견해는 없지만, 이하 기본적 사고방식에 대해 기술해 두고자 한다.

666 a) 먼저, 공립도서관에서 열람이나 공민관의 집회와 같은 자연적 자유의 제한으로 관념할 수 없는 경우라고 하더라도, 제도(하위법령) 참조를 통해 헌법상의 권리를 관념할 수 있다면, 실체적 권리에 대한(문맥에 의존한) 제한이라는 관점에서 생각해 갈 수 있을 것이다. 이를 추상적인 급부청구권적 내실(적극적 권리)이 구체화되었다고 볼 것인가, 아니면 자유권으로서 내실 자체가 시설 사용에까지 확장되었다고 볼 것인가는 문제가 되는 권리에 따라 다를 것이다. '알권리'와 같이 급부청구권(적극적 권리)

으로서의 내실을 본래적으로 포함할 수 있는 것은 전자의 이해에 적용하기 쉬우며, 집회의 자유와 같은 본래적으로 국가로부터 방해받지 않을 것의 보장(방어권)을 내실로하는 것은 후자의 이해에 익숙할 것이다.

b) 다음으로, 후나바시 시립도서관이나 공립학교에서의 집회와 같이, 667
실체적 기본권으로부터 생각해서는 설명하기 곤란한 사례에 대해서는 먼저 권리론을 단념하고 국가의 의무라는 시점에서 고찰할 수밖에 없다. 이미 살펴본 바와 같이, 구체적인 의무의 내용은 행정재산의 목적 및 용도(와의 관계)에 따라 다르다. 헌법 차원에서 이것을 묶어 두기 위한 시도로서 '위헌조건'론, '베이스라인'론 '전문가 개입'론 등 다양한 논의가 전개되었지만, 기본이 되는 것은 '국가의 중립의무'일 것이다.

● '위헌조건'론이란 미국 헌법학에서 유래한 것으로, '정부는 예를 들어 668
급부를 완전히 유보하는 것이 허용된다고 해도 그 급부 수급자가 헌법상의 권리를 포기하는 것을 조건으로 해당 급부를 부여하는 것은 허용되지 않는다'(나카바야시 아키오中林曉夫)고 한 논의이다. 이는 독일 헌법학에서 말하는 국가의 중립의무에 가까운 내용을 포함하고 있다.

'베이스라인'론(하세베 야스오長谷部恭男)도 또한 미국 헌법학에서 유래한 것이지만, '기본적 인권의 실현에 있어서 정부에게 그 보장을 의무화하는 기본적 수준(베이스라인)에 대해서는 정부의 재량은 뭔가의 헌법적 규율로 축소되며, 혹은 개인이 인권을 주장할 수 있는 길이 열리게 된다(고마무라 게이고駒村圭吾)는 논의라는 것이다. 독일에서도 같은 주장이 때때로 등장하지만, 일반론으로 전개되는 한 그 논증에 성공한 사례는 없다(다만 퍼블릭포럼론과 결부하여 생각하는 것이 가능할 것이다).

'전문가 개입'론은 예술이나 학문에 대한 급부·조성과 같이 그 내용을 평가하여 우선순위를 결정하는 선택적 조성일 수밖에 없는 것에 대해 국가는 스스로 조성 프로그램의 '기본 방침'을 책정하는 역할에 그치고, 기본방침의 '해석'에 대해서는 전문직의 판단을 존중해야한다고 하는 논의이다(아리카와 쓰네마사蟻川恒正). 이는 선택적 조성이 불가피한(따라서, 국가의 중립의무로는 대응할 수 없는)영역에서 최대한의 객관성・공평성을 담보하기 위한 최선의 선택으로 여겨진다. 대개 (역사적 유래를 제외하면) 그 전형이 대학인에 의한 대학의 자치일 것이지만, 그 외에도 학문이나 예술에 대해 각종 조성의 분배나, 전시회 등의 표창 등 전문가를 심사위원으로 함으로써 비학문적, 비예술적인 결정・심사를 회피하는 구조가 강구되어 있다. 하지만 여기에도 몇 가지 문제가 있다. ①먼저, 전문가가 항상 이성적이며, 전문적 판단을 우선한다고는 할 수는 없다(전문가 성선설의 한계). ②또한 선택적 조성이 이루어지는 영역에는 반드시 전문가 집단이 육성되지 않은 영역이 있을 수 있다. ③더욱이, 예술과 같이 기성관념이나 질서를 뒤집는 것을 본질로 하는 활동에 대해, '전문가'는 단순한 기성관념의 옹호자가 될 수밖에 없다. 가장 근본적인 것이 ③의 문제이지만, 이에 대해서는 처음부터 국가가 예술의 가치가 높고 낮음을 평가할 수 없는 이상, 국가로부터의 자유(방어권)로운 예술에 대해서는 보호영역을 넓게 파악하는 한편, 조성에 대해서는 체관(처음부터 예술은 헌법학자가 생각하는 것과 같은 단기적인 결산을 요구하는 활동이 아니다)하는 것일지도 모른다.

669 국가의 중립의무란 독일의 우편신문업무 결정(BVerfGE 80, 124)에서 전개된 요청이다.

우편신문업무란 정기간행물(신문, 잡지) 판매를 위해 일반 우편물보다 할인된 우편업무이며, 우리나라의 제3종 우편요금과 유사하다. 본 건에서는 자사의 출판물에 대해 우편신문업무의 인가를 취소당한 출판사가 헌법소원을 제기했다.

연방헌법재판소는 다음과 같이 설시하고 있다. '국가가 헌법상 의무화되어 있지 않더라도 우편신문업무와 같이 출판을 위한 조성 조치를 강구한다고 결정한 경우 기본법 제5조 제1항 2문[출판의 자유]은 개개의 출판 내용·구성에 대한 모든 영향력의 회피와, 저널리즘 경쟁을 전체적으로 왜곡하는 것의 회피를 요청한다. 국가 조성은 특정 의견이나 경향을 우대하거나, 이에 불이익을 가해서는 안된다. 기본법 제5조 제1항 2문은 조성영역에서 국가의 내용중립의무를 기초지운다'.

이 결정에서 주목받는 것은 '국가의 중립의무'에 대응하여 출판의 자유의 주체에는 '국가의 조성 조치에 결합한 내용 조작적인 영향력 행사에 대한 주관적 방어권 내지 저널리즘 경쟁에서 평등한 취급을 요구할 청구권'이 성립한다고 설시하고 있는 점이다. 즉, 국가의 객관적 의무에서 검토하기 시작하여 의무 위반으로부터 주관적 권리에 대한 침해를 끌어내고 있는 것이다.

C 사법적 구제의 제반 문제

헌법상의 권리에 대한 구체적 침해는 대부분의 경우 직접 법령 그 자체가 아니라, 법령의 구체적 적용(처분 등)을 통해 일어나며, 그 구제는 소송이라는 형태로 재판소에 요청되는 것이다. 여기서 두 가지 과제를 설정할 수 있을 것이다.

첫째, 부수적 위헌심사제 하에서 헌법소송을 제기하기 위해서는 '법률상의 쟁송'에 해당해야 한다. 특히 행정을 대상으로 하는 소송에서 취소소송이나 공법상의 법률관계에 관한 확인소송 등, 소송 유형별로 소송 요건이 정해져 있으며, 어떠한 경우에 어떤 형식의 소송을 제기할 수 있는지가 문제 된다. 또한 헌법상의 쟁점은 형사사건에서는 피고인이 방어 방법으로서, 행정사건에서는 원고가 공격 방법으로, 민사사건에서는 당사자의 어느 쪽인지가 공격 또는 방어 방법으로 제기하지만, 당사자는 모든 헌법상의 쟁점을 주장할 수 있는 것은 아니며, 제기할 수 있는 위헌 주장의 대상 및 범위라는 위헌 주장의 적격이 문제가 된다. 더욱이 사법심사의 한계와 관련하여 부분사회의 분쟁이나 입법부의 재량, 특히 입법부작위에 대해 재판소의 위헌심사권은 미치지만, 헌법을 위반하는 법령이 수익적 성격의 것인 경우에 재판소가 '해석'으로 원고를 구제할 수 있는 한도는 어디까지인가 등 실체적 권리론만으로 해결할 수 없는 다양한 문제가 있다. 제7장에서는 이들의 개요를 정리한다.

다음으로, 제8장에서는 법령의 해석·적용의 통제를 다룬다. 구체적 사안에서 헌법상의 권리를 구제하기 위해서는 반드시 처분 등의 근거가 된 법령 자체를 위헌으로 할 필요는 없으며, 그 해석·적용이 헌법에 반하지 않도록 하면 되는 경우가 있다. 소송에서 원고가 법령 자체의 위헌을 주장하지 않으면 구제를 받지 못하는 경우는 실은 제한되어 있다. 이는 어떠한 경우인가? 제8장에서는 ≪법령의 해석·적용 중에서 헌법상의 권리는 어떠한 의도에서 어떻게 원용되는가?≫라는 관점에서 합헌한정해석이나 적용위헌이라 불리는 수단에 대해 검토한다.

제7장 기본권 소송의 요건과 한계

헌법 제81조 위헌심사제는 부수적 위헌심사제로 해석, 운용되고 있다. 701
헌법소송은 민사, 형사, 행정사건 소송 중에서 각 당사자가 공격 또는 방어 방법으로 헌법상의 쟁점을 제기하여, 재판소는 사건 해결에 필요한 범위에서 위헌이나 합헌 판단을 내리는 형태로 이루어진다.

본 장에서는 헌법상의 권리에 대한 침해 유무를 쟁점으로 한 기본권 소송(棟居快行)이 성립하는 요건과 사법권에 의한 구제의 한계에 대해 고찰한다.

제1절 부수적 위헌심사의 요건과 한계

주요 판례

最大判1952.10.8民集6卷9號783頁(警察予備隊訴訟)
最大判1960.6.8民集14卷7號1206頁(苫米地事件)
最大判1962.11.28刑集16卷11號1593頁(第3者所有物沒收事件)
最判1966.2.8民集20卷2號196頁(國家試驗合格変更等請求事件)
札幌地判1967.3.29下刑集9卷3號359頁(惠庭事件)
最判1977.3.15民集31卷2號234頁(富山大學事件)
最判1981.4.7民集35卷3號443頁('板まんだら'事件)
最判1988.12.20判例時報1307號113頁(日本共産党袴田事件)

헌법 제81조 위헌심사제의 성격에 대해 초기 학설에서는 부수적 위헌 702

심사제라 보는 견해와, 최고재판소는 추상적 규범통제의 권능을 가진다는 견해가 대립한다. 후자의 이해에 기초하여 최고재판소를 제1심으로 '경찰예비대의 설치 및 유지에 관한 일체의 행위'의 무효 확인을 청구하는 소송이 제기(경찰예비대 소송)되었지만, 최고재판소는 '우리의 현행 제도 하에서는 특정한 자의 구체적인 법률관계에 대해 분쟁이 존재하는 경우에만 재판소에 그 판단을 요구할 수 있으며, 재판소가 이러한 구체적 사건을 떠나 추상적으로 법률·명령 등의 합헌성을 판단할 권한을 가진다는 견해에는 헌법상 및 법령상 어떠한 근거도 존재하지 않는다'고 하여 소송을 각하하고, 이 대립에 일시적 결론을 내었다.

● 비교적 최근에는 최고재판소(1991.4.19民集45卷4號518頁)는 지방가정재판소 지부를 폐지한다고 정한 최고재판소 규칙의 취소를 요구한 항고소송에서, 폐지된 지방가정재판소 지부의 관할 구역 내에 거주하는 국민으로서의 입장에서 그 취소를 요구한 소송은 '결국, 재판소에 대해 추상적으로 최고재판소 규칙이 헌법에 적합한지를 판단하는 것을 요구하는 것으로 귀결하고, 재판소법 제3조 제1항의 "법률상의 쟁송"에 해당하지 않는다'고 하고 있다.

I 법률상의 쟁송

703 헌법 제76조 제1항은 '모든 사법권은 최고재판소 및 법률이 정하는 바에 의하여 설치한 하급재판소에 속한다'고 정하고 있다. 사법권은 역사성이 있는 개념이지만, ≪구체적인 쟁송에 대해, 공평한 제3자인 재판소가 법을 적용하고, 선언함으로써 이것을 재정(裁定)하는 국가작용이다≫는 것이 최대공약수적인 정의가 될 것이다. 재판소법 제3조 제1항은 '재판소는 일본국헌법에서 특별히 정한 경우를 제외하고 **일체의 법률상의 쟁송**을 재판하고, 그 외 법률에서 특별히 정한 권한을 가진다'고 규정하지만, 여

기서 말하는 '일체의 법률상의 쟁송'의 재판이 사법권 고유의 대상이다.

Ⅰ-1 '법률상의 쟁송'의 요건

'법률상의 쟁송'이 되기 위해서는 ①분쟁 당사자간에 법률관계에 관한 현실적·구체적 이해 대립이 존재하고(협의의 사건성), 나아가 ②법률의 적용에 그것을 종국적으로 해결할 수 있어야 한다(종국적 해결가능성). 704

a) 요건 ①을 충족하지 않는다고 한 판례로는 경찰예비대 소송(추상적인 의미의 위헌심사를 행하는 권한을 가지지 않는) 외에도 요건②에도 관계가 있는 교육칙어 실효 결의 무효확인소송教育勅語失効決議無効確認訴訟(最判1953.11.17行裁例集4卷11號2760頁. 실효로 인해 발생한 것은 단순한 '주관적 의견 또는 감정에 기초한 정신적 불만'+'중의원·참의원이 전적으로 도의적 또는 정치적 견지로부터 스스로 결정해야 할 문제'이며, '법률 적용으로 종국적인 해결해야 할 사항이 아니다')이 있다.

또한 일단은 적법하게 소송이 성립하여도 그 후 사정으로 사건성·쟁송성이 상실되면, 거기서 소송도 종료된다('mootness' 문제).

● 원고에게 승소로 인해 현실적으로 회복되는 구체적 권리나 이익을 **협의의 소의 이익**이라 부른다. 행정사건소송법 제9조 제1항은 '처분 또는 재결의 효과가 기간 경과 및 기타 이유로 없어진 후에도 그 처분 또는 재결의 취소로 회복해야 할 법률상의 이익을 가진 자를 포함한다'고 규정하고 있다. 시간 경과로 처분 자체를 다투는 것에 의미가 없어지더라도(중의원 해산의 위헌성을 다투는 재판에서 소송 진행 중에 본래의 임기가 도래하더라도), 세비 청구 등, 나아가 회복해야 할 부수적인 권리나 이익이 남아있는 경우 소의 이익이 인정된다.

● 황궁 앞 광장 사용불허가 판결皇居外苑使用不許可事件判決(最大判1953.12.23民集7卷13號1561頁)은 1952년 5월 1일 메이데이를 위해 황궁 앞 광장 사용불허가 처분을 취소할 것을 요구하는 소송에 대해 '동일의 경과로 판결을 요구하는 법률상의 이익을 상실했다'고 하고, 아사히 판결朝日訴訟判決

(最大判1967.5.24民集21巻5號1043頁)도 '본 건 소송은 상고인의 사망과 동시에 종료되었[다]'고 하면서 '나아가, 만약을 위해(念のために)'서라며 헌법판단을 하고 있다.

705 b) 요건 ②에 대해 '목각만다라板まんだら' 판결, 국가시험 합격변경 등 청구사건 판결 등이 있다. 전자는 '구체적 권리의무 내지 법률관계에 관한 분쟁 형식을 취하고 있으며, 그 결과 신앙 대상의 가치 또는 종교상의 교의에 관한 판단이 청구의 당부를 결정하는 데 전제 문제로서 그치는' 경우라 하더라도, '사안의 성질상 법령을 적용해서는 해결할 수 없는 문제'에 관한 판단이 소송의 귀추를 좌우하는 필요불가결한 것인 경우 '법률상의 쟁송'에 해당하지 않는다고 하였다. 또한 후자는 '법령 적용으로 해결하는 데 적합하지 않은 단순한 정치적 또는 경제적 문제나, 기술상 또는 학술상의 다툼은 재판소의 재판을 받아야 할 사안이 아니다'고 하고 있다.

● 법주(法主), 관장(管長) 등 종교단체의 종교 활동상의 지위 그 자체가 법률상의 지위는 아니기 때문에, 특정한 자의 지위 존재의 여부 확인을 요구하는 소송은 법률상 권리관계의 확인을 요구하는 것이라고는 할 수 없으며(요건①의 결여), 부적법하다는 것에 다툼은 없다(은각사 사건: 最判1969.7.10民集23巻8號1423頁). 문제가 되는 것은 특정인의 종교 활동상의 지위 존재의 여부가 다른 구체적 권리 또는 법률관계를 둘러싼 분쟁에 대해 청구의 당부를 판정하는 전제 문제로 되어 있는 경우에 대해서이다.

목각만다라 판결의 전년에 내려진 종덕사 판결(最判1980.1.11民集34巻1號1頁)은 '다른 구체적인 권리 또는 법률관계를 둘러싼 분쟁이 있으며, 그 당부를 판정하는 전제 문제로서 특정인에 대해 주지 지위 존재의 여부를 판단할 필요가 있는 경우 그 판단의 내용이 종교상의 교의 해석에 걸친 것……이 아닌 한', 그 지위 존재의 여부에 대해 재판소가 심리・판단할 수 있는 것으로 보고, 이를 인용한 혼몬지 판결本門寺事件判決(最判1980.4.10

判例時報973號85頁)도 '종교 활동상의 자유 내지 자치에 대한 개입에 해당하지 않는 한, 앞서 기술한 것과 같은 문제에 대해 심리, 판단하는 것은 아무런 지장이 없다'고 하고 있다. 혼몬지 판결은 '종교법인은 종교 활동을 목적으로 하는 단체이며, 종교 활동은 헌법상 국가의 간섭으로부터 자유를 보장받고 있기 때문에, 이러한 단체의 내부관계에 관한 사항에 대해서는 원칙적으로 해당 단체의 자치권을 존중해야하며, 본래 그 자치로 결정해야 할 사항, 특히 종교상의 교의에 걸친 사항과 같은 것에 대해서는 국가기관인 재판소가 이에 개입하여 실체적인 심리, 판단을 실시해야 하는 것이 아니다'고 설시하고 있다. 그리고 선임 효력에 관한 쟁점은 주지 지위가 '절차상의 준칙에 따라 선임되었는지 여부, 또한 위의 절차상 준칙은 무엇인가'에 관한 것이라고 하는 등, 부분사회론 특히 정당의 제명처분(⇒726)과 유사성이 지적되고 있다.

706 한편, '목각만다라' 판결 이후 연화사蓮華寺 사건(最判1989.9.8民集43卷8號889頁), 일연정종관장日蓮正宗管長 사건(最判1993.9.7民集47卷7號4667頁)의 판결 등에 이어, '법률상의 쟁송'성을 부정하는 판단이 확립된 것처럼 보인다.

학설에서는 민사소송법 학자를 포함하여 다양한 논의가 있지만, 헌법학적으로 ①단체 내부에서 대표자의 지위 존재의 여부를 둘러싼 분쟁이라는 일반적인 문제를 전제로 종교단체의 특수성을 고려한다는 수법을 취해야 할 것인가(혼몬지 판결), 아니면 ②종교단체의 분쟁이라는 점을 중시하여, 이에 대해 사법심사 가부를 '법률상의 쟁송'문제로 볼 것인지가 기본적인 대립점이다. ①의 입장을 취하는 경우 해당 종교단체의 자율적 판단을 존중하게 될 것이다. 또한 ②의 경우를 전제로 하는 경우에도 일연정종관장 판결에서 오노大野正男 재판관의 반대의견처럼 법주의 '선정'이 있었는지 여부는 '혈통 승계'라는 직접적 사실 그 자체를 판단하지 않더라도 '선정'을 추인할 간접 사실의 존재의 여부를 주장 입증시킴으로써 판단하는 것이 가능하다는 견해가 있다.

707 ● 국가시험 합격변경 등 청구사건 판결은 너무 융통성이 없이 획일적이

다. 독일 연방헌법재판소는 법조자격시험(논술시험과 구술시험)의 불합격판정에 대한 헌법소원사건에서 헌법소원 자체는 적법하다고 본 뒤에, 채점에 대한 불복신청절차에 대해 심사하고 있다(BVerfGE 84, 34). 나아가 자격심사 특히 선택시험이 최고재판소가 말하는 '학술상과 관련된 다툼'에 해당하는 것은 오히려 예외적이라고 생각해야 할 것이다.

덧붙여 국립대학법인의 입학시험 합·불합격 판정에 東京高判2007.3.29判例時報1979號70頁는 '그 성질상, 시험실시 기관의 최종판단에 맡겨야 할 것이며, 그 판단의 옳고 그름을 재판소가 심사하여 구체적으로 법령을 적용하여 그 분쟁을 해결할 수 있다고 할 수 없'지만, '타사고려가 이루어졌는지, 이루어진 경우에 그 타사고려가 허용되는 것인지의 문제는 시험실시 기관의 최종적인 판단에 맡길 필요 없이 재판소가 구체적으로 법령을 적용할 수 있는 사안이다'고 하였다. 이는 판단과정의 심사의 일례이다.

Ⅰ-2 객관소송

708 '법률상의 쟁송'에 해당하지 않지만, 재판소법 제3조 제1항의 '기타 법률에서 특히 정하는 권한'에 속하는 소송으로 행정사건소송법은 민중소송과 기관소송이라는 두 가지 **객관소송**을 정하고 있다. 전자는 헌법소송의 한 수단으로 중요하며 실천적 의의를 수행하고 있다.

민중소송은 '국가 또는 공공단체의 기관의 법규에 적합하지 않은 행위의 시정을 요구하는 소송으로 선거인인 자격 그 외 자기의 법률상 이익과 관련되지 않은 자격으로 제기하는 것'(행정사건소송법 제5조)이며, 공직선거법에서 선거무효소송, 당선무효소송(제204조, 제208조 등), 지방자치법에서 주민소송(제242조의 2)이 있다. 전자는 해당 선거의 선거인 및 후보자라면 누구나 소송을 제기할 수 있다. 투표가치의 불평등은 이 방법으로 다투어지고 있다. 후자는 해당 지방자치단체의 주민이면 누구라도 원고가 될 수 있다(단, 감사청구 전치주의를 채택하고 있다). 에히메 다마구시료 사건愛媛玉串料事件(最大判1997.4.2民集51卷4號1673頁) 등 지방자치단체의 정교분리 위반의 문제는 주민소송으로 제기되었다.

법률로 객관소송을 어디까지 확장할 수 있는지가 문제가 되지만, 위에서 기술한 객관소송은 모두 구체적인 사건 자체는 발생하고 있다. 단지 특정 피해자가 존재하지 않는다는 것이며, 경찰예비대 소송과 같은 순수한 추상적인 객관소송과는 그 성질이 다르다. 그 전제가 결여된 객관소송의 법정(法定)에는 소극설이 강세이다.

● 또한 기관소송으로 '국가 또는 공공단체의 기관 상호간에 권한의 존부 또는 그 행사에 관한 분쟁에 대한 소송'(행정사건소송법 제6조)이며, 그 대표적인 예는 지방자치법 구 제151조 2의 직무집행명령소송이었으나, 1999년 지방자치법개정으로 기관위임사무 제도의 폐지와 함께 삭제되었다(판례로 오키나와 군용기지 대리서명 사건[最大判1996.8.28民集50卷7號1952頁]). 현행 지방자치법에서는 제251조의 5 및 제252조의 보통지방자치단체에 대한 국가 또는 도도부현의 관여에 관한 소송, 제176조 제7항의 의회와 단체장 사이의 논쟁에 관한 소송이 법정되어있다.

Ⅱ 보론 – 취소소송

민사소송에서 위에서 기술한 두 요건에 따라 '법률상의 쟁송'에 해당하 709
는가의 여부를 판단하면 되며, 형사사건에서는 국가 측이 멋대로 소송을 제기하기 때문에, 특별히 어려운 문제는 없다. 그러나 행정소송에 대해서는 소송 유형, 소송 요건을 포함하여 사용하기에 불편하고, 법의 지배의 관철 및 실효적인 권리구제와의 관계에서 문제가 있다고 지적되어 왔다. 사법제도개혁심의회의 의견서에 따라 2004년 행정사건소송법이 개정되어 소송 유형의 확충과 취소소송의 원고적격 확대, 집행정지의 요건 완화 등이 도모되었다. 아래에서는 취소소송에 대해 소송 요건 등을 간단히 언급하고자 한다.

● 행정사건소송법은 위에서 기술한 객관소송 이외에, 주관소송으로 항고소송(제3조), 당사자소송(제4조)을 정하고 있다. 2004년 개정 전, 항고소송으로 법정되었던 것은 취소소송, 무효 등 확인소송, 부작위위헌확인소송뿐이었지만, 개정으로 의무이행소송과 금지소송이 제도화되었다. 또한 당사자소송에 대해서는 '공법상의 법률관계에 관한 확인소송'이 당사자소송의 한 유형으로 '공법상의 법률관계에 관한 소송'에 포함되는 것이 명시되었다. 집행정지의 요건은 개정 전에는 '절차 속행으로 발생하는 회복이 곤란한 손해를 피하기 위해 긴급하게 필요한 경우'였으나, 개정으로 '중대한 손해를 피하기 위해 긴급한 필요가 있는 때'로 바뀌어, '손해회복이 곤란한 정도를 고려하는 것으로 하고, 손해의 성질 및 정도와 처분 내용 및 성질을 감안'해야 할 취지가 규정되었다(행정사건소송법 제25조 제3항).

● 또한 항고소송 중 취소소송은 대다수 헌법소송에서 이용하고 있는 소송 유형이며, 당사자소송 중 공법상의 법률기관에 관한 확인소송은 재외국민선거권 소송(最大判2005.9.14民集59卷7號2087頁)에서 이용되었다. 더욱이 국가보상법(국가배상과 손실보상) 중, 국가배상소송은 입법부작위의 위헌성을 다툴 수 있는 거의 유일한 소송 유형으로 되어 있다. 공법상의 법률관계에 관한 확인소송에 대해서는(⇒739), 국가배상소송에 대해서는(⇒740).

710 a) 취소소송 대상은 '행정청의 **처분** 그 외 공권력행사에 해당하는 행위'(행정사건소송법 제3조 제2항)이다. 초기 판례(最判1964.10.29民集18卷8號1809頁)는 행정청의 처분을 '공권력의 주체인 국가 또는 공공단체가 행하는 행위 중, 그 행위로 직접 국민의 권리의무를 형성하거나 그 범위를 확정하는 것이 법률상 인정된 것'으로 한정하였다. 이는 고전적 '침해' 개념(⇒216)을 전제로, 공정력에 결합한 좁은 처분개념이지만, 비교적 최근의 판결에서는 실질적인 관점에서 종래보다 넓게 처분성을 긍정한다.

● ①병원개설 중지권고 취소 사건(最判2005.7.15民集59卷6號1661頁)의 판결에서는 형식적으로 행정지도인 의료법 규정에 근거하여 병원 개설 중지권고에 대해 이에 따르지 않는 경우의 효과(보험의료기관의 지정을 받을 수 없고, 결과적으로 병원 개설 자체를 단념할 수밖에 없음)를 지적하고 처분성을 긍정했다.

②또한 이른바 '청사진青寫眞' 판결(最大判1966.2.23民集20卷2號271頁)을 변경한 하마마쓰시 토지구획정리사업계획 판결浜松市土地區畫整理事業計畫事件判決(最大判2008.9.10民集62卷8號2029頁)은 토지구획정리사업계획 결정에 대해 '시행지구 내의 택지소유자 등의 법적 지위에 변경을 가져오는 것이며, 항고소송의 대상으로 하기에 충분한 법적 효과를 지닌 것으로 볼 수 있으며, 실효적인 권리구제를 도모한다는 관점에서 보아도 이를 대상으로 한 항고소송 제기를 인정하는 것이 합리적이다'고 보고, 처분성을 인정했다(본 건 제1심[靜岡地判2005.4.14民集62卷8號2061頁]은 앞서 기술한 '청사진' 판결을 답습하여, 토지구획정리사업계획은 해당 토지구획정리사업의 기초적인 사항을 일반적 · 추상적으로 결정하는 것이며, 이른바 청사진으로서의 성질을 지닌 것에 불과하다고 보고 처분성을 부정하고 있었다).

b) 취소소송의 **원고적격**이 특별히 문제가 된 것은 주변 주민의 생활이 711
나 이익에 다양한 불이익을 가져오는 사업인가 등의 행정행위에 대해 제3자인 주변 주민이 취소소송을 제기할 수 있는 경우이다. 행정사건소송법 제9조 제1항은 원고적격을 '해당 처분 또는 재결의 취소를 구할 법률상의 이익을 가진 자'에 부여하지만, 그 해석을 둘러싸고 ①'법률상 보호된 이익'설과 ②'법적 보호의 가치가 있는 이익'설의 대립이 있으며, 전자가 판례 · 통설이다.

그러나 주변 주민 등이 '법률상 보호된 이익'을 지녔는가는 처분의 근거 법령 뿐만 아니라, 관련 법령까지 포함하여, 또는, 해당 규정의 명문 문언뿐만 아니라, 그 합리적 해석으로 판단되는 등 어느 정도 유연하게

인정되어왔다(몬쥬 소송もんじゅ訴訟判決[最判1992.9.22民集46卷6號571頁] 등). 2004년 행정사건소송법 개정에서는 제9조 제2항이 신설되어, 원고적격을 인정할 때 고려 사항이 명문화되었다.

● 또한 오다큐 고가 소송小田急高架訴訟判決(最大判2005.12.7民集59卷10號2645頁)에서 후지타 도키야스藤田宙靖 재판관의 보충의견(마치다町田顯 재판관 동조)은 다음과 같이 논하고 있어 경청할 만하다. 이에 따르면, ①'종래의 공식'은 처분의 근거 규정이 제3자도 보호하려고 하는 의도를 포함한 경우에 '법률상의 이익'을 인정하는 것이었지만, 이론적 설명으로 충분하지 않다. ②도시계획시설 사업인가 사례에서 주변 주민에게 원고적격이 인정된 것은 이론적으로 '행정청에 해당 시설이 장래에 이용될 것에 기인하는 일정 손해를 입는 위험으로부터 제3자(주변 주민)을 보호하는 법적 의무'가 부과되어, '주민에게는 그와 같은 보호를 받을 법적 이익이 부여되어 있다'고 인정되기 때문이다. ③행정청의 '위험으로부터 보호할 의무'는 해당 사업인가 처분의 근거 규정 외에도 '절차 규정 · 목적 규정 등 다양한 규정', 나아가서는 '행정청의 권한행사에 제약을 부과하는 현행 법령 일반'이 부과하고 있을 가능성이 있다(더욱이, 기본권보호의무⇒527).

712 c) 이와 같이 소송 요건에 대해서는 처분성, 원고적격 모두 유연하게 판단하는 경향이 있다고는 하지만, 행정사건소송법이 **집행부정지원칙**(제25조 제1항)을 정하고 있기 때문에(사업인가 등에 대한 취소소송이 제기되어도 당연히 해당 사업의 집행이 정지되는 것이 아니다), 시간의 경과에 따라 기성사실의 축적으로 원상 복귀가 곤란해지며, 더욱이 사업이 완료된 경우가 있다. 이 또한 실효적 권리구제의 장애인 것이 지적되어왔다.

관련하여 **사정판결**을 언급하고자 한다. 사정판결이란 위법적인 처분이라 하더라도, 그 취소가 공공의 이익에 현저하게 장애를 발생하게 할 경우 재판소는 청구를 기각할 수 있다는 것이다(행정사건소송법 제31조 제1항 참조). 사정판결은 가령 사업이 완료하더라도 협의의 소의 이익(⇒704)을 소멸시키지 않는다는 적극적 기능을 지니는 한편, 본래의 권리구제를 부정한다는 소극적 기능을 지닌다. 하마마쓰 토지구획정리사업계획 최고재판소 판결(⇒710)은 환지처분 등의 단계에서 취소소송을 제기하여도 사정판결이 될 가능성이 상당 정도 있다(요지는 이미 늦었다)는 것을 이유로, 사업계획의 결정에 처분성을 인정한 것이 주목된다.

● 행정사건소송법 제25조 제1항은 '처분 취소의 소의 제기는 처분의 효력, 처분의 집행 또는 절차의 속행을 방해하지 않는다'고 정하고 있다. 제2항 이하에서 집행정지 신청 및 그 요건을 정하고 있으나, (2004년 법 개정으로 완화되었다고는 하지만) 상당히 어려운 장애물이 있으며, 제27조에서는 집행정지 신청 및 재판소에 의한 집행정지 결정에 대한 내각총리대신의 이의를 인정하고 있다.

● 最判1992.1.24民集46卷1號54頁은 마을이 운영하는 토지개량사업이 완료되어 사회적, 경제적인 손실의 관점에서 보아 원상복귀가 사회통념상 불가능하더라도, 이는 사정판결의 적용에 관해 고려되어야 할 사안이며, 인가처분의 취소를 요구하는 소의 이익을 소멸시키는 것은 아니라고 하였다.

713 또한 사정판결은 의원정수 불균형소송에서도 이용되었으나, 이는 행정사건소송법 제31조에 직접 근거한 것이 아닌, '고차원적 법적 견지'에서 행정사건소송법 제31조에 포함되는 '법의 기본원칙'을 적용했다고 하는 구성을 취하고 있다.

● 最大判1976.4.14民集30卷3號223頁(중의원 의원정수 불균형소송 1976년 판결). 이와 같은 복잡한 구성을 취한 것은 공직선거법 제219조가 행정사건소송법 제31조 제1항의 준용을 배제하고 있기 때문이다. 덧붙여 이 사정판결의 실질적 근거인 '명백하게 헌법이 기대하지 않는 결과'란 '선

거로 선출된 의원이 모두 당초부터 의원의 자격을 갖지 않았다는 결과, 이미 위 의원으로 조직된 중의원 의결을 거쳐 성립한 법률 등의 효력에도 문제가 발생하며, 또한 이후에도 중의원의 활동이 불가능하며, 앞서 기술한 규정을 헌법에 적합하도록 개정하는 것조차도 불가능해진다'는 사태이다.

Ⅲ 위헌주장의 적격과 헌법판단의 필요성

714 통상적으로 헌법상의 쟁점은 형사사건에서는 피고인이 방어 방법으로, 행정사건에서는 원고가 공격 방법으로, 민사사건에서는 당사자 중 한쪽이 공격 또는 방어 방법으로 제기한다. 어찌 되었든 헌법상의 쟁점 제기는 법령을 그대로 해석・적용하면 패소할 자가 역전을 노리고 행하는 것이며, 상대방은 이에 대항하여 다른 헌법론을 전개하게 된다.

그렇지만, 소송이 적법하게 성립하였다 해도, 당사자는 모든 헌법상의 쟁점을 주장할 수 있는 것이 아니다(위헌주장의 적격). 더욱이, 재판소는 당사자의 주장에 응하여 헌법판단을 해야 하는 것은 아니며, 해당 사건의 해결에 필요한 한도에서 이를 판단하는 정도에 그쳐야 한다(헌법판단의 필요성).

Ⅲ-1 위헌주장의 적격

715 a) 먼저, 처분 등에 따라 헌법상의 권리를 직접 제한받은 자가, 자기의 **헌법상의 권리**를 원용하여 해당 처분이나 그 근거 법령의 위헌을 주장하는 것은 당연히 인정된다.

문제는 자기에게 직접적용되는 조항 이외에 그 법령 중에서 다른 조항 또는 그 법령 전체의 위헌을 주장할 수 있는가에 있다. 가분/불가분 문제로 논해진다. ①동일 법령 중에 있으며 자기에게 적용되는 규정과 밀접불가분의 관계에 있는 다른 규정을 공격하는 것은 가능(무허가 집회, 무허가 영업행위의 처벌과 허가제의 위헌성)하며, 또한 ②자위대법 제121조와 자위대법(惠庭事件), 암거래 쌀 구입 금지와 식량관리법(食糧管理法違反事件: 最大判1948.9.29刑集2卷10號1235頁)과 같이, 자기에 적용되는 규정의 위헌성이 해당 법령 자체의 위헌성에서 유래한다는 관계에 있는 경우에는 법령 자체의 위헌성을 주장하는 것 또한 허용된다.

b) 다음으로, **제3자의 헌법상의 권리**의 원용이 어느 범위에서 허용되는지가 문제 된다. 716

학설에서는 현실의 특정 제3자와 불특정 가정적 제3자로 나눈 다음, 전자에 대해 ①위헌을 주장하는 당사자와 제3자와의 관계, ②제3자가 별도의 소송에서 위헌성을 주장할 가능성으로부터 가/불가를 판단하며, 후자에 대해서는 표현의 자유에 대한 막연하고 불명확한, 또는 과도하게 광범위한 법률에 의한 제약이나, 범죄구성요건이 불명확한 경우를 예외로 하여 제3자의 권리의 원용을 인정하지 않는 것이 통설이다.

판례로는 특정 제3자에 대해 제3자 소유물 몰수 사건이 제3자의 권리 수용을 인정하고, 또한 히로시마시 폭주족 추방조례 사건(最判2007.9.18刑集61卷6號601頁) 외 다수 판결이 막연성·과도한 광범위성을 이유로 한 위헌 주장을 들어 심사하고 있다(⇒318, 819, 824).

● 제3자 소유물 몰수 판결은 제3자에게 고지·변명·방어의 기회가 없는 것, 본인에 대한 부가형인 것, 본인에게도 점유권 박탈 등의 불이익이 발생하는 것, 제3자로부터 손해배상 등을 청구할 수 있는 것을 이유로 들고 있다. 717

옴진리교 해산명령 사건(最決1996.1.30民集50卷1號199頁)의 당사자는 교단이었지만, 신자의 종교의 자유를 원용하고 있다. 특별한 관계에 있는 제3자로 인정할 수 있을 것이다(단, 2심의 東京高判1995.12.19民集50卷1號231頁은 면밀한 심사 후, 이를 부정). 그 외에도 의사와 환자와 같이 특별한 직업상의 관계가 인정되는 경우 환자 등의 헌법상의 권리의 원용을 인정할 여지가 있다.

● 가정적인 불특정 제3자의 권리 원용에 대해 학설이 소극적인 것은 이것이 제3자 자신에 의한 권리주장에 방해 될 가능성이 있는 것은 물론, 사실상 객관소송이 될 것을 우려하고 있기 때문이다. 한편, 범죄구성요건의 명확성은 이미 기술한 것과 같이(⇒322) 불특정 제3자의 헌법상의 권리의 원용이라는 것보다 헌법상 객관법 원칙의 원용이라고 해석할 수가 있으며, 해당 법령이 근거가 되어 자기에게 불이익이 미치는 이상, 그 법령의 객관법적 헌법원칙 위반을 공격하는 것은 일반적으로 허용된다고 해석해야 할 것이다.

● 또한 행정사건소송법 제10조 제1항은 '취소소송에서 자기의 법률상의 이익과 관계가 없는 위법을 이유로 취소를 요구할 수 없다'고 규정하고, 취소이유를 제한한다(판례로는 最判1989.2.17民集43卷2號56頁). 이는 앞서 기술한 원고적격(본 건에서는 소음 피해를 받은 공항 주변 주민이 정기항공운송사업면허의 취소를 요구한 '법률상의 이익'이 있는가)과는 별도로, ≪본 건 공항의 착륙대 A 또는 B는 비계기용임에도 불구하고, 피상고인은 이를 위법적으로 계기용으로 사용하도록 제공하고 있어 면허 기준에 적합하지 않다≫, ≪일본항공에 대한 본 건 면허는 해당 노선의 이용객 대부분이 유흥 목적의 한국 단체여행객이므로, 면허 기준에 적합하지 않다≫는 위법사유의 주장은 허용되지 않는다고 한 것이다.

법령의 위헌사유로 제3자의 헌법상의 권리 내지 헌법상의 객관원칙을 원용할 수 있는가에 대한 문제와, 구체적 처분의 취소를 요구하는 때에 주장할 수 있는 위법사유의 범위 문제는 구별하여 생각해야 한다.

Ⅲ-2 헌법판단의 필요성

718 헌법판단의 필요성에 대해서는 Brandise rule을 참조하는 것이 효과적이다. 뉴딜 시기의 리버럴파 판사에 의한 정식화라는 점에서 유보가 필요하지만, 뒤에 기술(⇒802)할 합헌한정해석(제7준칙) 외에도 에니와 사

건惠庭事件判決에서 헌법판단의 회피(제4준칙) 등 일본에도 대응 사례가 있다.

● 제4준칙: 재판소는 헌법 문제가 기록으로 적절하게 제출되었다고 하더라도, 그 사건을 처리할 수 있는 다른 이유가 있는 경우 헌법 문제에 대해 판단하지 않는다. 제7준칙: 재판소는 법률의 합헌성에 대해 중대한 의혹이 제기되었다고 하더라도 그 문제를 회피할 수 있는 법률 해석이 가능한지 아닌지를 먼저 확인해야 한다.

● 에니와 판결은 다음과 같이 설명하고 있다. 재판소가 국가행위에 대해 위헌심사권을 행사할 수 있는 것은 '구체적인 법률상의 쟁송의 재판에서만 가능하며, 뿐만 아니라 구체적 쟁송의 재판에 필요한 한도에 한정된다'. 형사사건에서는 '해당 사건의 재판 주문의 판단에 직접적, 절대적으로 필요한 경우에만 입법 그 외의 국가행위의 헌법적합성에 관한 심사결정을 해야 하는 것을 의미한다'. 자위대의 통신선을 절단한 피고인의 행위는 자위대법 제121조에서 말하는 '기타 방어용으로 제공하는 것'의 훼손에 해당하지 않으므로, 자위대(법)는 위헌인가라는 '헌법 문제에 관하여 어떠한 판단을 행할 필요가 없을 뿐만 아니라, 이를 행해서도 안된다'.

한편, 전몰자 유족 및 종교가 등인 원고들이 내각총리대신 고이즈미 준이치로가 직무로 야스쿠니신사를 참배하는 것은 정교분리의 규정 등에 위반하는 위헌행위이며, 이로 인해 정신적 고통을 입었다하여 국가 및 수상 개인에 대해 손해배상을 청구한 사안에서는 ①본 건 참배는 헌법 제20조 제3항으로 금지된 종교 활동에 해당하는 것으로 그 위헌판단을 한 다음, ②본 건 참배로 배상 대상이 될 수 있는 법적 이익의 침해가 있었다고는 볼 수 없으므로, 불법행위의 성립을 부정한 재판 사례가 있다(福岡地判2004.4.7判例時報1859號125頁).

Ⅳ 위헌심사의 한계

719 위헌심사의 한계에는 조약에 대한 위헌심사와 같이 **헌법소송의 대상**으로 논할 수 있는 것과, 부분사회론이나 입법재량과 같이 **사법권의 한계**로 논해야 할 것이 있다. 하지만, 양자의 구분은 상대적이며, 예를 들면 통치행위론은 본래 사법권의 한계에 관한 문제였지만, 대다수 교과서에서는 헌법소송의 대상 항목으로 다루고 있다. 또한 입법재량은 사법권의 한계, 입법부작위는 헌법소송의 항목으로 나뉘어있는 등, 배치는 다분히 편의적이다.

아래에서는 주요 논점에 대해 간단한 검토를 한다.

● 사법권의 한계에는 국제법상의 한계(일반 국제법상의 것으로 외교사절의 치외법권, 조약상의 것으로 재일미군의 군인・군속에 대한 형사재판권의 일부 예외 등), 헌법 명문상의 한계(의원의 자격쟁송 재판[제55조], 재판관의 탄핵[제78조, 제64조])도 있지만 아래에서는 다루지 않는다.

또한 국가의 사법상 행위에 대해서는 이미 간단하게 다루었다(⇒546). 위헌의 조약에 대해서는 그 국내법상의 효력 부인을 문제로 하는 것에 그치며, 조약 자체를 무효로 할 수 있는가의 여부가 문제가 되는 것이 아니다(조약의 무효는 빈조약법조약 제46조 등에 따라 판단한다)는 것을 지적하고 있는 것에 그친다.

Ⅳ-1 통치행위론, 자율권

720 a) **통치행위론**이란 극히 고도의 정치문제에는 재판소의 심사권이 미치지 않는다는 것을 의미하며 그 논거에는 사법자제론과 사법권의 내재적 한계론이 있다. 도마베치 판결苫米地事件判決은 문언상으로 내재적 한계론의 입장을 취하고 있다.

● 순수한 통치행위론으로 도마베치 판결은 가령 이것이 법률상의 쟁송이며, 유・무효 판단이 법률상 가능한 경우라도 중의원 해산과 같이 '직접 국가통치의 기본에 관한 고도의 정치성이 있는 국가 행위'는 '재판소의 심사권 밖에 있으며, 그 판단은 주권자인 국민에 대해 정치적 책임을 지는 정부・국회 등의 정치부문의 판단에 맡겨지며, 최종적으로 국민의 정치판단에 맡겨져 있다'고 하였다. 동 판결은 '삼권분립의 원리에서 유래하며, 해당 국가 행위에서 고도의 정치성, 재판소의 사법기관으로서의 성격, 재판에서 필연적으로 수반되는 절차상의 제약 등에 비추어 특정 명문에 의한 규정이 아니더라도, 사법권의 헌법상 본질에 내재하는 제약'으로 이를 설명하고 있다.

한편, 스나가와 판결砂川事件判決(最大判1959.12.16刑集13卷13號3225頁)은 '일견 극히 명백한 위헌무효라 인정되지 않는 한, 재판소의 사법심사권 범위 밖의 것이[다]'라고 재량론을 가미하고 있으며, 순수한 통치행위론이 아니다. 적용에서도 도마베치 판결은 중의원 해산이 극히 정치성이 높은 국가통치의 기본에 관한 행위인 것만을 확인했지만, 스나가와 판결은 '미합중국 군대의 주둔은…… 위헌무효인 것이 일견 극히 명백하다는 것은 도저히 인정할 수 없다'는 실질적인 판단을 하고 있다.

b) 사법이 정치부문의 판단을 존중한다는 것뿐이라면, 통치행위론을 721
적용하지 않더라도 그 자율권 또는 재량권, 정치부문 상호의 관계로 설명하면 충분하다. 또한 통치행위론은 예전부터 국가가 의원정수 불균형에 대해서도 이를 원용한 것과 같이 (중의원 의원정수 불균형소송 1976년 판결 1심: 東京高判1974.4.30民集30卷3號223頁), 헌법 문제로서 재판소가 판단해야 할 것까지 과잉 포섭할 우려가 있다.

자율권이란 정치부문의 내부적 자율의 존중이라는 관점에서 재판소의 심사가 미치지 않는다는 것이다. 중・참의원의 자율권에 대해, 의사절차와 의원의 징벌에 대한 사법심사의 가부가 논의되었다. 재량권에 대해서는 뒤에서 기술한다(⇒723).

● 의원의 자율권을 승인한 것으로 경찰법 개정 사건(最大判1962.3.7民集16巻3號445頁)은 '동법은 양원에서 의결을 거친 것으로 적법한 절차에 따라 공포된 이상, 재판소는 양원의 자주성을 존중해야 하며, 동법 제정의 의사절차에 관한 소론과 같은 사실을 심리하여 그 유·무효를 판단해서는 안 된다'고 판시하고 있다. 국회의원의 징벌에 관한 판례는 없지만, 제명도 포함하여 의원(議院)의 판단을 최종적인 것으로 하는 것이 통설이다.

또한 정치부문이라 하여도 다양하지만, 사법권의 한계로서의 자율권론은 국회의 중·참의원 및 내각이라는 헌법기관에 한정되어야 할 것이다. 지방의회에 대해서는 후술의(⇒726) 부분사회론이 문제가 되는 정도에 그친다.

● 도마베치 사건 1심(東京地判1953.10.19行裁例集4巻10號2540頁), 2심(東京高判1954.9.22行裁例集5巻9號2181頁)은 통치행정론을 부정하고, 본 건 중의원 해산(갑작스러운 해산)에 대해 각의는 실제로 어떠했는가를 인정·평가했다(1심은 적법한 각의가 있다고는 할 수 없다고 보았으며, 2심은 적법한 각의가 있었다고 보았다). 학설은 대체로 이를 비판적으로 보고 있다.

도마베치 사건에서 쟁점이 된 것은 ①헌법 제69조에 근거하지 않은 해산(非69조 해산)은 유효한가, ②본 건 해산에 관해 내각의 조언과 승인이 적법하게 이루어졌는지 두 가지 점이다. 전자는 정치부문의 재량권 또는 정치부문 상호관계, 후자는 정치부문의 자율권으로 설명할 수 있다고 해석되고 있다. 또한 스나가와 판결에서 문제가 된 안보조약 및 미군 주둔의 합헌성은 정치부문의 재량문제로 처리할 수 있다고 여겨지고 있다.

그러나, 제69조에 근거하지 않는 해산의 허용 여부는 사법심사가 미치는 문제로서 헌법판단을 행하면 된다. 또한 '조언'과 '승인'에 대해 별도로 독립된 각의결정이 필요한가, 양자를 일체화할 수 있는가에 대해서도 헌법판단을 행하여 그 후에 실제 각의의 모습은 자율권 문제로 사법심사의 대상이 되지 않는다고 해석해야 할 것이다.

● 덧붙여 말하자면, 당시 동서독일이 1972년 체결한 '기본조약'의 합헌성 이라는 극히 고도의 정치문제에 대해 연방헌법재판소는 '조약은 실질적 헌법을 만들어 내는 것이 아니며, 조약을 기본법 해석을 위해 예로 들어 인용할 수도 없다'고 하는 한편, 영어를 그대로 이용하여 '사법의 자기억제'를 스스로 부과하고, 그 주된 취지는 ≪헌법으로 다른 국가기관에 보장된 자유로운 정치적 형성의 영역에 개입하지 않는 것≫이라 설명했다. 실제 심사에서는 조약의 취지 및 각 조항에 대해 헌법합치적 해석을 함으로써 합헌이라 하고 있다(BVerfGE 36, 1). 또한 기본조약은 무력행사의 상호포기, 양국 간에 존재하는 경계의 불가침 승인, 양국의 독립과 자주 존중, 주재 대표부 교환 등을 규정하고 있으며, 이들이 독일통일이라는 국가목표(당시 기본법 제23조) 등에 위반하지 않는지가 쟁점이 된 것이다. 722

Ⅳ-2 재량권

재량이란 'Ermessen=측정하다, 평가・판단하다'는 독일어의 번역에서 유래한 것이지만, 법률이 행정에, 헌법이 입법부에 일정 판단 여지를 부여한 경우에 행정재량, 입법재량이 논해진다. 재판소는 행정 내지 입법부의 재량적 판단의 당・부당에 대해서는 심사하지 않는다(일탈・남용만을 심사할 수 있다. 행정사건소송법 제30조 참조). 따라서 사법심사의 한계라고 하더라도 사법심사가 배제된다는 의미는 아니다. 723

a) 재량이라고 하더라도 **행정재량**과 입법재량은 질적으로 다르다고 생각해야 한다(독일에서는 입법에 대해서는 '형성 여지'라는 별도의 언어를 사용하고 있다). 행정(행정각부)은 법치국가의 원칙 아래 법률을 집행하는 것이 그 본래 작용이며, 법률로 판단여지가 인정되는 한도에서 재량을 이야기할 수 있다(내각의 재량은 나중에 기술하는 입법재량에 가깝다). 법률이 구체적으로 어떤 정도의 판단 여지를 행정에 부여하고 있는가는 법률해석의 문제이며, 특히 헌법상의 권리와 관련된 경우 법률의 문언이 넓은 판단 여지를

인정하고 있는 경우라고 하더라도, 합헌한정해석(⇒816), 기타 적용심사(⇒802)으로 그 여지가 현저하게 축소한다. 더욱이 재량의 일탈·남용은 재량권을 행사하는 판단과정(⇒635)이나 재량기준(행정절차법 제5조, 제12조 참조)으로부터도 심사된다.

한편, **입법**이라는 행위는 단순한 헌법의 집행을 넘어 창조적인 법정립 작용이다. 입법부는 헌법의 틀 내에서 스스로 공익 목적을 설정하고, 가치판단을 행하며 수단을 선택할 수 있다. 입법부는 헌법상 절대적 금지(검열 금지 등)에 저촉하지 않는 한, 많든 적든 자유로운 판단의 여지를 가지게 된다. 재량(형성의 여지)의 범위는 단순하자면 헌법상 원형을 관념할 수 없는 경우에는 넓으며, 자유권 제한과 같은 원칙-예외 관계가 성립하는 경우에는 좁다. 또한 원칙-예외 관계가 성립하는 경우라고 하더라도, 권리의 성질이나 제한의 강도 등에 따라 그 범위가 다르다. 3단계심사와 제도준거심사의 구별이나, 심사밀도(또는 심사기준)론은 재량의 범위와 밀접하게 결합하고 있다.

724 ● 선택 가능성이라는 의미의 재량은 예를 들면 최후의 수단(ultima ratio)이라 불리는 형법에 대해서도 인정된다. 강간죄와는 별도로 집단강간죄를 법으로 정하여, 이를 친고죄에서 제외할 것인가의 여부는 대개 어느 쪽도 위헌은 아니라는 의미에서 입법부가 선택할 수 있다. 종교법인에 대한 비과세는 단순하게 헌법 제20조 제1항 후단에 위반하지 않는다는 것뿐이며, 과세로 할 것인지 비과세로 할 것인지는 입법자의 판단에 맡겨진 사항이다. 법률로 부여된 행정재량과는 달리 입법재량은 입법이라는 작용의 본래적 속성으로서 인정되는 것이며, 그 범위의 넓고 좁음(경우에 따라서는 부인)이 헌법해석으로 획정된다고 생각해야 할 것이다.

● 원칙-예외 관계가 성립하지 않는 경우 그 권리의 구체적 내용이나 실현 구조를 법률로 형성·구체화해야 한다. 입법재량은 이미 이러한 차원에서 발생한다. 한편 원칙-예외 관계의 구조를 취하는 방어권에 대해서

는 권리내용(보호영역)의 획정은 해석의 문제이다(⇒202). 입법재량은 어떠한 목적으로 제한을 하는지 안하는지, 어느 수단을 취할 것인가의 단계에서 발생한다. 이 재량은 경제적 자유의 규제에 대해서는 사회적 상호 관련성 때문에 상대적으로 넓으며, 국가의 중립성(⇒669)이 요청되는 표현의 자유 등에 대한 제한에 대해서는 본래 좁다. 정당화(실질적 정당화)단계에서 얼마나 엄밀하게 심사할 수 있는가(심사밀도)는 덧붙여 재판소의 심사능력(소매시장 판결小賣市場事件判決[最大判1972.11.22刑集26卷9號586頁] 참조)에도 의존한다.

● 행정법에서는 재량을 법률재량과 사법재량으로 나누어 설명하는 경우가 있다(시바이케 요시카즈芝池義一). 전자는 법률이 일의적인 문언으로 규정하지 않고 그래서 행정에 인정되게 되는 판단 여지를 가리키지만, 이 의미에서 재량은 사법관계에서는 비례원칙이나 평등의 원칙, '공익상의 필요' 등 불확정 법개념의 해석, 목적 구속, 재량권 행사의 과정 심사 등을 통해 축소된다. 입법재량에 대해서도 헌법 제10조, 제47조 등의 규정이 부여하는 일견 광범위한 재량(對헌법재량)이라 하더라도, 헌법 제14조나 제13조, 목적의 심사나 비례원칙, 제도준거심사를 통하여 부인 내지 축소될 것이다.

b) 재량에 관하여, 행정 및 입법자의 **제1차적 판단권**이 문제가 된다. 행 725
정법학에서 이는 급부판결, 의무이행판결을 부정하는 논거였다. 즉, 사법권은 행정권이 우선 제1차적인 권한을 행사한 후에 비로소 그 적법성을 심사할 수 있는 것이며, 행정에 대해 특정 급부를 명령하거나 특정 의무를 부과하는 것은 행정권에 대한 부당한 개입으로 보는 것이다(田中二郎). 하지만 2004년 행정사건소송법 개정은 항고소송(⇒709)의 한 유형으로 '의무이행소송'을 법정하여, 이러한 사고방식은 과거의 유물이 되었다.

입법자의 제1차적 판단권은 입법부작위에 대하여 재판소의 심사권이 미치는지 아닌지, 또한 수익적·창설적 입법이 법 앞의 평등에 반하기 때문에 위헌이 된 경우 재판소가 자신의 판단으로 원고를 구제할 수 있는가의 형태로 문제가 된다. 어느 쪽도 판례 전개가 있는 문제이기 때문에 자세히는 뒤에 논한다(⇒732, 736).

● 비신청형의 의무이행소송을 인정한 재판례로 福岡高判2011.2.7판례집미등록(旧筑穂町産廢撤去訴訟).

Ⅳ-3 부분사회론

726 a) 판례는 지방의회 의원의 출석정지처분(最大判1960.10.19民集14卷12號2633頁), 국립대학 단위 불인정(도야마대학 사건富山大學事件), 정당의 내부처분으로 일반 시민법질서에 직접 관련을 갖지 않은 것(일본공산당 하카마타 사건日本共産党袴田事件)에 대해 법률상 계쟁(係爭)이라 하더라도 사안의 특질상, 사법심사의 대상 외로 하는 것이 상당하다고 설시해 왔다. 이는 부분사회의 법리로 불린다.

● 부분사회론의 기본적 발상 중 한 가지는 다나카 코타로田中耕太郎 재판관이 最大決1953.1.16民集7卷1號12頁(요나이야마 사건米內山事件)반대의견에서 주장한 사회 및 법질서 다원성이다. 즉, '대체로 법적 현상은 인류 사회에 보편적이며, 반드시 국가라는 사회에만 한정되는 것이 아니다. ……국가인 사회 속에서도 다양한 사회, 예를 들면 공익법인, 회사, 학교……등이 존재하며, 각각의 법질서를 가지고 있다. 법질서는 사회의 다원성에 따라 다원적이다'.

727 ● 부분사회론과 특별권력관계론의 차이에 대해 언급하고자 한다. 19세기 독일에서 발생한 특별권력관계론은 공무원 관계, 수감 관계, 국공립대학 재학 관계 등을 특별권력관계로 보고, 법치주의의 제반 원칙이 적용되지 않다고 하였다. 그 이유는 법치주의는 국가가 사회의 영역에 개입하여

사인의 권리나 자유를 제한하는 경우에 타당한 원리이지만, 법률 규정(수감 관계)이나 해당 사인의 동의(공무원 관계)에 기초하여 성립하는 특별권력관계는 국가 내부의 영역에 속하는 법 관계이기 때문이다. 국가 내부의 법 관계에서는 ①특별권력의 주체에는 명령, 징계 등의 포괄적 지배권이 부여되며, ②이에 복종하는 자의 권리나 자유를 법률의 근거 없이 제한하는 것이 가능하며, ③이와 같은 특별권력관계 내부의 행위에는 원칙적으로 사법심사는 미치지 않는다. 본래 특별권력관계론은 일본국헌법 하에서 부정되고 있다(초기에 大阪地判1958.8.20行裁例集9巻8號1662頁은 '특별권력관계'라는 말을 사용하면서, '구속이 법률에 근거하여 인정된 이상, 피구속자의 모든 인권의 제한은 당연히 거기에 포괄되어, 구체적인 법률의 근거 없이 인권 침해가 허용된다고 생각해야 할 이유는 없다. 이는 인권을 보장하며 존중하는 헌법 정신에 비추어볼 때 절대로 인정할 수 없는 일'임을 설시하고, 실질적으로 특별권력관계론을 부정했다).

한편 부분사회론은 사법심사 배제를 설명하는 점에서는 특별권력관계론에 유사하지만, ①법치주의를 전체적으로 배제하는 것이 아니라, ②공법상의 특수한 관계뿐만이 아니라, 정당이나 사립대학 등 사적단체에도 적용되는 점에서 사정(射程)이 다르다. 또한 ③부분사회론이 다원적 법질서론에서 유래하는 것이라면, 특별권력관계론과는 원래부터 그 발상이 다른 것이 된다.

b) 부분사회론의 논법의 전형은 도야마대학 판결에서 볼 수 있다. 또한 728
부분사회론은 사법심사가 미치는/미치지 않는 것만의 논의가 아니다. 일본공산당 하카마타 판결은 정당 내의 제명처분을 심사 대상으로 하는 한편, 심사의 관점을 현저하게 한정하여 주목된다.

● 도야마대학 판결에서는 다음과 같은 논증이 전개되었다. ①법률상의 쟁송에 해당하는 것이라도 '사안의 특질상 재판소의 사법심사 대상 밖에 두는 것이 적당한 것'이 있다. ②'일반시민사회 속에서 이와 별개로 자율

적인 법규범을 가진 특수한 부분사회에서의 법률상 다툼'은 '이것이 일반 시민법질서와 직접적인 관계를 갖지 않는 내부적 문제에 그치는 한, 그 자주적, 자율적 해결에 맡기는 것을 적당하고, 재판소의 사법심사의 대상이 되지는 않는다'. ③'대학은 국공립이든 사립이든 그 종류를 묻지 않으며……일반시민사회와는 다른 특수한 부분사회를 형성하고 있다'. ④ 단위 인정은 졸업 요건을 구성하는 것이지만, 당연히 일반 시민법질서와 직접 관계를 갖지 않는 것이기 때문에 순수한 대학 내부의 문제로서 대학의 자주적, 자율적인 판단에 맡겨야 하며, 재판소의 사법심사 대상이 되지 않는다.

● 일본공산당 하카마타 판결은 다음과 같이 설시하고 있다. 정당의 내부적 자율권에 속하는 행위는 일반 시민법 질서와 직접적인 관계가 없는 내부적인 문제에 그치는 한 재판소의 심사권은 미치지 않지만, '[당원에 대한] 처분이 일반 시민으로서의 권리이익을 침해하는 경우라 하더라도, 위 처분의 당부는 해당 정당이 자율적으로 정한 규범이 공서양속에 반하는 등 특단의 사정이 없는 한, 위 규범에 비추어 위 규범을 없을 때에는 조리에 근거하여 적정한 절차에 따라 행해졌는지에 따라 결정해야 하며, 그 심리도 위의 점에 한정된다'.

729 c) 하지만 포괄적 부분사회론에는 문제가 있다. 확실히 대학, 정당, 종교단체 등 그 내부 계쟁(係爭)에 재판소가 개입하는 것이 적절하지 않은 단체가 존재하지만, 결과적으로 그것을 부분사회의 내부문제라고 부른 것이라면 몰라도, 미리 부분사회론을 포괄적으로 전개하여, 그 단순한 적용으로 사법심사의 배제라는 법적 귀결을 도출해서는 안된다. 덧붙여 무엇이 ≪일반 시민법질서와 직접적 관계를 갖지 않는 내부문제≫인가도 명확한 것이 아니다.

사법심사가 미치는가의 여부는 한편에서 각 단체의 목적·성질·기능·자율성을 뒷받침하는 헌법상의 근거(종교단체[제20조], 대학[제23조], 정당

[제21조]), 다른 편에서 다투어지고 있는 권리나 이익의 성질 등을 고려하여 개별적, 구체적으로 검토되어야 한다.

● 실제 판례에서도 단체의 성질에 대해서는 실질론을 전개하고 있다. ① 일본 공산당 하카마타 판결 : 정당은 정치상의 신조, 의견 등을 공통으로 하는 자가 임의로 결성하는 정치결사이며, 내부적으로 자율적 규범, 자치 권능을 가진다. 각자에 대해 정당의 결성, 가입, 탈퇴의 자유를 보장하는 것은 물론, '정당에 대해서는 고도의 자주성과 자율성을 부여하여 자주적으로 조직·운영을 할 수 있는 자유를 보장해야 한다'. '위와 같은 정당의 성질, 목적에서 보면 자유로운 의사로 정당을 결성하거나 그에 가입한 이상, 당원이 정당의 존립 및 조직의 질서유지를 위해 자기의 권리나 자유에 일정한 제약을 받을 수 있는 것도 당연하다'. 730

②도야마대학 사건 : 대학은 '국공립이든 사립이든 관계없이, 학생의 교육과 학술연구를 목적으로 하는 교육 연구 시설이다. 그 설치 목적을 달성하기 위해서 필요한 제반 사항에 대해서는 법령에 특별한 규정이 없는 경우라고 하여도, 학칙 등으로 이를 규정하고 실시하는 것이 가능한 자율적이고 포괄적인 기능을 지니며 일반시민사회와는 다른 특수한 부분사회를 형성하고 있다'. 昭和女子大學事件判決(最大判1974.7.19民集28卷5號790頁)도 참조.

● 변호사회 등의 '사업(士業)' 단체는 그 설립 취지에서 보더라도 고도의 자치가 기대되는 한편, 강제가입단체라는 성격을 지니는 경우가 있다. 미나미규슈 세리사회 사건南九州稅理士會事件(最判1996.3.19民集50卷3號615頁)에서 회원인 X에게 발생한 구체적 불이익은 임원선거에서 선거권·피선거권의 정지이며, 더욱이 내부 문제였으나 부분사회론은 등장하지 않는다. 대체로 해당 단체의 '목적' 범위 내인가의 여부를 묻는 쟁점은 논리적으로 부분사회론에 선행하는 문제이며, 당연히 사법심사의 대상이 되는 것이고, 해당 단체의 목적 범위 내에 있다고 판단되는 경우에 비로소 그 자율적 결정이 존중되기 때문일 것이다.

제2절 입법부작위의 사법적 구제

주요 판례

大阪高判2000.5.16松月47卷4號917頁(兒童扶養手当支給拒否事件[京都])
最大判2005.9.14民集59卷7號2087頁(在外國民選擧權訴訟)
最大判2008.6.4民集62卷6號1367頁(國籍法事件)

731 존속살인 가중처벌 규정과 같은 침해적 성격의 규범과는 달리, 아동복지수당법이나 국적법과 같은 급부적·수익적 법률에 대해서는 어떤 조항이 위헌이라고 해도 재판소가 사법권의 범위 내에서 위헌 상태를 해소하고, 당사자를 구제할 수 있는 지가 문제가 된다. 본 절에서는 어떤 조항을 단순하게 위헌으로 하여 배제하면 되는 경우와, 법의 결여가 발생하는 경우를 구분하여 후자(입법부작위)의 경우 구제 방법에 대해 고찰한다.

Ⅰ 급부의 적극요건과 소극요건

732 전체로는 합헌인 급부입법 중에서 특정 조항이 법 앞의 평등에 위반하는 경우, 일반적으로 평등을 회복하는 복수의 수단이 병존한다. 그중 어느 것을 선택할지는 입법자의 판단에 맡겨지는 사항이며, 재판소가 이것을 행할 수 없다.

● 국적법 위헌판결에서 이마이 이사오今井功 재판관 보충의견은 다음과 같다. '무효인 법률 규정이 국민에게 형벌을 과하거나 혹은 국민의 권리이익을 박탈하는 경우 기본적으로 그 규정의 효력이 없는 것으로 보고, 이를 적용하지 않는 것뿐이므로 특단의 문제는 없다. 문제가 되는 것은 본 건에서와 같이 그 법률 규정이 국민에게 권리이익을 부여하는 경우이다. 이 경우에 그 규정 전체를 무효로 하면, 권리이익을 부여하는 근거가 없어져 문

제가 되는 권리이익을 부여할 수 없게 된다'.

약간 보충하자면, 형법 구 제200조(존속살인)와 같은 침해적 성격의 규정에 대해서는 단순하게 그 적용을 배제함으로써 위헌이 해소된다. 한편, 반의 여학생에게만 1인당 10만 엔씩 장학금을 지급하는 입법은 명백하게 헌법 제14조 제1항에 위반하지만, 이를 위헌무효로 한다면 아무도 그 무엇도 받을 수 없게 되어버린다. 더욱이 위헌 상태의 해소에는 모든 학생에게 10만 엔씩 지급하거나, 모든 학생에게 5만 엔씩 지급하는 장학금을 폐지하는 것 등 복수의 방법이 존재한다. 이 경우에 무엇을 선택할지는 재판소가 아니라 입법자가 결정한다. 호리키 소송堀木訴訟에서 문제가 된 '병행급부의 조정조항'은 비교적 용이하게 소극요건(후술함)이라 볼 수 있었으나, 법률 전체에서 해당 조항의 자리매김을 둘러싸고 견해 대립이 적지 않게 발생했다.

급부입법 중 어떤 조항이 그 일부를 위헌으로 하여 배제하면 되는 성질을 지니고 있는가, 아니면 입법자에 의한 위헌 해소라는 선택을 기다려야 하는지는 법률 전체에서 해당 조항의 위치를 고찰함으로써 비로소 판단된다. 733

a) 아동부양수당 지급정지 사건에서는 아동부양수당 시행령(1998년 개정 전) 제1조의 2 제3호의 「모가 혼인……에 의하지 않고 임신한 아동(부로부터 인지된 아동은 제외한다.)」이라는 규정에 대해 괄호서만을 무효로 선언하는 것이 가능한지가 쟁점이 되었다. 어떤 소송에서는 피고(지사)가 해당 조항이 본문과 괄호서로 이루어진 체재를 취한 것은 '입법기술상의 요청'에 지나지 않는다고 보고, 본 건 괄호서는 수당 지급의 **소극요건**을 정하는 것이 아니라, 본문과 일체가 되어 '모가 혼인에 의하지 않고 임신한 아동이며 부로부터 인지되지 않은 것'을 수당 지급대상자로 정한 것(**=적극요건**)이라 보았다. 이에 대해 원고 측은 이 규정은 '모가 혼인……에 의하지 않고 임신한 아동에 지급한다. 다만 아동이 부로부터 인지된 경우 지급하

지 않는다'와 같은 규정과 동일하므로, 본 건 괄호서는 **소극요건**이라고 주장했다(아동부양수당 지급정지 사건[京都]1심: 京都地判1998.8.7判タ1037號122頁).

전자의 이해(적극요건)에서 보면, 재판소가 시행령 제1조의 2 제3호 중에서 괄호서 부분만을 무효로 하는 것은 사법판단권의 한계를 넘는 것이 된다. 한편, 후자의 이해(소극요건)에서 보면, 제한・배제의 규정인 본 건 괄호서를 무효로 하더라도 기본・본문에 돌아가게 되는 것뿐이며, 새로운 지급 요건을 재판소가 창설하는 것이 아니다(부분무효). 바꾸어 말하면 '법령 규정의 일부를 위헌 등의 이유로 무효로 함으로써 재판소에 의한 새로운 입법을 창설하는 것과 동등한 결과가 발생하는 경우는 법령 규정의 일부를 무효로 하는 것은 허용되지 않는다. 하지만 해당 규정이 적극요건과 소극요건으로 구성되어 있으며 소극요건만을 무효로 하는 것이라면, 재판소에 의한 새로운 입법을 창설하는 것이 아니다'라는 것이다(아동부양수당 지급정지 사건[京都] 항소심 판결).

● 본 건 괄호서를 소극요건으로 인정한 고등재판소 판결의 설시를 인용해 둔다. '태아인지가 극히 희박한 것에 비추어보면, …… 본 건 괄호서가 적용되는 구체적인 경우는 신청으로 인한 아동부양수당 지급을 받는 자가 인지로 인해 그 수급이 끊겼을 경우가 주가 되며, 실제로는 동 조항은 소극요건으로 기능하는 것, 그리고 동호의 규정이 괄호서이면서 더욱이 "부로부터 인지된 아동을 제외한다"는 제외가 규정되어 있는 점에서 보면 이를 소극요건으로 해석하는 것은 가능하다'.

734 b) 국적법 위헌판결에서는 국적법 구 제3조 제1항이 일본 국민인 부의 혼외자 중, <u>부모의 혼인으로 혼내자의 신분을 획득한 자에 한해</u> 일본 국적의 취득을 인정하고 있는 것이 헌법 제14조 제1항을 위반하는 것으로 보았다. 문제는 밑줄 친 부분이 과잉요건을 부과하고 있는 것인가, 아니면 국적법 제3조 제1항에 대해 법의 결여 또는 입법부작위가 발생하고 있

는가하는 부분이다.

● ①다수의견은 밑줄 친 부분을 과다한 요건이라 보고 밑줄 친 부분만을 위헌무효로 하고, 국적법 제3조 제1항의 잔여 부분을 적용함으로써 원고(상고인)를 구제했다. 이마이 이사오今井功 재판관의 보충의견은 다음과 같이 기술하고 있다.

그 법률 규정이 국민에게 권리이익을 부여하는 경우, 그 규정 전체를 무효로 한다면 권리이익을 부여하는 근거가 없어지지만, '국민에게 권리이익을 부여하는 규정이 권리이익을 부여하는 요건으로 A, B 두 요건을 정하여 두 요건을 만족하는 자에 한해 권리이익을 부여한다(반대해석으로 A요건만을 만족하는 자에게는 권리이익을 부여하지 않는다)고 정한 경우에 권리이익을 부여하는 요건으로 A요건 외에 B요건을 요구하는 것이 평등의 원칙에 반하며, 위헌이라고 판단되는 때에 A요건만을 갖춘 자에게도 해당 권리이익을 부여할 수 있'는 경우가 있다. 이와 같은 경우 그 법률 전체의 구조, 해당 규정이 위헌이 된 이유, 결과의 타당성을 고려하여 B요건 규정만이 무효라고 해석하는 것도 '법률의 합헌적인 해석으로 충분히 가능하다'.

국적법이 정하는 국적 취득의 구조를 보면, 동법은 '법적인 의미에서 일본 국민의 혈통이 인정되는 경우, 즉 법률상 부 또는 모가 일본 국민인 경우 국적 취득을 인정하는 것을 대원칙으로 하고, 제2조는 이 원칙을 무조건 관철하며, 제3조에서 여기에 부모의 혼인으로 혼내자에 해당하는 신분을 취득한 것이라는 요건(……)을 부가하고 있는 것이라 할 수 있다. 이와 같은 국적법 구조에서 보면 제3조는 혈통주의 원칙을 인정하면서 <u>준정요건(準正要件)을 갖추지 못한 자를 제외한 규정</u>이라고 할 수밖에 없다'. 국회는 제3조 제1항의 규정을 마련하여 준정된 자에게만 신청으로 국적 취득을 인정한다고 하였지만, 이로써 '그 반면에 있어서, 비준정자에는 이를 인정하지 않는다는 <u>적극적인 입법재량권을 행사</u>한 것이 명백하다'.

②이에 대해 가이나카 다쓰오甲斐中辰夫 및 두 재판관의 반대의견 및 후 735

지타 도키야스藤田宙靖 재판관의 의견은 본 건은 입법부작위의 문제로 본다.

반대의견은 다음과 같은 지적을 하고 있다. '국적법은 헌법 제10조 규정을 근거로 어떠한 요건을 충족한 경우에 일본 국적을 부여할 것인가를 정한 창설적·수권적 법률이며, 국적법 규정이 없으면 어떤 자가 일본 국민인지가 정해지지 않는다……. 국적법이 일본 국적을 부여하는 규정 요건에 해당하지 않는 경우 일본 국적의 취득과의 관계에서 백지상태가 존재함에 불과하다. 즉, 일본 국적을 부여하는 취지의 규정을 충족하지 않는 경우 국적법 규정과의 관계에서 입법의 부존재 내지 입법부작위 상태가 존재함에 불과하다'. '[본 건 구별로] 위헌이 되는 것은 비준정자에게 신청으로 국적을 부여한다는 규정이 존재하지 않는다는 입법부작위 상태인 것이다. 다수의견은 국적법 제3조 제1항의 규정 자체가 위헌이라고 보지만, 동 규정은 준정자에게 신청으로 국적을 부여하는 취지의 창설적·수권적 규정이며, 헌법에 위반하는 부분은 없다'. 다수의견의 해석은 '국적법의 창설적·수권적 성질에 반하는 것인 이상, 결국은 준정자를 출생 후 인지된 자로 취급하는 것이 되므로 법해석으로서는 한계를 넘었다고 할 수밖에 없다'.

후지타 도키야스 재판관의 의견도 다음과 같이 논하고 있다. 국적법의 기본구조는 출생 시에 부 또는 모가 일본 국민이라는 대원칙(제2조)과, 일본 국적을 갖지 않는 자가 일본 국적을 취득하는 것은 귀화에 의한다는 원칙(제4조)로부터 성립하며, 동법 제3조 제1항 준정 요건은 '준정자이며 동 조항이 정하는 기타 요건을 충족하는 자에 대해 특별히 국적 취득을 우대하는 취지이며, 더욱이 비준정자를 배제하고자 하는 취지는 없다. 바꾸어 말하면 비준정자가 신청이라는 절차로 국적을 취득할 수 없게 된 것은 동 조항이 있어서가 아니라 동법 제2조 및 제4조의 필연적 결과라고 해야 할 것이며, 동법 제3조 제1항 준정 요건(準正要件)이 있기 때문에 헌법상 간과할 수 없는 차별이 발생하는 것도 이른바 동 조항의 반사적 효과에 불과하다'. 동 조항 준정 요건은 '과잉' 요건이 아니라, 오히려 제3조 제1항이 '불충분한' 요건만을 두고 있는 것이 문제이다.

Ⅱ 해석에 의한 결함 보충의 가능성

a) 위에서 기술한 국적법 위헌판결 반대의견과 같이, '부모의 혼인'이 736
과잉요건이 아니라, 입법부작위가 국적법 제3조 제1항의 문제점이라고 해석하면, 사법에 의한 구제의 한계가 문제된다.

이 점에 대해 가이나카 다쓰오 및 두 재판관의 반대의견과 후지타 도키야스 재판관 의견이 다음과 같이 대립한다.

● ①가이나카 및 두 재판관의 반대의견은 다음과 같다. 입법부존재 상태를 시정하기 위해서는 '법 해석·적용으로 하는 것이 가능하지 않다면, 국회의 입법조치로 하는 것이 헌법의 원칙이다……. 또한 입법상 복수의 합리적인 선택지가 있는 경우, 그중 어느 것을 선택할 것인가는 국회의 권한과 책임으로 결정되어야 하지만, 본 건에서는 혼외자의 신고에 의한 국적 취득의 요건에 대해 다수의견과 같은 해석으로 나타난 요건 이외에 "다른 입법상의 합리적인 선택지가 존재할 가능성"이 있으므로, 그런 의미에서도 위헌 상태의 해소는 국회에 맡겨져야 할 것이라고 생각한다. ……다수의견은……법률에 없는 새로운 국적 취득의 요건을 창설하는 것이며, 실질적으로 사법에 의한 입법과 같다.

②이에 대해 후지타 재판관은 다음과 같이 주장하며 '현행법의 합리적 확장해석'을 정당화한다.

'입법부가 이미 일정 입법정책에 입각하여 판단을 내린 것이며, 또한 그 판단이 나타내고 있는 기본적인 방향에 따라 생각한다면, 아직 구체적인 입법이 이루어지지 않은 부분에 대해서도 합리적인 선택 여지는 극히 한정되어 있다고 여기는 경우에 현저하게 불합리한 차별을 받고 있는 자를 개별적인 소송 범위 내에서 구제하기 위해 입법부가 이미 제시하고 있는 기본적 판단에 저촉하지 않는 범위에서 사법권이 현행법의 합리적 확장해석으로 위헌 상태를 해소하려고 하는 것은 전혀 허용되지 않는 것이 아니다'. 본 건에 대해 국적법 제3조 제1항 등의 규정으로부터 일본 국민의 자인 자의 일본 국적의 취득에 대해서는 우대조치를 인정하려고 하는 정책 판단이 존재하며, '동법 제3조 제1항이 존재를 전제로 하는 이상, 이미 발생한 위헌 상태를 해소하기 위해서는 비준정자에 대해서도 준정자와 마찬가지로 취급하는 것이 극히 자연스러운 방법이다'. '현재 발생하고 있는 위헌 상태를 해소하기 위해서는 동 조항의 대상에는 일본 국민인 부에 의한 생후 인지를 받은 비준정자도 포함된다는 확장해석을 하는 것이 입법자의 합리적 의사에 저촉한다고는 도저히 생각할 수 없다'. 일본 국적은 '대단히 중요하며 의미를 가지는 법적 지위이며', '상고인 등이 동등하게 일본 국민의 자이면서 신고로 이러한 법적 지위를 얻을 수 없도록 하고 있는 것은 …… 본인의 의사나 노력여하에 관계없이 존재하는 다양한 선긋기가 교차하는 중에 그 틈새에 빠진 결과이기 때문'이다. '그 교차 중에서 위와 같은 처지에 놓인 자가 개별적 소송사건을 통해 구제를 요구하고 있는 경우에, ……생각할 수 있는 입법부의 합리적 의사를 짐작하면서, 법해석 방법으로서 일반적으로 그 가능성이 부정되어 있지 않은 현행 법규의 확장해석이라는 방법으로 이에 응하는 것은 오히려 사법의 책무라고 해야 할 것이며, 입법권을 찬탈하는 월권행위에 해당하지 않는다'.

737 b) 결론적으로 입법자가 이미 제1차적 판단권을 행사하고, 입법자가 본래 가지고 있던 광범위한 재량이 현저하게 축소된 경우 재판소에 의한 직접적 구제를 <u>예외적으로</u> 인정하는 것이 가능하다고 생각해야 할 것이다. 그 이외의 경우 사법권에 의한 새로운 요건의 창설은 인정되지 않는다.

● 이즈미 도쿠지泉德治 재판관의 보충의견과 후지타 도키야스藤田宙靖 재판관의 의견은 과잉요건인가 입법부작위인가에 대한 다른 전제에 있으면서, 결국 입법자 의사의 존중(그 실체는 입법재량의 축소)을 기반으로 구제를 긍정하고 있다.

이즈미 도쿠지 재판관의 보충의견에 따르면, '국적법 제3조 제1항의 주된 취지는 일본 국민의 자로 동법 제2조 적용대상이 되지 않은 자에 대해 일본 국적을 부여하는 것'이며, 부모의 혼인(준정)은 이를 위한 하나의 조건에 지나지 않으므로, '그 부분이 위헌이라고 해도, 위에서 기술한 주된 취지는 가능한 한 살리는 것이 입법의사에 따르는 것이다'. 다만, 국회의 입법의사로써 '부모의 혼인' 부분을 제외한 채로 동 조항을 존속시킬 수 없을 것이라는 개연성이 명백한 경우 이와 같은 국적법 제3조 제1항의 적용은 허용되지 않지만, 이와 같은 '개연성이 명백하다고 할 수' 없기 때문에 '부모의 혼인' 부분을 제외하고 동 조항을 적용하고, 일본 국민인 부가 생후 인지한 혼외자에게도 일본 국적을 부여하는 편이 입법의사에 적합하다. '국회가 장래에 국적법 제3조 제1항을 헌법에 적합한 방법으로 개정하는 것은 그 입법재량에 속하는 것에 있으며, 그렇게 되기까지는 "부모의 혼인" 부분을 제외하고 동 조항을 적용해야 한다'.

● 후지타 재판관의 의견은 자신의 방법을 '현행 법규의 확장해석'이라 표현하고 있지만, 확장해석인지 유추해석인지는 미묘하다. 어느 쪽이든 제도준거심사의 한 유형으로 설명한 입법재량 축소형(수미일관성) 심사(⇒625)와 실질적으로 기초부분에서 서로 공통된(通底) 발상에 의한 것이라 여겨진다.

Ⅲ 입법부작위와 소송 선택

입법부작위이며, 재판소에 의한 보충이 허용되지 않는 경우에 어떠한 738
소송을 제기할 수 있을까?

먼저, 입법의무이행소송과 위헌확인소송에는 제각각 고유한 문제가 있으며, 판례도 통설도 그 활용에 소극적이다. 때문에 부작위로 침해된 권리의 성질 때문에 공법상 당사자 소송에 의한 구제가 인정되는 경우 이외에는 소거법적(消去法的)으로 국가배상청구라는 형식으로 소송을 제기하게 된다.

● 입법의무이행소송은 그 판결이 국회에 대한 해당 내용의 입법을 강제

하는 것이라 본다면, 국회의 입법권(헌법 제41조)을 찬탈하게 된다. 또한 위헌확인소송에 대해 입법부작위가 위헌인 것을 선언하는 것만으로 사안의 종국적 해결은 되지 않는다는 지적 이외에, 추상적 규범통제는 아닌가라는 의혹이 제기되고 있다. 더욱이 입법의무이행소송 및 입법부작위의 위헌확인소송을 정면으로 인정한 판례·재판의 사례는 존재하지 않는다.

739 a) 2004년 행정사건소송법 개정(⇒709)에 따라 '공법상 법률관계와 관련된 확인소송'이 당사자소송의 한 유형으로 '공법상의 법률관계에 관한 소송'에 포함되는 것이 명시되었다. 행정사건소송법 제4조에서 정의하는 당사자소송에는 형식적 당사자소송과 **실질적 당사자소송**이 있으나, 중요한 것은 후자이다. 이 소송의 요건으로 **확인의 이익**이 인정되어야 한다. 사후구제가 적합한 경우에는 확인의 이익은 인정되지 않는다.

● 재외국민선거권 위헌판결(⇒602)은 ≪원고들이 중의원 소선거구 의원선거 및 참의원 선거구 의원선거에서 선거권을 행사할 권리를 지닌 것을 확인해 줄 것을 요구하는 소송≫에 대해, 다음과 같이 설시하여 확인의 이익을 긍정하여 주목되었다. '선거권은 이를 행사하는 것이 불가능하다면 의미가 없는 것이라고 할 수밖에 없으며, 침해를 받은 후에 다툼으로는 권리행사의 실질을 회복할 수 없는 성질의 것이기 때문에, 그 권리의 중요성에 비추어보면 구체적인 선거에서 선거권을 행사할 권리의 유무에 대해 다툼이 있는 경우, 그러한 권리가 있다는 확인을 요구하는 소송에 대해서는 이것이 유효하며 적절한 수단이라고 인정되는 한, 확인의 이익을 긍정해야 한다'.

740 b) 입법행위(입법부작위를 포함)를 공격하는 위헌국가배상소송은 소송요건은 유연하지만, 본안 승소의 요건은 엄격하다. 최고재판소는 일관되게 입법내용의 위헌성과 입법행위의 국가배상법상 위헌성을 구별하고 있다.

2005년 재외국민선거권 위헌소송은 재택투표제도 소송(最判1985.11.21民集39卷7號1512頁)을 사실상 변경하고 어떠한 법안이 제안되었는지, 국회에서 심의가 어떻게 경과했는지 등을 면밀하게 논증함으로써 입법부작위에 대해 국가배상법상의 위법성이 있다고 인정되는 경우를 정식화했다.

● 동 판결은 '국회의원의 입법행위 또는 입법부작위가 동 조항의 적용상 위법이 되는가의 여부는 국회의원의 입법과정에서의 행동이 개별 국민에 대해서 지는 직무상 법적 의무에 위배했는가의 여부에 대한 문제이며, 해당 입법의 내용 또는 입법부작위의 위헌성 문제와는 구별되어야 하며, 가령 해당 입법내용 또는 입법부작위가 헌법의 규정에 위반하는 것이라 하더라도, 그 때문에 국회의원의 입법행위 또는 입법부작위가 곧바로 위법 평가를 받는 것이 아니다'라고 하고, 입법내용의 위헌성과 입법행위의 국가배상법상 위헌성을 구별하는 것을 답습했으나, '입법내용 또는 입법부작위가 국민에게 헌법상 보장되는 권리를 위법하게 침해하는 것이 명백한 경우나, 국민에게 헌법상 보장된 권리행사의 기회를 확보하기 위해 소요의 입법조치를 취하는 것이 필요불가결하며, 그것이 명백한데도 국회가 정당한 이유 없이 장기간에 걸쳐 이를 게을리 한 경우 예외적으로 국회의원의 입법행위 또는 입법부작위는 국가배상법 제1조 제1항 규정의 적용상, 위법 평가를 받는 것이라야 해야 한다'고 하고 있다.

이것은 1985년 재택투표제도 소송의 판결의 요건을 완화한 사실상의 판례 변경이지만, 최고재판소 자신은 판례 변경이 아니라고 한다. (다만, 최고재판소는 1985년 판결은 '이상과 다른 취지를 말한 것이 아니다'고 하고 있다).

● 적용에서는 다음과 같이 주장되고 있다. '재외국민인 상고인들도 국 741
정선거에서 투표할 기회를 헌법상 보장받고 있는 것이며, 이 권리행사의 기회를 확보하기 위해서는 재외국민선거제도를 마련하는 등 입법조치를 취하는 것이 필요불가결 했음에도 불구하고 앞서 기술한 사실관계에 따르면, 1984년에 재외국민 투표를 가능하게 하기 위하여 법률안이 각의 결정되어 국회에 제출되었지만, 동 법률안이 폐안이 된 후 본 건 선거시행에 이르기까지 10년 이상 장기에 걸쳐 어떠한 입법조치도 취하지 않았으므로, 이와 같은 현저한 부작위는 위에서 기술한 예외적 경우에 해당하며, 이와 같은 경우에서는 과실의 존재를 부정할 수는 없다'.

742 c) 더욱이 국가배상소송에서 재판소는 입법내용의 위헌성과 입법행위의 국가배상법상 위헌성 어느 쪽을 먼저 심사할 것인가에 대한 문제가 있다. 해당 소송의 해결이라는 점에서는 국가배상법상 위헌성만을 심사하면 되는 것처럼 보이기도 하지만, 입법내용의 위헌성부터 심사하는 예도 적지 않다. 이러한 경우, 가령 국가배상청구 자체는 기각되었다 하더라도, 입법내용의 위헌성이 확인되어 실질적으로 입법부작위 위헌확인소송의 기능을 수행하게 된다.

● 最判2006.7.13判例時報1946號41頁(⇒607)은 정신발달 지체 및 신경불안증으로 투표가 곤란한 자에 대한 선거권 행사의 기회 보장이 문제가 된 사안에서, 선거권 행사를 가능하게 하도록 소요 조치를 취하여야 할 국가의 책임을 인정한 후에, 국가배상법상의 위법성에 대해서는 부정했다.

하급심 재판에서는 ALS患者選擧權訴訟東京地裁判(東京地判2002.11.28判タ1114號93頁)이 입법부작위의 위헌성을 확인한 후 국가배상법상의 위법성을 부정하고 있다.

제8장 헌법상의 권리와 법령의 해석·적용

통상적으로 헌법상의 권리에 대한 구체적인 제한은 직접 법령 그 자체 801
가 아닌 법령의 구체적 적용(처분 등)으로 일어난다. 따라서 권리구제라는 관점에서 반드시 처분 등의 근거 법령 그 자체를 위헌으로 할 필요는 없으며, 그 해석·적용이 헌법에 반하지 않도록 하면 괜찮은 경우가 있다. '합헌한정해석'이나 '적용위헌'으로 논해 왔던 문제이다.

본 장에서는 해석·적용 통제를 통해 헌법상의 권리구제에 대해 개관한다.

● 적용위헌에는 광의와 협의가 있다. 광의의 적용위헌과 대립을 이루는 말은 **법령위헌**이다. 적용위헌이라는 용어가 합헌한정해석과 대립하는 것은 협의의 적용위헌이라는 의미로 사용되는 경우이다. 그 예로 전농림 경직법 판결(最大判1973.4.25刑集27巻4號547頁)에서 다나카 지로田中二郎 및 5명의 재판관 의견을 참조. '기본적 인권을 침해하는 광범위한 제한이나 금지 법률이라고 하더라도 항상 그 규정을 전면적으로 헌법위반으로 무효로 해야 하는 것은 아니다. 공무원의 쟁의행위 금지와 같이 위의 기본적 인권 침해에 해당하는 경우가 오히려 예외이며, 원칙적으로 그 대부분이 합헌적인 제한·금지의 범위에 속하는 경우에는 해당 규정 자체를 전면적으로 무효로 할 것이 아니다. 가능한 한 해석으로 규정 내용을 합헌 범위에 머무르게 하는 방법(합헌적 제한 해석), 또는 이것이 곤란한 경우 구체적인 경우에 당해 법규 적용을 헌법에 위반하는 것으로 거부하는 방법(적용위헌)으로 이것을 처리하는 것이 타당한 조치라 할 수 있[다]'.

제1절 해석·적용 심사의 개요

주요 판례

最大判1962.11.28刑集16卷11號1593頁(第3者所有物沒收事件)
東京地判1967.5.10下刑集9卷5號638頁(日韓條約反對デモ事件)
最大判1997.4.2民集51卷4號1673頁(愛媛玉串料事件)
東京地判八王子支判2004.12.16判例時報1802號150頁(立川テント村事件)

Ⅰ 해석·적용 심사의 유형

802 a) 헌법상의 권리를 기준으로 한 해석·적용의 통제는 교과서 등에서 '헌법소송' 항목에서 '위헌판단의 수법'이라는 문제 설정 속에서 분류·해설되어 왔으나, 본 장에서는 ≪법령의 해석·적용 속에서 헌법상의 권리가 어떤 의도에서 어떻게 원용되는가≫라는 관점에서 분류·검토한다. 이를 위해 본 장에서는 합헌판례도 포함하여 그 수법에 대해 검토한다.

● 종래의 대표적 분류는 다음과 같은 것이다(佐藤幸治). ⓐ합헌한정해석이 가능함에도 불구하고 한정해석을 하지 않고 법령을 적용한 것에 대해, 그 적용행위를 위헌으로 한 경우. 全遞プラカード事件1審判決(東京地判1971.11.1行裁例集22卷11=22號1755頁) 등. ⓑ합헌한정해석이 불가능한 경우에 ≪그 법령을 본 건에 적용하는 한 위헌이다≫라는 것. 猿払事件1審判決(旭川地判1968.3.25下刑集10卷3號293頁) 등. ⓒ법령 그 자체는 합헌이라고 하더라도, 그 해석·적용 방법이 헌법에 저촉하는 경우. 第2次家永教科書檢定事件1審判決(東京地判1970.7.17行裁例集21卷7號別冊1頁). ⓓ제3자 소유물 몰수 판결과 같이 법령 그 자체의 합헌성에는 의문은 없지만, 그 법령을 실시하는 절차가 문제가 된 경우. ⓔ단적으로 당해 처분 등의 구체적 행위의 위헌성이 문제가 된 것. 愛媛玉串料事件判決이나 空知太神社事件判決(最大判2010.1.20民集64卷1號1頁) 등.

또한 적용위헌과는 구별되는 것으로 이른바 '운용위헌'의 수법이 있다. 최근에는 특히 ⓔ를 처분위헌으로 부르며(宍戸常壽 등), ⓐ를 처분위법으로 부르는 경우도 있다(駒村圭吾).

b) 법령의 해석・적용 중에서 헌법상의 권리가 어떠한 의도에서, 어떻게 원용되었는가는 행정사건에서 처분의 취소 등을 요구하는 원고 또는 형사사건의 피고인(이하, 합쳐서 X로 칭함)에 대한 제약의 근거가 되는 법령이 어떻게 쓰여 있는가에 크게 의존한다. 통상적으로 법령은 어떤 요건이 충족된다면 어떤 효과가 발생한다는 구조를 취하지만, 요건에 대한 해석・한정의 여지가 있는 것과 없는 것, 효과에 대해서 선택의 여지가 있는 것과 없는 것을 구별할 수 있다. 803

더욱이 헌법상의 권리의 원용 방법은 해당 법령이 표현의 자유, 직업의 자유 등 헌법상의 권리에 대한 제한을 의도하여 제정된 것인가, 이와 같이 의도 없이 제정된 법령이 부수적・우발적으로 헌법상의 권리 제한으로 이어진 것인가에 의해서도 좌우된다.

이들 조합으로부터 본서는 ①합헌한정해석형, ②과잉포섭=협의의 적용위헌 심사형, ③수단의 필요성 심사형, ④정당화 사유형의 네 가지 유형으로 구별하고자 한다.

● 다음으로 ①~③유형에 대해서는 이하의 해석・적용 심사 설명에서 다루지 않는 것으로 한다. 804

①에히메현 다마구시료 판결愛媛玉串料事件判決이나 제3자 소유물 몰수 판결第3者所有物沒收事件判決 유형. 전자는 법령 자체의 합헌성을 문제로 하는 것은 아니었으나, 그 해석・적용을 문제로 하는 것도 아닌, 공권력 행사로 이루어지는 개별적이며 구체적인 행위 자체의 합헌성이 직관적으로 문제가 된 사건이다. 심사의 관점은 위헌사유(법 앞의 평등에 반하는가, 정교분리에 반하는가 등)에 따라 다르다. 처분 등의 합헌성이 문제가

되는 점을 제외하면, 심사의 관점이라는 점에서는 법령심사와 특별하게 다른 점은 없다(정교분리의 위반을 예로 들면, 단체장이 추상적인 단체장 교제비 지출기준을 근거로 공금을 지출한 경우와, A현 호국신사 지원조례를 제정하여 이를 기반으로 공금을 지출한 경우, 심사의 관점이나 심사기준이 바뀌는 것은 없을 것이다).

후자(제3자 소유물 몰수 사건) 형태도 불이익 처분을 할 때에 헌법이 어떠한 절차를 요청하는가는 헌법 제31조 등 해석으로 정해지는 것이며, 법령심사와 다른 독자적 관점·심사기준은 없다.

②운용위헌. 이는 법령 자체는 합헌으로 보지만, 그 운용의 구조 자체에 위헌성을 도출하는 수법이다. 이 방법을 취한 최고재판소 판례는 존재하지 않으며, 재판도 교과서 검정에 대한 검정제도의 운영이 검열에 해당하여 위헌이라고 한 제2차 이에나가 교과서 검정소송 1심 판결과, 일한조약 반대시위 사건 1심 판결을 들을 수 있는 정도에 그친다.

후자는 일한조약에 반대하는 시위를 계획하여, 다양한 조건이 붙여진 허가를 받은 X가 실제 시위에서 허가 조건에 대한 위반이 있었기 때문에 동경도 공안조례 위반으로 기소된 사건이다. 동경지방재판소는 '조건부 허가처분에 관한 도공안위원회의 운용은 총괄적으로 보아 절차 및 내용에서 현저하게 단속 편의 쪽으로 경사하고, 헌법이 보장하는 집단행동으로서의 표현의 자유를 사전에 억제하는 것으로 최소한도의 영역을 넘었으며, 이러한 운용의 일환으로 유출된 것이라 해야 할 본 건 조건부 허가처분은 헌법 제21조에 위반하고 그 하자가 중대하며 명백하므로 위헌, 무효임을 인정할 수밖에 없다'고 하여, X를 무죄라 하였다. '행정 상담'이라는 이름의 경시청 경비과 집회부서에 의한 집회의 사전통제라는 운용의 형태에 착안하여, 그 '운용'이 위헌인 이상, 그 운용을 통해 부과된 '조건'도 무효라 한 것이다.

③여호와의 증인 검도실기 수업거부 판결(最判1997.3.8民集50卷3號469頁)과 같이 판단과정의 심사에 의한 행정재량의 통제에서도 실질적으로 헌법이 원용된 경우.

Ⅱ 해석 · 적용 심사의 관점

해석 · 적용 심사의 실제에 들어가기 전에, X는 어떠한 경우에 법령 자체의 위헌을 주장하지 않으면 안되는가, 반대로 어떠한 사안이라면 법령의 헌법에 적합한 해석 · 적용을 다투면(일단) 구제되는가를 확인해두고자 한다. 805

Ⅱ-1 법령위헌

X는 어떠한 경우에 법령위헌을 주장할 수밖에 없는가? 법령 자체가 위헌이 되지 않는 한, X가 구제되지 않는 경우는 실제로 한정되어있다. 806

a) 먼저, 법령의 요건 · 효과 규정이 상세하며 엄밀하고, 유연한 해석의 여지가 없어 구체적인 불이익 처분 등이 자동적으로 귀결되는 경우, X는 법령의 헌법위반을 주장할 수밖에 없다(협의의 적용위헌=과잉포섭형의 가능성에 대해서는 뒤에서 기술⇒816, 828). 약국의 거리 제한, 존속살인 가중처벌 규정 등 최고재판소의 8건의 법령위헌 판결 외에도 호리키 소송堀木訴訟(最大判1982.7.7民集36卷7號1235頁)에서 문제가 된 병행급부 금지 규정 등은 이 경우에 해당한다.

● 尊屬殺人重罰規定事件(最大判1973.4.4刑集27卷3號265頁), 衆議院議員定數不均衡訴訟(最大判1976.4.14民集30卷3號223頁, 最大判1985.7.17民集39卷5號1100頁), 森林法事件(最大判1987.4.22民集41卷3號408頁), 郵便法事件(最大判2002. 9.11民集56卷7號1439頁), 在外國民選擧權訴訟(最大判2005.9.14民集59卷7號2087頁), 國籍法事件(最大判2008.6.4民集62卷6號1367頁), 婚外子法定相續分事件(最大決2013.9.4民集67卷6號1320頁), 再婚禁止其間訴訟(最大判2015.12.16民集69卷8號2427頁).

예를 들면, 법률이 약국 신규 개설에 대해 거리 제한을 정하고, X가 그 허가 조건을 충족하지 못한 이상, 법이 정하는 거리 제한이라는 허가 조건 자체를 위헌으로 하지 않는 한, X가 약국을 개설하는 것은 불가능하다(실제로, 100미터 등 구체적 거리는 법의 위임으로 도도부현 지사가 정하고 있기 때문에, 구실로서는 거리가 과도하다는 논쟁 방법도 없지는 않으나, 여기서는 다루지 않는다).

807 ● 규정이 상세하고 엄밀하여 해석의 여지가 없는가는 상대적인 문제이다. 형법 구 제200조는 존속살인의 법정형을 '사형 또는 무기징역'으로 정하고 있다. 사형을 회피할 수 있는지 여부에서 보면, 이 규정의 법정형은 유연하다. 또한 비교적 단기의 자유형으로 처리할 것인가라는 점에서도 형법 제1편 제13장(가중경감의 방법)의 제반 규정을 고려하면 충분히 유연하다고 할 수 있다. 하지만 X가 집행유예를 얻을 수 있는지가 쟁점이 된 경우 형법 제200조에 해석의 여지는 없다(형법 제25조 제1항도 참조).

마찬가지로, 공무원의 정치활동에 대해서도 소액벌금형으로 끝날 것인지의 문제가 아니라, 애초에 규제할 수 있는지에 대해 X가 문제를 제기한다면, 국가공무원법 및 인사원규칙은 해석의 여지가 없다.

● 상세하고 엄밀하여 해석 여지가 없는 규정은 호리키 소송이나 국적법 사건처럼 특히 급부입법, 수익적 입법에서 많이 보인다. 이것은 누구에게 어떠한 내용의 급부를 행할 것인가를 창설적으로 정하기 때문이다. 이에 대해 병행급부 금지 규정과 같이 누군가에 대해 급부를 행하지 않을 것인가를 정하는 규정도 통상적으로 해석의 여지가 없다.

808 b) 다음으로 법령에서 충분한 해석 여지가 있다고 하더라도 X가 법령이 금지하는 전형적 행위를 행한 경우에는, 법령 그 자체를 위헌으로 배제하지 않는 한, X는 불이익 처분 등을 면할 수 없다. 가령 합헌한정해석이 이루어져도 X의 행위는 전형적 행위로 규제 대상이 되기 때문이다. 세관검사 사건(最大判1984.12.12民集38卷12號1308頁), 히로시마시 폭주족 추방조례 사건(最判2009.9.18刑集61卷6號601頁), 후쿠오카현 청소년보호육성조례 사건(最大判1985.10.23刑集39卷6號413頁)은 이 경우에 해당한다. 이 경우에 X는 ①

법령이 불명확하거나 과도하게 광범위하며, 나아가 합헌한정해석은 불가능하다고 주장하거나, ②당해 법령이 목적 또는 수단에서 위헌이라고 주장해야 한다.

● 후쿠오카현 청소년보호육성조례 사건福岡縣青少年保護育成條例事件의 사안은 '양 당사자 각각의 연령, 성교섭에 이르기까지의 경위, 기타 양자 간의 교제 형태 등 제반 사정에 비추어보면, 본 건은 피고인이 해당 소녀를 단순히 자신의 성적 욕구를 만족시키기 위한 대상으로 이용했다고 밖에 인정할 수 없는 성행위를 한 경우에 해당하는 것이다'라는 것이었다(전형적 행위). 이 때문에 '음행'의 개념을 어떻게 한정하더라도 X는 처벌을 면할 수 없다.

한편, X가 이미 기혼자이며 결혼을 전제로 하는 교제가 아니라고 해도 그 교제가 연애감정에 기초한 진지한 것이었다면, 적절한 해석으로 규제 대상의 한정을 통하여(愛知縣) 청소년보호육성조례에 위반하지 않는다고 보는 경우도 있다(관련 있는 재판의 예로 名古屋地判2010.2.5判例時報2086號73頁).

Ⅱ-2 해석 · 적용에 의한 구제

한편, 법령의 헌법에 적합한 해석 · 적용으로 X가 구제될 수 있는 경우 809
(법령이 금지하는 전형적 행위를 행한 것이 아닌 경우에서이지만)는 다음과 같다.

a) 먼저, ①법령이 정하는 **요건**에 해석의 여지가 있는 경우, ②법령이 정하는 **효과**에 엄격함과 유연함의 다른 선택지가 있는 경우, ③법령 자체가 **적용조건**을 정하고 있는 경우.

aa) '공공질서를 해할 우려가 있는 경우 공민회관의 이용을 허가하지 않는다'는 규정은 요건(밑줄)에 대한 해석 여지가 있다. 이와 같은 규정에 대해서는 **합헌한정해석**으로, X의 집회의 자유에 대한 과잉 침해를 회피할 수 있다(자세히는 ⇒819).

810 bb) 법령이 정하는 효과에 엄격함과 유연함의 다른 복수의 선택지가 존재하는 경우에는 보다 유연한 규제 수단의 선택을 요청함으로써 과잉수단을 배제할 수 있다(수단의 선택 차원에서의 비례원칙 [수단의 필요성]의 적용).

● 헌법상의 권리를 제약하는 법령이 복수의 수단을 정하고, 행정청에 효과재량을 부여하고 있는 것으로 읽을 수 있는 경우에도 재량권이 제약되며, 규제의 목적을 달성할 수 있는 가장 유연한 수단의 선택이 요청된다. 예를 들면, 어떤 신청에 대해 '불허가'와 '조건부 허가'가 있는 경우, 전자를 선택할 수 있는 것은 후자 수단으로 규제의 목적을 달성할 수 없는 경우에 한정된다.

811 cc) 이와 유사한 것이 강력한 규제 조치에 대한 비례원칙에서 **수단의 필요성**의 요청이 조문 자체에 명기되어 있는 경우가 있다. 다른 수단(예를 들면, 통상적인 수사 방법)으로 목적을 달성할 수 없는 경우가 아닌 한, 강력한 수단(통신감청 등)을 이용하는 것은 허용될 수 없다는 구조의 규정이 여기에 해당한다.

● 통신감청법 제3조는 '검찰관 또는 사법경찰관은 다음 각 호 어느 것에 해당하는 경우에 해당 각 호가 규정하는 범죄(……)의 실행, 준비 또는 증거인멸 등 사후 조치에 관한 모의, 지시 기타 상호간에 연락 그 외 해당 범죄 실행에 관한 사항을 내용으로 하는 통신(……)이 행해지는 것으로 의심되는 상황이며, 다른 방법으로 범인을 특정하거나 범행 상황 또는 내용을 명확히 하는 것이 현저히 곤란한 경우' 재판관이 발행하는 감청영장으로 범죄관련의 통신감청을 할 수 있다고 정하고 있다.

812 b) 다음으로, 법령의 규정이 상세하고 엄밀하여 해석의 여지가 없는 경우에 X는 법령 그 자체의 위헌성을 다투는 것이 본래의 방도이다. 그러나

규제 대상을 과잉 포섭한다는 문제는 있지만, 그 대부분이 합헌적인 규제 범위에 그치고 있는 법령에 대해서는 법의 공백을 회피할 필요가 있다고 한다면, 법령 자체는 위헌이 되지 않는 경우가 있다. 이와 같은 가능성을 전제로 한다면, X측에서도 그 법령을 X의 행위에 적용하는 것의 위헌성을 (합쳐서) 다투게 될 것이다. 이는 법령 자체는 위헌이 아니라고 하더라도, 본래 규제할 수 없는 행위 등을 포함하고 있는(따라서, 법령 자체에 문제의 근원이 있다) 것이 본래의 문제이기 때문에, **과잉포섭형**이라 할 수 있다. 이 심사는 X의 구체적 행위에 착안하지만, 그 착안점은 해당 행위의 헌법상 의의가 아니라 해당 행위가 법 목적을 저해하는 정도이다(자세히는 ⇒830).

c) 마지막으로 법령심사가 이론적으로 의미를 이루지 못하며, 전적으로 해석・적용 문제로 X가 헌법상 주장을 행하는 경우가 있다. 813

헌법상의 권리에 대한 제약에는 ①행위 내용 자체의 해악성에 착안한 규제, ②제3자의 생명・건강・재산권 보호 등 표현내용, 직업내용 중립적인 목적에서 행하는 규제, ③어떤 특정 법익을 보호하기 위해 그 법익을 해하는 대략 모든 행위를 금지하는 규제가, 표현행위나 직업활동에 대해서도 미치는 경우가 있다(⇒219). 이 중에서 ①과 ②의 규제는 표현의 자유・직업의 자유에 제한을 가하는 것을 의도하여 제정된 법령에 근거한 것이기 때문에, 그 합헌성에 의의가 있는 경우 헌법 제21조 내지 제22조를 기준으로 법령심사를 행하는 것이 원리적으로 가능할 것이다. 그러나 ③의 규제에 대해서는 법령심사는 의미가 없으며, 헌법상의 권리를 원용한 **위헌성조각**을 주장하는 것이 통상일 것이다. 이 유형에서는 과잉포섭형과는 달리, 심사는 구체적 행위의 헌법상의 의의에 착안하여 이루어진다.

● 이것은 법령위헌의 주장이 실천적으로 의미를 지니는가의 여부와는 814

별도의 문제이다. ≪형법 제175조는 헌법 제21조에 위반한다≫ ≪형법 제230조는 헌법 제21조에 위반한다≫는 주장은 가령 실천적으로 가능성이 희박하더라도 이론적으로 충분하게 성립할 수 있다. 한편 ≪형법 제130조는 전단지 배포를 규제하기 때문에 헌법 제21조에 위반한다≫ ≪형법 제103조는 목회 활동을 규제하기 때문에 헌법 20조에 위반한다≫는 주장이 성립할 수 있는가의 여부가 의심스럽다.

● ①이른바 반전 전단지를 방위청 기숙사의 각 실 현관문 신문함에 투함할 목적으로 관리자·거주자의 승낙 없이 기숙사의 부지 및 각 실 현관까지 출입한 행위가 형법 제130조에 위반된다고 하여 기소된 다치가와 텐트촌 사건 1심 판결은 행위의 위법성을 부정하여 피고인들을 무죄라 하였다. 동 판결은 기숙사에 들어간 동기의 정당성(정치적 의견표명), 형태의 상당성, 결과로서 발생한 거주자 등의 법익 침해가 경미함을 지적함과 함께, 표현의 자유의 의의에 대해 다음과 같이 강조하고 있다. '피고인들에 의한 전단지 투함 자체는 헌법 제21조 제1항에서 보장하는 정치적 표현활동의 한 형태이며, 민주주의 사회의 근간을 이루는 것으로, 동법 제22조 제1항으로 보장된다고 해석되는 영업 활동의 한 유형인 상업적 전단지 배포와 비교하여 이른바 우월한 지위가 인정된다. 그리고 다치가와 기숙사에 상업적 전단의 투함에 따르는 출입행위가 어떠한 형사책임도 묻지 않고 방치되어있는 것에 비추어보면, …… 정식적인 항의나 경고와 같은 사전연락 없이, 갑작스럽게 검거하여 형사책임을 묻는 것은 헌법 제21조 제1항 취지에 비추어 의문의 여지가 없다고 할 수 없다'.

또한 이 사건에서 피고인은 표현의 자유의 관점에서 거주자 및 관리자는 출입을 수인해야하며, '침입'에 해당하지 않는다고 주장하였으나, 재판소는 구성요건해당성의 유무에 대해서는 어느 정도 형식적·유형적으로 판단해야 한다고 보고, 이 주장을 받아들이지 않았다.

②목회 활동 판결에서도 재판소는 피고인의 행위가 은닉죄의 구성요건에 해당한다고 하더라도 정당한 업무행위로서 위법성이 결여된다고 판단하고 있다.

神戸簡判1975.2.20判例時報768號3頁은 다음과 같이 설시하고 있다. '목회 활동은 형식적으로 종교에 직업을 두는 목사 직업의 내용을 이루고 있는 것이며, 실질적으로 일본국헌법 제20조 신앙의 자유 중 예배의 자유라는 예배의 한 내용(……)을 이루고 있는 것이므로, 이는 종교행위로서 자유는 일본국헌법의 위 조항으로 보장되며, 모든 국정에서 최대한 존중되지 않으면 안되는 것이다'.

제2절 합헌한정해석과 과잉포섭형 심사

주요 판례

旭川地判1968.3.25下刑集10卷3號293頁(猿払事件)
最大判1969.4.2刑集23卷5號305頁(都教組事件)
最大判1973.4.25刑集27卷4號547頁(全農林警職法事件)
最大判1984.12.12民集38卷12號1308頁(税關檢查事件)
最大判1985.10.23刑集39卷6號413頁(福岡県青少年保護育成條例事件)
最判1995.3.7民集49卷3號687頁(泉佐野市民會館事件)
最判2007.9.18刑集61卷6號601頁(広島市暴走族追放條例事件)
東京高判2010.3.10判タ1324號210頁(婚外子遺留分差別訴訟)
最判2012.12.7刑集66卷12號1337頁(堀越事件)

본 절에서는 해석・적용 심사 중에서도 특히 중요한 합헌한정해석형과 815
과잉포섭형(협의의 적용위헌심사)에 대해 보다 상세히 고찰한다.

● 합헌한정해석이 가능한지, 아니면 협의의 적용위헌의 방법을 이용해야하는지, 판단이 곤란한 경우가 있다.

전국체신노조 플래카드 사건 1심 판결 全逓プラカード事件1審判決(東京

地判1971.11.1行裁例集22卷11=12號1755頁)은 국가공무원법 제102조 제1항, 인사원규칙 14-7 적용 범위를 '헌법상 금지, 제한 가능한 범위의 정치적 행위에 한정하고 있다고 해석한다고 한다면, 이는 너무도 법 문언과 동떨어진 해석이 된다'고 하면서도, 해당 공무원의 직무권한 및 행위의 상황 두 가지 점에 대해 한정해석을 하였다. 이에 대해 동 사건의 항소심 판결(東京高判1973.9.19行裁例集24卷8=9號1018頁)은 '합리적으로 제한 해석을 할 여지는 전혀 존재하지 않는다'고 하고, '피항소인의 본 건 행위에 국가공무원법 제102조 제1항 인사원규칙 14-7 제5항 제4호 제6항 제13호가 적용되는 한도에서 위 각 규정이 헌법 제21조에 위반하는 것이며, 이를 피항소인에게 적용하는 것은 허용될 수 없다'고 하는 협의의 적용위헌 수법을 선택했다.

815a ● 호리코시 사건堀越事件 판결에 대해서도 여기서 언급해둔다. ①정치활동의 자유의 의의를 설명한 뒤, 행정의 중립적 운영 확보와 이에 대한 국민의 신뢰 유지를 목표로 한 '공무원에 대한 정치적 행위의 금지는 국민으로서의 정치활동의 자유에 대한 필수불가결한 한도로 그 범위가 획정되어야 한다'고 하고, ②국가공무원법 제102조 제1항의 '문언, 취지, 목적이나 규제되는 정치활동의 자유의 중요성에 덧붙여 동 조항의 규정이 형벌법규의 구성요건이 되는 것을 고려하면, 동 조항에서 말하는 "정치적 행위"란 공무원의 직무 수행의 정치적 중립성을 해칠 우려가 관념적인 것에 그치지 않고 현실적으로 일어날 수 있는 것으로 실질적으로 인정할 수 있는 것을 가리키고, 동 조항은 그와 같은 행위 유형의 구체적인 내용을 인사원규칙에 위임한 것으로 해석하는 것이 상당하다'고 한정적으로 해석하고, ③인사원규칙 14-7 제6항 7호, 13호 (5항 3호)의 금지 대상에 대해 한정을 추가하였다.

그렇지만, 찌바 가츠미千葉勝美 재판관의 보충의견은 본 판결은 합헌한정해석을 한 것이 아니다고 한다. 동 보충의견에 의하면, 합헌한정해석이란 '규정의 문언 자체로는 규제 범위가 너무 넓어 합헌성 심사에서 이른바 "엄격한 기준"에 의하면 필요최소한도를 넘으며, 이익교량의 결과 위헌의 의심이 있기 때문에 그 범위를 한정한 뒤 결론으로서 합헌으로 하는 수법'

이지만, 본 판결이 행한 것은 '본 건 형벌 규정에 대해 헌법의 취지를 충분히 고려한 뒤, 입법부가 진정으로 의도한 것은 무엇인가, 규제의 목적은 어디에 있는가, 공무원 제도의 체계적인 이념, 사상은 어떠한 것인가, 헌법의 취지에 따라 국가공무원의 본연의 복무 자세를 어떻게 생각할 것인가 등등을 고려하여, 국가공무원법 자체 조문의 신중한 해석을 시도해야 하며, 그 작업을 한 뒤에 구체적인 합헌성 유무 등의 심사로 진행'한다는 것이다. 또한 이러한 한정적 해석은 '사법의 자기억제의 관점이 아닌 헌법판단에 선행하여 국가의 기본법인 국가공무원의 해석을 그 문언만에 의한 것이 아닌, 국가공무원법의 구조, 이념 및 본 건 벌칙 규정의 취지·목적 등을 종합한 뒤에 행한다는 통상의 법령해석의 수법에 의한 것'이기 때문에 브랜다이스 룰의 제4준칙(⇒718)과도 다른 것이다.

후술하는 바와 같이(⇒816), 헌법적합적 해석을 하는 것은 체계적 해석 등과 함께 해석방법론의 기본적 룰의 하나이다. 브랜다이스 룰은 헌법적합적 해석의 설명 중 하나에 지나지 않으며, 교과서 등에서 '합헌한정해석'으로 불리우는 수법은 헌법적합적 해석의 어떤 국면을 잘라낸 것이다. 그러나 찌바 재판관의 보충의견처럼 본 판결의 해석을 일부러 합헌한정해석과 차별화해야 할 실천적 의의가 어디에 있는지 명확하지 않다. 또한 헌법의 취지를 충분히 고려한 신중한 해석을 한 것이라면, 그 뒤에 해야 하는 것은 합헌이라는 것의 확인이며, 합헌성 유무의 심사가 아니다.

Ⅰ 합헌한정해석

Ⅰ-1 의의

a) **합헌한정해석**이란 어떤 법령의 규정에 복수의 해석가능성이 인정되는 경우, 그 중에서 헌법에 가장 적합한 해석을 선택하는 해석 수법이다. 816
국가로부터의 자유를 보장하는 방어권의 경우에 헌법에 가장 적합한 법령의 해석은 권리와 자유 제한의 범위가 가장 좁은 해석이기 때문에, 일반적으로 '합헌한정해석'으로 불린다. 미국에서 '헌법판단회피의 준칙'(⇒

718)의 한가지로 설명되며, 독일에서는 '헌법합치적 해석'으로 불린다.

합헌한정해석은 법령의 문언을 헌법에 적합하도록 이른바 한정적으로 정의하는 해석의 한 수법이며, 법령이 당해 사건에 적용되는 한도 내에서 위헌이라 평가하는 협의의 적용위헌과는 구조가 다르다.

● 합헌한정해석은 사건의 해결에 필요한 한도에서 헌법판단이라는 부수적 위헌심사제의 귀결이라고 설명되는 경우가 있지만, 독일에서도 당연한 수법으로 이용되고 있는 점에서 명백한 것처럼 부수적 위헌심사제에 고유한 것이 아니다. 또한 민주적 입법자에 대한 경의가 그 이유로 드는 경우도 있으나, 조례의 규정에 대해서도 합헌한정해석이 이루어지는 것처럼 이는 삼권분립에 대한 이야기는 아니다(민주적 입법자에의 경의라는 점에서는 사법에 의한 법령의 개서(改書)라는 반대 논의도 생긴다). 오히려 ①상위법에 적합하도록 하위법을 해석하는 것은 해석방법론의 기본적인 규칙 중 하나인 것(라렌츠), ②원래 법률은 정의를 희구하며 올바른 해석을 행하면 정의에(따라서, 헌법에) 합치할 수 있는 것, ③법령위헌으로 한 경우에 본래 필요하며 합리적인 규제가 일시적으로 전혀 없어지는 사태를 회피할 수 있는 것이 합헌한정해석의 이유가 될 것이다.

817 ● 한정해석은 사인 대 국가의 소송에서 X(원고 또는 피고인)와 국가 쌍방에 의해 주장될 수 있다. 불이익 처분 취소를 요구하는 원고 또는 형사사건의 피고인은 통상적으로 자신에 대한 불이익 처분 등의 근거가 되는 법령이 헌법에 반하는 것을 주장함과 동시에, 자기의 행위 등은 법령의 금지 대상 밖이 된다는 것을 주장할 것이다. 이 주장은 금지 대상을 한정하는 법령해석을 주장하는 것이 된다. 물론, 자신의 행위가 법령이 규제하는 전형적 행위인 경우, X측에서 합헌한정해석을 주장하는 경우는 없다.(자세히는 ⇒825). 한편, 국가는 법령이 막연하고 불명확하며, 과도하게 광범위하다는 X의 주장에 대항하여 법령의 문언에 한정을 가하는 경우가 있다. 당연히 실체적으로 합헌이라 생각하는 범위로의 한정이기 때문에 사실상 합헌한정해석이라 하는 것이 좋을 것이다.

b) 합헌한정해석은 도쿄조 판결, 세관 검사 판결, 이즈미사노 시민회관 판결, 후쿠오카현 청소년보호육성조례 판례 등 다수의 최고재판소 판례에서 이용되어왔지만, 한편, 합헌한정해석의 한계를 둘러싸고 다수의견과 반대의견의 격렬한 대립도 발생했다. 818

● 한 가지 예를 들자면(⇒822), 전농림 경직법 판결의 다수의견은 다음과 같이 설시하고 합헌한정해석을 부정했다. '만약 국가공무원법 제110조 제1항 17호가 위법성이 강한 쟁의행위를 위법성이 강하거나 또는 사회적 허용성이 없는 행위로 선동 등을 한 경우에 한해 여기에 형사제재를 가해야한다는 취지라고 해석하는 경우, 이러한 것의 위헌성 강도 구별이 원래 몹시 애매하므로 형사제재를 가할 수 있는 경우와 가할 수 없는 경우의 한계의 명확성이 매우 결여된 것이 된[다]'. '이와 같이 불명확한 한정해석은 도리어 범죄구성요건의 보장적 기능을 상실시키는 것이 되며, 그 명확성을 요청하는 헌법 제31조에 위반한다는 의심조차 존재한다고 할 수밖에 없다'.

Ⅰ-2 수법

a) 이미 기술한 것처럼(⇒324), 합헌한정해석은 ①규범이 막연하고 불명확하다는 의문, ②규범이 헌법이 허용하는 한도를 넘어 광범위한 규제를 가한다는 의문, ③규범이 헌법이 허용하는 한도를 넘어 과잉 규제를 가한다는 의문 모두와 관련된다. 합헌한정해석이 이루어진 경우 법령 자체의 합헌성이 새로이 심사되는 경우는 없다. 적용에서는 해당 사안이 한정해석 후의 법령 요건을 만족하는가의 여부만을 심사한다. 819

● 이즈미사노 시민회관 판결(⇒116)은 합헌한정해석 후, '그렇게 해석하는 한 이와 같은 규제는 다른 기본적 인권에 대한 침해를 회피하고 방지하기 위해 필요하고 합리적인 것으로 헌법 제21조에 위반하는 것이 아니며,

또한 지방자치법 제244조를 위반하는 것도 아니다'라고 기술하고 있지만, 이는 한정해석 후의 규정의 합헌성을 단순하게 확인하고 있는 것이다.

한편 히로시마시 폭주족 추방조례 판결은 이 확인을 꼼꼼하게 행하고 있다. 그 이유는 공원 등을 이용하는 일반인의 막연한 '불안', '공포'를 보호법익에 '인간의 근원적인 복장이나 행동의 자유, 사상, 표현의 자유'를 형벌의 위하력 하에 직접 규제하는 것은 위헌이라고 한 다와라 무쓰오田原睦夫 재판관의 반대의견이 있었기 때문일 것이다. 또한 호리코시 판결은 변칙적으로 한정적 해석을 한 뒤에 실질적인 심사를 하고 있다(⇒815).

나아가 합헌한정해석 가능 여부에 대한 다수의견, 반대의견이 대립하는 경우의 대부분은 그 '한정'이 한계를 넘은 부자연스러운 해석인지 아닌지를 둘러싼 논쟁이며(⇒822), '한정'의 내용이 적절한지를 둘러싼 대립은 아니다.

820 b) 합헌한정해석은 당해 법령을 위헌으로 하지 않고 기본권 제한을 최소한도에 그치게 하는 범용성이 높은 수법이므로, 이 수법에 숙달하는 것이 중요하다. 합헌한정해석의 규준은 헌법상 권리이며, 그 대상은 어떠한 경우에 헌법상의 권리를 제한할 수 있는가를 정한 법령의 문언이다. 한정의 관점으로 ①보호법익의 중요성에 한정을 가한다, ②위험발생의 개연성에 한정을 가한다, ③규제 대상을 특히 위법성이 강한 행위에 한정한다는 것이 많다.

● 형법이 전형적인 것처럼, 헌법상의 권리를 제한하는 법령 조항은 ① 어떠한 경우에(요건), ②어떻게 제한을(효과), 이라는 두 가지 요소로 성립하는 것이다. 본래 헌법에 적합한 해석이라는 요청은 ①에 대해서도 ②에 대해서도 타당하다. 하지만 '합헌한정해석'이라는 수법이 명시적으로 적용되며, 그 가능 여부를 둘러싼 대립이 발생하는 사례의 대부분은 ②에 대해서는 해석의 여지가 없으며, ①에 대해서 애매함이나 과도한 광범성이 있는 규정에 대한 것이다.

● 합헌한정해석이 적용된 비교적 알기 쉬운 판례를 들고자 한다. 821

①보호법익의 중요성 및 위험 발생의 개연성에 대한 한정 : 이즈미사노 시민회관 판결에서 한정해석의 대상이 된 것은 '공공질서를 해칠 우려가 있는 경우'라는 조례의 문언이며, 헌법상의 규준은 집회의 자유였다. 최고재판소는 '집회의 자유의 제약은 기본적 인권 중 정신적 자유를 제약하는 것이므로, 경제적 자유의 제약 이상으로 엄격한 기준 아래에서 [형량]되어야 한다'고 하고, '공공질서'에 대해서는 '사람의 생명, 신체 또는 재산이 침해', '우려'에 대해서는 '명백히 긴박한 위험의 발생이 구체적으로 예견되는 것'이라는 한정을 덧붙였다.

또한 가미오시上尾市 복지회관 판결(最判1996.3.15民集50卷3號549頁)은 '회관의 관리상 지장이 있다고 인정되는 경우'라는 규정에 대해 위험발생의 개연성이라는 관점에서만 한정을 가하여, '회관의 관리상 지장이 발생하는 사태가 허가권자의 주관으로 예측될 뿐만 아니라, 객관적인 사실에 비추어 구체적으로 명백하게 예측되는 경우'라는 한정을 하고 있다.

②특히 위법성이 강한 행위에의 한정 : 도교조都教組 판결에서 문제가 된 것은 '직원은 지방자치단체의 기관이 대표하는 사용자로서의 주민에 대해 동맹파업, 태업, 기타 쟁의 행위를 하거나 지방자치단체 기관의 활동능률을 저하시키는 태업 행위를 해서는 안된다. 또한 누구든지 이와 같은 위법적인 행위를 기획하거나, 수행을 공모하고, 교사하거나 선동해서는 안된다'는 지방공무원법 제37조 제1항, '그 누구를 불문하고 제37조 제1항 전단에 규정하는 위법적인 행위의 수행을 공모하여, 교사하거나 선동, 또한 이러한 행위를 기획한 자'는 3년 이하 징역 또는 10만 엔 이하 벌금에 처한다는 동법 제61조 제4항의 규정이 있다.

최고재판소는 이들 규정은 지방공무원의 쟁의행위를 일반적으로 금지하는 것은 물론, 선동행위 등을 일률적으로 처벌해야하는 것으로 정하고 있으나, '그 원래 목적을 통찰하고 노동기본권을 존중하고 보장하고 있는 헌법의 취지와 조화할 수 있도록 해석할 때는 이들 규정의 표현에도 불구하고, 금지되어야 할 쟁의행위 종류나 형태에 대해서도……처벌 대상이 되

어야할 선동행위 등의 형태나 범위에 대해서도 스스로 합리적인 한계가 존재하는 것이 승인된다'고 하고, '위법성이 강한' 쟁의행위에 대한 '쟁의행위에 통상 수반되는 행위'가 아닌 선동행위에 한해 처벌하는 취지라고 한정을 가했다(이른바 '이중의 여과론 二重のしぼり論)'. 다만, 전농림 경직법 판결은 이를 부정하고 있다).

Ⅰ-3 한계를 둘러싼 문제

822 a) 합헌한정해석은 법률의 '해석'이며, 입법행위가 아니다. 법률의 문언 및 입법목적을 넘은 해석에까지 이르면 사법에 의한 법률의 변천이 되며, 법률의 예견가능성도 상실시키는 것이 되기 때문에 허용되지 않는다. 특히, 명확성이 강하게 요청되는 영역(⇒320)에서는 합헌한정해석이 안이하게 이용되어서는 안된다.

합헌한정해석의 한계에 대해 세관 검사 판결은 다음 두 기준을 제시하고 있다. ①해석에 따라 규제 대상이 되는 것과 그렇지 않은 것이 명확하게 구별되며, 나아가 합헌적으로 규제할 수 있는 것만이 규제 대상이 되는 것이 명백한 경우일 것, ②일반 국민의 이해에서 구체적인 경우에 해당 표현물이 규제 대상이 되는지 아닌지를 판단 가능하도록 하는 것과 같은 기준을 그 규정으로부터 도출할 수 있는 것일 것.

823 그렇지만 이 두 기준은 구체적 사안에 대한 일률적인 해답을 부여하는 것이 아니다. 따라서 합헌한정해석의 한계는 현재에 이르기까지 중요한 쟁점이 되고 있다.

● 두 가지 예를 들고자 한다. ①후쿠오카현 청소년보호육성조례는 '누구든지 청소년에 대해 음란한 행위 또는 외설적 행위를 해서는 안된다'(제10조)고 규정하고, 그 위반자에 대해 2년 이하 징역 또는 10만 엔 이하 벌금을 부과하고 있었다(제16조 제1항). 최고재판소는 '규정의 취지 및 그 문리

등에 비추어보면, 본 조례 제10조 제1항 규정에서 말하는 "음행"이란 넓게 청소년에 대한 성행위 일반을 말하는 것이라 해석해야 할 것이 아니라, 청소년을 유혹하여, 협박하고, 기망하거나 곤혹시키는 등 그 심신의 미성숙에 편승하여 부당한 수단으로 행하는 성교 또는 성교유사행위 외에, 청소년을 단순히 자신의 성적 욕망을 충족시키기 위한 대상으로 취급하는 것으로 밖에 인정될 수 없는 성교 또는 유사성교행위를 말한다'고 한정 해석하였다. '음행'을 '단순히 반윤리적 또는 불순한 성행위로 해석하는 것으로 범죄의 구성요건으로서 불명확하다는 비판을 면할 수 없'기 때문이라고 하지만, 상당히 무리한 한정해석일 것이다. 여기에는 이토 마사미 및 3명의 재판관이 반대의견을 집필하고 있다.

②표현의 자유에 대해 위에서 기술한 세관 검사 판결에서 관세법 제21조 제1항 3호(현 관세법 제69조의 11 제1항 7호)의 '풍속을 해하는 서적, 도화'라는 문언을 외설적인 서적, 도화의 의미로 한정해석을 한 다수의견에 대해 이토 마사미 등 4명의 재판관은 반대의견에서 다음과 같이 이를 비판했다. '표현의 자유가 기본적 인권 중에서도 가장 중요한 것임에 비추어보면, 이를 규제하는 법률 규정에 대한 한정해석에는 다른 경우보다 엄격한 틀이 있어야 하며, 규제의 목적이나 문리 및 다른 조항과의 관계에서 합리적으로 도출할 수 있는 한정해석만이 허용되는 것이다. "풍속을 해하는 서적, 도화" 등을 외설표현물에 한정하는 해석은 위 한계를 넘는 것이라고 해야 할 뿐만 아니라, 위와 같은 해석이 통상의 판단능력을 가진 일반인에게 가능한 것이라고는 생각할 수 없다'. '다수의견에서 말하는 것과 같이, 동 호의 "풍속을 해하는 서적, 도화" 등이라는 규정이 외설표현물의 수입만을 규제하려는 것이라면, 위 규정은 "외설적 서적, 도화" 등이라고 규정함으로써 보다 명확하게 만드는 것은 입법상 용이할 것이다. 이러한 점에서 보아도 표현의 자유에 대한 사전규제의 측면을 가진 동호의 위 규정이 헌법상 요구되는 명확성을 충족한 것으로 말하기 어려우며, 이에 한정해석을 가함으로써 합헌이라 하는 것은 적절하지 않다'.

824 b) 합헌한정해석의 한계가 문제가 된 최근 사례가 히로시마시 폭주족 추방조례 사건이다(단, 최고재판소에서는 과도한 광범위성만이 쟁점으로 된 것에 주의할 것). 이 판결에서 최고재판소는 합헌한정해석에 의해 규제 대상을 한정한 다수의견과, 표현의 자유를 지적하면서 이것은 합헌한정해석 한계를 넘은 것이라고 한 2명의 재판관의 반대의견으로 나뉘었다.

● 히로시마시 폭주족 추방조례 제2조 7호는 폭주족에 대해 '폭주행위를 하는 것을 목적으로 결성된 집단 또는 공공장소에서 일반인의 불안 또는 공포를 각성시키는 특이한 복장 내지 집단명을 표시한 복장으로 운집, 집회 또는 시위 행위를 하는 집단을 말한다'고 정의하고 있다. 조례 제16조 제1항은 '누구든지, 다음에서 말하는 행위를 해서는 안된다'고 정하여, 그 1호로 '공공장소에서 해당 장소의 소유자 및 관리자의 승낙 또는 허가 없이 일반인에게 불안 또는 공포를 느끼게 하는 운집 또는 집회를 하는 것'을 들었다. 조례 제17조는 '전조 제1항 제1호의 행위가 본 시(히로시마시)가 관리하는 공공장소에서 특이한 복장을 하고, 안면의 전부 또는 일부를 가리며, 원진을 그리고 깃발을 세우는 등 위세를 드러내는 것을 행하는 경우, 시장은 해당 행위자에 대해 해당 행위의 중지 또는 해당 장소로부터 퇴거할 것을 명령할 수 있다'고 하고, 조례 제19조는 시장의 명령을 위반한 자에게 벌칙을 가한다는 취지를 정하였다.

하급심에서는 '운집', '특이한 복장' 등의 문언의 막연성도 쟁점이 되었으나, 최고재판소에서는 정의규정(제2조 7호)이나 '누구든지'라는 문언에서 발생하는 규제 대상의 과도한 광범위성이 문제가 되었다.

다수 의견은 '본 조례는 폭주족의 정의에서 사회통념상 폭주족 이외의 집단이 포함되는 문언이라는 것, 금지 행위의 대상 및 시장의 중지 · 퇴거 명령 대상도 사회통념상 폭주족 이외의 자의 행위에도 미치는 문언으로 되어 있는 것 등 규정 방법이 적절하지 않으며, 본 조례가 그 문언대로 적용된다면 규제 대상이 광범위하여 헌법 제21조 제1항 및 제31조와의 관계에서 문제가 있다'고 하였다. 하지만 '본 조례에서 전체적으로 읽을 수 있는 취지, 더욱이 본 조례의 시행규칙 등을 종합'하여, '본 조례가 규제 대상으로 하고 있는 "폭주족"은 본 조례 제2조 7호의 정의에도 불구하고, 폭주 행위를 목적으로 하여 결성된 집단이라는 본래적 의미에서 폭주족 외에는 복장, 깃발, 언행 등에서 이와 같은 폭주족과 유사하고 사회통념상 이것과 동일시하는 것이 가능한 집단에 한정되는 것이라고 해석된[다]'고 하였다.

이에 대해 2명의 재판관은 '본 조례는 통상적인 판단능력을 지닌 일반인의 시점에서 볼 때, 이 문언으로부터 다수의견이 말하는 것과 같은 한정해석에 이르는 것은 대단히 곤란하[다](田原睦夫) 등의 비판을 가하였다.

Ⅰ-4 기본적 사고방식

a) 합헌한정해석은 적절하게 이루어진다면 법령을 위헌으로 하지 않고 825
헌법상 자유에 대한 과도한 제한을 배제하는 적극적 기능을 지닌다. 한편, 이것은 헌법상 자유를 과도하게 제한하는 법률을 온존시키는 것이기도 하다. 따라서 합헌한정해석을 취할 것인가의 여부는 일률적으로 말할 수 없으며 상황에 의존한다.

합헌한정해석의 채택 여부로 대립한 사례는 크게 나누어 ①형사피고인 등이 실제로 당해 법령이 규제하고자 하는 전형적 행위를 한 사례(후쿠오카 청소년보호육성조례 사건, 세관 검사 사건)와, ②적절한 한정해석으로 규제 대상으로부터 벗어나 자기 권리가 구제될 수 있는 사례(가미오시 복지회관 사건)로 나눌 수 있다. 또한 이와는 별개로 ③다수의견이 법령의 규제를 전부 합헌으로 해석하고 반대의견이 합헌한정해석을 주장하여 대립한 사례(전농림 경직법 사건, 사루후쓰 사건[最大判1974.11.6刑集28卷9號393頁), ④다수의견이 법령 규정에 한정해석을 하였지만, 그와 같은 한정해석은 무리한 것이라 하여 반대의견이 대항한 사례(후쿠오카 청소년보호육성조례 사건, 세관 검사 사건, 히로시마시 폭주족 추방조례 사건)를 구별할 수 있다.

합헌한정해석의 가능 여부를 둘러싼 대립은 해석방법론을 둘러싼 기술적 대립이 아니다. 다수의견, 반대의견 사이에서 세관 검사 판결의 2기준(⇒822)의 타당성에 대한 논쟁은 없으나, 피고인을 처벌해도 되는가라는 실질론이 오히려 지배하고 있는 인상이 있다. 위의 ③과 ②가 결부한 최고재판소의 사루후쓰 판결이나 전농림 경직법 판결(더욱이 이를 뒤집어보면 ④+②형 도교조 판결)에서는 실제로는 '공무원의 인권'이라는 실질론이 합헌한정해석의 可否·要否를 규정하고 있다. 히로시마시 폭주족 추방조례 판결은 ①+④의 형태이지만, 다음에서 볼 수 있는 것처럼 전형적 행위를 행한 형사피고인을 구제할 필요가 있는가라는 실질론이 결론을 좌우하고 있다.

826 b) 동 판결의 보충의견은 다음과 같이 합헌한정해석을 옹호한다. '피고인의 본 건 행위는 본 조례가 공공의 평온을 유지하기 위해 규제하려고 한 전형적 행위이며, 본 조례에 대해 어떠한 해석을 취하더라도 본 건 행위가 본 조례에 위반하는 것은 분명하며, 피고인에게 보장되는 헌법상 정당한 권리가 침해되지는 않기 때문에, 벌칙 규정의 불명확성·광범위성을 이유로 피고인을 무죄로 하는 것은 국민의 시점에 서면 어떻게 비칠 것인가라는 느낌을 갖지 않을 수 없다'(호리고메 사치오堀籠幸男). '본 건에서 한정해석으로 규제 대상에서 제외되는 행위를 한 자는 이 한정해석으로 이익을 받을 수는 있더라도 불이익을 받지는 않는다. 반대로 한정해석을 하더라도 더욱 규제의 대상으로부터 벗어날 수 없는 행위를 한 자(……)는 한정해석을 할 것인가의 여부로 그 이익에 차이를 발생시키지 않는다'(나스 고헤이那須弘平).

이에 대해 반대의견은 다음과 같이 주장한다. '피고인이 처벌의 근거 규정의 위헌무효를 소송상 주장함에 있어 주장할 수 있는 위헌사유의 범위에 제약이 있는 것은 아니며, 또한 그 주장의 당부(즉 처벌의 근거 규정 자체의 합헌성 유무)를 본 재판소가 판단하는 것에 피고인이 행한 구체적 행위에 대해서 평가를 선행해야 하는 것도 아니다. 그리고 본 재판소의 판단 결과, 가령 규율 대상의 과도한 광범위성 때문에 처벌의 근거 규정 자체가 위헌무효라고 한다면, 피고인은 위헌무효의 법령으로 처벌되어야 하는 것이므로, 이러한 의미에서 본 조례에 대해 어떤 해석을 하든지 피고인에게 보장되어 있는 헌법상의 정당한 권리가 침해되지는 않는다고 할 수 없다'(후지타 도키야스藤田宙靖).

결국 여기서 대립점은 규범의 명확성 요청, 과도한 광범위성 금지에 독자적인 객관적 의의를 도출할 것인가 아니면 실체적 정의의 개별적 실현을 위한 수단이라고 생각할 것인가에 대한 대립이라고 요약할 수 있을 것이다. 규범의 명확성, 과도한 광범위성 금지가, 특정 헌법상의 권리 및 특정 규제 수단에 대해 특히 엄격하게 요구된다(⇒320)는 것에서 비추어보면, 합헌한정해석에 의한 법령의 안이한 구제는 배제되어야 할 것이다. 827

● 그러나 명확성의 요청 또는 과도한 광범위성 금지는 남발하거나 입법자에게 과도한 요구를 하면, 오히려 그 실효성을 상실한다. 독일에서는 '법치국가적 형법은 명확한 법률을 요구한다'고 하는 한편, 재판관의 해석을 요구하는 불확정 법개념을 구성요건에 이용하는 것을 처음부터 배제하는 것이 아니라고 해석되고 있다.

● 나아가, 전제문제로서 법령이 규제 대상으로 한 전형적 행위를 행한 자가 재판에서 제3자의 권리를 원용하고, 규범의 막연성・과도한 광범위성을 공격할 수 있을 것인가라는 문제가 있다. (이에 대해서는 ⇒716).

Ⅱ 과잉포섭형(협의의 적용위헌) 심사

Ⅱ-1 사루후쓰 사건 1심 판결

828 a) 사루후쓰 사건 1심 판결은 ①국가공무원법 및 인사원규칙을 기본적으로 합헌으로 했지만, ②직무성질설을 전제로 '행정과정에 전혀 관여하지 않고, 나아가 그 업무내용이 세목까지 구체적으로 정해져 있기 때문에 기계적 노무를 제공하는 것에 불과한 현업공무원이 근무시간 이외에 시설을 이용하지 않고, 나아가 직무를 이용하거나 그 공정을 해할 의도 없이 행한 경우, 그 폐해는 현저하게 작은 것이라고 하지 않을 수 없다'고 보았다. 그런 다음 ③이와 같은 행위에 대해 '형사벌을 가하는 것을 그 적용 범위 내에 예정하고 있는 국가공무원법 제110조 제1항 19호는 이와 같은 행위에 적용되는 한도에서 행위에 대한 제재로서는 합리적이고 필요최소한도의 범위를 넘'었으며, ④합헌한정해석을 할 수 없는 이상, '본 건 피고인의 행위에 국가공무원법 제110조 제1항 19호가 적용되는 한도에 대해 동호가 헌법 제21조 및 제31조에 위반하는 것으로, 이것을 피고인에 적용할 수밖에 없다'고 했다.

829 b) 협의의 적용위헌은 적용 대상이 되는 구체적 행위에 결합한 심사에서 판단되지만, 이 설시에서 명확한 것처럼 착안되는 것은 ≪해당 행위의 폐해가 얼마나 작은가≫이며, 해당 행위가 헌법상의 자유로서 어떠한 의의를 가지는가에 대한 것이 아니다.

즉, 법령이 헌법상의 권리에 제한을 가하는 경우, 그 제한 내지 위반에 대한 제재는 법의 목적(규제의 목적)을 달성하기 위한 필요최소한도의 것이어야 한다. 해당 행위의 폐해가 작고, 보다 완화된 수단으로 법 목적을 달성할 수 있는 경우 법이 정하는 제한 내지 제재를 가하는 것은 필요최소한도를 넘는 것으로 위헌이 된다.

● 더욱이 사루후쓰 사건 1심 판결은 적용에서 헌법 제21조 등에 위반하는 이유로 '피고인이 전국체신노동조합 분회의 집행위원 지위에 있으며, 본 건 선거용 포스터를 게시·배포한 행위는 전국체신노동조합의 조합 활동의 일환으로 이루어진 것이다'라는 사정도 포함되어 있다. 이는 위에서 기술한 정당화 사유형(⇒803)과 마찬가지로 해당 행위의 헌법상 의의에 착안한 수법이라고 할 수 있다.

c) 적용위헌이라는 수법에 대해서는 '법령이 당연하게 적용을 예정하고 있는 경우의 일부에 대해 그 적용을 위헌이라고 판단하는 것이며, 결국 법령의 일부를 위헌으로 하는 것과 동등하다는 부정론이 있다. 하지만 그 부정론의 입장에 선다면 법령 그 자체를 위헌으로 하는 수밖에 없을 것이다. 830

● 사루후쓰 사건 최고재판소 판결의 입장이다. 한편, 독일 연방헌법재판소는 헌법·법률상의 수권이 없음에도 불구하고, 법령의 부분무효를 선언하는 판결을 많이 내리고 있다. 그러한 것에 조문 일부를 무효로 삭제하는 판결 외에, 조문의 삭제를 수반하지 않고 일정 대상에의 적용을 위헌으로 분리하는 것이 있다(적용위헌은 여기에 해당한다).

더욱이 이 문제는 최고재판소의 위헌판결이 개별적 효력이라 하면서 사실상은 일반적인 의미를 지니는 한편, 불일치선언(법률을 무효로 하지 않고, 위헌=헌법과의 불일치를 선언한다는 판결 유형. 법적 공백을 회피할 수 있다)이라는 판결 유형을 갖지 않은 것도 원인 중 하나일 것이다.

Ⅱ-2 수법

a) 과잉포섭형의 적용심사에서는 적용심사에 선행하여 법령 자체의 합헌성을 심사한다. 831

구체적으로 ①먼저, 법령(예를 들면 국가공무원법 및 인사원규칙의 관련 규정)

의 합헌성에 대해 목적 및 수단의 심사가 실시된다. 목적이 합헌이며, 수단(금지 등)도 대부분 합헌적인 범위에 속한다면, 다음으로 해당 사안에의 적용이 심사된다. ②적용심사에서 목적이 합헌인 것을 전제로(이는 이미 법령심사에서 확인되었다), ②-1 본 건에서 X의 구체적 행위가 법령의 목적을 어느 정도 침해하는가, ②-2 법령의 목적을 침해하는 정도가 낮은 경우에 법령이 정하는 수단을 X의 행위에 적용해도 되는가(목적 달성을 위한 최소한도의 수단이라고 할 수 있는가)를 심사한다.

● 적용위헌이 검토되는 것은 당해 법령에 근거한 금지・제한이 '기본적 인권의 침해에 해당하는 경우가 오히려 예외로, 원칙적으로 그 대부분이 합헌적인 금지・제한의 범위에 속하는 것과 같은 경우'(전농림 경직법 판결에서 다나카 지로 및 5명의 재판관 의견)에 한정된다. 대부분이 위헌적인 법령을 구제하기 위해 적용위헌이 선택되어서는 안된다.

반대로, 전면적으로 합헌인 법령에 대해서도 적용위헌을 검토할 여지는 없다. 법령이 '과잉포섭'이라는 하자를 수반하고 있는 것이 이 심사의 전제이다.

832 b) 적용위헌이 헌법 제14조 위반의 주장에 사용된 재판의 예가 있다(東京高判2010.3.10判タ1324號210頁). 혼외자 법정상속분을 혼내자의 2분의 1로 하는 민법 제900조 4호 단서에 대해 고등재판소는 그 규정 자체는 합헌이지만, 사안의 특수성을 이유로 이를 본 건에 적용하는 것은 위헌이라고 하였다.

● 다음과 같은 사안이 있다. A(피상속인)는 한 번도 결혼한 적이 없다. A에는 자식이 둘이 있는 데, X는 혼외자, Y는 양자이다. 민법 제900조 4호 단서의 위헌성에 대해 본 판결은 혼외자 상속분 사건의 결정(最大決1995.7.5民集49卷7號1789頁⇒621)에 따라, 대단히 완화된 기준으로 심사하여

이를 합헌이라 하였다. 다음으로, 본 판결은 '피상속인에 대해 혼인관계가 성립하지 않는 본 건 사안에서, 본 건 규정을 준용하여 본 건 구별을 초래하는 것과 입법이유와의 사이에 직접적인 관련성을 인정되지 않으며, 법률혼을 존중한다는 입법이유에서는 그 합리성을 설명할 수 없다'고 하고, '이를 본 건 사안에 적용하는 한, 위헌으로 평가되며, 효력을 갖지 않는다'고 결론을 내렸다. 본 판결에서도 입법목적(법률혼의 존중과 혼외자 보호의 조정)을 침해하는가의 여부가 결정적이었던 것을 알 수 있을 것이다. (당연히 법령위헌이 될 것이다)

c) 마지막으로 적용위헌의 주장에 대한 반론 방법에 대해 확인해 두고 833
자 한다.

적용위헌의 핵심이 ≪X의 행위는 입법목적을 저해하지 않는다≫는 것에 있다면, 여기서 생각할 수 있는 것은 ①X의 행위도 입법목적을 저해하는 정도에서 다른 행위와 같다는 반론, ②가령 X의 행위에 해악이 없더라도 개별적으로 예외를 인정한다면 시스템이 붕괴된다는 반론이 있다.

● ①은 더욱이 두 가지 시점으로 나눌 수 있다. 먼저 ①-1은 X의 행위의 법적 평가에 관한 반론이다. 사루후쓰 사건의 1심 판결은 직무성질설을 채택했지만, 최고재판소는 정치활동의 금지가 헌법 제21조에 위반하는 것이 아니라는 이유 중에서, '공무원의 정치적 행위의 금지 취지에서 보면 근무시간의 내외, 국가의 시설이용의 유무, 직무이용의 유무 등은 그 정치적 행위 금지의 합헌성을 판단하는 데 있어서 반드시 중요한 의미를 지니는 것이 아니다'고 설명하고 있다.

다음으로 ①-2는 감시카메라를 사용한 자동판매기에 의한 유해도서 판매를 실태에서 가게 앞 판매와 동일시할 수 없다는 사실 평가와 관련된 반론이다.

마지막으로, ②의 예로 위에서 기술한 민법 제900조 4호 단서를 적용위헌으로 한 동경고등재판소 판결에서 Y(피고, 항소인)의 반론을 들어 둔다. '사안의 개별적 내용마다 규정 적용을 배제하는 것과 같은 이해는 일반적인 효과를 노린 입법자의 의도를 저해하는 것은 물론, 법적 안정성도 저해하게 되어 적합한 해석이라 할 수는 없다'. 혼외자 차별의 사안에서 도출할 수 있는 시비는 별도로 하고, 변호사나 사법서사 등의 자격제(및 업무독점)에 대한 것이라면 성립할 수 있는 반론일 것이다(⇒642).

Ⅲ 보론 – 최고재판소의 '사정변화' 론

834 '사정변화론'이란 새로운 논의는 아니지만, 최근 이것을 원용하는 최고재판소 판례가 종종 등장한다.

a) 사정변화론이란 간단하게 말하면, 시간이 경과함에 따라 사회정세 등이 변화하여, 입법당시에는 인정되었던 합리성이 상실되었다는 논의이다. 여기에는 외교관계의 변화, 가족이나 혼외자에 대한 인식의 변화, 인구의 대도시 집중, 과학·기술의 발전이나 새로운 지견의 획득, 격변 완화를 위한 잠정적 조치 등 다양한 유형이 있다. 또한 사정변화론은 주류판매 면허제 판결(最判1992.12.15民集46卷9號2829頁)처럼 자유권(방어권)의 사안에서도 이용되지만, 헌법상의 원형을 관념할 수 없는 제반 사안에서도 이용된다. 어찌되었든 상당 정도로 넓은 재량이 입법자에게 인정되는 경우에 재량의 일탈·남용 통제의 한 수단으로써 사정변화론이 사용되는 경우가 있다.

835 ● 사정변화를 이유로 당초에는 합리성이 인정된 법률이 위헌으로 결정된 판례는 다음과 같다.

①재외국민선거권 위헌판결(最大判2005.9.14民集59卷7號2087頁). ⓐ'세계 각지에 산재하는 다수의 재외국민에게 선거권을 부여함에 있어 공정한 선거의 실시나 후보자에 관한 정보의 공정한 전달 등에 관해 해결해야 할 문

제가 있다하더라도, 이미 1984년 시점에 선거의 집행에 대한 책임을 지는 내각이 그 해결이 가능하다는 것을 전제로 상기 법률안을 국회에 제출했다는 점을 고려하면,……본 건 선거에서 재외국민의 투표권을 인정하지 않은 데에 불가피한 사유가 있었다고 도저히 할 수 없다'. ⓑ'처음으로 재외선거제도를 마련하는데 있어 먼저 문제가 비교적 적은 비례대표 선출 의원의 선거에 대해서만 재외국민의 투표를 인정한 것은 전혀 이유가 없었다고까지는 할 수 없다. 그렇지만 본 건 개정 후의 재외선거가 반복해서 실시되어 온 점, 통신수단이 지구 규모로 눈부신 발달을 이루고 있는 점 등을 고려하면, 재외국민에게 후보자 개인에 관한 정보를 적정하게 전달하는 것이 현저하게 곤란하다고 할 수 없게 되었다'.

② 국적법 위헌판결(最大判2008.6.4民集62卷6號1367頁). 국적법 구 제3조 제1항의 규정이 만들어진 당시 사회통념이나 사회적 상황에서는 동 규정에 입법목적 가운데 일정한 합리적 관련성이 있었으나, '그 후 우리나라의 사회적, 경제적 환경 등의 변화에 따라 부부 공동생활의 모습을 포함한 가족생활이나 친자관계에 관한 의식도……가족생활이나 친자관계의 실태도 변화하여 다양화되어 가고 있다'는 것 등을 고려한다면, '일본 국민인 부가 일본 국민이 아닌 모와 법률상 혼인관계를 맺음으로써 비로소 아이에게 일본 국적을 부여할 만큼 우리나라와 밀접한 관련이 인정된다는 것은 최근 가족생활 등의 실태에 반드시 적합한 것으로 볼 수 없다'.

③ 혼외자 법정상속분 사건 2013년(最大決2013.9.4民集67卷6號1320頁). '1947년 민법개정 때부터 현재까지 사회의 동향, 외국의 입법 추세 및 우리나라가 비준한 조약의 내용과 이에 근거하여 설치된 위원회로부터의 지적, 혼내자와 혼외자의 구별에 관련한 법제도의 변화, 나아가 지금까지의 본 재판소에서 거듭된 문제의 지적 등을 종합적으로 고려하면 가족이라는 공동체 속에서 개인의 존중이 보다 명확히 인식되어져 온 것은 확실하다'. '상기와 같은 인식의 변화에 따라 상기 제도 하에서 부모가 혼인관계에 있지 않았다는 아동에게는 스스로 선택 내지 수정할 여지가 없는 사안을 이유로 하여 그 아동에게 불이익이 미치지는 것은 허용되지 않으며, 아동을 개

인으로서 존중하고 그 권리를 보장해야 한다는 사고가 확립되어져 오고 있다.

④재혼금지기간 위헌판결(最大判2015.12.16民集69卷8號2427頁). 구 민법 기초시에 있었던 제반 사정을 고려하면, '재혼금지기간을 엄밀하게 부성의 추정이 중복하는 것을 회피하기 위한 기간에 한정하지 않고, 일정 기간의 폭을 설정하는 것이 부자관계를 둘러싼 분쟁을 미연에 방지하고자 했다고 보는 사고방식에도 이해할 수 있는 면이 있으며, …… 재혼금지기간을 6개월로 정한 것이 불합리하다고 말하기는 어렵다. 이것은 재혼금지기간의 규정이 구 민법에서 현행 민법으로 이어진 뒤에도 마찬가지이며, 그 당시에는 국회에 인정되는 합리적인 입법재량의 범위를 넘은 것이라고까지는 할 수 없다. 그러나 그 뒤 의료나 과학기술이 발달한 오늘날에는 상기와 같은 각 관점에서 재혼금지기간을 엄밀하게 부성 추정이 중복되는 것을 회피하기 위한 기간에 한정하지 않고, 일정 기간의 폭을 설정한 것을 정당화하기에는 곤란하게 되었다고 하지 않을 수 없다'. '더욱이 1947년 민법개정 이후 우리나라에서는 사회 상황 및 경제 상황의 변화에 따라 혼인 및 가족의 실태가 변화하고, ……'.

⑤중의원 의원정수 불균형소송[1인 별도 방식의 위헌성] (最大判2011.3.23民集65卷2號755頁). 1인 별도 방식은 인구가 적은 지방에서 정수의 급격한 감소를 배려하는 것이지만, '그렇다고 한다면 1인 별도 방식은 자연히 그 합리성에 시간적인 한계가 있다고 할 수 있으며, 새로운 선거제도가 정착하여 안정된 운영이 이루어지게 된 단계에서는 그 합리성이 상실된다고 할 수밖에 없다'. 위헌 상태.

또한 투표가치의 평등에 대해서는 인구의 이동(異動)이라는 '사회적 변화'와 관련하여 항상 언급되는 사건의 내용은 다음과 같다(最大判1976.4.14民集30卷3號223頁: 1962년 12월 10일의 본 건 중의원 선거 당시에 각 선거구의 의원 1인당 선거인 수의 차이가 5 대 1 비율에 달한 것은 '전적으로 전기 [1964년] 개정 후의 인구이동(異動)에 근거한 것이라 추정되지만, 위의 차이가 나타내는 선거인의 투표가치의 불평등은 앞서 기술한 제반 요소,

특히 위의 급격한 사회적 변화에 대응하는데 일정 정도의 정책적 재량을 고려하더라도, 일반적으로 합리성을 가진 것이라고 생각할 수 없을 뿐만 아니라, 이것을 더욱 초과한 것이라 밖에는 볼 수 없다.).

●한편, 가령 이하의 판례에서는 사정변화에도 불구하고 합리성을 상실 836
하지 않은 것으로 합헌 판단을 하고 있다.

⑥주류 판매 면허제 판결. '주세가 연혁적으로 볼 때 국세 전체에서 차지하는 비율이 높으며, 이것을 확실하게 징수할 필요성이 높은 세목이며, 아울러 주류의 판매대금이 차지하는 비율도 고율이라는 점을 고려하면, 주세법이……주세의 적정하고 확실한 과세징수를 도모한다는 국가의 재정목적을 위하여 이러한 제도를 채택한 것은 당초는 그 필요성과 합리성이 있었다고 할 수 있다'. '그 뒤의 사회 상황의 변화와 조세법 체계의 변천에 따라 주세의 국세 전체에서 차지하는 비율 등이 상대적으로 저하하기에 이른 본 건 처분 당시의 시점에서도 여전히 주류 판매업의 면허 제도를 존치해 둘 필요성 및 합리성에 대해서는 논의의 여지가 있다는 점은 부정할 수 없다하더라도, 전기와 같은 주세의 부과징수에 관한 구조가 아직 합리성을 상실했다고 할 수 없다고 생각하는데 더해…….'

⑦最判2001.4.5判時1751號68頁(재일한국인의 前군인·군속에 대한 장애연금·유족연금 등이 지급되지 않은 국적 조항의 합리성이 문제가 된 사건). 전상병자전몰자유족등원호법 부칙의 국적 조항이 '원호법 제정당시에는 충분한 합리적인 근거를 가지고 있었다고 하더라도 한일청구권협정 체결 후, ……입법부가 재일한국인의 군인·군속에 대해 원호 조치를 구축하지 않았으며……[국적 조항]을 존치해온 것에 대해서는 그것이 헌법 제14조 제1항에 위반되는가의 여부가 다시 검토되어야 한다'. 그러나 한일청구권협약 체결 후의 경과나 국제정세의 추이 등을 고려하면, '재일한국인의 군인군속에 대한 원호 조치를 강구할지 여부는 대한민국이나 그밖의 국가들과의 고도의 정치, 외교상의 문제라고도 할 수 있으며, 그 결정을 하는 데는 변동하는 국제정세, 국내의 정치적 또는 사회적 제반 사정 등을 검토하여 복잡하고 고도로 정책적인 고려와 판단이 요구되는 것'으로, 한일청구권협정

의 체결 뒤, 재일한국인의 군인군속에 대해 원호 조치를 강구하지 않고 원호법 부칙의 국적 조항을 존치한 것은 '아직 상기와 같은 복잡하고 고도로 정책적인 고려와 판단 위에 행사되어져야 할 입법부의 재량의 범위를 현저하게 일탈한 것이라 할 수 없다'.

● 하급심 재판이지만 사정변화론의 의의를 알기 쉬운 것으로, ⑧구마모토 한센병 소송(熊本地判2001.5.11判時1748號30頁)이 있다. 환자의 격리는 환자에 대한 계속적이며 대단히 중대한 인권제한을 강요하는 것이므로, 적어도 한센병 예방이라는 공중 위생적 차원에서 필요성이 인정되는 한도에서 허용되어야 하지만, 나병예방법이 제정된 1953년 전후의 의학적 견지 등을 종합하면 '늦어도 1960년 이후에는 이미 한센병이 격리정책을 시행해야 할 정도로 특별한 질환이 아니게 되었으며, 질병의 형태의 여부를 묻지 않고 모든 입소자 및 한센병 환자에 대해 격리의 필요성이 상실된 것이라고 하지 않을 수 없다'. 후생대신(당시)(및 입법부)의 부작위로 국가배상법상 위헌성이 있다.

또한 하급심이 사정변화론을 이용한 것은 최고재판소의 합헌판결과 정면에서 저촉하지 않도록 실무상의 궁리에 의한 것이 있다. 민법 제900조 4호 단서를 적용위헌이라고 한 婚外子遺留分差別訴訟東京高裁判決. 공무원의 정치활동에 대해 무죄로 판단한 東京高判2010.3.29.判タ1340號150頁(堀越事件) 등을 참조.

837 b) 법령 일반 특히 헌법상의 권리를 제약하는 법령은 그 제정의 시점뿐만 아니라, 적용할 때에도 합리성이 요구된다. '일반적으로 제정 당시 헌법에 적합한 법률이 그 후에 사정이 변화함에 따라 그 합헌성 요건이 결여되는 때에는 원칙적으로 헌법위반이라는 결함을 지니게 된다고 봐야 한다'(衆議院議員定數不均衡訴訟: 最大判1976.4.14民集30卷3號223頁). 이러한 의미에서 입법을 지탱하는 사정변화의 검증은 오래된 법률에 대해 당연히 이루어지지 않으면 안된다.

이러한 한편, 최근에는 사정변화론으로의 도피라고 해야 할 현상이 있 838
으며, 논리상의 문제가 없다고 할 수 없다. 재외국민선거권 위헌판결과 같이 사정의 변화를 용이하게 이해할 수 있는 것이 있는 반면, 진실로 사정변화가 있었다고 하기보다(재외국민선거권 사건에 대해서는 일단 사정변화를 인정할 수 있을 것이다), 선례의 법적 구성과의 저촉을 회피(2013년 혼외자 법정상속분 사건, 의원정수 불균형을 둘러싼 최근의 판례)하거나, 위헌판결의 영향 한정(국적법 위헌판결, 2013년 혼외자 법정상속분 사건)을 고려했기 때문이 아닌가로 여겨진다.

사정변화론은 논리가 용이하다는 점에서도 문제를 안고 있다. 특히 다양한 변화를 열거한 뒤에 '본 건 규정의 합리성에 관련한 이상과 같은 제반 사안의 변천 등은 그 중의 어느 것 하나를 채택하여 본 건 규정에 의한 법정상속분의 구별을 불합리하다고 해야 할 결정적인 이유라 할 수 없다, 그러나, ……등을 종합적으로 고려한다면'(2013년 혼외자 법정상속분 결정)이라는 논리는 명쾌하지 못한 논증이다. 이러한 유형의 논증은 문제의 본질을 상실하고 무엇이 결정적인 것인지 알지 못한 채 논해야 것을 논하지 않고 끝낼 우려가 있다. 이러한 논증은 축적도 예견가능성도 부여하지 않고 법 발전에 기여하지 못할 뿐만 아니라, 법적 안정성을 해친다. 이 결정은 결론(민법 제900조 4호 단서 [구 규정]는 위헌)은 타당하지만, 논거의 질 수준의 점에서는 1995년 결정의 다수의견・반대의견(상세히는, ⇒622, 426)에 크게 뒤떨어진다.

●민법 제900조 4호 단서를 둘러싼 본질적인 문제의 소재는 '비적출자[혼외자]가 혼인가족에 속하는지 아닌지라는 속성을 중시해야 하는가, 또는 피상속인의 아동으로서 평등하다는 개인으로서의 입장을 중시해야 하는가'(1995년 결정에서 中島敏次郎 등 5명의 재판관의 반대의견)일 것이다.

또한, 부부동성 규정 판결(最大判2015.12.16民集69卷8號2586頁)에서는 민

법 제750조를 합헌으로 한 다수의견에 대해 오카베 키요코(岡部喜代子) 재판관 등이 여성의 사회 진출 등의 변화를 지적하고 있다. 그러나 본 건 사안에서 가장 중요한 논점은 성씨가 헌법상의 인격권으로서 보호될 것인가일 것이다(⇒206).

●사정변화론이 탁상공론의 양상을 보인 판례로는 국적법 위헌판결, 부부동성 규정 판결이 있다. 전자의 요코이 가즈코(横尾和子) 등 3명의 재판관의 반대의견은 '가족생활이나 친자관계에 관한 일정 정도의 변화가 있는 것이 사실이라 하더라도, 그것이 어떤 내용, 정도의 것인가, 국민 일반의 의식으로서 커다란 변화가 있었는지는 구체적으로 명확히 말할 수 없다', '실태의 변화에 대해서도 가족의 생활 상황에 현저한 변화가 있었다고는 생각할 수 없으며……' 등이라 언급하고, '약 20년 사이에 비적출자의 증가가 상기의 정도라는 것은 다수의견의 지적과는 달리 적어도 아동을 포함한 가족관계의 바람직한 형태에 대해서는 국민 일반의 의식에 커다란 변화가 없다는 증표로 보는 것도 충분히 가능하다'고 주장했다. 후자(부부동성 규정 판결)에서는 민법 제750조를 위헌으로 한 재판관이 거의 일방적으로 사정변화를 강조하고 있다.

또한, 사정변화를 어떻게 고려하고, 거기서 어떠한 귀결을 도출할 것인가는 심사밀도에도 의존한다. 완화된 심사라면, 다소의 사정변화는 법령에서 합리성을 상실시키지는 않는다. 국적법 위헌판결의 요코오 재판관 등 반대의견은 국적의 부여가 '국가 공동체의 가장 기본적인 작용이며, 기본적인 주권 작용의 하나'이며, '넓은 입법재량에 위임되어 있다'는 이해와 연결되어 있다.

제3판 후기

'작법'이라는 성격상 본서는 빈번한 개정을 필요로 하지 않지만, 그럼에도 최근 수년간의 헌법판례 움직임에는 방치할 수 없는 것이 있다. 또한 이번 개정에서는 야마모토山本勝군 이외의 학부 세미나 학생들에게 본서 전체에 대한 의견을 구하고 그 일부를 반영하였다. 상학사의 오노 게이타芋野圭太씨에게 이번에도 많은 신세를 졌다. 지면으로 감사를 드린다.

2016년 7월

센주千住에서

고야마 고 [小山 剛]

역자 후기

이 책은 2016년 일본에서 출간된 『憲法上の權利の作法』 제3판을 번역하여 한국어판 '개정판'으로 출판한 것이다. 지난 2013년 일본어판(신판, 2011년)을 『헌법상의 권리 작법』이란 제목으로 한국어판(초판)을 출판한 바 있다. 그러나 원서 제3판의 내용이 최근 수년간의 헌법판례의 내용을 담고 있을 뿐만 아니라, 독자의 가독성을 높이기 위해 한국어판(초판)의 오탈자 내지 띄어쓰기 등 수정할 필요성이 생겨 개정판을 발간하게 되었다. 개정판의 출간을 지원한 전남대학교 학술저술기금과, 출판에 힘써주신 전남대학교출판문화원 관계자 여러분께 감사드린다.

2019년 2월

민 병 로

신판 후기

이 책의 초판은 다행히도 법학전문대학원(法科大學院) 학생을 비롯하여 많은 독자에게 읽히게 되었다. 신판에서는 학생들로부터 요청이 많았던 사법권·위헌심사를 중심으로 대폭 수정하였다.

신판 출판에서도 상학사의 요시다 슌고吉田俊吾 사장님과 오노 게이타芋野圭太씨에게 많은 신세를 졌으며, 우에무라 미야코上村都 교수(新潟大學)와 야마모토 다쓰히코山本龍彦 교수(慶應義塾大學) 이외에 새로이 아라이 마코토新井誠 교수(廣島大學)로부터 많은 조언을 받았다. 이에 감사 말씀을 전하고자 한다.

본서의 독자에게 통독을 반드시 권하고 싶다. 3단계심사는 다양한 기본권 문제의 절반 정도에는 타당하지만, 제도준거심사로 해설한 후반 부분도 읽지 않으면 문제의 소재를 정확히 집어낼 수 없는 사안이 적지 않다. 신판을 내며 페이지 수가 늘었지만, 어떻게든 통독할 수 있는 분량으로 줄였다고 생각한다.

2011년 8월

센주千住에서

고야마 고 [小山 剛]

초판 후기

헌법은 국가의 최고법규이다. 당연하지만 일본국헌법에 대해서 우수한 많은 체계서, 연습서, 판례해설 등이 간행되었다. 또한 2004년 봄 법학전문대학원(法科大學院) 발족을 전후하여 몇 가지 새로운 교재도 탄생했다.

본서는 내용면에서는 이들 체계서나 교재 등에 전혀 새로운 것을 더하는 것이 아니다. 하지만 체계서는 헌법 전체를 가르치는 것에는 적합하지만, 구체적 사안에 대해 검토하는 방법은 가르쳐주지 않는다. 그리고 연습서는 구체적 검토는 가르치지만, 전체를 볼 수 있는 조감도를 알려주는 것이 아니다. 본서는 구성 면에서 각 권리별 종적 구성이 아니라, 실제 헌법판단에서 이루어지는 심사 단계를 따랐다. 말하자면 횡적 구성을 취하고 있다. 또한 본서는 독자가 통독할 수 있을 정도로 분량을 감안하였다. 이러한 반면, 본서에서는 망라성을 희생할 수밖에 없었다.

이 책의 출판에 즈음하여 상학사의 요시다 슌고吉田俊吾 사장님과 오노 게이타芋野圭太씨께서 많이 신경써주셨다. 오노씨께는 집필 단계에서부터 여러 가지 무리한 부탁을 하기도 했고, 또한 색인 등에서는 전면적으로 번거롭게 했다. 우에무라 미야코上村都 교수(岩手大學)와 야마모토 다쓰히코山本龍彦 교수(桐蔭横浜大學)께서 원고를 검토해 주셨으며, 많은 조언을 받았다. 지면으로 감사인사를 드린다.

하지만 이 책의 진정한 산파는 법학전문대학원 학생들일 것이다. 공법학회에서 '공법학의 교육소재'라는 주제로 보고하여 자승자박에 빠진 필자에게, 학생들은 훌륭한 체계서를 써야한다는 망상을 버리고 법학전문대학원 수업 내용을 그대로 책으로 쓸 것을 가르쳐 주었다. 학생 및 그 후배들에게 이 책이 헌법을 배우는데 도움이 되었으면 하는 바람이다.

2009년 2월

센주千住에서
고야마 고 [小山 剛]

판례 색인

판례(사건명) 뒤의 숫자는 단락 번호를 나타낸다.

最高裁判所

高等裁判所

地方裁判所

簡易裁判所

ドイツ連邦憲法裁判所

掲載箇所欄外番号の後ろの数字はドイツ憲法判例研究会編「ドイツの憲法判例」(信山社刊)シリーズ，Ⅰ(第2版、2003年)，Ⅱ(第2版,2006年、Ⅲ(2008)各巻での事件番号に対応している。

사항 색인

ㄱ

ㄷ

ㅁ

ㅂ

ㅅ

ㅇ

ㅈ

ㅊ

ㅌ

ㅍ

ㅎ

기타

지은이 소개

고야마 고 [小山 剛]

1960년 출생
1990년 게이오대학(慶應義塾大學) 박사과정 수료
2005년 게이오대학(慶應義塾大學) 박사 (법학)
현 게이오대학(慶應義塾大學) 법학부교수

주요저서 등

基本權保護の法理, 成文堂, 1998年
基本權の內容形成 — 立法による憲法価値の實現, 尙學社, 2004年
憲法學說に聞く, 共編著, 日本評論社, 2004年
プロセス演習 憲法, 共編著, 信山社, 2004年 (第4版, 2011年)
論点探究 憲法, 共編著, 弘文堂, 2005年(第2版 2013年)
市民生活の自由と安全, 共編著, 成文堂, 2006年
論点 日本國憲法, 共編著, 東京法令出版, 2010年
クラウス・シュテルン, ドイツ憲法 I — 總論・統治編, 共編譯, 信山社, 2009年
ライナー・ヴァール, 憲法の優位, 監譯, 慶應義塾大學法學硏究會, 2011年
「憲法上の權利」各論(1)～(20)法學セミナー2013年10月号～2015年9月号

옮긴이 소개

민병로

현 전남대학교 법학전문대학원 교수
일본 와세다대학 법학석사・법학박사・법학부 연구조수
한국헌법학회 (前)부회장, 국가법학회 부회장, 한국비교공법학회 부회장 등

주요논문

- 헌법전문과 민주주의, 법학논총, 제38권 제1호(2018.2.)
- 일본의 입법과정과 특징, 공법학연구, 제12집 제1호(2011.2.)
- 일본 시민사회의 구조와 법인화, 민주주의와 인권 제10권 제2호(2010.8.)
- 헌법전문과 5・18정신, 헌법학연구, 제14권 제3호(2008.9.)
- 인간의 존엄과 미출생 생명의 헌법상 지위, 공법연구, 제35집 제3호(2007.2.)
- 일본의 사법제도 개혁의 현황과 과제, 공법연구, 제34집 제2호(2005.12.)
- 일본국헌법 개정에 관한 고찰, 성균관법학, 제17집 제1호(2005.6.)
- 사법권의 개념과 헌법소송, 공법연구, 제32집 제1호(2003.11.)

역저

- 일본판례헌법(공역), 전남대학교출판부, 2011년
- 일본의 사법심사제(저)
- 행정학개론(공역)
- 東アジアにおけるアメリカ憲法(共著)
- 地方自治法(共著)
- 憲法裁判所10年史(共譯)

개정판
「헌법상의 권리」 작법

인쇄 | 2019년 2월 20일
발행 | 2019년 2월 25일

지은이 | 고야마 고 [小山 剛]
옮긴이 | 민병로
발행인 | 정병석
발행처 | 전남대학교출판문화원

등록 | 1981. 5. 21. 제53호
주소 | 500-757 광주광역시 북구 용봉로 77
전화 | (062) 530-0571~2 **마케팅** 530-0573
팩스 | (062) 530-0579
홈페이지 | http://www.cnup.co.kr

값 23,000원

ISBN 978-89-6849-606-6 (93360)